리더십이론

이인석

리더십이론

초판 발행 2023년 2월 24일

지은이 이인석
펴낸이 류원식
펴낸곳 교문사

편집팀장 김경수 | **디자인** 신나리 · designsagang | **본문편집** 우은영

주소 10881, 경기도 파주시 문발로 116
대표전화 031-955-6111 | **팩스** 031-955-0955
홈페이지 www.gyomoon.com | **이메일** genie@gyomoon.com
등록번호 1968.10.28. 제406-2006-000035호

ISBN 978-89-363-2440-7 (93320)
정가 25,000원

리더십이론

LEADERSHIP
Theory, Application and Skill Development

이인석

교문사

머리말

리더십은 우리 모두에게 중요하다.

일터와 학교에서 가장 낮은 자리에서부터 높은 곳에 이르기까지, 본인이 맡은 일과 무관하게 중요하다고 생각한다. 아마도 그 이유는 성공과 실패의 원인을 리더십에서 찾으려 하기 때문일 것이다. 일상생활에서도 리더십은 중요한데, 무엇보다 우리 스스로가 리더가 되고 싶어 하고, 자녀(제자)들 또한 리더가 되어주기를 바라기 때문이다.

리더십은 변화를 위한 도구이다.

나와 다른 사람들, 집단과 조직, 관계와 행동, 상황과 시스템. 이 모든 것들이 리더십을 통한 변화를 필요로 하고 있다. 리더는 이러한 변화의 중심에서 방향을 제시하는 역할을 한다.

이 책은 리더와 리더십에 관해서 다음과 같은 내용을 담고 있다. 먼저, 리더십에 대한 통찰과 연구성과물로 얻게 된 여러 리더십이론을 소개한다. 이때 이해에 도움이 될 읽을거리와 관련사례를 수집하여 덧붙였다. 그리고 리더십 개발을 위한 평가척도를 첨부하였는데, 이를 통해 이론의 현장 적용성 제고를 기대할 수 있다.

본문은 리더와 리더십에 관한 다음의 세 가지 물음과 대답으로 이루어진다.

나는 누구인가? (특성이론, 역량이론, 성격이론),

나는 무엇을 하고 있는가? (행동이론, 상황이론, 동기부여이론, 집단역학),

나는 어떻게 변화하려고 하는가? (새로운 리더십)

지금까지 나는 감사하게도 가정에서, 직장과 공동체에서 훌륭한 리더를 직접 만날 수 있었고, 본받고 싶은 리더의 이야기 또한 여럿 보고 들을 수 있었다. 이 책을 통해 이들을 소개하고 싶다. 그들이 변화하려고 했던 미래 가운데는 지금 우리와 함께하는 것도 있으나, 대부분은 아직 이루어지지 않았다. 나와 여러분이 바라는 미래가 그들이 바랐던 미래와 같은 방향이기를 희망한다.

문득 과거가 된 나의 미래 가운데 하나가 생각난다. 인생에서 참 어려웠던 시기에 변함없는 신뢰와 우정으로 나를 변화의 길로 이끌어 주신 세 분 교수님의 리더십에 감사드린다.

유난히 추웠던 겨울이라 올 봄은 더 반가울 것 같다. 우리가 자연 속에서 느끼는 것은 아름다움만이 아닐 것이다. 세상 모든 일이 그러하듯 우리도 언젠가는 잊혀져서 아무도 기억하지 못할 존재가 될 것임을 깨닫게 해준다. 하지만 계절과 시대에 무관하게 길이 기억되는 리더들도 있다는 것은 한편으로 위로가 된다.

지금 이 책을 손에 쥐고 있는 여러분들이 보다 나은 미래를 위한 변화의 여정에 동참하신 것을 환영한다.

2023년 2월 노고산 성지가 보이는 연구실에서
이인석

Ⅲ 리더 행동 연구

IV 집단과 리더십 연구

V | 새로운 리더십 패러다임

I
서론

1장

리더십의 이해

우리는 리더십을 통해 일터와 일상에서 스스로의 삶을 개선할 수 있다고 생각한다. 조직 또한 리더십의 효과를 믿고 있다. 이러한 이유에서 리더십은 실무 차원에서 관심의 대상이며 학문적으로 중요한 연구주제이다.

그리하여 리더십 연구를 통해서 여러 이론을 다양한 관점에서 이끌어 낼 수 있었다. 어떤 접근은 리더십을 리더의 특성이나 행동으로 개념화하였고, 어떤 연구에서는 정치적 시각에서 보기도 하고 인본주의적 차원에서 다루기도 하였다.

또한 리더십은 개인, 집단, 조직 등의 여러 상황에서 정량적인 방법뿐만 아니라 정성적인 방법으로 연구가 이루어지고 있다. 이처럼 모두가 관심을 갖고 중요하게 생각하고 있는 리더십은 보다 폭넓은 이해를 통해 접근하려는 노력이 필요하다고 할 수 있다. 따라서 앞으로 각 장에서 전개될 내용은 리더십 연구에 관한 접근방법을 설명할 뿐 아니라 리더십 상황에서 실무 차원의 의미도 포함하였다.

지금부터 리더십이 무엇인가를 이해하기 위해서 리더십에 대한 정의, 연구범위, 권력과 관리와 비교를 통해 살펴보자.

1. 리더십의 개념

리더십이 무엇인가에 대한 사람들의 생각은 여러 연구자와 실무자에 따라 다양하게 나타난다. 실제로 1900년부터 1990년까지 영어로 쓰인 리더십 관련 서적과 논문을 통해서 200여 개의 리더십에 관한 정의를 찾을 수 있었다(Rost, 1991).

이를 통해서 리더십 개념에 대한 공통 요소들을 발견할 수 있었다. 다음의 다섯 가지는 리더십 개념을 설명하는 핵심적인 공통 요인이다.

① 리더와 구성원 간 현상이다.　리더십은 리더와 구성원 사이에서 일어나는 현상으로, 리더가 구성원에게 영향을 미치는 과정이다. 따라서 구성원과 관계없이 리더가 능력을 나타내는 것은 리더십이라고 할 수 없다. 리더십은 반드시 구성원과 관계를 통해서 발생한다.

② 리더십은 과정이다.　리더십은 리더 개인의 성격이나 특성을 설명하는 것이 아니다. 또한

리더십은 그 자체가 목적이 될 수 없다. 리더십은 하나의 프로세스, 즉 과정(process)으로서 이를 통해 구성원들을 동기부여하고, 변화시키고, 커뮤니케이션함으로써 어떤 목표를 이룩하기 위한 과정이며, 수단이다.

③ **리더십은 상호간 영향력이다.** 리더십은 강제력, 권력이 아니라 영향력의 행사이다. 영향력이란 무엇을 하도록 하기보다는 어떠한 방향으로 나아가도록 한다는 의미에 가깝다. 또한 이러한 영향력은 일방적인 것이 아니라 서로 주고받는 형태의 영향력을 말한다. 따라서 리더십은 특정 지위의 리더만 발휘하는 것이 아니라 구성원 누구라도 발휘할 수 있다.

④ **리더십은 공동의 목표를 달성한다.** 리더십 과정을 통해서 달성하고자 하는 목표는 리더가 원하는 목표만 되어서는 안 된다. 리더십을 통해서 달성하는 목표는 리더와 구성원이 공히 달성하고자 하는 것이어야 한다. 그렇게 함으로써 구성원들의 자발적인 협동과 참여, 노력을 이끌어 낼 수 있다.

⑤ **리더십은 변화를 추구한다.** 리더십은 변화를 추구하고 다룬다. 현상유지나 현실안주는 리더십과 거리가 멀다. 리더십은 현재 상태에서 바람직한 미래를 추구하는 것이다. 이를 위해 구성원들의 생각과 태도, 동기 기준의 변화를 위해 영향력을 행사한다.

이러한 리더십에 대한 개념을 근거로 이 책에서 리더십을 정의하면 다음과 같다.

리더십이란 공동의 목표달성을 위해서 리더가 구성원에게 영향력을 행사하는 과정이다.

2. 리더십 연구의 범위

리더십 개념을 이해하기 위해서 리더십 연구의 범위에 대한 논의가 필요하다. 그림 1.1은 리더십 연구의 범위를 설명하고 있다.

그림에서 세로축은 리더십 연구대상의 범위를 나타낸다. 미시적 차원에서는 개인수준의

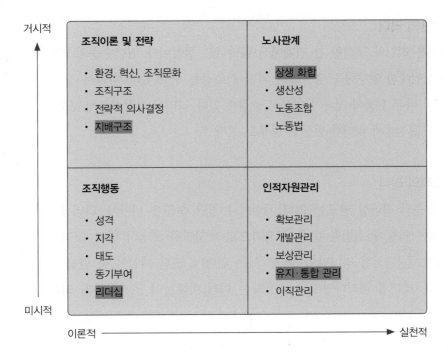

그림 **1.1** 리더십 연구의 범위

리더십 현상을 다룬다. 예컨대, 특성이론, 행동이론이 이에 해당한다. 거시적 차원은 집단과 조직, 환경과 관계 속의 리더십 현상을 의미한다. 구체적으로 상황이론과 새로운 리더십 패러다임에 속하는 이론을 통해 설명한다.

가로축은 리더십 현상을 이론적 접근과 실천적 접근의 연결을 통해 설명하고 있다. 즉 논리적으로 설명하고, 검증한 리더십이론을 실제 업무 현장에서 적용하는 것을 보여준다. 이처럼 리더십은 연구를 위한 이론적 특성과 실무 차원의 실천적 특성을 함께 가지고 있는 주제라고 하겠다.

1) 리더 개인

리더십 연구의 중심에는 리더가 있다. 개인수준의 리더십이론은 리더 개인의 특성, 역량, 행동에 관한 것이다. 모든 리더십이론이 전제하고 있는 것은 리더십 과정을 통한 구성원과 조직의 변화이다. 이때 개인수준의 리더십이론은 그러한 결과를 가능하게 하는 리더 개인의 특성과 역할에 초점을 둔다. 앞서 언급하였듯이 리더십 특성이론, 행동이론, 역량이론이 리더 개인에 관한 연구이다.

2) 집단의 리더

리더십은 리더와 구성원 간 관계에서 나타나는 현상이다. 집단수준의 리더십 연구는 리더가 구성원에게 영향력을 행사하는 과정에 초점을 두고 있다. 따라서 상호작용의 형태와 내용, 이에 따른 변화와 성과가 연구의 중심에 있다. 리더십 상황이론에 포함되는 여러 이론은 이러한 관점에서 리더십 현상을 다루고 있다.

3) 조직의 리더

조직수준의 리더십 연구는 리더 개인이나 집단 수준을 넘어서, 리더십이 조직 전체를 변화시키는 역할에 초점을 둔다. 구체적으로 바람직한 조직의 미래, 조직과 환경과 관계의 재설정 등은 진정 리더만이 할 수 있는 일이며, 또한 책임이 큰 만큼 보람 있는 일이다. 새로운 리더십 패러다임에서 등장하는 여러 이론들이 조직수준의 리더십 연구에 해당한다.

3. 리더십과 권력

리더십의 이해를 위한 논의에서 항상 비교대상으로 등장하는 것이 권력(power)이다. 권력은 리더와 구성원 사이에 나타나는 현상이라는 점에서 리더십과 공통점이 있다. 권력이란 주체가 객체에게 무엇을 하도록 하는 능력을 의미한다. 이러한 권력에 관한 정의는 다음과 같은 세 가지 속성을 포함하고 있다.

상호성　권력은 주체(행사자)와 객체(대상)가 있다. 객체가 없는 권력은 없다. 따라서 권력은 리더십과 마찬가지로 상호 의존적이란 특징이 있다.

상대성　권력은 어느 한쪽이 절대적이지 않으며, 상대적인 개념이다. 따라서 객체는 자신의 행위에 대해서 어느 정도 판단의 자유가 있다.

가변성　행위의 결과, 즉 객체의 행위가 반드시 효율적이지 않을 수 있다. 이러한 상황에서는 권력의 원천이 이동하거나 권력의 주체가 바뀔 수 있다.

이러한 권력에 대한 정의와 속성을 통해 볼 때 리더십과 권력은 다음과 같은 차이가 있음을 알 수 있다. 리더십이 어떠한 방향으로 이끌어준다는 측면에서 넓고, 포괄적인 영향력이라면, 권력은 좁고 구체적인 힘이라고 할 수 있다.

한편 권력은 다음과 같은 다섯 가지 원천에서 발생하는데, 이것을 권력의 종류라고 하기도 한다(French와 Raven, 1959).

① 보상 권력

보상 권력(reward power)은 타인에게 보상을 해 줄 수 있는 자원을 가진 사람에게 해당하는 권력이다. 이때 보상으로는 임금 인상, 승진, 유리한 업무배당, 보다 많은 권한과 책임의 부여, 새로운 장비, 칭찬, 피드백 등이 있다. 이때 보상은 그것을 받게 되는 사람에게 의미를 주는 것이어야 한다. 다시 말해서 보상을 받는 사람이 보상을 의미 있는 것으로 지각해야 한다. 예컨대, 상사는 보다 많은 권한과 책임이 주어지는 중요한 자리로 부하 직원에게 이동 기회를 제공하였기 때문에 중요한 보상을 해 주었다고 여길 수 있다. 하지만 당사자는 보다 많은 책임 소재로 인해서 불안하거나 불편하기 때문에 그러한 기회를 달가워하지 않을 수 있다. 따라서 이때 상사는 실제로는 보상 권력을 갖고 있지 못한 것이 된다.

반면에 상사가 생각하기에 보상이 아니라고 여기는 것이 부하 직원에게는 보상으로 인식되는 경우도 있다. 예컨대, 부하 직원들이 업무상 스트레스나 어려움에 대해 사적인 자리에서 불평과 불만을 토로하는 것을 마음을 열고 경청하는 경우를 생각해 보자. 부하 직원들이 상사의 그러한 태도를 감사하게 생각하고 그것을 보상으로 여긴다면 그 상사는 보상 권력을 갖게 된다.

한편, 실제로 어떤 보상도 해 줄 수 없는 위치에 있는 상황이라고 할지라도(그럼에도, 상사가 부하 직원에게 승진할 수 있도록 힘써 줄 수 있다고 말하는 경우를 생각해 보자), 상대방이 그것을 믿는다면 실제로는 보상 권력이 발생한다.

② 강제 권력

강제 권력(coercive power)은 공포에 근거한 권력이다. 보상 권력과 반대로, 주체가 객체에 대해서 어떠한 형태의 처벌을 가할 수 있다는 가능성에 기반하는 것이다. 처벌 권력이라고도 한다. 강제 권력은 반드시 어떠한 폭력적인 위협에만 의존하는 것은 아니다. 즉 완력을 사용하는 경우뿐만 아니라 현란한 말솜씨(verbal facility)나 제공하던 정서적 지지를 철회하는 등의 방법을 사용할 수도 있다. 그렇게 함으로써 상대를 들볶거나 모멸감을 줌으로써 정신적, 심리적으로 제압하여 권력을 행사할 수 있다.

조직 안에서 이러한 강제 권력에 해당하는 것을 흔히 접할 수 있다. 예컨대, 징계권, 전출권, 권한 축소나 사무실 자리 이동 등이 그러한 것이다. 따라서 구성원의 행동 가운데 많은 부분(제 시간에 출근하는 것, 회의에 늦지 않는 것, 사무실에서 바삐 움직이는 것, 내부고발을 회피하는 것)은 보상 권력이 아니라 강제 권력에 의해 설명할 수 있다. 실제로 권력의 다섯 가지 종류 가운데 강제 권력이 가장 빈번하게 사용된다. 따라서 남을 해친다는 속성으로 인해 비난과 경계의 대상임에도 불구하고 통제가 어려운 권력의 원천이다.

③ 합법적 권력

합법적 권력(legitimate power)의 원천은 개인의 내면화된 가치가 대리인으로 하여금 자신에게 영향력을 행사할 수 있는 합법적인 권리를 부여함으로써 형성된다. 따라서 사람들은 이러한 권력에 대해서는 반드시 수용해야 한다는 의무감을 갖게 된다.

이러한 합법적인 권력을 권한(authority)이라고 한다. 합법적 권력을 가진 사람은 보상과 처벌을 동시에 할 수 있기에 보상 권력 및 강제 권력과 관련성이 있다. 하지만 보상 권력과 강제 권력이 타인과 관계(즉, 보상해 줄 수 있는 관계와 처벌할 수 있는 관계)에 의존한다면, 합법적 권력은 대리인의 지위와 역할에 근거한다는 차이가 있다. 다시 말해서 합법적 권력을 갖는다는 의미는 대리인의 어떤 지위와 역할(대표이사, 선장, 팀장, 선임자, 관리자) 때문인 것이지, 대리인의 개인적 특성이나 역량 혹은 관계와 무관하다.

④ 준거 권력

준거 권력(reference power)은 대리인의 특성에 기반한 권력으로, 대리인과 동일화 혹은 일부분이 되고 싶은 욕구에서 발생하는 권력이다. 일반적으로 사람들은 결과와 무관하게 힘이 있는 사람과 동일화하고 싶어 한다. 실제로 결과는 중요하지 않은 경우가 더 많다. 이때 대리인이 외견상 매력적이거나 바람직한 인격의 소유자라면 준거 권력은 더욱 강화된다. 예컨대, 상업 광고에 등장하는 사람들을 생각해 보자. 광고에서는 이러한 형태의 권력을 이용하여 유명 인사를 등장시킨다. 영화배우를 비롯한 연예인과 운동선수들이 그들이다.

따라서 구매 대중은 유명 인사들을 광고에서 발견하게 되고, 그들에게 무엇을 팔도록 말할 수 있는 권력을 부여한다. 여러 연구에 따르면 미인이 등장해서 광고할 때, 특히 그 내용이 감정에 호소하는 것일 경우에 매우 효과적이라고 한다. 유명인 광고의 중요한 요소로서 시의적절성이 있다. 예컨대, 유명한 운동선수의 경우, 해당 경기가 열리는 시즌이 가장 광고 효과가 크다.

⑤ 전문가 권력

우리는 전문가를 특정 영역에서 지적능력을 갖춘 사람으로 인식한다. 하지만 단지 많이 배우고, 많이 안다고 해서 전문가라고 할 수는 없다. 전문가 권력(expert power)을 갖추기 위해 대리인은 다음의 세 가지 요소를 충족해야 한다.

신뢰성 (credibility)　전문가는 특정 영역에서 전문적인 지식, 이해력, 능력을 갖고 있음을 객관적으로 입증할 수 있어야 한다. 예컨대, 채용 시 장교 출신자를 우대한다는 것은 근무 기간 동안 리더십을 적절하게 발휘했음을 객관적으로 나타내고 있기 때문이다. 대학원에서 받은 학위는 그 사람이 해당 분야에서 전문적인 지식을 쌓았음을 나타내는 것이다.

진실성 (trustworthy)　전문가는 정직하고 곧은 사람이라는 평판을 받고 있는 사람이다. 아무리 자신의 해당 분야에서 전문적인 지식을 쌓은 사람일지라도, 업무처리 과정에서 뇌물을 받고 일한다면 그 사람을 결코 전문가로 인식할 수 없을 것이다.

적절성 (relevance)　전문가는 해당 상황에서 적절함과 유용함을 갖추어야 한다. 예컨대, 조세정책의 목적 가운데 하나인 소득 재분배를 위해서는 탈세를 막고 조세의 형평성을 위한 입법 노력이 필요할 것이다. 하지만 국회의원의 다수를 차지하는 사람들의 직업이나 사업장을 생각한다면, 그것이 얼마나 어려운 일인지를 짐작할 수 있다. 따라서 자신의 이익과 관련된 법률 제정을 자신의 손으로 한다는 것은 적절하지 않으며, 그렇게 하는 사람을 우리는 전문가라고 부를 수 없다.

전문가 권력은 다른 권력에 비해 대상에 주는 영향력이 가장 약하다고 할 수 있다. 하지만 현대 기업조직은 처한 경쟁 상황에 대응하기 위해, 각 부문별로 전문가들의 역할의 중요성이 커진다. 그리하여 이들 CHRO, CFO, CIO 같은 전문가들은 조직 안에서 다른 종류의 권력을 갖지 못하므로, 상대적으로 전문가 권력에 의존하는 경향이 커진다.

표 **1.1** 다섯 가지 권력의 원천

원천	내용	구분
보상 권력	대상에게 보상을 제공할 수 있는 능력에 기반한다.	지위 권력
강제 권력	공포에 근거한 권력으로 대상에게 처벌을 가할 수 있다는 가능성에 기반한다.	
합법적 권력	대리인이 보유하고 있는 지위와 역할에 기반하며, 권한과 같은 의미이다.	
준거 권력	대리인의 개인적인 특성에 기반한다.	개인 권력
전문가 권력	대리인이 갖고 있는 전문적인 기술과 지식에 기반한다.	

표 1.1은 다섯 가지 권력의 원천에 대한 논의를 요약한 것이다.

4. 리더십과 관리

리더십은 관리(management) 혹은 경영관리와 여러 가지 측면에서 공통점이 있다. 무엇보다 두 개념은 구성원들에 대한 영향력의 행사라는 점이다. 또한 리더십과 관리는 공동의 목표를 효과적으로 달성하기 위해서 함께 노력한다는 점에서도 공통된다. 이러한 측면에서 경영관리 과정이나 관리기능들은 리더십 개념과 밀접하게 관련되어 있다.

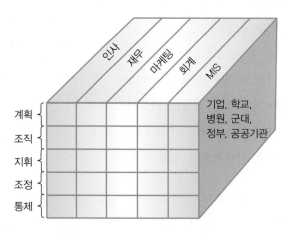

그림 **1.2** 경영관리의 다섯 가지 요소

경영관리 과정 혹은 관리기능은 계획, 조직, 지휘, 조정, 통제라고 하는 다섯 가지 요소로 이루어져 있다(Fayol, 1916). 관리와 리더십은 다음과 같은 측면에서 차이가 있으며, 이러한 차이를 이해하고 활용하는 것이 중요하다(Kotter, 1990).

첫째, 관리의 목적은 조직의 질서와 안정을 추구하는 것이다. 그에 비해 리더십은 변화와 발전을 가져오는 것이란 점에서 차이가 있다.

둘째, 수행내용 측면이다. 예컨대, 관리의 주요 활동에서 계획의 경우, 상세한 일정을 강조하고, 목표달성을 위한 자원의 합리적인 배분을 강조한다. 그에 비해 리더십은 미래 방향의 설정, 장기적인 비전의 제시, 조직변화를 위한 전략수립을 강조한다. 조직화 충원에 있어서도 관리는 직무를 구조화하고, 조직 내 구성원들의 관리에 초점을 두며, 작업의 물리적 환경을 중요하게 생각한다. 이때 적재적소의 원칙이 강조되며 업무수행을 위한 규정이나 절차를 개발하게 된다. 그러나 리더십은 조직화나 충원과 관련하여, 구성원들과 공유 비전을 통해 커뮤니케이션하고, 헌신을 이끌어 내며, 협동을 통해 일하며, 조직의 사명을 달성하기 위해 팀으로서 함께 노력하도록 해 준다.

셋째, 리더십과 관리는 문제 해결을 위한 방법과 과정에서 분명한 차이를 보인다. 통제를 위해서 관리의 핵심은 구성원들의 동기유발을 위한 인센티브 시스템의 개발, 업적달성과정의 평가, 목표수정과 행동의 교정 등을 포함한다. 그러나 리더십은 다르다. 구성원들의 동기유발에서 자율성, 존중, 자아실현 등의 욕구 충족을 강조한다.

한편, 조직 발전을 위해서 리더십과 관리는 상호보완적이며, 필수적인 요소이다. 예컨대,

표 1.2 관리와 리더십의 비교

관리	리더십
질서와 안정	**변화와 발전**
계획	**방향의 설정**
활동지침과 일정수립	비전 제시
자원의 배분	변화 전략
조직, 지위, 조정	**목표달성을 위한 협력과 조화**
조직구조의 설계	목표에 대한 커뮤니케이션
직무 구조화와 배치	헌신과 몰입
규정과 절차 개발	팀 구축
통제	**동기부여**
인센티브 시스템 활용	영감과 신뢰
평가와 수정, 교정	자율권, 존중, 자아실현의 욕구

출처: P. Kotter, **A Force for Change: How Leadership Differs From Management**, New York, Free Press, 1990, pp. 3-8.

어떤 조직에 리더십 없이 강력한 관리만 존재한다면, 구성원들은 업무처리 활동에 짓눌리고, 조직은 관료화될 것이다. 반대로 관리가 없이 강한 리더십만 존재한다면, 변화를 위한 변화, 혁신을 위한 혁신과 같은 무의미하고 지향점 없는 결과로 이어질 것이다. 따라서 관리와 리더십은 효과적인 결과를 위해서 동시에 강조되어야 한다.

한편, 리더와 관리자의 비교를 통해 리더십과 관리의 차이를 설명하는 여러 연구가 있다. 새로운 리더십 패러다임의 범주에 속하는 비전 리더십을 주장한 나누스(B. Nanus)는 "관리자는 일을 올바르게 하는 사람이고, 리더는 올바른 일을 하는 사람이다."라고 두 개념을 구분하고 있다(Nanus, 1992).

로스트(J. Rost)는 리더는 구성원들과 다양한 종류와 수준의 영향관계(multidirectional influence relationship)가 있으나 관리자는 단일방향의 권한관계(unidirectional authority relationship)에 있다고 주장한다. 따라서 리더는 공동의 목표를 개발하기 위해서 구성원들이 각자의 자리와 수준에서 변화하도록 한다. 그에 비해 관리자는 성공적인 직무수행을 위해 구성원 공동의 활동을 조정한다(Rost, 1991).

더 나아가 리더십과 관리는 관련성이 없는 별개의 개념이며, 따라서 리더와 관리자는 기본적으로 상이한 유형의 사람들이라고 하는 주장도 있다(Zalenznik, 1977). 왜냐하면 관리자는 사후 반응적(reactive)이며, 문제 해결을 잘하는 구성원을 선호한다. 또한 관리자는 상대적으로 정서적 몰입 수준이 낮으며, 선택대안의 가짓수를 줄이기 위해 노력을 집중한다. 그에 비해 리더는 정서적 몰입에 강하고 적극적이며, 새로운 아이디어 창출을 위해 전향적(proactive)인 태도와 생각을 갖고 있고, 장기적 관점에서 활용 가능한 선택대안의 폭을 확대하려고 노력한다. 또한 리더는 구성원들로 하여금 가능성(what is possible)의 세계로 나아갈 수 있도록 변화시킨다.

5. 리더십 연구의 패러다임 변화

리더십 연구의 흐름은 경영학 연구의 패러다임 변화와 관련이 있다. 표 1.3은 리더십 연구의 시대별 전개방향과 내용을 요약한 것이다.

먼저 특성이론은 리더의 특성에 대한 연구로서, 리더가 아닌 사람과 구분할 수 있는 리

표 1.3 리더십 연구의 패러다임과 연구내용

패러다임	연구내용
리더십 특성이론 (20세기 초~1940년대)	• 리더를 중심으로 성공적인 리더의 공통적 특성을 연구 – 성공적인 리더의 성격과 특성이 연구대상이다. – 초기연구로서 스톡딜의 연구, 후속연구로 코터의 연구, 만의 연구 등이 있다.
리더십 행동이론 (1950~1960년대)	• 리더와 구성원 간 관계에서 발생하는 리더의 행동을 연구 – 리더의 행동과 리더십 효과를 분석한다. – 아이오와대학 리더십 연구, 오하이오주립대학 리더십 연구, 관리격자이론, 리더십 연속체 모델 등이 있다.
리더십 상황이론 (1970~1980년대)	• 리더십 과정에 영향을 주는 상황변수를 중심으로 리더와 구성원 간 관계를 연구 – 상황변수의 선택과 역할이 연구의 핵심이다. – 피들러의 상황모델, 목표–경로 이론, LMX 이론, 허시와 블랜차드 리더십 상황모델, 규범적 리더십 모델 등이 있다.
새로운 리더십 (1980년대~)	• 리더십은 구성원, 조직, 공동체가 내재적 가치의 실현을 통해 행복을 증진할 수 있도록 하는 것이다. – 카리스마 리더십, 변혁적 리더십, 비전 리더십, 슈퍼 리더십과 셀프 리더십, 서번트 리더십, 윤리적 리더십, 리더십이론의 도전

더들이 갖고 있는 일반적인 특성을 밝히고자 하였다. 이는 리더와 구성원 간 관계가 연구의 대상이 아니라, 리더의 일반적인 특성에 관해서 연구한 것이다. 따라서 특성이론은 경영학 연구의 패러다임에서 보아 과학적 관리와 관련이 있다. 과학적 관리의 특징은 조직 구성원은 생산을 위한 하나의 수단이며, 이를 통한 생산성의 최적화 방법에 관한 논의이다. 따라서 구성원 중심의 논의라든가, 구성원들의 발전, 배려, 상호관계 등에 대한 연구는 이루어지지 않았다. 즉 조직을 중심으로 조직의 필요에 부합하는 특성, 즉 자질과 능력을 갖춘 사람의 선발이 과학적 관리의 핵심 요소이다. 이러한 접근은 리더 중심의 '일방적인' 연구라는 측면에서 특성이론이 갖는 특징과 부합한다.

리더십 행동이론의 특징은 효과적인 리더와 비효과적인 리더의 행동을 파악하기 위해 노력했다는 점에 있다. 따라서 연구를 위해 관찰 가능하고 개발 가능한 인간의 행동을 대상으로 연구가 이루어졌다. 연구를 통해 리더십 효과는 리더의 행동에 따라 달라진다는 것을 실증적으로 밝혔다. 이는 행동주의 심리학과 경영학 연구의 발전과정에서 볼 때 인간관계론과 관련이 있다. 즉 호손 연구에서 실험적으로 사용된 변수가 어떤 것인가에 따라서 구성원들의 행동, 즉 작업성과가 달라지며, 또한 조직과 구성원 간 상호관계를 중요시했다는 점을 생각해 보자. 이러한 특징은 리더십 행동이론에서 보여주고 있다.

리더십 효과는 상황에 따라 달라진다는 명제 아래 진행된 리더십 상황이론에 관한 연구는 1970년대 경영학의 상황적합성 연구(contingency approach to management)의 틀 안에서 이루어졌다. 모든 조직에 활용할 수 있는 최선의 경영관리 기법이나, 모든 조직에 효율적으로 적용할 수 있는 조직설계 방법을 찾고자 했던 당시의 노력이 한계에 부딪히게 됨으로써 경영학 연구에서 상황이론이 등장하게 된다. 그리하여 리더십 연구에 있어서도 상황이론의 적용은 이후 여러 가지 형태로 발전하게 된다(Woodward, 1970).

끝으로, 오늘날 리더십 연구에 있어서 새로운 리더십(New Leadership Paradigm)의 범주에 속하는 이론들은 1980년대부터 주목받은 조직문화의 연구와 관련하여 발전하였다. 이는 당시 기업환경의 급격한 변화 상황에서 기업의 경쟁력 제고 방안에 대한 연구와 글로벌기업의 등장과 소멸에 대한 연구가 병행되면서, 그 중심에 자리하고 있는 가치, 정서, 문화 등과 같은 (행동이 아닌) 인지적 요소의 중요성이 부각되면서 주목받게 된다(Morgan, 1980). 예컨대, 리더는 분명한 비전을 가져야 하며, 리더는 구성원들에게 강한 정서적 반응을 이끌어 내야 한다는 것과 같은 주장은 이전의 리더십이론에서 리더들에게 강조되던 요소들과 분명히 다르며, 계속해서 지금까지 활발하게 연구가 이어지고 있다.

이 책의 구성

이 책은 리더십에 관한 심도 있는 이해를 위해 다음과 같은 내용으로 이루어졌다.

먼저 리더십에 관한 통찰과 연구의 산물인 대표적인 리더십이론을 리더십 패러다임의 변화과정에 따라 분류하고 설명하였다. 아울러 본문 중간에 리더십 읽을거리를 통해 우리 시대의 리더들(부모, 작가, 성직자, 전문가, 노조위원장 등)의 다양한 관점을 포함하였다. 실무 차원의 활용성 제고를 위해 토의를 위한 사례연구와 이해를 위한 학습사례를 준비하였고, 연구자들이 개발한 해당이론의 측정도구를 각 장에 첨부하였다.

이론과 실무 차원에서 리더십 교재로서 내용을 풍부하게 하려고 노력하였다.

서론에서 리더십의 정의와 리더십 개념을 서술하고, 리더십 패러다임의 변화과정을 설명하고 있다. 본론에서는 리더십 연구대상의 범위에 따라 내용을 전개하였다. 리더 개인에 대한 연구로서, 리더에 관한 연구(특성이론 등), 리더 행동에 관한 연구(행동이론 등)가 있다. 그리고 집단과 리더십 연구(상황이론 등)와 조직과 리더십 연구(새로운 리더십 등)가 있다.

서론과 본론에서 다루게 되는 구체적인 주제는 다음과 같다.

II
리더에
관한 연구

2장

———

리더십 특성이론

1. 리더십 특성이론의 배경

리더십 특성이론(trait theory of leadership)은 전반적으로 리더에게는 어떠한 특성이 공통적으로 내재하고 있을 것이라는 전제에서 출발한다. 역사적 뛰어난 리더들의 특성이 어떠한지에 대해서 우리는 잘 알고 있다. 모두가 리더라고 생각하는 이순신, 안중근, 김구, 나폴레옹, 처칠, 비스마르크, 마틴 루터 킹 등을 생각해 보면 마치 우리 옆에 있는 것처럼 그들의 특성에 대해서 자신 있게 말할 수 있다. 왜냐하면 이순신 장군이 등장하는 영화나 드라마에서 충무공의 자신감과 굳은 의지, 단호함과 결단력 있는 행동을 통해 리더의 특성이 무엇인가를 생생히 보고 느꼈기 때문일 것이다.

리더십 특성이론은 개인적 특징에 초점을 두고 리더와 비리더를 구분한다. 넬슨 만델라, 테레사 수녀, 에이브러햄 링컨, 헨리 포드는 분명히 리더로 인정받고 있는데, 명확하게 보통 사람들과 구분되는 그들만의 카리스마, 열정, 용기를 갖고 있다. 이처럼 리더가 어떤 사람인가를 설명하고, 리더와 비리더를 구분하는 요소, 예컨대 성격이나 사회적, 신체적, 지적 측면의 특성에 대한 연구는 초기의 리더십 연구에서 중요한 영역이다.

참고 2.1 | 리더십 특성(특질)과 리더십 특징

특성(trait)이란 일정한 사물에만 있는 독특한 성질을 뜻한다. 같은 의미로 특질 혹은 특이성이라고도 한다. 따라서 리더십 특성이론은 리더만이 갖고 있는 고유한 특성에 관한 논의라고 할 수 있다.

그에 비해 특징(feature)이란 비교를 통해서 특별히 상대적으로 드러나는 것을 의미한다. 따라서 리더십 특징은 리더와 비리더를 구분하기보다는, 리더 간의 비교에서 특별히 나타나는 요소가 된다.

한편, 리더십 특성연구에서 리더십이 개인 특성과 관련되어 있다고 할 때, 리더십에 영향을 주는 중요한 특성이 무엇인가를 밝히면 될 것이다. 하지만 그에 대한 답은 쉽지 않다. 경영학 분야뿐만 아니라 다른 여러 분야에서도 리더십 특성에 관한 연구 결과가 많이 있다. 발간된 문헌들은 학술적 접근과 서정적 접근의 두 가지로 나눌 수 있다. 현실에서는 서정적 접근을 통한 문헌들이 더욱 알려지는 경향이 있다. 이순신 리더십, 태종 이방원의 경영 리더십, 칭기즈칸의 전략과 리더십, 마더 테레사의 서번트 리더십, 링컨의 포용 리더십 등과 같은 것이다. 내용을 보면 이들을 높이 평가하는 사람들의 의견과 관점이 중요한 부분을 차

지한다. 하지만 이러한 문헌은 대중적 관심을 얻기는 하지만, 신뢰할 수 있거나 일반화하기에는 한계가 있다.

그에 비해 학술적 접근은 리더가 다른 사람들보다 뛰어나다는 경험적 자료를 포함한다. 하지만 학문적 접근은 일반적으로 리더가 보여주는 행동의 배경(예컨대, 개인사)과 사회적 맥락(예컨대, 공동체의 문화와 전통)은 제시하지 않고, 특정 시점의 사실만을 제시하는 형태를 취하고 있기에, 리더십에 관한 설명을 설득력 있게 전개하지 못한다는 한계가 또한 있다.

이러한 측면에서 리더십 특성에 관한 정서적 연구는 마치 대중의 관심도에 따라 소리 없이 사라지기도 한다. 또한 리더십 특성에 관한 학술적 연구는 대부분의 연구 주제가 미시적 수준에서 접근하기에 해당 주제별로 후속연구가 이루어지는 경우가 드물다. 그리하여 리더십 특성을 정의하고, 범주화하려는 경험적 연구 결과에서 서로 일치하는 부분은 많지 않다는 특징이 있다.

지금부터 주요 특성이론에 관해서 살펴보자.

2. 주요 리더십 특성이론

2.1 스톡딜의 연구

리더십 특성연구의 대표적인 성과는 스톡딜(Stogdill)의 연구 결과를 통해 나타났다.

첫 번째 연구에서, 스톡딜은 20세기 초에 이루어졌던 124개의 특성연구를 분석하였다. 이를 통해 중요한 리더십 특성을 발견할 수 있었다(Stogdill, 1948). 연구대상이었던 정치적, 사회적, 군사적 리더들에게 나타나는 일련의 공통점을 발견하였는데, 이는 리더십 보편성(universality)을 입증하는 중요한 결과로써 인정되었다.

스톡딜은 리더와 비리더는 다음과 같은 여덟 가지 특성에 의해 구분된다고 주장하였다.

① 지능(intelligence)
② 민감성(alertness)
③ 통찰력(insight)

④ 책임감(responsibility)

⑤ 주도성(initiation)

⑥ 끈기(persistence)

⑦ 자신감(self-confidence)

⑧ 사교성(sociability)

한편, 스톡딜은 이러한 특성을 갖추고 있다고 해서 반드시 리더가 되는 것은 아니라고 지적한다. 오히려 리더가 가지고 있는 특성이 그 리더가 활동하고 있는 상황에 부합할 때 리더십 효과가 나타난다고 하였다. 즉 어떤 상황(환경)에서 뛰어난 리더가 다른 상황에서도 반드시 효과적인 리더가 될 수 있는 것은 아니다. 첫 번째 연구 결과는 리더십 보편성뿐만 아니라 리더십 행동이론과 상황이론의 전개를 위한 기초가 되었다.

스톡딜의 두 번째 연구는 163개의 새로운 특성연구를 대상으로 이루어졌다(Stogdill, 1974). 두 번째 연구에서 리더십 특성이 구체적으로 어떤 업무상황과 연계해서 효과적인가를 다음과 같은 열 가지를 제시하였다.

① 과업완성을 위한 책임감과 추진력(drive for responsibility and task completion)

② 목표추구에 있어서 활력과 끈기(vigor persistence in pursuit of goals)

③ 문제 해결에 있어서 모험성과 독창성(venturesomeness and originality in problem solving)

④ 사회적 상황에서 주도성의 발휘(drive to exercise initiative in social situation)

⑤ 자신감 및 자기정체감(self-confidence and sense of personal identity)

⑥ 의사결정과 실천의 결과에 대한 책임감(willingness to accept consequences of decision and action)

⑦ 대인 관계의 스트레스 완화 능력(readiness to absorb interpersonal stress)

⑧ 좌절과 지체를 견디는 능력(willingness to tolerate frustration and delay)

⑨ 다른 사람의 행동에 영향을 미치는 능력(ability to influence other person's behavior)

⑩ 당면 과제를 위해 상호작용 시스템을 구조화하는 역량(capacity to structure social interaction system to the purpose at hand)

2.2 코터의 연구

코터(J. Kotter)의 연구는 교육훈련을 통해서 리더를 만들 수 있을 것이라는 행동이론적 관점에서 출발하였다. 하지만 결론적으로 코터의 연구는 전통적인 특성이론을 지지하는 결론을 제시하고 있다.

코터는 다양한 산업 분야와 조직에서 성공한 CEO를 대상으로 연구를 진행하였다. 인터뷰와 관찰 연구와 함께 성격이론과 행동이론 관련 테스트를 병행하였다.

성공한 CEO들은 태도나 신체적 특징, 행동유형 등의 특징에서는 차이를 보였으나, 리더로서 본질적인 특성에서는 공통점을 나타내었다고 하였다. 코터는 이를 우수한 리더가 되기 위해 갖추어야 할 기본적인 자질이라고 표현하였다. 코터는 유전적 요인, 즉 선천적으로 타고난 요인이 성공을 결정함에 어느 정도 역할을 하지만, 후천적으로 개발되어, 리더의 모습으로 발현되는 것이 더욱 중요하다고 하였다.

코터는 리더의 기본적 자질을 다음의 네 가지로 요약하였다(Kotter, 1990).

첫째, 리더는 웅대한 포부와 열정을 가지고 있어야 한다. 이러한 정신적 자산은 성인이 되기 전에 형성되는 특성이기도 하다. 하지만 또한 성장하면서 후천적으로 억제되거나 발전하기도 한다. 따라서 리더는 반드시 강한 내적 동기를 가지고 있어야 한다. 현재 상황에 만족하지 않고, 더욱 발전하여 성공에 이를 수 있어야 한다. 실패한 리더십이란 좌절상황에서 꿈과 열정에 대한 믿음을 잃었기 때문이다.

둘째, 지적능력을 갖추어야 한다. 중요한 자리에서 뛰어난 리더십을 발휘한다고 해서 모두가 지적능력이 탁월한 천재라고 할 수는 없다. 그러나 기본적으로 뛰어난 지적능력을 필요로 하는 것은 사실이다. 왜냐하면 리더는 많은 정보를 한꺼번에 받아들이고 처리해야 한다. 또한 정보 간 관련성을 찾아서 상황판단을 하면서 의사결정을 한다. 과감하게 일을 처리하면서 필요시 즉각적으로 판단을 내릴 수 있는 것은 지적능력으로부터 나온다. 이러한 자질은 자라면서 얻게 된 교육의 결과이며, 동시에 유전적 요인의 영향이기도 하다. 그리고 성인이 된 후의 경험들은 이러한 자질을 발전시키는 데 중요한 역할을 한다.

셋째, 심리적, 정신적으로 건강해야 한다. 뛰어난 리더는 자기연민, 편집증, 불안감을 잘 느끼지 않는다. 타인과 관계에서 고정관념을 갖지 않고 문제 중심의 사고를 가진다. 이는 리더에게 중요한 자질인데, 타인과 관계를 중요하게 생각하고, 타인의 감정과 가치관을 이해할 수 있어야 공동의 목표를 향해 구성원들을 이끌어갈 수 있기 때문이다. 리더의 심리적 건강상태는 구성원들에 대한 신뢰와 이해의 수준을 결정하는 요소가 된다. 인간관계에서는 협력이라는 기술이 필요한데, 건강한 심리상태는 이러한 협력 기술을 발휘하기 위해서 중요하다.

넷째, 리더는 정직해야 한다. 정직한 리더는 신뢰를 얻으며, 구성원들의 자발적인 협력을 이끌어 낼 수 있다. 포부와 열정이 있으며, 탁월한 재능을 가지고 있지만 정직하지 못한 경우가 있다. 이러한 리더는 나아갈 방향 설정이나, 업무상 일시적인 성공은 거둘 수 있으나, 결국은 실패한다. 왜냐하면 정직하지 않은 리더는 필요에 따라 수단을 정당화하므로 올바르게 리더십을 사용할 수 없기 때문이다. 어떤 리더는 스스로가 정직하지 않다는 것을 직접적으로 표현하는 경우도 있다. 그 이유가 무엇이건 이는 구성원들의 합법적인 요구나 권리를 무시한다는 의미가 된다.

정직성이라고 하는 자질은 성인이 된 후 경험을 통해서도 형성된다. 하지만 어린 시절 부모와 환경이 정직이라고 하는 가치의 형성에 중요한 영향을 미칠 수 있음에 주목해야 한다.

코터는 이러한 네 가지 요소를 리더가 반드시 갖추어야 할 자질이라고 주장한다. 이 가운데 어느 하나만 탁월하다고 성공하는 CEO가 될 수는 없다는 것이다. 따라서 네 가지 필수적인 리더의 자질에 더하여 성인이 된 후 조직에서 일을 하면서 얻은 경험이 더해진다면 성공하는 리더의 탄생은 가시화된다고 하였다.

2.3 만의 연구

만(R. Mann)은 소집단을 대상으로 한 연구에서, 스톡딜과 유사한 방법으로 연구를 진행하였다. 연구의 핵심은 성격유형과 소집단의 작업성과에 관한 것이었으나, 리더십 효과를 중요한 성과 변수 가운데 하나로서 연구하였다. 연구 결과, 효과적인 리더들은 지능, 남성적 기질, 적응력, 지배성, 외향성, 보수적 기질 등의 특징이 두드러진다고 주장하였다(Mann, 1959).

2.4 로드의 연구

로드(R. Lord)는 리더의 지능과 함께, 리더의 남성적 기질과 지배성이 구성원들의 리더십 인식과 유의한 관계가 있음을 발견하였다. 이를 통해 '남성다움'이라는 성격특성이 모든 상황에서 일관되게 리더와 비리더를 구분하는 요소가 될 수 있다고 주장하였다(Lord 등, 1986).

2.5 커크패트릭과 로크의 연구

커크패트릭과 로크(S. Kirkpatrick과 E. Locke)는 선행연구들을 종합하여 정성적인 방법으로 분석하였다. 리더와 비리더는 다음과 같은 여섯 가지 요소에서 차이가 난다고 하였다.

① 추진력(drive)
② 주도성(the desire to lead)
③ 정직성과 성실성(honesty and integrity)
④ 자신감(self-confidence)
⑤ 인지능력(cognitive ability)
⑥ 사업지식(knowledge of business)

그에 비해 카리스마, 창의성, 융통성 등의 특성은 리더와 비리더를 명확하게 구분하는 요소가 아니라고 하였다. 개인은 이러한 여섯 가지 특성을 가지고 태어날 수도 있고 또 학습될 수도 있으며 어느 한 가지 특성만으로는 성공적인 리더가 될 수는 없다고 하였다. 따라서 이러한 특성은 리더에게 필요한 역량(조직의 비전함양과 실천계획) 개발과 비전의 실현을 위해 필수적이다(Kirkpatrick과 Locke, 1991).

2.6 자캐로 등의 연구

자캐로(S. Zaccaro)는 사회적 지능을 중요한 리더십 특성이라고 주장한다. 사회적 지능 (social intelligence)이란 자신과 타인의 생각이나 느낌, 행동을 이해하고, 그에 상응하여 적절하게 반응하는 능력을 의미한다. 자캐로는 사회적 지능의 하위 변수로서 다음과 같은 것을 발견하였다(Zaccaro, 2002).

① 사회적 인식력(social awareness)
② 사회적 민감성(social acumen)
③ 자기감시성향(self-monitoring)

이후 후속연구에서 여기에 더하여, 인지능력, 외향성, 성실성, 정서적 안정성, 개방성, 동조성, 동기유발, 문제 해결능력 등의 특질을 리더십 특성으로 제시하였다(Zaccaro 등, 2004).

3. 리더십 특성연구의 리더 특성 비교

지금까지 살펴본 여러 리더십 특성연구에서 나타난 리더 특성을 비교하면 다음과 같다.

표 2.1 리더십 특성연구 비교

Stogdill (1948)	Stogdill (1974)	Mann (1959)	Lord 등 (1986)	Kirkpatrick과 Locke(1991)	Zaccaro(2002), Zaccaro 등(2004)
지능	추진력	지능	지능	추진력	사회적 지능
민감성	끈기	남성적 기질	남성적 기질	공명심	인지능력
통찰력	독창성	적응력	지배성	성실성	외향성
책임감	주도성	지배성		자신감	성실성
주도성	자신감	외향성		인지능력	정서적 안정성
끈기	책임감	보수적 기질		사업지식	개방성
자신감	협동성				동조성
사교성	인내심				동기유발
	영향력				문제 해결능력
	사교성				

출처: P. G. Northouse, **Leadership: Theory and Practice**. 8th ed., Sage Publications Inc., 2018.

여러 연구를 통해 밝혀진 결과의 비교를 통해 리더십과 관련된 특성들의 범주를 파악할 수 있다. 하지만 동시에 어떤 특성이 '결정적인 리더십 특성'인지 확인하기 어렵다는 것을 보여준다. 어떤 것은 여러 연구에 공통적으로 나타나 있는가 하면 어떤 것은 특정 연구에서만 나타나기 때문이다.

표 2.2 주요 리더십 특성

지능(intelligence)	언어능력, 지각능력, 추론능력 등의 지적능력
자신감(self-confidence)	자신의 능력이나 역량의 확신
결단력(determination)	업무의 완성을 위한 주도성(initiative), 지속성(persistence), 지배성(dominance), 추진력(drive)을 포함
성실성(integrity)	정직성(honesty)과 신뢰성(trustworthiness), 원칙을 지키고 언행이 일치하며 책임 의식이 있음
사교성(sociability)	사회적 관계를 추구하는 성향. 친절하고 개방적이고 타인의 요구에 민감하게 반응함

표 2.2는 특성이론 연구에서 공통적으로 꼽을 수 있는 다섯 가지 리더십 특징을 나타내고 있다.

다음은 이러한 다섯 가지 리더십 특성에 관해 설명하고 있다.

① 지능

지능, 즉 지적능력은 리더십과 정적인 관계를 가지고 있다. 지능과 리더십 관련 최근 연구들의 분석을 통해 리더들은 비리더들보다 더 높은 지능을 가지는 경향이 있다는 것을 발견하였다. 강력한 언어능력, 지각능력, 추론능력을 가지고 있으면 더 좋은 리더가 될 가능성이 크다고 하겠다.

② 자신감

자신감은 또 다른 특성이다. 자신감은 자신의 재능이나 역량을 확신하는 것을 말한다. 리더십은 다른 사람에게 영향을 미치는 과정이다. 자신감은 리더로 하여금 영향을 미치려는 스스로의 행동이 옳다는 것을 확신하게 해 준다.

③ 결단력

탁월한 리더들은 결단력을 보인다. 결단력이란 임무를 완성하겠다는 의지를 의미한다. 결단력은 진취성, 지속성, 지배성, 추진력 등과 같은 특성을 포함한다. 결단력이 있는 사람은 자기주장이 분명하고, 전향적(proactive)이며, 장애물에 직면하여도 굽힐 줄 모르고 도전하는 능력을 가지고 있다.

④ 성실성

성실성은 정직성과 신뢰성을 포함한다. 원칙을 지키고 자신의 행동에 책임을 지는 사람을 우리는 성실하다고 한다. 성실한 사람은 다른 사람들에게 신뢰를 준다. 충성스럽고 믿고 맡길 수 있다. 그리하여 성실한 리더를 신뢰하고 따를 수 있게 된다.

⑤ 사교성

사교성이란 즐겁고 행복한 관계를 추구하는 성향을 가리킨다. 사교적 성향을 보이는 리더는 친절하고 개방적이고 예의바르고 유머가 있다. 다른 사람들의 필요에 민감하고 다른 사람의 복지에 관심 있다. 사교적인 리더는 좋은 인간관계 기술을 가지고 있으며 구성원들과 협력관계를 통해 팀 구축을 용이하게 한다.

여러 특성이론의 리더 특성 비교에서 밝혀진 공통 특성을 통해서 우리는 두 가지 의미를 생각해 볼 수 있다. 첫째, 이러한 요인을 갖춘 사람들은 구성원들을 비롯한 다른 사람들로부터 리더로 인식될 가능성이 크다는 것이다. 둘째, 따라서 이러한 요인을 갖춘 사람들은 조직에서 리더로 선발될 가능성이 크다.

4. 리더십 특성이론의 평가와 의의

리더의 특성을 밝히려는 리더십 특성에 관한 초기연구는 그리 성공하지 못했다. 여러 연구결과를 통해 볼 때, 리더십 특성 가운데 4~5개 특성이 공통적으로 나타났다. 이는 연구방법상 한계 때문일 수도 있다. 하지만 모든 연구에서 공히 내린 결론은 어찌 보면 당연한, '리더가 다른 사람과 같지 않다'는 것이며, 또한 차별화된 특성은 연구마다 다르게 나타났다(Champy, 2003).

그런데 이후에 심리학의 성격연구에서 Big 5(외향성, 친화성, 성실성, 정서적 안정성, 경험에 대한 개방성)를 중심으로 성격특성을 범주화하면서 리더십 특성연구에서 새로운 접근이 이루어지고 있다. 즉 리더십 특성연구에서 다루었던 성격특성(예컨대, 민감성, 책임감, 주도성, 끈기, 자신감, 사교성, 모험성, 스트레스 완화 등)에 관한 논의가 Big 5 가운데 어느 하나로 집약된 것이다. 다시 말해서 리더들의 다양한 특성을 포괄적으로 설명할 수 있는 요소로서 성격특성이 있었고, 그러한 특성은 Big 5의 성격 분류 가운데 어느 하나에 해당한다는 것이다. 그리하여 성격이라고 하는 리더의 특성이 리더십의 예측요소임을 입증할 수 있게 되었다. 즉 Big 5 연구에 대한 성공이 리더십 특성이론 논의의 발판이 되어준 것이다.

예컨대, 앞서 언급한 여러 리더가 공통적으로 보여주는 특성인 모험심, 야망, 열정, 주도성, 성취욕구, 자신감, 대인관계 등의 특성은 Big 5 성격 분류상 '외향성'에 속한다. 따라서 어떤 리더의 특성을 모험심, 야망과 열정, 주도성이란 여러 특성에 초점을 맞추기보다는 외향성이라는 일반적 특성, 즉 성격의 관점에서 보는 것이 더욱 설득력 있다고 하겠다.

실제로 Big 5를 중심으로 연구한 여러 리더십 논문에서 공통적으로 외향성을 효과적 리더의 가장 중요한 특성으로 설명하고 있다. 그다음으로 성실성〉개방성〉친화성〉정서적 안정성 순서로 효과적인 리더의 성격특성이 나타났다(Judge 등, 2002). 이에 관해서는 3장 리더십과 성격이론에서 자세히 살펴보겠다.

한편 현대적 의미의 특성연구로서 리더십 역량에 관한 연구가 있다. 이는 학습에 의해서 확장되고 개발될 수 있는 리더십 역량에 관한 것이다. 예컨대, 감정지능(EI, emotional intelligence)을 중요한 리더십 요인으로 제시하고 있는데, 뛰어난 능력과 훌륭한 교육배경을 갖고 있더라도 감정지능 없이는 뛰어난 리더가 될 수 없다는 주장이다. 이것은 특히 조직의 상층부에 있는 사람들을 대상으로 이루어진 연구 결과를 토대로 한 것인데, 주장의 근거는 다음과 같다(Caruso와 Wolfe, 2004). 감정지능이 높은 리더는 감정이입을 잘하므로 구성원들의 요구를 잘 파악하고, 타인의 의견을 경청하고, 타인의 반응을 잘 이해한다는 특징을 보인다. 그리하여 감정이입은 타인에 대한 배려의 형태로 나타난다. 특히 구성원들에 대한 배려는 상황이 어려울 때 함께 일하는 사람들에게 보여주는 격려, 공감, 일체감의 형태로 나타난다. 그 효과는 곧 구성원의 충성심으로 나타나며, 결국 리더는 감정이입을 통해서 리더십 효과를 얻게 된다.

지금까지의 논의를 토대로 리더십 특성이론에 대한 평가를 정리하면 다음과 같다.

첫째, 리더의 특성은 리더십 효과를 예측할 수 있다는 것이다. 이전의 연구에서 특성은 리더십을 예측할 수 없다는 결론을 제시했는데, 이는 특성을 분류하고 조직화하기 위한 일관되고 타당한 방법의 부재 때문이었다. 그리하여 사후적으로 리더십 특성에 관한 귀납적 접근만 가능하였다. 그러나 성격연구의 Big 5가 리더십을 예측할 수 있도록 하는 길을 열어

주었다.

둘째, 리더가 갖고 있는 여러 가지 특성은 리더와 비리더를 구분하는 요소가 아니라, 단지 리더들이 갖고 있는 특성이라는 의미를 갖는다. 즉 연구 결과를 두고 말하자면 이러한 특성을 갖고 있는 사람들이 리더가 될 가능성이 크다는 의미이다. 따라서 이러한 특성이 곧 리더가 되기 위한 요소는 아니라는 것이다.

셋째, 하지만 이러한 학문적 연구성과에도 불구하고 특성이론은 다양하고 개별적 면모를 가진 개인의 특성을 몇 가지 특징 안에 가두어 리더십 연구라는 틀 속에서 다룸으로써 외모, 신체, 출신배경, 성별, 나이 등에 의한 차별의식을 조장했다는 측면에서 비판의 원인을 제공한다.

참고 2.2 | 리더들의 특성인가 아니면 리더가 되기 위한 충분조건인가?

JP 모건 은행은 서치 펌(search firm)에 의뢰하여 미국의 10개 산업영역(우주국방, IT, 제조, 금융, 에너지, 식품의약, 첨단소재, 소매, 의류, 관광)에서 가장 뛰어난 CEO를 추천하도록 의뢰하였다. 각 분야별로 15명씩을 선발한 후, 그다음에는 3명으로 줄이고, 결국 1명씩 최고의 CEO를 선발하였다. 그들이 갖고 있는 공통된 특성은 다음과 같았다.

① 모두가 40대이며, 다른 기업에서 스카우트 제의가 계속되고 있다.
② 행동지향적이며, 변화에 주도적으로 대응하는 능력을 갖고 있다.
③ 기업의 진행방향과 추구하는 가치에 관해 구성원들과 공감대를 형성한다.
④ 스스로에 대한 확신을 갖고 있으며, 지나친 두려움 없이 모험을 택한다.
⑤ 뛰어난 의사소통능력을 갖추고 있다.
⑥ 정직하다.
⑦ 이전 업무에서 보여준 어떠한 형태이건 탁월한 업적이 있다.
⑧ 분명한 목표의식이 있으며, 이를 위해 기꺼이 희생을 각오한다.
⑨ 구성원과 공유하는 비전을 갖고 있다.
⑩ 스포츠를 좋아한다.

출처: D. Goleman, "What Makes a Leader?" **Harvard Business Review**. vol. 84, no. 6, 1998, pp. 93–102.

우리가 백범 김구를 훌륭한 리더라고 말할 수 있는 것은 그에 대한 신뢰 때문일 것이다. 언행일치. 이보다 더한 신뢰감을 나타내는 말이 더 무엇이 있겠는가. 상해와 중경에서 임시정부 시절의 일을 써 내려간 '백범일지'가 두 아들에게 미리 써 둔 유서라면, 해방된 조국에 돌아와서 쓴 글인 '나의 소원'은 우리 민족 모두에게 자신의 철학과 사상을 밝힌 글이다. 김구는 자신이 원하는 나라는 경제적·물질적으로 부요한 나라가 아니며, 정치적·군사적으로 강고한 나라도 아니라고 하였다. 진정 그가 바라는 나라는 한없이 문화의 힘을 갖는 나라, 문화국가라고 하였다. 참으로 가슴 뭉클하며, 심장의 피가 들끓는 말이 아닌가. 1947년 글을 쓸 때 우리의 상황은 어떠했는가? 비록 6.25 전쟁이 일어나기 이전이기는 하지만, 남의 힘으로 나라를 되찾았기에 아직 우리가 우리나라의 주인이 아니었고, 좌우 대립으로 혼란하던 시절, 어떻게 보면 세계에서 가장 불쌍하고 보잘 것 없는 한심한 상황이라고도 할 수 있었다. 그때 김구는 당당하게 외친다. 내가 원하는 나라는 문화의 힘이 넘치는 나라라고. 오늘날 우리가 고민하고, 갈망하고, 기원하는 인간, 아니 인류의 참모습들을 김구는 70년 전에 이미 통찰하고 있었던 것이다.

김구의 '나의 소원' 가운데 '내가 원하는 우리나라'

나는 우리나라가 세계에서 가장 아름다운 나라가 되기를 원한다. 가장 부강한 나라가되기를 원하는 것은 아니다. 내가 남의 침략에 가슴이 아팠으니, 내 나라가 남을 침략하는 것을 원치 아니한다.

우리의 부력은 우리의 생활을 풍족히 할 만하고, 우리의 강력은 남의 침략을 막을 만하면 족하다. 오직 한없이 가지고 싶은 것은 높은 문화의 힘이다. 문화의 힘은 우리 자신을 행복되게 하고, 나아가서 남에게 행복을 주겠기 때문이다. 지금 인류에게 부족한 것은 무력도 아니요, 경제력도 아니다. 자연과학의 힘은 아무리 많아도 좋으나, 인류 전체로 보면 현재의 자연과학만 가지고도 편안히 살아가기에 넉넉하다.

인류가 현재에 불행한 근본이유는 인의(仁義)가 부족하고, 자비가 부족하고, 사랑이 부족한 때문이다. 이 마음만 발달이 되면 현재의 물질력으로 20억이 다 편안히 살아갈 수 있을 것이다.

인류의 이 정신을 배양하는 것은 오직 문화이다. 나는 우리나라가 남의 것을 모방하는 나라가 되지 말고, 이러한 높고 새로운 문화의 근원이 되고, 목표가 되고, 모범이 되기를 원한다. 그래서 진정한 세계의 평화가 우리나라에서, 우리나라로 말미암아 세계에 실현되기를 원한다. 홍익인간(弘益人間)이라는 우리 국조 단군의 이상이 이것이라고 믿는다.

또 우리 민족의 재주와 정신과 과거의 단련이 이 사명을 감당하기에 넉넉하고, 국토의 위치와 기타의 지리적 조건이 그러하며, 또 1차, 2차 세계대전을 치른 인류의 요구가 그러하며, 이러한 시대에 새로 나라를 고쳐 세우는 우리의 서 있는 시기가 그러하다고 믿는다. 우리 민족이 주연배우로 세계의 무대에 등장할 날이 눈앞에 보이지 아니하는가.

이 일을 하기 위하여 우리가 할 일은 사상의 자유를 확보하는 정치양식의 건립과 국민교육의 완비다. 내가 위에서 자유의 나라를 강조하고, 교육의 중요성을 말한 것이 이 때문이다.

출처: 김구, 도진순, **백범일지**. 돌베개, 2005.

나는 리더다

주철환 과장은 작년 소령으로 전역하고, 삼천리제약의 비상계획관으로서 비상대비업무를 맡아 근무하고 있다. 육군에서 근무할 당시 관리행정 분야에서 주로 보직을 맡았으며, 이에 스스로가 엘리트 군인이란 자부심을 갖고 있다.

주 과장은 입사 후 하루 2시간씩의 비상대비업무담당자 직무 외에 5개월간 하루 2시간씩 의약품 사용설명서를 분류하고 정리하는 생산지원 업무를 함께 수행하였다. 근무 6개월째 되던 날 주철환 과장은 박병구 생산본부장에게 메일을 보내어 비상계획관의 업무와 군대경력을 감안하여 행정, 관리, 안전팀장의 업무를 부여해달라고 요청하였다. 이에 대해 박병구 본부장은 입사 시 비상계획관 업무 외에 생산지원 업무를 하라고 분명히 지시했다고 하는 메일을 보내왔다. 그러자 주철환 과장은 회사에서 작업원 역할 외에는 다른 직무를 줄 수 없으니, 자신은 지금부터 비상계획관 업무만 하겠다고 맞서고 있다.

이후 주철환 과장은 생산지원 업무를 더 이상 수행하지 않았고, 비상계획관 업무수행을 위해서 오전 1시간 동안 회사 시설을 한 바퀴 돌며 점검하는 일만 하였다. 이에 대해 생산본부장은 여러 차례 생산지원 업무를 수행하라고 하였으나, 주철환 과장은 "입사 초기에는 생산지원팀장의 도움 요청에 따라 하루 2~3시간씩 작업을 하였으나, 비상계획관 업무와 관련이 없음을 인지하여, 작업하지 않았다."라는 메일을 생산본부장에게 보내기에 이르렀다.

이후 상황은 주철환 과장과 본부장 간 메일을 주고받으면서 계속 이어졌다. 먼저 박병구 본부장은 회사의 업무분장표를 보내면서, 주 과장 이전에 비상대비업무담당자도 소령 출신이며, 비상계획관 업무에 더하여 생산지원 업무를 성실히 수행하였고, 차장으로 승진하여 정년퇴직하였다고 메일에 덧붙였다. 다음은 비상대비업무담당자의 업무분장표이다.

생산본부 소속 비상계획팀 비상대비업무담당자의 업무에 대하여 비상대비자원관리법*에서 정한 직무에 지장을 초래하지 않는 범위에서 회사의 어려운 여건을 고려한 비상계획관의 효율적인 업무진행을 위하여 일일 업무분장을 알려드립니다.

---

* **비상대비자원관리법**　이 법은 전시, 사변, 또는 이에 준하는 비상시에 국가의 인력, 물자 등 자원을 효율적으로 활용할 수 있도록 이에 대비한 계획의 수립, 자원관리, 교육훈련 등에 필요한 사항을 규정하고 있다. 이에 따라 중점관리대상업체는 비상대비업무담당자를 두어야 한다.

1. 일일 업무

   가. 비상계획 업무   (월~금: 8:30~9:30)

   나. 생산지원팀 업무지원(월~수: 9:30~17:00)

   다. 생산팀 포장지원   (목~금: 9:30~17:00)

단, 비상대비업무담당자(비상계획관)는 생산지원 및 생산팀 업무지원 중 비상계획팀의 비상대비업무 발생 시 업무에 지장을 초래하지 않도록 팀장 및 지원본부장에게 보고하여 비상대비업무에 차질이 발생하지 않게 하여야 한다.

2. 시행일자: OOOO년 O월 O일

업무분장표 메일을 받아본 주철환 과장은 다음과 같은 내용으로 회신 메일을 보낸다.

결론적으로 작업지원은 하되, 오전에는 비상대비업무를 추진하고, 오후에는 작업 지원하겠습니다. (회사 여건이 호전될 때까지) 또한 시기적으로, 민방위교육 연간 계획서 작성을 하는 시기인 11~12월, 충무실시 계획과 자원조사 기간인 1~3월, 을지연습 기간인 7~9월은 작업 지원이 곤란하겠습니다.

* 물론 여건이 되면 지원하겠습니다.

   그리고 제가 설명서 접지기 세팅 및 작업 못하는 이유(증상들)는 다음과 같습니다.

- 피부(두피 포함) 따가움
- 목 부위 경직(뻣뻣함)
- 손가락 관절(마디마디) 통증(쑤심)
- 시력 저하(침침)
- 속 메스꺼움

토의내용

1. 리더십 관점에서 회사의 인사정책에 관해서 논하시오.

2. 주철환 과장은 Big 5 분류에서 어떤 성격이 두드러지는가?

리더십 특성 설문지(LTQ, leadership traits questionnaire)는 개인의 리더십 특성을 측정하기 위한 측정도구이다.

LTQ는 리더 본인의 지각과 부하나 동료 등 관찰자의 지각을 계량화한 것이다. 이 측정도구는 개인의 성격특성을 측정하여 강한 측면과 약한 측면을 알려준다. 이를 통해 성격특성이 리더십을 설명하기 위한 정보를 얻을 수 있다.

리더십 특성 설문지(LTQ)

● 작성방법

이 설문지는 개인의 리더십 특성을 알아보기 위한 것입니다. 리더 본인이 작성하거나 리더를 잘 알고 있는 사람이 작성해야 합니다. 다음에 제시된 특성과 행동이 리더를 어느 정도로 설명하고 있는지 1부터 5까지 해당되는 숫자에 O표를 하십시오.

이 설문지를 본인과 본인을 잘 알고 있는 동료, 상사, 부하 가운데 5명이 작성하도록 하십시오.

5 = 전적으로 그렇다.	4 = 그렇다.	3 = 알 수 없다.
2 = 그렇지 않다.	1 = 전혀 그렇지 않다.	

특성	설명	척도
1. 설명(표현)이 명확한	• 다른 사람들과 효과적으로 의사소통을 한다.	1 2 3 4 5
2. 지각이 뛰어난	• 식별력이 있고 통찰력이 있다.	1 2 3 4 5
3. 자신감 있는	• 자신의 능력을 믿고 있다.	1 2 3 4 5
4. 침착한	• 의심하지 않고 확신에 차 있다.	1 2 3 4 5
5. 지속적이고 끈질긴	• 방해에도 불구하고 목표에 몰입한다.	1 2 3 4 5
6. 결심이 굳고 단호한	• 확고한 입장에서 확실하게 행동한다.	1 2 3 4 5
7. 성실한	• 믿음직하게 행동한다. 진실하고 확신에 차 있다.	1 2 3 4 5
8. 믿을 만한	• 일관성이 있고 신뢰할 만하다.	1 2 3 4 5
9. 친절한	• 친절과 온화함을 보이고 있다.	1 2 3 4 5
10. 사교적인	• 스스럼없이 대화하고 다른 사람들과 잘 지낸다.	1 2 3 4 5
11. 주도면밀한	• 끝까지 철저하고 조직적이며 감정을 잘 통제하며 결단력이 있다.	1 2 3 4 5
12. 근면한	• 열심히 일하고, 끈기 있다.	1 2 3 4 5
13. 감수성 있는	• 관용을 보이고, 유머가 있으며 감정이 풍부하다.	1 2 3 4 5
14. 감정이입하는	• 다른 사람의 입장을 이해하고 공감한다.	1 2 3 4 5

● 결과의 해석

LTQ 점수는 리더 스스로가 자신을 어떻게 지각하고 있는가에 대한 정보와 다른 사람이
리더를 어떻게 보고 있는가에 대한 정보를 제공한다. 다음 표는 리더자신과 5명의 평가자
(rater)의 평가결과를 예시한 것이다.

	평가자 1	평가자 2	평가자 3	평가자 4	평가자 5	평가자 평균	자신 평가
1. 설명(표현)이 명확한	4	4	3	2	4	3.4	4
2. 지각이 뛰어난	2	5	3	4	4	3.6	5
3. 자신감 있는	4	4	5	5	4	4.4	4
4. 침착한	5	5	5	5	5	5	5
5. 지속적이고 끈질긴	4	4	3	3	3	3.4	3
6. 결심이 굳고 단호한	4	4	4	4	4	4	4
7. 성실한	5	5	5	5	5	5	5
8. 믿을 만한	4	5	4	5	4	4.4	4
9. 친절한	5	5	5	5	5	5	5
10. 사교적인	5	4	5	4	5	4.6	4
11. 주도면밀한	2	3	2	3	3	2.6	4
12. 근면한	3	3	3	3	3	3	4
13. 감수성 있는	4	4	5	5	5	4.6	3
14. 감정이입하는	5	5	4	5	4	4.6	3

예컨대, 설문지에 있는 3개의 특성(1, 2, 3)에 대한 점수를 통해 결과를 해석해 보자. 첫 번
째 특성, 즉 '설명(표현)이 명확한'의 경우 리더는 자신을 다른 사람들보다 높게 평가하고 있
다. 두 번째 특성(지각이 뛰어난)의 경우도 리더는 스스로를 다른 사람들보다 높게 평가하고
있다. 세 번째 특성(자신감 있는)의 경우에는 리더자신의 평가가 다른 사람들보다 낮게 나와
있다.

이 설문지에서 정답은 없다. 이 측정도구의 목적은 리더십 특성으로서 본인의 강점과 약
점을 이해하는 것이다. 또한 리더십 특성에 대한 자신의 지각이 다른 사람과 얼마만큼 차
이를 보이는가를 알 수 있게 해 준다.

출처: P. G. Northouse, **Leadership: Theory and Practice**. 7th ed., Sage Publications Inc., 2016. pp. 41-43.

2장 리더십 특성이론

3장

리더십과 성격이론

1. 성격의 개념

(1) 성격의 정의

성격이란 일상을 통해 작용하는 개인의 복잡한 심리 과정을 의미한다(Allport, 1937). 이러한 성격은 내부적, 외부적인 힘에 의해서 동기유발되고 표출된다. 이때 내부적 힘이란 내적 특성을 의미하며 개인의 인지행위나 감정 등이 있다. 외부적인 힘은 환경이나 상황을 의미한다. 이 같은 정의는 성격의 변화 가능성을 내포하고 있다. 따라서 성격이란 개인으로 하여금 자신이 처한 환경에 독특하게 적응해 나가도록 하는 심리적, 사회적 구조이며 시스템이라고 할 수 있다(Hogan과 Roberts, 2001).

한편, 일반적으로 누구의 성격, 어떤 성격이라고 말할 때는 개인을 분류하기 위해 사용하는 심리적 특성의 집합체를 말한다.

(2) 성격의 어원

성격은 독특한 어원을 갖고 있는데, personality는 라틴어 per sonna에서 유래한다. per sonna는 영어로 to speak through로 옮길 수 있는데, 명사로서 의미는 고대 그리스나 로마시대에 배우들이 쓰는 가면을 말한다. 이러한 어원은 성격에 대한 행동주의 분석과 관련이 있다. 즉 가면이란 실제로 연극에서는 한 사람(배우)이 다른 사람들(관객)에게 드러내는 역할이 성격(가면)이라고 할 수 있을 것이다. 한편 성격심리학에서는 역할보다는 사람(배우)에 더욱 초점을 두고 분석하고 있다.

따라서 역할을 강조하건 사람에 초점을 두건, 리더십에서 성격에 관한 논의는 구성원과 긍정적 관계를 통해 리더십 효과를 얻을 수 있는 방안에 초점을 두고 있다.

(3) 성격 논의의 두 가지 관점

리더십 연구에서 성격에 대한 논의는 두 가지 관점에서 의미를 갖는데, 이는 앞서 설명한 성격의 어원인 가면에 대한 설명과 관련되어 있다. 즉 배우가 드러내는 것과 관객이 받아들이는 것으로서, 이 두 가지는 서로 다른 영역을 구성하는 연구주제이며 각기 중요한 의미를 갖는다.

첫 번째 관점은 성격에 관한 행위자(배우)의 견해를 반영한다. 이것은 개인이 내부에서 바라본 성격으로서, 스스로가 생각하는 자신의 특성에 관한 것이다. 성격이론에서는 이를 정체성(identity)이라고 한다. 다시 말해서 스스로가 자신이 누구라고 생각하는가에 관한 것으로서, 자신이 꿈과 희망, 포부와 야망, 가치와 평가, 다른 사람과 어떻게 관계를 맺고, 어떻게 삶의 의미를 찾을지 등에 대한 자신의 심리적 요인들의 집합체라고 할 수 있다.

그에 비해 두 번째 관점은 성격에 관한 관찰자(관객)의 견해를 반영한 것이다. 이는 외부에서 바라보는 성격으로 자신에 대한 다른 사람들의 견해와 관련되어 있다. 즉 다른 사람들이 보는 자신의 모습으로서, 이는 개인의 외형적 행동에 기반한 것이다. 성격이론에서는 이것을 평판(reputation)이라고 한다.

1.1 리더십과 성격이론의 전개

리더십 연구에서 성격에 대한 논의가 중요한 이유는 다음과 같다. 첫째, 성격에 대한 행위자의 견해인 정체성은 스스로를 타인과 자신에게 묘사하는 모습으로서, 사회적 상호작용에서 개인의 행동을 결정하는 중요한 요소가 되기 때문이다. 따라서 개인이 왜 그러한 행동을 하는지에 대한 설명이 가능하다.

둘째, 정체성과 평판 가운데 어떤 것이 리더 및 리더십 효과의 예측변수로서 정확한 것인가의 문제이다. 프로이트는 스스로가 알고 있는 자신은 별로 알려고 할 필요가 없다고 주장한 바 있다. 왜냐하면 사람들은 자신에 관한 이야기를 꾸며낼 수 있고, 자신의 정체성이란 사회적 상호작용 속에서, 스스로에게 어떤 역할을 부여하여 만들어 낸 이야기이기 때문이다. 따라서 개인의 자기 이야기는 자신들의 과거 행동을 정확히 반영하고 있지 못하며, 많은 경우 실제 경험과 큰 괴리가 있다. 더욱이 정체성은 그 자체가 매우 주관적이기 때문에 과학적 방법으로 연구하기 어렵다. 그에 비해 평판은 여러 가지 표준화된 형태를 통해 특정 개인에 대해 기술하도록 하고 동료, 상사, 부하에게 요청할 수 있다. 기술내용은 평가자들 간 신뢰성을 보이며, 시간이 경과한 후 이루어진 재평가와 재기술에서도 일관성을 나타낸다. 따라서 미래 행동의 가장 좋은 예측변수는 과거의 행동이며, 따라서 과거의 행동을 잘 반영할 수 있는 평판이 미래 행동에 대한 보다 정확한 예측변수라고 할 수 있다.

셋째, 성격에 대한 관찰자의 견해인 평판에 관한 연구에서 안정적이고 보편적인 구조가 있음을 발견했다. 이는 성격에 관한 5요인 모델(five-factor model)로, Big 5라고도 부른다. 즉 개인이 속한 사회의 문화적 특징이나 언어적 차이와 무관하게 모든 평판은 개방성, 외향성, 호감성, 성실성, 신경증의 다섯 가지 요인으로 나타낼 수 있다. Big 5는 다섯 가지 요인 모두가 평판을 기술하고 평가하는 척도가 되는데, 이러한 다섯 가지 요인의 발견은 앞에서 설명하였듯이, 리더십 특성연구에 중요한 발전을 가져왔다.

넷째, 성격에 관한 행위자의 견해인 정체성은 개인의 심리적 존재의 핵심이며 기초가 되는 것이다. 따라서 심리를 행위의 조절자라고 할 때, 심리의 집합체인 성격은 개인의 삶에 있어서 행동의 지침이 된다. 이러한 사실은 리더십 특성연구에서 중요한 시사점을 제공한다. 즉 리더(행위자)는 주로 자신의 정체성을 중요하게 생각하고 관심을 갖지만, 구성원들과 외부 관찰자들은 리더의 평판에 더 많은 관심을 갖는다는 점이다. 조직과 사회에서 보상과 지위는 평판을 근거로 결정된다. 즉 개인에 대한 평판을 근거로 선발하고, 보상하고, 지원하고, 존중하고, 해고한다. 따라서 리더십에서 성격에 관한 논의의 핵심은 현명하고 공정한 행위자가 되어야 하고, 다른 사람들이 자신을 어떻게 지각하고 평가하는지에도 주의를 기울여야 한다는 것이다.

다섯째, 산업심리학과 조직심리학의 전통적 견해는 성격과 리더십 효과 간에 관계가 없다는 것이었다. 실제로, 일부 산업심리학자들과 조직심리학자들은 성격이 특정 리더십 유형 및 리더십 효과와 관계가 없다고 주장하였다(Ghiselli와 Barthol, 1953; Guion과 Gottier, 1965; Mischel, 1968). 그러나 연구 자료가 축적되면서 이러한 주장에서 변화가 일어나게 된다(Judge 등, 2002). 많은 연구 결과에서 성격과 리더십이 밀접하게 연결되어 있다는 것을 보여주었기 때문이다. 당신이 어떤 사람인가 하는 것이 어떻게 사람들을 이끄는가를 결정하는 것이다. 정상적인 성격의 차원들은 리더십의 효과를 예측할 수 있는 의미 있는 예측요인이 된 것이다.

성격과 리더십 사이의 관계에 대한 심리학의 전통적 견해에 잘못이 있었던 것은 분명하지만, 성격심리학자들 또한 부정확한 개념 정의로 그러한 결과를 초래한 책임이 있다. 따라서 성격을 관찰자에 의해 평가되는 성격(평판)과 행위자 본인이 생각하는 본인의 성격(정체성)으로 구분하는 것이 중요하다고 앞에서 지적하였다. 우리는 관찰자의 입장에서 볼 때 리더들이 정직성, 결단성, 역량, 비전, 지속성, 겸손함을 갖고 있는 것으로 지각되어야 한다는 것을 알고 있다. 그러므로 실제로 그들이 이러한 특성을 가지고 있는지는 별개의 문제이다. 핵심은 리더가 이러한 특성을 입증하는 행동을 일관되게 보여줄 때 사람들이 리더에게서 그러한 특성들이 있다고 지각하게 된다는 것이다.

내부적 시각에서 본 성격은 이와 다르다. 이는 "효과적인 리더가 되기 위해서 실제로 리더가 가지고 있어야 하는 특성들은 무엇일까?"의 문제이다. 리더들이 가져야 할 내적 특성은 에플러가 말한 역량과 캐플란과 카이저의 덕목들을 들 수 있다. 캐플란과 카이저(Kaplan과 Kaiser, 2003)와 에플러(Emler, 2019)의 연구는 리더가 갖춰야 할 역량을 제시한다. 즉 자기 통제, 구성원들에 대한 존중, 팀의 구축과 유지, 구성원들에 대한 시의적절한 관리역량의 발휘 등이다. 이에 대해서는 리더십 역량연구에서 상세히 알아보겠다.

1.2 리더십 연구와 성격 논의의 중요성

성격연구가 필요한 이유는 무엇보다 성격이 인간의 행동을 형성하기 때문이다. 조직 안에서 이루어지는 개인의 행동을 이해하기 위해 성격을 이해한다면 도움이 된다. 개인을 분류하기 위해 사용하는 심리적 특성의 집합체로서 성격은 개인의 안정화된 특성이라고 할 수 있다. 따라서 개인이 처한 상황과 환경에 독특하게 적응할 수 있는 기능을 갖는다.

둘째로, 조직 내 구성원들에 대한 이해를 증진시킬 수 있기 때문에 성격에 관한 연구가 필요하다. 조직 안으로 들어오면서 개인은 스스로의 성격을 갖고 들어온다. 따라서 여러 사람이 여러 가지 성격특징을 갖고 조직에 귀속하게 되는데, 이러한 성격특성이 사회적 지각을 지배한다. 그리하여 조직 내 개인의 가치관과 태도에 영향을 주게 된다.

이때, 조직으로서는 구성원 간의 그러한 차이점(성격특성, 사회적 지각, 태도, 가치관)에 대한 이해가 부족하다면 생존에 위협이 될 수 있다. 즉 핵심역량, 핵심가치의 전달체계상 혼란과 전달 거부, 조직학습 과정의 연계 단절이 발생할 수 있기 때문이다. 이와 관련하여 다음과 같은 사례가 있다.

첫 번째 사례는 미국 중서부에 위치한 자동차 부품을 배달하는 트럭운송업체의 경우이다. 이 회사는 제너럴모터스와 포드자동차에게 물류서비스를 제공하고 있다. 직원들 가운데 절반은 직접 고용한 근로자들이었고, 나머지 절반은 파견 근로자들이다. 회사에서 고용한 이들은 채용 시 성격검사를 통해 성실성을 검증받은 사람들이었지만, 파견 근로자들은 성격검사를 받지 않은 사람들이다. 함께 일하고, 같은 일을 하며, 동일한 임금을 받고, 같은 감독자 아래서 관리가 이루어졌지만, 성격검사를 통해 채용된 직원들에 비해 파견 근로자들의 사고 발생률이 네 배나 높았다.

이와 같은 사고 발생률의 차이는 '성격의 영향력'과 '상황의 영향력' 때문이다. 즉 인간의 행동을 설명하기 위한 두 가지 방식이 존재한다. 하나는 개인의 내부 요인이고, 다른 하나는 외부 요인이다. 사람들의 내부 요인은 유전자, 대인관계전략, 특질 등 다양하지만 요약해서 **성격**(personality)이라고 하며, 역사, 문화, 환경과 같은 개인의 외부 요인들은 **상황적 영향력**(situational influence)이라고 할 수 있다. 상황적 영향력의 중요성을 강조하는 사람들은 행동을 설명하기 위한 성격의 효과를 비판하며, 본 사례와 같은 연구 결과를 외면하고 있다.

두 번째 사례는 미국 서부의 어떤 교도소이다. 270명의 교도관을 대상으로 훌륭한 교도관이 갖추어야 할 가장 중요한 요인이 무엇인지 물어보았다. 가장 중요한 스킬은 교도관들이 죄수들의 성격을 파악할 수 있는 능력을 갖추는 것이라고 답했다. 교도관의 안전과 교도소 운영은 다름 아닌 눈에 보이지 않으므로 존재하지 않는 것이라고 말했던 '그 어떤 능력'에 달려 있음을 교도관들은 경험을 통해 알고 있었던 것이다.

출처: D. Funder, "Errors and Mistakes: Evaluating the Accuracy of Social Judgement," **Psychological Bulletin**, vol. 101, no. 1, 1987, pp. 75-90.

1.3 성격 변화와 관련한 논의

성격연구에 대한 필요성 못지않게 성격 변화에 대한 논의가 활발하게 이루어지고 있다. 우선 성격심리학에서는 인간의 삶과 행동을 일관성 있게 만들고 타인과 구분하도록 하는 안정적이고 지속적인 심리구조가 인간의 내면에 존재한다고 설명한다. 따라서 성격이란 안정적이고 변화하지 않는 심리적 구조라고 한다.

그에 비해 행동주의 심리학에서는 인간의 행동은 성격과 같은 가상적인 심리구조에 의해서가 아니라, 상황과 환경에 의해서 더 많이 나타난다고 주장한다. 이러한 견해는 개인의 성장, 변화, 발전 등의 관점에서 더욱 민주적이며 인본주의적인 접근이다. 다소 극단적인 논의도 가능하지만, 현실에서 매력적으로 수용된다. 왜냐하면 우리가 실제로 과거와 다른 상황에 처한다면 다르게 행동할 수 있고 더 나은 행동을 할 것이기 때문이다.

따라서 성격 변화와 관련한 논의는 주로 행동주의 심리학 관점에 근거하여 정체성과 평판을 변화시키는 방법에 대한 논의라고 하겠다.

① 사람들은 자신의 행동을 변화시킬 수 있는가? 그에 대한 대답은 '진심으로 원한다면 가능하다'는 것이다. 금연이나 금주의 경우를 생각해 보면 알 수 있다.

② 사람들은 자신의 정체성을 변화시킬 수 있는가? 사람들은 종종 자신에 대한 스스로의 생각을 바꾸며, 그것이 경우에 따라서는 좋은 방향이 되기도 하고 때로는 좋지 않은 방향이 되기도 한다. 사회화 과정, 심리치료, 정신과 치료를 생각해 볼 수 있다.

③ 사람들은 자신의 평판을 변화시킬 수 있는가? 이에 대한 대답도 '그렇다'라고 할 수 있다. 하지만 다른 사람의 지각을 변화시키는 것은 매우 어렵다. 우리는 우리에 관한 다른 사람의 인식을 1%를 변화시키려면 우리 행동의 100%를 변화시켜야 한다. 그것이 얼마나 어려운지는 선거 때마다 후보들이 1%의 지지율을 높이기 위해 사활을 거는 모습을 통해 알 수 있다. 따라서 이때 변화의 핵심은 행동의 변화이다. 만약 개인이 과거와 다르게 행동한다면, 스스로도 자신을 다르게 지각할 것이고, 어떤 시점에서는 다른 사람들도 그렇게 지각할 것이기 때문이다.

1.4 성격연구 방법

성격발달에 관한 연구는 인간 행동의 연구에서 중요한 부분으로 인식되고 있다. 현대 심리학에서는 유전적인지, 후천적인지, 성숙에 의해서인지, 학습에 의해서인지 등의 논쟁에서 벗어나 그러한 모든 요소를 모두가 인간의 성격에 영향을 준다고 결론지었다. 성격발달에 관한 연구는 두 가지 접근방법으로 나누어 볼 수 있다.

첫째, 어떠한 특정 정신적, 신체적 단계에서 개인의 성격발달이 이루어지는지를 규명하려는 방법으로, 이를 성격발달의 단계이론이라고 한다.

둘째, 성격을 결정하는 주요 요소에는 어떠한 것이 있는지를 통한 접근으로, 이를 내용이론이라고 한다.

단계적 접근방식은 이론적 뒷받침되고 입증되는 부분도 있으나, 주요 결정요소를 찾아내는 방식은 경험에 근거하여 이루어진다. 하지만 이에 관해서는 많은 심리학자들이 성격발달에는 인지할 정도의 단계란 존재하지 않는다고 비판하고 있다. 즉 개인차가 매우 크기 때문에 그것을 이론화하는 것은 의미가 없다는 것이다. 오히려 성격발달은 일련의 연속적 과정으로, 성격발달을 위한 학습기회(예컨대, 사회화)의 유무에 달려 있을 뿐이라는 주장이 대표적이다.

2. 성격의 단계이론적 접근

대표적인 단계이론으로 홀(D. Hall)의 경력단계이론, 호건(R. Hogan)의 성인단계이론, 아지리스(C. Argyris)의 미성숙-성숙 이론에 관해 살펴보도록 하자.

2.1 홀의 경력단계이론

홀(D. Hall)은 여러 가지 성격단계이론을 종합하여 경력단계(career stage)를 제시하였다.

첫 단계는 **탐색단계**(exploration)이다. 개인이 청소년기의 욕구에서 머물던 것이 정체성을 확립해 나가는 단계이며, 직장 초년생들이 스스로의 모습을 찾기 위해서 자발적으로 시험과 시도를 해 보는 기간이다. 따라서 직장이동도 빈번하기 때문에 경력상 안정되지 못하고 비생산적인 시기이다.

두 번째 단계는 **정착단계**(establishment)로서, 경력단계에 있어서 성장하는 시기이며, 또한 생산적인 기간이다.

세 번째 단계는 **유지단계**(maintenance)로서, 높은 생산성이 계속 이어지는 시기이고 멘토의 역할을 하는 시기이다. 이때는 그림 3.1에서처럼 성장이나 부진으로 극명하게 갈라지는 기간이기도 하다.

네 번째 단계는 **퇴조단계**(decline)이다. 이때는 자신의 인생에서 이룬 선택이나 경력에 있어서 전반적으로 만족을 느껴야 할 시기이다.

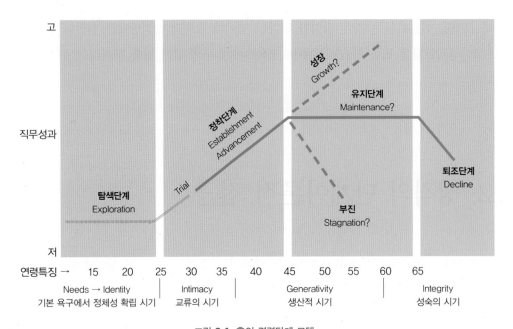

그림 **3.1** 홀의 경력단계 모델

출처: D. Hall, **Careers in Organizations**. Goodyear, Santa Monica, CA, 1976, p. 57.

2.2 호건의 성인단계이론

호건(R. H. Hogan)은 성인기의 성격에 영향을 주는 네 가지 발달단계를 제시하였다. 각 단계는 해당 단계에서 이루어야 하는 중요한 성격발달의 문제를 내포하고 있는데, 이러한 문제가 어떻게 해결되는지에 따라 성인기의 성격에 영향을 준다고 하였다. 아울러 성격발달과 직무성과 간 연구를 통해, 자신의 성격발달단계는 문화적 특성을 넘어 보편적 형태라고 주장하였다(Hogan과 Roberts, 2001).

(1) 영아기

영아기는 출생에서부터 4~5세가 되어 또래 집단에 참가할 때까지를 말한다. 이 시기에는 부모의 요구에 적응하는 것에 일차적인 관심을 둔다. 이 시기에 부모가 얼마나 따뜻하게 애정을 갖고 대하며 또한 행동에 얼마만큼 제약을 하는지의 정도에 따라 핵심 자존감(core self-esteem)과 권위에 대한 태도 형성에 영향을 준다. 자존감은 역경을 견뎌 내는 능력에 영향을 미치며, 권위에 대한 태도는 자기통제력과 규칙을 준수하려는 의지에 영향을 미친다. 권위에 대한 태도는 성인이 되었을 때 '성실성'으로 전환되어 나타난다. 자존감과 성실성은 리더십 및 직무성과를 예측하는 중요한 요소이다(Judge, Erez와 Bono, 1999). 따라서 기본적으로 자존감과 성실성은 개인의 일반적 고용 가능성에 대한 가장 기본적인 결정요소라고 할 수 있다. 이러한 성격요소는 매우 이른 시기에 발달되기 때문에 이후 변화가 어렵다.

(2) 청소년기

이 시기의 관심사는 또래 집단으로 이동하게 된다. 이때가 되면 부모의 통제력과 영향력은 점차 감소하게 되고, 또래 집단의 영향력은 점차 증가하게 된다. 타인의 기대를 파악하는 능력은 또래 집단으로 진입과 참여를 원활하게 해 준다. 자신과 상호작용하는 상대방의 관점에서 자신의 행동을 생각하는 방법을 알게 되는데, 이것은 중요한 기술이다. 이러한 기술은 유아적인 자기중심주의와 정반대라 할 수 있으며 이러한 기술 개발은 쉽게 이루어지지 않는다. 하지만 훈련을 통해 발달 가능하고 성인이 되어서도 개발이 가능하다. 성격연구에서는 이러한 역지사지의 성향을 통해 팀의 일원으로서 직무성과를 예측한다.

(3) 초기 성인기

초기 성인기는 또래 집단을 떠나 직업의 세계로 진입하는 과도기라고 할 수 있다. 따라서 부모의 보호나 통제를 떠나서 자신의 삶에 대해 스스로 책임을 지게 되며, 사회에 기여할 기회를 준비한다. 이러한 과도기가 중요한 이유는 자신의 부모나 또래 집단이 아닌 다른 사람들과 함께 어울려 생활하고 일하는 기술과 능력을 상대적으로 적은 기회비용을 통해 양성할 수 있기 때문이다. 이 단계에서 획득한 기술과 능력은 지속적인 훈련을 통해서 강화되고 발전할 수 있다. 성인기에 필요한 이러한 기술과 능력은 지능지수(IQ)와 같은 측정도구를 통해서 평가할 수 있다.

(4) 성인기

성인기의 가장 중요한 과제는 자신의 삶에 대한 스토리를 개발하는 것이다. 즉 과거로부터 의미를 이끌어 내거나 미래에 대한 그림을 그릴 수 있어야 한다. 이것은 자신의 경력에 대한 비전을 만드는 것과 같다. 즉 자신이 무엇을 위해 일하는지에 대한 답을 찾는 것이다. 이러한 비전, 즉 삶에 대한 스토리를 다른 말로 표현하면 정체성(identity)이라고 할 수 있다. 이 시기의 정체성이란 앞에서 논의한 것처럼 자신이 누구이고 무엇을 위해 존재하는지에 대한 스스로의 대답이며, 이것은 바로 행위자의 견해(자기 내부)에서 보는 성격을 뜻한다. 최근 들어 성격연구에서 정체성에 관련된 연구가 활발하며, 정체성과 관련한 연구주제로서 다음과 같은 것이 있다. 첫째, 명확히 정체성을 확립하지 못한 사람들은 성공적인 경력진전이 어렵다. 둘째, 잘 정립된 정체성을 가진 사람들은 성숙하고 성공적인 사람으로 인정받는다. 셋째, 정체성의 발달은 상대적으로 나이가 든 뒤 이루어지기 때문에, 이전 단계와 비교해 볼 때 변화될 가능성이 상대적으로 높다.

2.3 아지리스의 미성숙-성숙 이론

아지리스(C. Argyris)는 개인의 성격은 어떤 정해진 단계에 따라 발달하는 것이 아니라, 유아기의 미성숙에서 성인기의 성숙으로 연속적, 점진적으로 발전한다고 주장하였다.

유아의 기본 전제로는 수동적, 의존적, 제한된 행동, 산만, 우연, 변덕스러운 관심, 단기 지향 등을 꼽고 있다. 그림 3.2는 아지리스가 제시한 미성숙-성숙 모델을 보여준다(Argyris, 1957).

아지리스는 조직 구성원으로 일할 수 있는 상태의 개인을 성격발달 측면에서 미성숙-성숙이라는 발달과정에서 본다면, 성숙의 정점에 해당하는 위치에 있다고 하였다. 하지만 개인이 조직에 귀속하면서부터 문제가 발생하기 시작한다. 전통적인 조직은 구성원들이 미성숙에서 성숙으로 발전하는 과정을 단절시키기 때문이다.

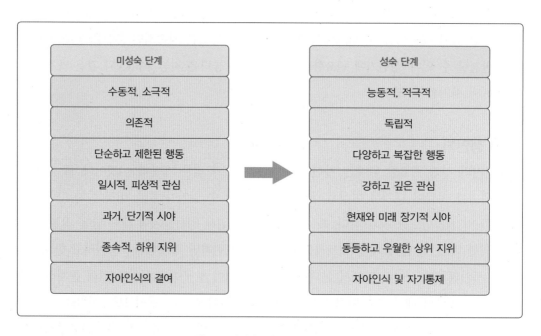

그림 **3.2** 아지리스의 미성숙-성숙 모델
출처: C. Argyris, **Pesoniality and Organization**, Harper, New York, 1957, p. 53.

목표달성을 위해 전통적인 조직은 합리성을 강조하는데, 이러한 합리성을 근거로 여러 가지 규정과 운영모델을 만들어 낸다. 이를 통해 구성원들을 통제하고, 따르기를 요구하지만, 현실에서 조직의 구성원들은 각자 특성을 갖고 있는 존재이다. 즉 창의성과 자기인식, 상위 지위를 향한 욕구를 갖고 있는 존재인 것이다. 그러나 전통적인 조직은 구성원에게 맞추려는 노력은 전혀 하지 않으며, 구성원들이 조직에 적응하기만을 요구한다.

아지리스의 연구의 출발점은 바로 그러한 전통적 조직이 갖고 있는 조직 내 개인에 대한 개념에서부터이다. 즉 전통적 개념은 테일러적인 합리적 조직의 특성이 장기적으로 개인의 성격에 부합하는 것임을 전제로 하고 있다. 그렇다면 왜 그러한 합리적인 조직의 특성이 조직 내 개인에게 그토록 좌절과 소외를 가져다주는가? 왜 사람들의 생각과 사상을 인위적으로 변화시켜야만 조직의 성공을 보장해 주는가? 조직의 장기적인 발전과 성장을 위해서 왜 반드시 개인의 단기적인 요인들을 희생해야 하는가? 이러한 의문은 지금도 유효한 질문이다. 이후 각 장에서 다루게 되는 리더십의 기능과 효과는 그에 대한 해답을 제공한다.

학습사례 3.2 | 미성숙-성숙 이론과 근로자

아지리스는 전통적 조직의 특성에 대한 비판을 근거로 조직은 성숙한 개인을 거부하고 유아기의 미성숙한 구성원을 선호한다고 비판하였다. 다음은 그러한 비판을 뒷받침하는 사례이다.

월남전이 끝난 후, 당시 군인들 내복을 납품하던 미국 텍사스의 한 의류공장은 어려움에 처하게 되었다. 그래서 공장 사장은 24명의 학습장애 여성을 채용하여 기존의 인력을 대신해 저임금으로 일을 하도록 하였다. 이들의 지능은 열 살 정도였다고 한다. 그런데 기대 이상으로 작업성과가 뛰어났다. 일하면서 게으름이나 요령을 피우지 않았고, 그저 열심히 작업에만 열중하였다. 통제하기도 쉬웠고, 작업 지시에도 잘 따랐다. 그래서 사장은 계속해서 그들을 고용하면서, 공장 내 다른 부서에도 비슷한 수준의 40명의 학습장애 여성을 고용했다. 그 사람들이 일하던 부서의 책임자들도 이들의 채용에 대해 만족하였다. 이유인 즉, 회사 규칙도 잘 지키면서 회사나 관리자들에 대한 뒷담화도 않고, 노조에 관심을 갖지 않으며, 급여는 이전에 일하던 사람들보다 훨씬 적게 받으면서도 공장 내 어느 부서에서건 시키는 대로 일을 잘한다는 것이다.

이 사례는 당시 조직에서 형성된 하나의 추세를 반영하는 것이다. 즉 조직 내 구성원들은 미성숙한 방식으로 업무를 수행할수록 조직에게 도움이 되고, 개인에게는 보상과 일자리를 확보할 수 있다는 생각인 것이다. 이는 거꾸로 성숙한 개인은 조직 안에서 구속감과 한계를 느끼고, 직장에서 좌절감을 느낀다는 의미가 아닐까? 즉 구성원들이 성숙할수록 조직과 갈등의 가능성도 커진다는 생각이 이 공장에는 팽배해 있었다.

출처: A. Bandura and E. Locke, "Negative Self-efficacy and Good Effects Revisited," **Journal of Applied Psychology**, vol. 88, no. 1, 2003, pp. 87-99.

3. 성격의 내용이론적 접근

내용이론은 성격을 결정짓는 요인에 관한 연구이며, 리더십 특성이론을 위한 중요한 이론적 근거가 된다. 리더십과 관련하여 중요하게 다루고 있는 것은 유전적 요인, 문화적 요인, 가족, 사회화 과정, 상황요인 등이 있다.

(1) 유전적 요인

성격 연구에서 유전적 혹은 생물학적 요인에 대한 연구가 많이 이루어지고 있으나, 연구결과에 대해 일관된 견해가 정립되어 있지는 못하다. 그 이유는 무엇보다 사람을 대상으로 인위적 변수를 개입하여 실험을 할 수 없기 때문일 것이다. 따라서 연구수행은 관찰에 의존하게 되는데, 관찰기간이 오래 걸리기에 여러 가지 제약이 발생한다. 동물실험의 경우 육체적, 정신적 측면에서 유전적, 생물학적 요소가 분명하게 특성과 관련이 있다는 일관된 결론에 이르고 있다. 유전적 요인에 관한 관찰연구를 위해서 쌍둥이들을 대상으로 한 연구가 많다.

하지만 연구의 한계는, 유사성의 발견은 유전적 요소를 지지할 수 있으나 그렇지 못할 때의 결론은 환경적 요인으로 귀결된다는 것이다.

한편 350쌍의 쌍둥이에 관한 대규모의 장기 연구가 미네소타 대학에서 이루어졌으며, 이러한 연구는 유전적 요소에 대한 실증적 뒷받침이 가능한 연구 결과를 얻게 되었다. 연구에서 밝혀진 쌍둥이들에 대한 특징으로는 쌍둥이들은 리더십이 있으며, 전통 고수 경향을 보이고, 권위에 대해 순종하며 소외감을 잘 느낀다고 한다. 또 스트레스에 취약하고, 동시에 스트레스에 저항하려는 노력을 보이며, 모험심이 강하다고 한다(Bartlett, 2001).

(2) 문화적 요인

일반적으로 문화적 요인은 유전적, 생물학적 요인보다 성격발달에 더 큰 영향을 주는 것으로 알려지고 있다(Javidan과 House, 2001).

문화적 요인이 성격발달에 중요한 것은 학습과정 때문이다. 즉 사람들이 접하게 되는 모든 문화적 요인은 학습과정을 통해서 강화된다. 그런데 흔히 학습과정에서 학습의 결과(인지적 측면에서 지식 획득, 강화 측면에서 실천행동)를 강조하고 있으나, 실제로 무엇을 배우는지(학습의 객체)에 관해서는 간과하는 경향이 있다. 실제로 모든 학습과정에서 우리가 배우는 것, 즉 학습의 객체(목적)는 문화라고 할 수 있다.

예컨대, 조직학습과정에서 우리는 조직의 현존하고 있는 지배적 가치, 즉 조직문화를 배운다. 대학 4년 동안 무엇을 공부하고 배웠는지 생각해 보라. 졸업 후 직장에서 일하면서, 대학에서 배운 여러 경영학 과목을 실무에서 잘 활용할 수 있을 것 같은가? 어떤 과목이건 기말시험을 보고 나면 그 과목 담당교수의 이름마저 잊게 된다. 따라서 대학 4년간 배우는 것은 학과 내용이라기보다는 다름 아닌 각자가 다닌 대학의 문화일 것이다. 어떻게 공부했고, 어떻게 교우관계를 맺으며, 동아리 활동을 통해 어떤 경험을 했는지 등의 대학생활이 대학의 문화이며, 곧 그것이 대학에서 추구하는 가치이기 때문이다. 따라서 그러한 관점에서 문화를 성격발달을 이해하기 위한 중요한 요소로 꼽을 수 있다.

학습과정의 차이에 따른 성격발달의 영향을 보여주는 대표적인 사례가 모유와 우유의 차이다. 엄마가 아이에게 젖을 준다는 것은 엄마의 심성을 전해주는 것이다. 심신미분화 상태에서 모든 신경, 감각, 기능, 감정이 통합된 유아의 입술과 엄마의 젖 사이의 관계는 일상을 지배하는 심신 발달에 영향을 준다. 따라서 이러한 과정이 순조로운 경우에는 사랑, 신뢰, 감사 등 선량한 심성이 활성화된다고 한다. 반면 그렇지 못한 경우에는 탐욕, 질투, 파괴적 기능, 원망 등이 발달한다는 연구 결과가 있다.

앞서 문화적 요인이 유전적, 생물학적 요인보다 성격발달에 더 큰 영향을 준다고 하였는데, 이 또한 학습 관점에서 이해할 수 있다. 예컨대, 서구문화는 개인주의적 특징을 갖는다. 따라서 사회의 지배적 가치에 근거하여 개인적 보상, 독립성, 경쟁 강조 등의 형태로 나타난다. 따라서 동양문화권에서 자란 사람과 성격특성에서 차이를 보일 것이다. 예컨대 미국에 살고 있는 한국인 2세들을 생각해 보라. 생물학적 요인은 동양인이지만, 북미문화권에서 성장한 그들은 그곳 문화권 사람들의 성격을 갖고 있다. 하지만 여기서 한 가지 주의해야 할 것이 있다. 넓은 의미의 문화와 성격 간에 상관관계가 있다고 일반적으로 말할 수 없다는 것이다. 미국 사회의 특징 가운데 하나가 청교도 문화라고 할 수 있는데, 이것이 직업윤리에 적용되는 측면이 강하다. 하지만 그것이 미국 내 인종과 지역, 사회계층을 넘어서 공통적으로 작용한다고는 볼 수 없다(House 등, 2004).

(3) 가족

성격발달의 초기단계에 큰 영향을 주는 요인으로 가족을 들 수 있다. 특히 부모가 개인의 초기 성격발달과정에 있어서, 동일화 과정이라는 측면에서 중요한 역할을 한다. 일반적으로 아빠는 아들에게, 엄마는 딸에게 성격발달의 모델이 된다.

여러 연구에서 부모의 직접적인 영향에 더하여 가정 분위기가 개인의 성격발달에 영향을 준다는 것이 일반적 견해로 정립되고 있다. 예컨대, 현저하게 제도화된 양육환경이나 냉정하고 차가운 가정에서 자란 아이들은 따뜻하고, 사랑 받으며, 고무적인 환경 속에서 성장한 아이들과 비교할 때 정서적 부적응 상태인 경우가 더 많다. 이 경우 주요 요인이 부모가 아닐 수도 있으나, 가족 구성원이나 혹은 가정 전체의 분위기가 어떠한지에 따라 아이들의 성격발달에 영향을 준다는 것이다.

이와 관련하여 부모가 주는 영향에 관한 연구가 있다(Abegglen, 1978). 미국 액슨모빌(Exxon Mobil) 사의 20명의 임원에 관한 구체적이고 상세한 사례연구인데, 그들의 성격과 관련하여 부모가 어떤 영향을 주었는가 하는 것이다. 이들 20명의 임원은 매우 빈곤한 가정에서 성장

참고 3.1 | 동일화와 성격발달

동일화(identification)는 자신의 무능력에 대한 감정을 회피하기 위해서 다른 사람이 가지고 있는 바람직한 특징을 자신에게 끌어들이는 것을 뜻한다. 예컨대, 유명한 사람들의 행동을 그대로 자신의 행동으로 대치하는 경우, 이러한 동일화는 자신의 내부적 갈등을 대리적으로 해결해 준다. 그렇기 때문에 뛰어난 운동선수나 빼어난 미인이 등장하는 광고는 그러한 효과를 노린 것이라 하겠다.

동일화는 성장 과정의 자연스러운 일부분이다. 어린아이들은 놀이를 통해 성인들을 모방하며 그 과정에서 도덕적 가치관을 학습하게 된다. 어린아이들은 특정 가치가 자신들에게 어떤 의미를 부여하는지를 깨닫기 이전부터 그 가치의식을 내면화(internalize)한다. 예컨대, 부모가 아끼는 도자기의 가치를 알지 못하지만, 친구가 오더라도 그것을 갖고 놀지 않는다. 즉 그러한 행동은 엄마의 행동과 동일화하는 것인데, 이를 통해 보상(칭찬)을 받기 때문이다.

한편, 프로이트는 어린아이들이 자신의 부모들과 동일화하게 되는 주요한 이유를 자기방어 때문이라고 하였다. 어린아이들은 어린 시절에 동성의 부모와 연적(戀敵)의 관계가 되나, 점차로 동성의 부모와 동일화하게 된다는 것이다. 그 이유가 다름 아닌 자기방어 때문이라는 설명인데, 처음에는 연적의 경쟁자가 됨으로써 경쟁구도하에서 공포감을 느끼게 된다. 예컨대, 어린 남자아이가 엄마를 차지하기 위해 아빠와 경쟁관계에 놓이는 상황과 어린 여자아이가 아빠를 차지하기 위해서 엄마와 경쟁관계에 놓이는 상황을 상상해 보라. 자신보다 훨씬 큰 체구의 아빠, 뛰어난 화장법과 눈부신 장신구로 치장한 엄마는 어린 남자아이와 여자아이에게는 도저히 경쟁할 수 없다는 두려움과 공포의 대상일 것이다. 따라서 결국 자신의 경쟁자인 연적과 동일화하는 과정을 거치게 된다. 즉 엄마가 하는 행동, 아빠가 하는 행동을 흉내 낸다. 이 과정을 통해서 공포심이나 불안을 제거한다. 이것이 곧 자기방어 기제의 일환이 될 수 있다.

이러한 동일화는 청소년기에 특히 중요하다. 예컨대, 청소년기 10대들의 목표는 당장 성인이 되는 것이지만, 가정과 학교, 사회에서는 아직까지 성인으로 대접해 주지 않는다. 그리하여 성인이 하는 일을 하지 못하도록 많은 제약을 한다. 따라서 청소년들은 자신이 할 수 있다고 생각하는 것과 부모와 사회가 허락하지 않는다는 현실 상황 사이에서 갈등을 경험하게 되는데, 이러한 갈등은 유명 연예인과 같은 동일화 대상의 발견을 통해 줄어든다. 즉 연예인들의 옷차림, 머리 모양, 심지어 걸음걸이까지 동일화(모방)함으로써 현실적으로 존재하는 갈등을 줄여 나간다.

3장 리더십과 성격이론

하여 세계적인 대기업 임원에 이른 사람들이다. 연구에서 매우 구체적이고 자세한 방법으로 사례분석을 실시하였는데, 먼저 인터뷰를 통해서 자료를 수집하였다. 이때 임원들의 직장경력뿐 아니라 교육과정, 인적 네트워크 등에 초점을 맞추어 인터뷰를 실시하였다. 그런 다음에 8장의 사진을 보여주고 떠오르는 자신의 생각을 스토리텔링하도록 하였다. 이는 일종의 과제통각검사(TAT, thematic apperception test) 방법의 하나로, 그 8장의 사진은 부모와 아이들이 있는 여러 가족의 사진이었다(TAT에 관해서는 7장 동기부여 참조).

그리하여 이들 20명이 쓴 에세이 내용을 분석한 결과 그 가운데 15명이 어린 시절에 별리로 인한 정신적 외상(separation trauma)을 아버지로부터 받았음을 발견하였다. 즉 15명 가운데 2명의 아버지는 그들이 아주 어렸을 때 돌아가셨고, 또 다른 2명은 부모가 이혼한 후 어머니하고만 살았다. 6명의 아버지는 사업상 혹은 재정적 측면에서 혹독한 시련을 겪었고, 5명의 아버지는 질병으로 심하게 앓았다. 그 결과 이들 아버지는 가족을 시련에 처하게 한 탓에 아들에 의해 비난의 대상이 될 것이다. 실제로 과제통각검사에서 이들 아버지는 무능한 사람으로 묘사되었고 적대시되었으며, 부적절한 사람으로 표현되었다. 그에 비해 어머니는 반대로 묘사되었다. 즉 경제적 측면이나 도덕적 측면에서 긍정적, 안정적 대상으로 표현하였다. 하지만 따뜻하고, 애정을 주는 어머니로는 인식되지 않았다.

이러한 결과를 통해서 보건대, 이들 임원들에게는 반동형성(reaction formation)이 발현된 것으로 볼 수 있다. 정상적인 아버지와 아들 간의 동일화 과정이 봉쇄되었기 때문이다. 그 대신 아들의 일생을 통해서 아버지에 대한 부적 동일화(negative identification)가 진행되어 아버지와 반대가 되고자 하는 분투노력, 즉 반동형성이 일어났다고 할 수 있다. 이 같은 부적 동일화가 아들의 전 생애를 통한 동기유발 요인이 된 것이다. 따라서 성공이나 성취에 대한 강한 욕구와 귀속에 대한 약한 욕구의 표출은 근원을 찾아 보건대, 어린 시절의 부적 동일화로 거슬러 올라간다는 것이다. 그리하여 아버지와 어머니(어머니의 경우는 신분 상승을 위한 분투노력에 도움이 되는 가치를 전달해 줌)는 이들 임원들의 성격 형성에 큰 영향을 주었다고 말할 수 있다.

부모가 주는 영향에 관한 이 같은 연구는 리더십 특성연구를 위한 유용한 시사점을 제공하고 있다. 하지만 광범위하게 일반화하거나 확대 해석하는 것은 문제가 될 수 있다. 왜냐하면 초기의 반동형성이 전생에 걸친 성취욕구의 추구나 신분 상승으로 이어진다는 결론이 유용하기는 하지만, 다른 심리학적 요인이나 관계 또한 그러한 결과를 낳을 수 있기 때문이다. 아울러 최근 들어 부쩍 '개천에서 용 난다'는 말이 통하지 않는 현실에서처럼, 어려운 가정에서 태어나서 성공하지 못하는 사람이 다수이기 때문이다.

반동형성(reaction formation)은 거부가 행위로서 나타난 것, 즉 자신이 갖고 있는 감정과 정반대되는 행위를 표출하는 것을 의미한다. 반동형성의 징후는 과장이다. 예컨대 유별나게 자신의 경쟁자를 칭찬하는 경우를 볼 수 있는데, 이는 경쟁자의 성공에 대한 적대감을 숨기기 위한 과장된 행동일 수 있다. 또한 반동형성은 자신의 동기가 순수하다는 것을 스스로에게 믿게 하는 방법일 수도 있다. 예컨대, 엄마 역할을 하기 싫어했던 여성이 엄마가 된 후에는 이전과 그 반대로 자신이 좋은 엄마라는 것을 입증하기 위해 많은 시간과 자원을 투입하여 아이를 위해 헌신하는 것을 들 수 있다.

투사(projection)는 자신의 특질을 다른 사람을 통해 보고자 하는 경향을 말한다. 즉 자신이 원하지 않는 감정, 태도, 동인, 성격특성 등을 다른 사람에게 귀인, 즉 투사(덮어씌움)함으로써 갈등의 근원을 제거하려 한다. 예컨대, 최근 일련의 조직구조 개편과 관련한 소문에 두려움을 갖는 사람은 다른 사람들은 자신보다 더 두려울 것이라고 생각한다. 이를 통해 두려움과 공포에 대한 자기 합리화 효과를 얻을 수 있다.

이러한 투사는 지각하는 사람의 입장에서 볼 때 결코 바람직하지 못한 특질이다. 하지만 본인은 그것을 깨닫지 못하는 경우가 일반적이다. 투사는 성격특성상 인색하고, 까탈스럽고, 완고하며, 끈질기거나, 무질서하며, 난잡하고, 난폭한 사람들에게서 자주 발생하는 기제라고 한다.

(4) 사회화 과정

성격에 영향을 주는 것으로서 접하게 되는 사람, 집단, 조직이 있다. 그 과정을 일반적으로 사회화 과정이라고 하는데, 사회화 과정은 아주 어린 시절을 제외하고 개인의 전 생애를 통해 진행된다.

특히 조직에서 사회화란 새로운 구성원이 조직 안으로 들어옴으로써 그 조직의 목표, 규범, 가치관, 작업방식 등을 배우고 학습하는 것을 의미한다(Bandura, 1986). 따라서 성공적인 사회화 과정을 통해 조직이 얻게 되는 것은 높은 성과, 혁신, 협동의식, 동기부여, 직무만족, 이직의 감소 등 긍정적 효과라고 할 수 있다.

한편, 개인이 사회화 과정을 통해 얻게 되는 변화에는 다음과 같은 것이 있다.

① **역할행위를 배운다.** 예컨대, 업무내용과 업무영역, 일의 우선순위, 시간과 노력의 배분, 조직 내 구성원과 갈등관리, 직장과 가정의 갈등관리에 대해 학습한다.

② **새로운 기술의 학습과 업무능력을 제고하는 기회가 된다.** 이는 사회화 과정의 일환인 교육훈련

을 통해서 필요한 기술을 습득할 수 있기 때문이다.

③ **집단의 규범과 가치관을 수용할 수 있게 해 준다.** 새로운 구성원이 들어왔을 때, 어느 수준의 공감대(신뢰감, 우호감)가 형성되기 전까지는 중요한 정보 제공을 꺼리거나 유보한다. 따라서 그러한 단계를 넘어 관계가 개선된다면 개인은 원활한 사회화 과정을 통해 집단의 규범이나 가치관을 수용하는 단계로 나아가게 된다.

④ **구성원 상호 간 영향력의 인식.** 이를 통해 업무 효율성을 높일 수 있다.

⑤ **조직적응.** 여러 가지 사회화 형태를 통해 다양한 배경(즉, 성격특질)을 가진 새로운 구성원들이 조직에 적응할 수 있도록 도움이 된다.

한편 조직 안에서 이루어지는 사회화를 다음과 같이 분류하는데, 이를 구성원들이 갖게 되는 2종류의 행위규범이라고 할 수 있다(Schein, 1971).

- **본질적인 사회화**(pivotal socialization)　이는 조직 구성원으로 계속 존재하고 싶다면 반드시 따라야 하는 것으로, 신의성실, 시간 지키기 등이 여기에 해당한다.
- **주변적인 사회화**(peripheral socialization)　이러한 것은 따르는 것이 바람직하기는 하지만, 반드시 따라야 하는 것은 아니다. 예를 들면 정치적 견해, 적절한 근무복장 등이 여기에 해당한다.

샤인(E. Schein)은 조직에서 이러한 2종류의 사회화를 모두 거부한다면 적극적인 반란자로서 해고당하거나 혹은 사직으로 이어질 것이며, 2종류를 모두 수용한다면 조직인간(organization man)에 해당한다고 하였다. 하지만 본질적인 것은 따르고 주변적인 것을 거부한다면, 창조적 개인주의자라고 이름 붙였다.

결론적으로, 사회화는 개인의 성격에 영향을 주는 요소라고 할 수 있다. 우리는 주위에서 "군대 갔다 오더니 사람이 변했다, 영업사원을 몇 년 하더니 완전히 달라졌다."와 같은 이야기를 흔히 듣는다. 이는 성격과 사회화 과정 간의 관계를 단적으로 설명해 주는 경우라고 하겠다.

(5) 상황요인

개인의 행동과 태도가 상황에 따라 바뀌듯이 개인의 성격도 상황에 의해 변화할 수 있다. 예컨대, 성격발달과정에서 권력욕구와 성취욕구가 강한 사람이었으나, 이후 고도의 관료적 업무상황에서 일하는 경우를 생각해 보라. 오랫동안 그러한 환경하에서 일하게 됨에 따라 좌절하거나, 매사에 무관심해지거나, 공격적인 사람으로 바뀔 수 있다. 즉 겉으로 보이는 모습은 게으르고 다루기 힘든 사람이 된다. 성격발달과정에 비추어 볼 때, 열심히 일하고 진취적인 성격의 소유자가 되어 있어야 함에도, 상황요인으로 인해 다른 성격특성을 가진 사람으로 바뀐 것이다.

4. 리더십 연구를 위한 주요 성격이론

지금까지 성격연구에 관한 두 가지 접근방법을 살펴보았다. 이를 근거로 지금부터 리더십과 관련된 대표적인 성격이론 두 가지에 관해 알아보자.

4.1 MBTI

MBTI(Myers-Briggs Type Indicator)는 가장 많이 사용되는 성격분류 도구라고 할 수 있다. MBTI를 위한 이론적 근거는 융(C. Jung)의 인지유형이론이다. 융은 지각에 영향을 주는 개인의 정신적 과정과 판단에 영향을 주는 정신적 과정은 다르다고 주장한다. 지각에 영향을 주는 요인으로는 감각과 직관이 있으며, 판단에 영향을 주는 요인에는 사고와 감정이 있다 (Jung, 1967). 그리하여 지각과 판단이 결합해 개인의 인지유형이 결정된다는 것이다. 그렇게 결합된 네 가지 인지유형은 그림 3.3과 같다.

		판단의 영향 요인	
		사고(T: Thinking)	감정(F: Feeling)
지각의 영향 요인	직관(I: Intuition)	IT	IF
	감각(S: Sensation)	ST	SF

그림 3.3 융의 인지유형

출처: C. Jung, **Types of Psychologies**, Harvard University Press, Cambrige, MA, 1968, p. 18.

MBTI는 융의 인지유형에다 외향적-내향적, 판단적-인식적이라는 두 가지 척도를 추가하였다. MBTI에서는 성격분류를 위한 설문지를 100개 문항으로 구성하여, 특정 상황에서 자신이 일반적으로 어떻게 느끼고 행동하는지를 선택하는 방식을 통해 측정이 이루어진다.

MBTI에서는 응답내용을 분석하여 외향적-내향적(E-I), 감각적-직관적(S-N), 사고적-감정적(T-F), 판단적-인식적(J-P) 등의 네 가지 차원으로 구분한다(Myers, 1962).

① **외향적-내향적**(Extrovert-Introvert) 외향적인 사람은 활발하고 사교적이며, 넓은 대인관계를 가지고, 적극적이며, 자기주장이 강하다. 그에 비해 내향적인 사람은 신중하고, 내면 활동에 집중하며, 깊은 대인관계를 가진다.

② **감각적-직관적**(Sensing-Intuitive) 감각적인 사람은 사물을 인식함에 있어서 경험과 오감에 근거하며 현실적이며, 일상적인 생활과 질서를 선호하는 유형이다. 직관적인 사람은 사물 인식을 직관과 영감에 의존한다. 자신만의 세계가 뚜렷하며, 아이디어를 중시하고 추상적, 미래지향적이다.

③ **사고적-감정적**(Thinking-Feeling) 사고적인 사람은 이성과 논리를 통해 객관적으로 문제를 해결한다. 업무중심 리더이다. 감정적인 사람은 개인적 가치와 감정에 의존하여 판단하며, 의미, 협력, 공감 등에 가치를 둔다. 관계중심 리더이다.

④ **판단적-인식적**(Judging-Perceiving) 판단적인 사람은 분명한 목표와 방향을 갖고 있다. 계획적이고 체계적이며, 명확한 자기의사로 신속하게 결정한다. 자신이 상황을 통제하기를 선호한다. 인식적인 사람은 목표와 지향이 유동적이고 상황에 유연하고 융통성이 있다. 결정을 유보하거나 보류하기도 한다.

MBTI에서는 이러한 4차원을 활용하여 16가지의 성격유형을 이끌어 냈는데, 그 가운데 몇 가지를 살펴보면 다음과 같다.

- **INTJ 유형은 몽상가에 해당한다.** 즉 여기에 속하는 사람은 독창적이고 창의적이다. 자신의 아이디어의 실현이나 어떤 목적을 위해 강한 추진력을 발휘한다. 하지만 의심이 많고, 비판적이며, 독립적이고, 단호하며, 완고한 경향이 있다.
- **ESTJ 유형은 조직가라고 할 수 있다.** 특징은 현실적, 논리적, 분석적이며 의사결정능력이 뛰어나다. 사업가 혹은 엔지니어 성향을 가진 사람들로서, 무엇을 계획하고 조직하거나, 일을 처리하는 것을 좋아한다.

- **ENTP 유형은 이론가이다.** 이러한 분류에 속한 사람들은 혁신적이며, 개인주의자이고, 다재다능하다. 사업기회를 찾거나 기업가적 아이디어에 몰입하는 경향이 있다. 어려운 문제를 해결하는 것을 좋아하고 그 과정을 즐기지만, 오히려 일상 업무에 대해서는 무시하는 경향이 있다.

MBTI에 대한 평가

MBTI는 우리나라에서 학교를 비롯하여 기업, 공공기관에서 활용되고 있으며, 미국에서도 과거에 애플을 비롯하여 AT&T, GE 등의 대기업에서 널리 사용되었다. 미국에서는 일찍부터 학교뿐 아니라 군대에서도 적성검사를 위해 오랫동안 활용하였다. 따라서 MBTI가 스스로에 대한 이해를 높임으로써 자신의 진로결정에 도움이 된다는 것은 이러한 범용 측면에서 분명하다. 즉 개인적 차원의 효용은 전반적으로 인정받고 있다고 할 수 있다.

하지만 성격도구로서 MBTI의 타당성에 대한 실증분석 결과는 부정적인 견해가 많다. 즉 미국 기업을 대상으로 실시한 여러 연구에서 MBTI 결과가 직무성과와 관련성이 낮으므로 '특정 직무에 적합한 사람을 선발하는 도구'로서 부적절하다는 연구 결과를 내놓고 있다 (Hunsley 등, 2004; McCrae와 Costa, 1989). 따라서 현재 MBTI에 대한 조직 차원의 효용은 개인적 차원의 효용과 별개로 타당성 측면에서 비판을 받고 있다고 할 수 있다.

4.2 Big 5 모델

Big 5 모델은 성격유형에 기본적으로 다섯 가지 차원이 존재한다는 연구 결과에 기반을 두고 있다. Big 5 모델은 MBTI에 비해 실증분석에서 지지를 얻고 있다. Big 5 모델과 리더십 효과에 관한 분석은 리더십 특성이론에 대한 대표적인 정량분석 가운데 하나이다. Big 5에 해당하는 요소는 다음과 같다(Digman, 1990).

① **외향성**(extroversion) 이는 개인이 사회적 관계 속에서 편안함을 느끼는 성향을 의미한다. 따라서 외향적인 사람은 모임을 좋아하고, 활달하며, 남과 잘 어울린다. 반면에 내향적인 사람은 수줍어하고, 소극적이며, 조용하다는 특성을 갖는다.
② **친화성**(agreeableness) 타인을 존중하는 개인의 성향을 의미한다. 친화성이 높은 사람은 협조적이고, 온화하며, 가까이 하고 싶어진다. 친화성이 낮은 사람은 냉정하고, 의견일치가 어려우며, 적대적이다.

③ **성실성**(conscientiousness)　　이 차원은 신뢰성을 의미한다. 성실성이 높은 사람은 책임감이 있고, 사고와 행동이 조직화되어 있기에 믿을 수 있고, 행동에서도 일관성이 있다. 성실성이 낮은 사람은 쉽게 마음이 분산되고, 조직화되어 있지 않아 신뢰하기 어렵다.

④ **정서적 안정성**(emotional stability)　　스트레스에 대처하는 개인의 능력을 의미한다고 할 수 있다. 정서적 안정성이 높은 사람은 침착하고, 자제력과 인내심이 많을 것이다. 그에 비해 정서적 안정성이 낮은 사람은 신경질적이고, 자주 조바심을 내며, 인내심이 부족하고, 쉽게 좌절한다.

⑤ **개방성**(openness to experience)　　새로운 것에 호기심을 갖고 빠져드는 성향을 의미한다. 이러한 개방성이 높은 사람은 창의적이며, 호기심이 많다. 또한 미적 감각을 갖고 있다. 그에 비해 개방성이 낮은 사람은 보수적이며, 익숙한 기존 환경에 안주하기를 선호한다.

1) Big 5 모델과 리더십

Big 5 성격특성과 리더십 효과 사이에는 높은 상관관계가 있는 것으로 나타났다. Big 5 성격과 리더십에 관한 1967년부터 1998년 동안 이루어진 연구 가운데 78개의 연구를 대상으로 이루어진 메타분석에 의하면, Big 5 가운데 외향성이 효과적인 리더가 되기 위해 가장 중요한 성격특성으로 나타났다(Judge, Bono, Ilies와 Gerhardt, 2002). 이때 리더십 효과를 측정하기 위한 성과 변수는 리더의 기술적 영향력, 기업가 정신, 피드백, 동기부여, 팀워크, 임파워먼트 등이다.

한편 외향성 다음으로는 성실성이 리더십 효과와 상관관계가 큰 것으로 나타났으며, 개방성과 정서적 안정성이 그 뒤를 이었다. 친화성은 리더십 효과와 가장 관련성이 낮은 성격특성으로 나타났는데, 이에 관해서는 리더십 행동이론에서 심도 있게 논의해 보도록 하겠다.

참고 3.4 | 메타분석

메타분석(meta-analysis)은 기존의 문헌을 분석하는 방법이다. 문헌연구를 위해서는 정성적 접근방법과 정량적 접근방법을 사용하는데, 메타분석은 정량적 접근이다. 이는 동일한 주제에 대한 다양한 연구 결과를 계량분석하는 것이다(예컨대, 리더십 교육의 효과를 분석한 최근 5년의 24편의 실증연구에 대한 메타분석). 여러 연구를 요약할 때 방법론을 사용하지 않고 요약하게 되면 편향이 생길 수 있기 때문이다. 따라서 메타분석을 통해 기존의 연구 결과들을 결합하게 되면, 표본수의 증가로 인한 효과와 함께 실증분석의 효과까지 얻을 수 있다는 이점이 있다.

2) Big 5 모델과 직무성과

Big 5 모델은 리더십 효과뿐만 아니라 직무성과와도 높은 관련성을 보이는 것으로 나타났다. 여러 연구에서 엔지니어, 건축가, 회계사, 변호사 등의 전문직 종사자를 비롯하여 경찰, 기업가, 영업사원, 숙련공, 견습공 등 다양한 직업을 대상으로 성격과 직무성과 간 관계를 조사하였다. 이때 직무성과는 고과등급(수행평가 등급), 훈련기간 동안의 숙련도, 급여 수준 등을 자료를 통해 측정하였다. 주요 분석 결과를 요약하면 다음과 같다(Hurtz와 Donovan, 2000).

① 모든 직업군에서 성실성이 높은 사람의 직무성과가 높은 것으로 나타났다. 또한 연구에서 성실성은 조직시민행동(OCB)과 관련성이 있는 것으로 나타났는데, Big 5 가운데 OCB와 상관관계가 있는 것은 성실성이 유일하다.

② 한편 Big 5의 다른 성격 차원에서는 직업군에 따라, 성과지표에 따라 분석 결과 차이가 나타났다. 예컨대 외향성의 경우, 경영관리직과 영업직에서는 성과와 상관관계가 크게 나타났다. 그 이유는 이들 직종은 높은 수준의 사회적 상호작용이 필요하기 때문으로 해석된다.

③ 개방성은 훈련과정 중 숙련도와 상관관계가 높게 나타났다.

④ 정서적 안정성은 직무성과와 상관관계가 그리 크지 않은 것으로 나타났다. 일반적으로 침착하고 안정된 사람이 불안하고 조바심을 내는 사람보다 직무성과가 좋을 것으로 생각할 수 있다. 그러나 연구 결과 정서적 안정성이 매우 높은 사람의 경우에만 직무성과가 높게 나타났으며, 그 밖의 경우에는 상관관계가 나타나지 않았다.

이처럼 정서적 안정성과 직무성과 간에 일반적으로 상관관계가 높지 않은 것에 대한 원인은 확실히 밝히지 못하였다. 오히려 정서적 안정성이 낮은 경우가 직무성과를 높이는 분석 결과도 있었다. 예컨대, 펀드매니저의 경우를 생각해 보자. 만약 자신이 내린 분석 결과에 대해서 의심치 않고, 잘못된 거래를 했을 때도 조바심을 내지 않는다면, 그 사람의 직무성과는 매우 낮을 것이다. 그렇다고 역으로 부정적 정서적 안정성이 늘 직무성과에 도움이 된다고 할 수도 없다. 불안과 우울증이 심할 경우, 스스로 동기부여하고 언제나 의사결정을 하기 어렵기 때문이다. 따라서 정서적 안정성이 낮은 것은 직무성과를 높이기도 혹은 낮추기도 하는 측면이 있을 것이다. 이처럼 분석에서 결과가 일관성을 보이지 못하는 것에 대한 설명이 가능하다.

한편 Big 5 모델과 직무 활동 및 일상생활 전반에 관한 연구 결과로서 다음과 같은 것이 있다(Simon과 Dickson, 2001).

① 내향적인 사람에 비해 외향적인 사람들은 직무와 생활 전반에 대해서 만족하는 경향을 보인다. 일반적으로 외향적인 사람은 친구도 많고 사회적 활동에 더 많은 시간을 투입한다. 그 결과 사고를 당하는 경우가 더 많은데, 적극적 활동을 추구하는 경향이 높기 때문으로 해석할 수 있을 것이다.

② 친화성이 높은 사람은 낮은 사람보다 행복감을 더 많이 느낄 것으로 예상할 수 있으나, 실제 그 차이는 거의 없는 것으로 나타났다. 한편 사람들이 사랑에 빠질 상대를 선택하거나 친구, 직장동료를 선택할 때 친화성이 높은 사람이 선택될 확률이 있다. 또한 친화성이 높은 아이들은 학교생활을 더 잘하며, 친화성이 높은 성인은 약물이나 알코올 중독, 도박에 빠질 가능성이 낮았다.

③ 성실한 사람들은 좋은 식습관을 갖고 규칙적으로 운동을 하는 등 자신의 건강을 잘 돌보고 흡연, 폭음, 과속 등 위험한 행동을 덜하기 때문에 장수한다. 그러나 부정적인 측면도 있다. 질서와 구조를 좋아하기 때문에 상황의 변화에 잘 적응하지 못한다. 또한 성실한 사람들은 일반적으로 성과지향적이다. 따라서 복잡한 기술을 충분히 학습하기보다는 조급하게 성과를 내려 하는 경향이 있다는 것이 연구에서 밝혀졌다.

④ 정서적 안정성이 높은 사람은 그렇지 않은 사람에 비해 더 행복하게 지내는 경향이 있다. Big 5 가운데 인생에 대한 만족도, 직무만족, 낮은 스트레스 수준과 가장 상관관계가 큰 것이 정서적 안정성이다. 따라서 높은 정서적 안정성은 건강상 문제와 역상관관계를 나타낸다. 한편 기분이 좋지 않은 상황이라면, 정서적 안정성이 낮은 사람이 정서적 안정성이 높은 사람에 비해서 양질의 의사결정을 신속하게 내리는 것으로 나타났다.

⑤ 개방적 성향을 가진 사람은 과학과 예술에서 더욱 창의적 성향을 보인다. 또한 덜 종교적이며, 정치적으로 자유로운 경향을 나타낸다. 개방적인 사람은 조직의 변화, 상황의 변화에 잘 적응하는 것으로 연구 결과 나타났다.

4.3 A형 성격

미국 보스턴 대학병원의 심장내과 의사인 프리드만과 로즈만은 환자 대기실 의자의 앞다리가 뒷다리보다 더 많이 닳아 있는 것을 발견하고 연구를 시작하였다. 대기 중인 환자들을 관찰한 결과, 대부분이 급한 일이 없음에도 곧 볼일 때문에 바쁜 사람처럼 의자 끝부분에 엉덩이를 걸치고 앉아 있기 때문이라는 것을 알게 되었다. 이후 3,400명의 심장병 환자들의 성격을 분석하였고, 그들의 공통적인 성격을 A형 성격으로, 그 반대의 성격을 B형 성격으로 이름 붙이게 되었다(Friedman과 Roseman, 1974).

그리하여 이러한 A형 성격은 북미 문화권에서 높이 평가받는다고 하였다. 또한 이러한 성격은 경제적으로 성공하려는 개인적 야망과 밀접한 관계가 있다. 따라서 열심히 일하고, 남에게 지기 싫어한다. 보다 적은 시간으로 보다 많은 것을 성취하기 위해 노력하며, 자신의 일을 누군가 방해하거나 지연시키게 되면 공격적으로 변화한다.

이러한 연구 결과를 토대로 A형 성격과 B형 성격의 특징을 정리하면 다음과 같다.

A형 성격의 특징

① 항상 움직이고, 걸으면서 말하고, 음식을 빨리 먹는다.
② 여러 가지 일이 일어나고, 진행되는 속도에 조급하다.
③ 따라서 동시에 두 가지 이상의 일을 생각하고 실행하려 한다.
④ 아무 일도 하지 않고 지내는 시간을 참지 못한다.
⑤ 숫자에 집착하고, 얼마나 많이 획득했는지를 기준으로 성공을 평가한다.

B형 성격의 특징

① 시간에 쫓기거나 조바심을 내는 일이 거의 없다.
② 외부 상황의 요구가 아닌 경우, 자신의 업적이나 성공을 내세우거나 언급할 필요를 느끼지 않는다.
③ 자신의 우수성을 드러내려 하지 않으며 여유와 휴식을 즐긴다.
④ 아무 죄책감 없이 여유를 부린다.

A형 성격에 관한 연구 결과를 요약하면 다음과 같다. A형은 높은 스트레스 상황에서 일을 하는 경향이 있다. 따라서 시간에 쫓기며, 스스로 시한을 정한다. 이러한 성향으로 인해 A형 사람들이 일하는 모습은 유사한 특징을 보인다. 즉 일을 신속하게 한다. 질보다 양을 중요시한다. 관리직에서는 오랜 시간 동안 일을 함으로써 경쟁력을 발휘한다. 성급한 의사결정으로 실수를 범한다. 창의적인 경우는 드물다. 속도와 양에 관심이 있기 때문에 문제

에 직면하면 과거의 경험에 의존한다. 따라서 새로운 문제에 직면해도 독창적인 해법을 찾기 위해 시간을 투입하지 않는다.

한편 A형은 B형보다 면접 시 좋은 평가를 받는 경향이 있다. 왜냐하면 그들은 면접 담당자가 좋아하는 높은 의욕, 자신감, 적극성, 열정과 같은 속성을 보유하기 때문이다.

하지만 프리드만과 로즈만의 의학적 차원의 연구 결과에 따르면 A형 성격은 스트레스가 없어도 항상 긴장하는 상태인 경우가 많으며, 같은 스트레스 상황에서도 더 민감하게 반응한다. 따라서 뇌가 이런 상태를 감지함에 따라 부신에서 각종 호르몬이 나오게 된다. 그리하여 단기적으로 혈압 상승과 심장박동수의 증가, 장기적으로는 콜레스테롤 생성의 촉진과 인슐린에 대한 저항이 커진다고 한다. 그 결과 A형 성격은 담배를 피거나 비만이 아니더라도 심장병 발병률이 높다는 것을 발견하였다.

4.4 마키아벨리즘

우리가 권모술수라 하고 이해하고 있는 마키아벨리즘은 16세기 권력을 획득하고 사용하는 방법에 관한 책을 저술한 마키아벨리(Machiavelli)에서 비롯한 개념이다. 마키아벨리즘 성향이 높은 사람은 실용적이고, 감정적인 거래를 유지하며, 목적이 수단을 정당화할 수 있다고 생각한다.

마키아벨리즘에 대한 연구 결과에서 일관된 것으로 다음과 같은 것이 있다. 마키아벨리즘 성향이 강한 사람은 일을 더 많이 벌이고, 내용을 꾸며대고, 더 많은 승리를 거둔다. 그에 비해 남에게 덜 설득당하며, 남을 설득한다(Dahling 등, 2009).

한편 마키아벨리즘에 관한 연구와 관련한 상황변수로 다음과 같은 것이 있다.

① 다른 사람과 직접 대면하면서 상호작용을 하는 상황
② 미리 정해진 규칙과 제약이 없어서 현장에서 즉흥적으로 대응해야 하는 상황
③ 성과와 관련이 없는 개인의 감정적 요인에 의해서 마키아벨리즘 성향이 낮은 이들의 주의가 분산되는 상황

따라서 마키아벨리즘 성향이 높은 사람은 그러한 같은 상황에서 높은 성과를 나타낸다.

그렇다면 마키아벨리즘과 리더십 효과 사이에 관한 연구 결과는 어떻게 나났을까 궁금해진다. 즉 높은 마키아벨리즘을 가진 사람이 우수한 리더가 될 수 있을까 하는 것이다.

이는 직무유형과 성과평가 시 윤리적 측면을 고려하는지 여부에 달려 있을 것이다. 그 결과 단체교섭 등 협상기술이 요구되거나 판매실적에 따라 집단별 보상이 이루어지는 경우에는 마키아벨리즘 리더가 효과적이었다. 하지만 정교하게 설계된 엄격한 행동규칙이 존재하는 경우, 혹은 앞서 지적한 '상황'조건이 존재하지 않는 대부분의 경우에 마키아벨리즘 성향이 높은 리더가 구성원들의 만족, 동기부여 직무몰입 등에서 더 성공적이라는 결과가 나타나지 않았다(Ramanaiah 등, 1994).

리더십 읽을거리 | 성격

아무 날도 아닌 어떤 날에 _ 연시 상자를 든 노인과 카페주인

지난 초겨울, 한 어르신이 전철역 환승의 갈림길 앞에서 길을 묻고 있었다. 한 젊은이가 지나가다 그 어르신에게 길을 알려드렸다. 어르신은 종이상자에 감을 담아 어딘가로 향하고 있었는데 얼기설기 노끈에 묶인 상자는 뚜껑이 없어 붉은 연시의 모습을 고스란히 드러내고 있었다. **(하략)**

출처: 이병률, [삶과 문화] 아무 날도 아닌 어떤 날에, **한국일보**. 2015.01.08
https://m.hankookilbo.com/News/Read/201501082083683786

물음: 윗글에 등장하는 세 사람의 성격특성에 관해서 논하라. 평범한 다수에 속하는 사람은 누구인가? 특이한 소수에 속하는 사람은 누구인가?

다음의 질문은 정답이 있는 것이 아닙니다. 아래의 25개 문항이 여러분을 어느 정도로 정확하게 묘사하고 있는지 7점 척도에 따라 표기하십시오.

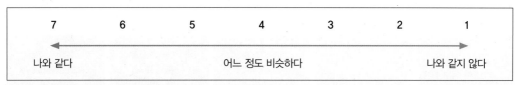

7	6	5	4	3	2	1
나와 같다			어느 정도 비슷하다			나와 같지 않다

1. _____ 리더가 없는 경우 내가 나서서 책임을 맡는다.
2. _____ 나는 다른 사람들과 잘 지내는 것을 염두에 둔다.
3. _____ 나는 자기 통제를 잘한다. 감정에 휩싸이거나 화를 내지 않는다.
4. _____ 나는 믿을만한 사람이다. 내가 무언가 한다고 하면 제때 훌륭하게 해낸다.
5. _____ 나는 좋은 성과를 위해 다른 방식으로도 시도해 본다.
6. _____ 나는 경쟁과 승리를 즐긴다. 패배는 괴롭다.
7. _____ 나는 친구가 많고 모임을 즐긴다.
8. _____ 나는 중압감 속에서도 일을 잘 수행한다.
9. _____ 나는 성공하기 위해 열심히 일한다.
10. _____ 나는 새로운 장소를 찾아서 여행하는 것을 좋아한다.
11. _____ 나는 외향적이며, 갈등 관계의 사람도 기꺼이 마주한다.
12. _____ 나는 다른 사람의 관점에서 사물을 보려고 노력한다.
13. _____ 나는 상황의 긍정적인 측면을 바라보는 낙관적인 사람이다.
14. _____ 나는 잘 조직화된 사람이다.
15. _____ 새로운 식당에 가면, 나는 전에 먹어보지 않은 음식을 주문한다.
16. _____ 나는 상위 경영층으로 나아가는 경력 사다리에 올라가고 싶다.
17. _____ 나는 다른 사람들이 나를 좋아하고 내게 우호적이기를 바란다.
18. _____ 나는 사람들에게 칭찬과 격려를 한다. 사람을 몰아세우거나 비판하지 않는다.
19. _____ 나는 조직의 규정을 따르고 지킨다.
20. _____ 나는 직장에서 앞장서서 새로운 일을 배우고 수행한다.
21. _____ 나는 다른 사람들을 내가 생각하는 방향으로 향하도록 영향을 주려고 한다.
22. _____ 나는 혼자 일하는 것보다 다른 사람들과 함께 일하는 것이 즐겁다.
23. _____ 나는 내가 긴장하고 불안한 사람이 아닌 편안하고 안정된 사람이라 생각한다.
24. _____ 나는 일도 잘하고 사람들과 잘 지내 왔기 때문에 믿을만한 사람이라고 생각한다.
25. _____ 사람들이 다른 방식으로 일할 것을 제안하면 나는 가능한 그렇게 하려고 돕는다. '안돼, 전에 그런 적이 없어, 불가능해'라고 거부하지 않는다.

● 채점 방법과 결과의 해석

다음의 성격유형은 Big 5의 성격 차원으로 구성되어 있다. 앞의 25개 항목을 다섯 가지 성격 차원으로 구분하여 좌측에 번호로써 해당 항목을 표기하였다. 각 차원의 점수를 더하여 합계 칸에 O로 표기하라. 합계점수가 높을수록 해당 성격 차원이 강하다는 것을 의미한다.

외향성 extroversion		친화성 agreeableness		정서적 안정성 emotional stability		성실성 conscientious- ness		개방성 openness to experience	
	35		35		35		35		35
	30		30		30		30		30
_____ 1.	25	_____ 2.	25	_____ 3.	25	_____ 4.	25	_____ 5.	25
_____ 6.	20	_____ 7.	20	_____ 8.	20	_____ 9.	20	_____ 10.	20
_____ 11.	15	_____ 12.	15	_____ 13.	15	_____ 14.	15	_____ 15.	15
_____ 16.	10	_____ 17.	10	_____ 18.	10	_____ 19.	10	_____ 20.	10
_____ 21.	5	_____ 22.	5	_____ 23.	5	_____ 24.	5	_____ 25.	5
각 점수	합계	각 점수	합계	각 점수	합계	각 점수	합계	각 점수	합계

출처: R. N., Lussier and C. F. Achua, **Leadership: Theory, Applcation, and Skills**. 2nd ed., South-Western, 2004.

3장 리더십과 성격이론

4장

리더십 역량연구

리더십 역량연구는 앞서 논의한 리더십 특성연구와 마찬가지로 리더를 연구의 중심 (leader-centered perspective)에 두는 리더에 관한 연구이다.

하지만 리더십 특성연구가 리더의 타고난 특성이나 고착화된 성격특성, 신체적 특성 등에 초점을 두었다면, 역량연구는 학습을 통해 확장되고 개발할 수 있는 리더의 역량과 능력에 초점을 두고 있다. 즉 리더의 지식과 능력, 경험이 리더십 효과를 발휘하는 중요한 요인이며, 그와 같은 역량은 개발 가능하다는 것이 역량이론의 출발점이라고 할 수 있다.

지금부터 역량에 관한 개념의 이해로부터 시작하여 대표적인 역량이론에 대해 살펴보자.

1. 역량의 개념

역량(competence)에 관한 체계적인 연구는 맥클리랜드에서부터 시작하였다. 맥클리랜드 (D. McClelland)는 지능검사를 통해 개인의 능력을 판단하는 것은 합리적이지 못하며, 성격, 가치관 등의 단일요소만으로는 업무성과를 예측할 수 없다고 주장하였다.

구성원들의 업무성과는 더욱 근본적인 개인의 특징에 의해서 결정되는데, 그것을 역량이라고 하였다. 맥클리랜드는 역량을 다음과 같이 정의하였다. 역량이란 특정한 업무와 조직 상황에서 일을 잘할 수 있는 심리적, 행위적 특성이다(McClelland, 1973).

역량은 능력(ability, capacity, capability)과 비교를 통해 쉽게 이해할 수 있다. 능력이란 어떤 일을 할 수 있는 힘을 의미한다. 뛰어난 외국어 실력은 능력이라고 할 수 있다. 하지만 현재 맡아서 하고 있는 일에서 뛰어난 외국어 능력이 업무성과와 무관하다면 그것은 역량이 되지 못한다. 역량이란 외국어 실력, 인간관계기술, 공감능력 등의 행위적, 심리적 요소가 특정 업무와 관련하여 혹은 특정 맥락 관계에서 성과를 나타낼 때 일컫는 말이다. 따라서 역량은 일련의 지식, 기술, 태도를 특정 상황의 맥락에 맞게 적용하는 능력이라는 점에서 능력보다 구체적이며, 직무성과를 더욱 정확하게 예측할 수 있는 개인의 특성이다.

이러한 역량은 미시적 차원에서 개인역량과 관리역량이 있으며, 거시적 차원에서는 핵심 역량으로 구분한다.

2. 맥클리랜드의 역량 모델

맥클리랜드(D. McClelland)는 역량은 고성과자와 보통 사람들을 구별해 주는 내적 특성이며, 지능검사보다 역량이 실제 성과에 더욱 영향을 미친다고 주장하였다(McClelland, 1973).

맥클리랜드의 역량 모델을 빙산 모델(iceberg model)이라고도 한다. 역량을 커다란 빙산으로 표현하였는데, 수면의 위에 보이는 부분과 수면 아래로 가라앉은 훨씬 더 큰 부분을 갖고 있는 빙산의 모습을 통해 역량 모델을 설명하고 있다. 빙산의 상부는 겉으로 보이는 특징을 의미한다. 개인의 지식과 기술을 나타내며, 일반적으로 외부에서 관찰이 용이하거나 측정할 수 있는 것이다. 하부는 잠재적인 특징을 나타낸다. 사회적 역할, 자아개념, 잠재적인 특질, 동기 등이 여기에 해당한다. 특징들 가운데서 발견하기 어렵거나 잘 느끼지 못할수록 아래쪽으로 위치한다. 맥클리랜드는 업무성과를 예측하기 위한 요인은 역량 모델의 상부에 있는 지식(학력), 기술 등의 외적 요인이 아니라고 보았다. 대신 빙산의 아래 부분을 차지하고 있는 것, 즉 인간의 내부에 자리 잡고 있는 내적 요인이라는 것이다. 단순한 비유처럼 보이지만 명확한 이론적, 실천적 의미를 담고 있다. 모델을 통해 개인의 성

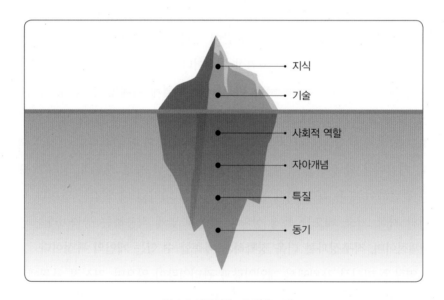

그림 **4.1** 맥클리랜드의 빙산 모델
출처: I. M. Spencer and S. M. Spencer, **Competence at Work: Models for Superior Performance**.
New York, John Wiley & Sons, 1993, p. 66.

과에 영향을 주는 중요한 역량요인이 전통적으로 받아들이고 있던 요인이 아님을 알 수 있다.

맥클리랜드의 역량연구는 당시 관리자의 업무성과를 평가하고 측정하면서 출발하였다. 그리하여 인적자원 평가방법에 여러 가지 문제가 있으며, 그 결과 평가의 효용성이 결여되어 있음을 발견하였다. 전통적인 평가방법은 지능(IQ), 지식의 양적 측면, 전문 기술 수준 등을 주요 지표로 삼았다. 그러나 이와 같은 요인을 통해서 업무성과와 개인의 조직 내 성취 수준을 예측할 수 없었다. 더욱이 전통적인 평가를 위한 활용지표들은 많은 비용을 투입해야 얻을 수 있는 것이다. 학위 취득, 전문 기술 훈련 등을 거쳐야 하기 때문이다. 그러므로 이와 같은 평가방법은 사회적 약자들에 대한 차별을 낳는다. 예를 들어, 고등학교만 졸업한 사람도 박사학위를 받은 사람보다 더 높은 자리에 오를 수 있다. 그러나 전통적인 평가방법에 따르면 불가능한 일이다.

맥클리랜드는 개인의 성과에 영향을 미치는 보다 근본적인 역량요인은 그림 4.1의 빙산의 아랫부분에 위치한 요인이라고 하였다. 연구를 통해 구체적으로 성취동기, 인간관계에 대한 심도 있는 이해, 집단 영향력 등과 같은 요인을 이끌어 내었다.

① **동기** 특정 목표나 행위를 지향하거나 유발하는 힘
② **특질** 신체적, 육체적 능력이나 특정 정보와 상황에 대한 정서적, 감정적 반응성
③ **자아개념** 내면적 자아(self-image), 정체성 인식, 가치관, 자존감, 자기확신
④ **지식** 특정 분야에 대해서 갖고 있는 정보
⑤ **기술** 특정 신체적, 정신적 과제를 수행할 수 있는 능력

맥클리랜드는 특정 직무에서 성공할 수 있는 개인의 역량을 식별하고, 평가하고, 측정할 수 있는 방법에 관해 연구하였다. 그리하여 행동사건면접법(behavior event interview)을 개발하였다(표 4.1). 이는 주요사건법(critical incident method)과 과제통각검사(TAT, thematic apperception test)를 결합한 형태로서, 과거 6개월 혹은 1년 동안 직무를 수행하면서 가장 성공적이었거나, 반대로 가장 실패한 행동에 대한 상세한 서술을 통해 실제 역량을 파악한다.

표 **4.1** 행동사건면접법

행동사건면접을 위한 질문
1. 상황의 묘사 2. 어떤 사람이 참여하였는가? 3. 실제로 어떤 행동을 취했는가? 4. 개인적으로 어떤 느낌을 받았는가? 5. 어떤 결과를 얻었는가?

다음의 사례는 실제로 맥클리랜드가 미국 국무부가 해외 대사관에 파견할 공보요원 선발에서 활용한 과정을 설명하고 있다.

학습사례 4.1 │ 선발과 관련한 사례

냉전시대, 미국 대사관에 근무하는 공보요원(FSIO, foreign service information officers)은 대부분이 백인 남성들이었다. 모두가 여러 단계의 어려운 평가를 통해 선발된 사람들이었는데, 이것이 특히 그들의 사명감을 더욱 북돋는 요인이 되었다. 주요 직무는 언론 기고, 외교, 문화 활동 및 주재국 국민을 상대로 한 강연, 행사 개최 등을 통해 미국의 대외 정책을 홍보하고 국제적 이미지를 높이며, 미국식 가치관을 전파하는 것이었다. 미국 정부는 적절한 인물을 선발하기 위해 외국 복무 관리자 테스트를 만들었다. 이 테스트는 엄격한 잣대를 가지고 있었다. 주요 평가 내용은 지능, 학력과 성적, 일반 인문 상식과 문화 배경 지식(미국 역사, 유럽 문화, 영문학, 정치, 경제 등 전문 지식) 등이다. 미국 정부는 이와 같이 시험을 통해 적절한 인물을 찾길 원하였다. 그러나 이 테스트는 원하는 결과를 도출해 내지 못하였는데, 어려운 테스트를 통해 선발된 많은 인재가 주어진 일을 감당해 내지 못했기 때문이다. 미국 정부는 효과적으로 해외 공보요원을 선발할 수 있는 방법을 만들어달라고 맥클리랜드에게 요구하였다.

맥클리랜드는 테스트에서 다음과 같은 문제점을 발견하였다. 우선 문화적 배경 지식을 많이 요구하였기 때문에 미국 내 비주류 문화에 속한 사람들은 배제되었다. 또한 이 테스트의 평가 내용들은 해외 공보요원이 갖추어야 할 중요한 능력과 무관하였다. 평가 기준이 너무 이상적으로 설정되어 있었던 것이다. 마치 멸균처리된 실험실에서 나온 것 같이 느껴질 만큼 현실과 동떨어져 있었다. 합리적이면서도 효과적인 기준을 찾기 위해 맥클리랜드는 행동사건면접을 통해 평가 기준을 도출하였다. 먼저 해외 공보요원 일부를 두 그룹으로 나누었다. 한쪽은 최고로 우수한 그룹이었고, 다른 한쪽은 평범한 그룹이었다. 연구팀은 행동사건면접법을 이용해 인터뷰를 진행하였고 그 내용을 토대로 두 그룹의 행동과 사고 방법의 차이를 정리하였다. 그리고 이를 기반으로 그들이 보여주는 서로 다른 요소가 무엇인가를 분석하였다. 우수한 그룹과 평범한 그룹은 서로 다른 특성을 보였다. 연구팀은 이들의 특성에서 무엇이 공통된 요소이며, 어떤 특성이 우수한 사람에게는 나타나지만, 평범한 사람에게서는 나타나지 않는가를 명확하게 알 수 있었다. 우수한 사람들이 갖는 고유한 특성을 발견한 후, 이것을 분류하고 등급을 나누었다. 그리고 우수한 사람과 평범한 사람 간의 차이를 표현하는 특성 시스템을 만들 수 있었다. 타문화 사람들과 교류 시 민감성, 타인에 대한 긍정적인 기대, 현지 정부 네트워크와 신속히 연결할 수 있는 능력, 이렇게 세 가지로 이루어진 평가

3. 캐츠의 관리기술 모델

캐츠(R. Katz)는 현장연구를 통해 효과적인 경영관리는 관리자들이 가지고 있는 세 가지 관리기술에 의해 결정된다고 주장하였다. 이러한 관리기술은 리더의 성격특성이나 인격과 다른 차원이며, 이때 관리기술이 의미하는 것은 관리자들이 명확하게 습득할 수 있는 것이라고 하였다.

그림 4.2는 캐츠의 관리기술 모델을 나타내고 있다.

캐츠가 이야기하고 있는 관리기술은 리더가 어떤 사람인가(리더 특성)에 관한 것이 아니라, 리더가 되기 위해서 필요한 '리더십 기술'이 무엇인가에 관한 것이다.

캐츠의 관리기술 모델은 다음과 같은 내용을 설명하고 있다.

① 조직의 목표달성을 위해 리더에게 요구되는 것은 관리기술의 활용능력이다.

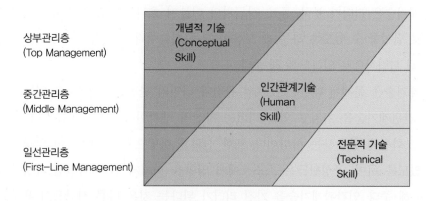

그림 **4.2** 캐츠의 관리기술 모델
출처: R. L. Katz, "Skills of an Effective Administrator," **Harvard Business Review**. Sep. 1974, p. 34.

② 관리기술(리더십 기술)은 후천적으로 습득할 수 있으며, 교육훈련을 통해 개발할 수 있다.

(1) 전문적 기술

전문적 기술(technical skill)은 실제로 현장에서 이루어지는 작업이나 직무에 관한 지식이다. 따라서 전문적 기술 수준과 직무의 능숙성은 비례한다고 할 수 있다. 전문적 기술은 특정 영역에서 요구되는 능력이며, 구체적으로 전문 지식, 분석 능력, 도구와 장비의 활용기법 등이 있다.

예컨대, 모바일 앱개발 회사에서 전문적 기술이란 소프트웨어 프로그래밍에 관한 지식, 회사의 소프트웨어 제품에 관한 지식, 제품의 작동에 관한 지식 등을 의미한다. 회계법인의 전문적 기술은 회계감사를 위한 일반적인 원칙을 이해하고 적용하는 능력을 말한다.

따라서 전문적 기술은 회사의 제품 관련 지식뿐만 아니라 실무에 직접 참가하는 활동까지 포괄한다. 전문적 기술은 제품이나 서비스생산에 필수적이므로 전문적 기술은 일선관리자들과 중간관리자들에게 특히 중요한 기술이다. 그에 비해 상부관리층에서는 상대적으로 덜 중요하다. 왜냐하면 CEO나 임원들에게는 이와 같은 전문적 기술이 아래 계층의 관리자들의 업무만큼 필수적이지 않기 때문이다. 자동차 회사의 최고경영자들이라도 배출규제 관련 기술적 문제의 해결방안은 그 분야의 전문가들에 의존할 것이다.

(2) 인간관계기술

인간관계기술(human skill)이란 사람들과 함께 일할 때 요구되는 인간관계에 대한 지식과 능력이다. 인간관계기술은 전문적 기술과 다른 차원의 기술이다. 전문적 기술은 사물과 관련된 기술이고, 인간관계기술은 사람 다루는 기술(people skill)이다.

인간관계기술은 리더가 부하, 동료, 상급자와 더불어 효과적으로 일하고, 조직의 목표를 성공적으로 달성할 수 있도록 하는 데 도움이 되는 기술이다. 그리하여 구성원들이 공동의 목표를 위해 협력적으로 일하도록 해 준다.

인간관계기술은 문제에 대한 스스로의 관점과 타인의 관점을 이해할 수 있는 능력이다. 따라서 인간관계기술을 가지고 있는 리더는 자신의 생각이나 아이디어를 다른 사람들과 관계에서 조화롭게 활용하는 사람이다. 또한 신뢰를 바탕으로 구성원들이 안정감을 갖고 일할 수 있도록 하며, 구성원들은 스스로에게 영향을 미치게 될 의사결정 과정에 참여할 수 있도록 해 준다. 인간관계기술을 가진 리더가 된다는 것은 다른 사람들의 욕구나 동기에 민감하다는 의미이며, 의사결정 과정에 다양한 이해당사자들을 참여시킴으로써 그들의 의견이나 요구를 반영한다.

이러한 인간관계기술은 세 가지 관리계층 모두에서 중요하다. 물론 일선관리자들이 가장 많은 숫자의 사람들과 의사소통을 할 것이지만, 중간관리자나 상부관리자에게도 인간관계기술은 마찬가지로 중요하다.

(3) 개념적 기술

개념적 기술(conceptual skill)은 개념이나 사고와 관련되어 있다. 구체적으로 특정 이슈의 현안에 대한 개념정립이나 창의성, 비전, 계획 등 사고활동을 위한 능력이다.

개념적 기술을 가진 리더는 조직의 전략과 그에 따른 복잡한 문제를 해결하기 위한 아이디어를 제시하는 사람이며, 조직의 목표를 언어로 표현하는 데 능숙하며, 경영에 영향을 미치게 될 경제원칙들을 구성원들에게 알기 쉽게 설명해 주는 사람이다. 개념적 기술을 가진 리더는 추상적 개념과 가정적 추론이 요구되는 어려운 일을 다루는 사람이다.

개념적 기술은 조직의 비전을 제시하고 계획을 수립하는 데 중심 역할을 한다. 예를 들어, 경쟁시장에서 어려움을 겪고 있는 휴대폰 제조회사의 CEO가 새로운 제품라인을 개발하여 회사의 이미지 변화와 수익성을 높인다는 계획을 명확하게 표명하는 것은 개념적 기술을 발휘하는 것이다.

모바일 앱개발 회사의 CEO가 치열한 경쟁시장에서 공공 의료 앱개발을 위한 사업부를 신설하겠다는 전략계획을 수립하는 것도 개념적 기술의 발휘라고 할 수 있다.

이처럼 개념적 기술은 조직의 현재 문제와 당면한 이슈의 의미를 구체화하는 일과 관련한 역량이다. 회사의 존재 이유는 무엇이며, 현재 회사의 위치는 어디이며, 어느 방향으로 나아가는가에 대한 스스로의 이해와 구성원들에게 전달하는 능력인 것이다.

모델에서 보여주듯이 개념적 기술은 조직의 상부관리층에서 매우 중요한 기술이다. 개념적 기술의 부재는 조직을 위험에 빠뜨릴 수 있기 때문이다. 그에 비해 상대적으로 중간관리층이나 일선관리층은 최고경영층에 비해서 중요성이 덜하다고 할 수 있다.

세 가지 관리기술은 리더에게 중요하고 필수적이다. 이때 관리계층의 위치에 따라 어떤 기술은 상대적으로 중요성이 더하거나 덜할 수 있다. 캐츠의 연구는 리더십을 관리기술의 관점에서 개념화하였다는 점에서 의미를 갖는다고 할 수 있다.

4. 멈퍼드의 리더십 역량기술 모델

　멈퍼드(M. Mumford)는 리더십 효과를 결정하는 요인에 대해 다양한 대상을 통해 연구를 진행하였다. 그 가운데 특히 미국육군의 소위부터 대령까지 1,790명의 장교를 대상으로 리더십 효과의 차이를 가져다주는 구체적인 리더십의 역량기술(skill)을 규명하고자 하였다(Mumford 등, 2000). 그림 4.3은 멈퍼드가 제시한 리더십 역량 모델을 보여주고 있다.

　이는 리더의 역량(지식과 기술)과 리더십 효과 간 관계를 검증하는 일종의 능력 개발을 위한 모델이라고 할 수 있다.

　멈퍼드의 모델에 근거해 볼 때, 리더십 능력(leadership capability)은 교육과 경험을 통해 개발될 수 있다. 위인이론(great person)에서는 리더십 능력을 타고난 소수만이 리더십을 발휘할 수 있다는 전제와 달리 리더십 역량 모델이 가정하고 있는 것은 많은 사람들이 리더십 잠재능력을 가지고 있다는 것이다. 따라서 사람들이 그들의 경험과 학습을 통해 리더십 능력을 습득할 수 있다.

　멈퍼드의 연구는 리더의 행동유형에 초점을 맞춘 리더십 행동이론과도 구분된다. 리더십 역량 모델은 리더가 무엇을 하느냐(what leader to)를 강조하기보다는 효과적인 리더십을 가능하게 하는 리더의 역량(지식과 기술)을 강조하고 있다.

　지금부터 리더십 역량 모델의 구성요소에 관해서 살펴보자.

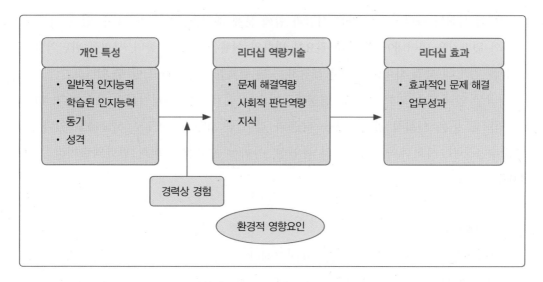

그림 **4.3** 멈퍼드의 리더십 역량기술 모델 (skill-based model of leadership)

출처: M. D. Mumford, S. J. Zaccaro, F. D. Harding, T. O. Jacobs, and E. A. Fleishman, "Leadership Skills for a Changing World: Solving Complex Social Problems," **Leadership Quarterly**. vol. 11, no. 1, 2000.

(1) 리더십 역량기술의 구성

리더십 역량기술 모델의 핵심을 이루고 있는 리더십 역량기술(competences)은 문제 해결역량, 사회적 판단역량, 지식이라고 하는 세 가지 요소로 구성되어 있다.

① 문제 해결역량

문제 해결역량(problem-solving skill)은 이례적이며 불명확한 문제를 해결하는 창의적 능력이다. 따라서 해결해야 할 문제점이 무엇인가를 명확히 이해할 수 있는 능력이며, 정보 수집과정에서 문제점에 관한 새로운 이해와 문제 해결을 위한 올바른 계획을 수립하는 능력이다.

이러한 역량은 진공상태가 아닌 조직의 현재 상황에서 발휘된다. 문제 해결역량은 조직 내에서 이전에는 없었던 문제의 해결을 위해 발휘되고, 그러한 문제 해결과정은 자신의 리더십 역량이 된다.

② 사회적 판단역량

사회적 판단역량(social judgement skill)은 타인을 이해하고 사회적 관계를 이해하는 역량을 말한다.

리더의 사회적 판단역량은 다른 사람과 함께 문제 해결을 위해 노력할 수 있게 해 주고 지지와 뒷받침을 얻어내어 조직 내 필요한 변화의 실행을 가능케 한다. 사회적 판단역량은 복잡한 조직 내 사적 사이의 문제를 해결하는 데 필요한 기술이라고 할 수 있다.

개념상 앞에서 논의한 캐츠의 경영관리기술 가운데 인간관계기술과 유사하다. 하지만 멈퍼드 등은 사회적 판단역량을 다음과 같이 좀 더 구체적으로 서술하고 있다. 즉 조망수용능력, 사회적 인식, 행동의 유연성, 사회적 수행이 사회적 판단역량이라는 것이다.

i) 조망수용능력

조망수용능력(perspective taking)이란 어떤 문제나 그 해결책에 대한 다른 사람들의 관점과 태도를 이해하는 능력을 의미한다. 흔히 사회적 문제 해결을 위해 필요한 감정이입(empathy)이나 역지사지를 뜻한다. 다른 사람들의 시각에 민감하게 반응하는 능력과 현안과제에 대한 다른 사람의 견해를 이해할 수 있는 능력이라고 할 수 있다. 따라서 조직 내 다른 구성원들이 특정 문제와 그 문제에 대한 해결책을 어떻게 보고 있는가를 파악하는 것이다. 사회적 지능(social intelligence)과 유사한데, 사람에 관한 지식, 조직의 사회적 구조(social fabric), 조직 구성원들 간 상호작용과 관련된 개념이기 때문이다.

ii) 사회적 인식

사회적 인식(social perceptiveness)은 조직 안에서 다른 사람들은 어떻게 기능을 수행하고 있는가에 대한 관심과 통찰을 의미한다. 다른 사람들에게 중요한 것은 무엇인가? 그들이 당면하고 있는 문제는 무엇인가? 그리고 그들은 변화에 대하여 어떻게 반응하고 있는가? 이처럼 사회적 인식은 조직 내 다른 구성원들의 욕구, 목표, 요구에 대한 이해를 의미한다. 사회적 인식 능력을 가지고 있는 리더는 조직 내에서 일어나는 변화에 대해 다른 사람들이 어떻게 반응하고 있는가에 대한 뛰어난 감각을 가지고 있다.

iii) 행동의 유연성

행동의 유연성(behavioral flexibility)은 조직 내 다른 사람들에 대한 이해에 기초하여 자신의 행동을 변화하고 적응하는 역량이다. 유연성이 있다는 것은 어떤 문제에 대해 단일 접근에만 몰두하지 않는 것을 의미한다. 따라서 변화에 대한 개방성과 자발성을 수용하는 사람이다. 그리하여 유연성이 있는 리더는 상황의 변화에 따른 요구에 부응하기 위해 자신의 행동변화를 시도한다.

iv) 사회적 수행

사회적 수행(social performance)은 구성원들과 좋은 관계 속에서 리더십을 발휘한다는 의미로서 리더십 역량을 포괄하는 개념이다. 리더는 구성원들의 이해를 바탕으로 자신의 비전을 효과적으로 전달할 수 있어야 한다. 이때 변화의 필요성을 설득하고, 비전을 전달하는 기술은 리더에게는 필수적이다. 변화에 대한 저항과 변화 과정에서 발생하는 개인 간 갈등이 있을 때 리더는 중재자로서 기능도 수행해야 한다. 이를 위해 갈등 관리 기술은 사회적 수행역량의 중요한 구성요인 가운데 하나이다.

③ 지식

지식(knowledge)이란 정보의 축적이며 축적된 정보를 조직화하는 정신구조이다. 지식은 데이터를 학습하고 조직화하기 위해 여러 가지 개념을 체계화하는 것에서 출발한다. 지식은 조직 내 문제의 정체를 밝히는 리더의 역량의 선행요인이 되며, 문제를 해결하려는 노력과 시도에 직접적인 영향을 미친다. 복잡한 문제를 파악하고 변화를 위한 시도와 노력을 가능하게 해 주는 것이 지식과 전문성이기 때문이다.

(2) 개인 특성

멈퍼드 모델은 리더십 역량기술을 위한 네 가지 개인 특성을 제시하고 있다. 조직 안에서 발생하는 문제를 해결하기 위해서는 일반적 인지능력, 학습된 인지능력, 개인의 동기, 성격은 중요한 역할을 한다.

① 일반적 인지능력

일반적 인지능력(general cognitive ability)은 개인의 지능에 해당하는 것이다. 구체적으로 지각능력, 정보처리능력, 일반적 사고능력, 창의적 사고능력, 확장적 사고능력, 암기력 등을 포함한다. 따라서 이러한 일반적 인지능력은 타고나는 것으로서, 경험과 관련된 것은 아니다. 성년기 초기까지 발달하고 확대되며 이후로 점차 쇠퇴하기에 유동적 지능(fluid intelligence)이라고도 한다.

② 학습된 인지능력

학습된 인지능력(crystalized cognitive ability)은 일반적 인지능력과 대비되는 것이다. 즉 시간의 경과에 따라 계속 학습하고 습득할 수 있는 지적능력으로서, 이 과정을 통해서 리더십 역량(문제 해결역량, 사회적 판단역량, 지식)을 제고한다. 학습된 인지능력은 지속적으로 발달하며, 성인기 이후에도 비교적 안정적으로 유지되며 쇠퇴하지 않는다. 이러한 학습된 인지능력은 복잡한 정보를 이해할 수 있는 능력이므로, 타인에게 효과적으로 전달할 수 있다.

③ 동기와 성격

동기(motive)는 리더십 역량을 발휘하기 위한 중요한 전제이며 힘이기도 하다. 따라서 여러 가지 인간의 동기 가운데 리더는 어려운 문제를 해결하려고 하는 의지가 있어야 한다. 이때 리더는 문제 해결을 하고 판단을 하는 과정에 필연적으로 영향력을 행사해야 한다. 권력 동기는 다른 사람을 지배하고, 영향력을 행사하는 동기로서 리더에게 중요한 동기가 된다. 또한 리더는 양적인 측면에서 질적인 측면에서, 직접적인 이해 당사자와 간접적 이해 당사자, 내부고객과 외부고객 등의 유익을 위해서 성취 동기가 중요하다. 한편 성격 측면에서 리더는 주도적이고 외향적인 특성이 필요한데, 이것이 미국 육군 장교들에게서 공통적으로 나타난 리더십의 출발점이기도 하였다.

(3) 리더십 효과

멈퍼드 모델에서 제시하는 리더십 효과에는 효과적인 문제 해결과 업무성과가 있다.

① 효과적인 문제 해결

문제 해결은 리더 역량연구의 핵심이다. 모델에서 문제 해결역량은 효과적인 문제 해결로 이어지는 것을 보여준다. 이러한 문제 해결의 효과는 문제 해결방식의 독창성과 문제 해결을 위한 방법의 질적 수준에 의해 결정된다. 따라서 효과적인 문제 해결은 논리적이고 효율적이며, 독특한 해결책을 제시해야 하며, 주어진 정보의 한계를 넘어 새로운 해결책을 제시하는 것이다.

② 업무성과

업무성과는 리더가 자신의 직무를 얼마만큼 잘 수행하였는가를 의미한다. 멈퍼드는 리더의 업무성과를 측정하기 위해 더욱 표준화된 외적 기준을 채용해야 한다고 주장한다.

(4) 경력상 경험

멈퍼드는 역량기술 모델에서, 개인이 경력상 거치게 되는 여러 가지 경험은 리더의 개인 특성(리더의 인지능력, 동기, 성격)과 리더십 역량기술 사이의 관계를 강화한다고 하였다.

중요한 경력상 경험에 해당하는 것으로는 ① 도전적인 업무, ② 멘토링, ③ 적절한 교육과 훈련, ④ 새롭고 전례 없는 문제 해결과정의 참여 등이 있다.

한편 리더의 경력상 경험이 리더 개인의 특성에 영향을 미치는 경우로써, 예컨대 부여받은 업무의 확실성이 클수록 개인에게는 동기부여 효과와 지적능력이 향상된다.

앞서 논의한 캐츠의 관리기술 모델에서 개념적 기술이 조직의 상부관리자들에게 가장 중요하다고 하였는데, 멈퍼드의 경력상 경험 요인 또한 그러한 주장을 뒷받침하고 있다. 왜냐하면 멈퍼드 모델에서 리더의 경력상 경험은 리더의 역량과 지식을 증진시키는 데 도움을 주기 때문이다. 실제로 경력이 진전됨에 따라 직위상승이 이루어지고, 당면하게 되는 문제 유형 또한 복잡하고 어려워질 것이다. 이 과정을 통해 리더는 더욱 수준 높은 개념적 기술을 학습하고 개발할 수 있는 기회를 얻을 수 있다. 그리하여 새로운 역량기술의 필요성에 부응하는 역량기술이 갖추어지게 되는 것이다.

리더십 역량기술에 대한 이러한 주장은 앞서 논의한 리더십 특성이론의 전반적인 관점이나 흐름과 차이가 있다. 멈퍼드 모델은 리더의 역량이 경력상 경험에 의해서 형성되고, 확대되고 개발된다는 주장은 리더는 타고나는 것이 아님을 전제로 하기 때문이다.

(5) 환경적 영향요인

멈퍼드 모델에서는 구체적인 환경 요인에 대한 논의는 포함하고 있지 않다. 이를 통해 후속연구를 위한 장을 열어두었으며, 사람을 대상으로 하는 리더십이론은 언제나 도전과 이해를 위한 기회가 존재함을 다시 한번 확인하게 된다.

5. 에믈러의 도덕적 리더십 역량

에믈러(N. Emler)는 도덕성 측면에서 리더십 역량을 조명하였다. 에믈러는 경영현장에서 리더십 도덕성의 중요성을 미국과 이라크의 전쟁사례를 통해 설명하고 있다. 911테러가 일어난 직후, 미국의 부시 대통령은 CIA 국장에게 이라크 정부가 대규모 인명살상무기를 보유하고 있다는 증거를 확보하라고 지시한다. CIA는 증거를 찾아 나섰으나, 대량살상무기를 발견하지 못하였다. 미국의 언론과 국민은 부시 행정부에 대해서 의심의 눈초리를 보내게 되었고, 부시 대통령은 오히려 CIA가 대량살상무기에 대해서 잘못된 정보를 제공하게 된 이유를 설명하라고 공개적으로 요청한다.

누가 보더라도 부시 행정부를 보호하기 위해서 CIA가 책임을 떠안는 상황이었다. CIA 국장은 리더로서 두 가지 선택이 가능하였다. 하나는 백악관의 정치적 공격에 맞서 관련 CIA 직원을 보호하는 것이고, 다른 하나는 백악관과 입장을 같이 하여 해당 직원에게 책임을 묻는 것이었다. 만약 전자를 선택하게 되면 CIA 국장 자리에서 해임 당할 것이고, 후자를 택하게 되면 CIA 직원들의 믿음을 저버리는 것은 물론, CIA 역사의 불명예스러운 한장으로 남게 될 것이다. 이러한 상황은 책임자로서 당면하게 되는 어려운 도덕적 결정임에 틀림없다. 하지만 문제는 많은 리더와 관리자들이 빈번하게, 심지어 일상적으로 당면하게 되는 문제이기도 하다.

에믈러는 리더의 도덕적 역량이 중요한 이유를 다음의 세 가지를 통해 설명하고 있다.

첫째, 관찰자의 입장에서 리더십의 가장 중요한 단일 요소는 정직성이기 때문이다. 정직성이 부족하다고 느끼는 순간부터, 대중과 부하 직원들로부터 존경과 신뢰를 상실하게 된다. 그러한 리더나 관리자들은 전적으로 지위 권력(권한)에만 의존하게 되며, 다른 권력기반은 부존하게 된다. 즉 자신의 지위에 따라 명령을 내리고 부하들은 리더가 그 자리에 있기에 따르게 되고, 리더십 효과는 따르기를 기대하는 것에 그친다.

둘째, 실용주의 관점에서 정직은 최선의 정책이다. 규칙을 가볍게 여기고, 법을 위반하며, 자신의 책임과 의무를 소홀히 하는 사람과 무엇을 함께 한다는 것은 어려운 법이다. 더욱이 부도덕한 리더나 관리자들과 같이 일하게 된다면, 조직이나 기업은 부패하게 될 것이며, 사업은 어려워지고 생존 자체가 위태로워진다. 정직한 리더야말로 사람들로 하여금 함께 일하고 싶도록 만들어주는 가장 실용적인 방법이다.

셋째, 리더의 의사결정은 조직의 위계 구조에서 자신보다 아래에 위치한 모든 사람들의 행복에 영향을 주기 때문이다. 직급이 높을수록 리더나 관리자의 의사결정에 의해 영향을 받는 사람들의 숫자가 늘어난다. 개인의 의사결정이 미치는 범위와 영향력이 커질수록 리더의 정직성이 중요해진다.

에믈러의 일곱 가지 도덕적 리더십 역량은 다음과 같다(Emler, 2019).

① 사리사욕의 유혹에서 벗어나야 한다

조직의 위로 올라갈수록 개인이 누릴 수 있는 권한과 자유가 많아지게 된다. 따라서 특권을 남용하지 않고, 스스로를 통제할 수 있는 도덕적 역량이 필요하다.

부패방지법에 따라 1인당 접대비나 식사비의 한도가 정해지게 되었다. 새로이 선임된 임원들의 회식자리에서, 그 동안 이루어진 1인당 식사비의 쪼개기 결재나 참가자 수 부풀리기 관행이 본인의 회식자리에서도 이루어지기를 원하는가? 그 자리에 오르게 되면 누구나 경험하게 될 상황이다.

② 횡포의 유혹에서 벗어나야 한다

리더와 관리자들은 자신에게 보고하는 사람들보다 더 많은 권한을 갖고 있다. 도덕적 역량에 대한 두 번째 도전은 바로 자신의 권한을 힘없는 사람들을 괴롭히고 고통을 주는 일에 사용해서는 안 된다는 것이다. 어찌 보면 당연한 일임에도 불구하고 절대 권력은 반드시 붕괴한다는 교훈은 동서고금을 통해 지금도 우리 가까이에서 보게 된다.

③ 실패에 따른 위험한 결과를 생각해야 한다

리더는 자신이 맡고 있는 과업의 성공을 위한 책임의식을 가져야 한다. 군대에서 지휘관들의 잘못된 의사결정이 부하 군인들에게 어떠한 치명적인 결과를 가져다주는지 우리는 잘 알고 있다. 마찬가지로 사업장에서 안전에 관한 규정과 절차를 등한시하여 벌어지는 비극적 사건에 대해서도 모두 알고 있다.

에믈러는 조직에게 재앙을 가져다주는 잘못된 의사결정은 해당 관리자들의 과거 행동을 통해서 예측이 가능하다고 설명한다. 다시 말해서 리더나 관리자들은 자신의 부족한 영역이 무엇인지 밝히려 하는 도덕적 의무가 있으며, 그렇게 함으로써 반복되어서는 안 되는 실패나 실수를 방지할 수 있다고 제안한다. 이는 콜린스(J. Collins)의 위대한 CEO는 겸손하고, 그리하여 자신의 부족한 부분을 기꺼이 인정한다는 주장과 일치한다(Collins, 이무열 역, 2021).

④ 부작용 방지에 대한 책무가 있다

리더는 자신의 실수로 인한 직접적인 위험에서 구성원들을 보호해야 할 뿐만 아니라, 결함과 부작용이 있는 상품과 서비스를 판매하지 않아야 한다. 부작용 방지에 대한 책무가 무거운 이유는 디젤게이트나 엔진오일이 증가하는 자동차 경우처럼 해결이 가능한 경우도 있지만, 가습기 살균제 사건처럼 영원히 치유하거나 회복할 수 없는 무서운 피해를 주는 경우도 있기 때문이다.

⑤ 정의와 공정성을 위해 노력해야 한다

공정성과 정의에 대한 개념은 어린 시절 놀이에서부터 경험하게 된다. 순서 지키기, 나눠 갖기, 협동 등을 경험을 통해 학습한다. 이러한 정의에 대한 민감성과 경향성은 성인이 되면서 확대되고, 사회적으로는 명시적 형태로 구현된다.

공정성 지각은 개인의 판단을 통해 이루어지는데, 리더는 보상을 할 때, 칭찬이나 비판, 인정을 해 줄 때, 갈등을 관리할 때, 일상적으로 구성원들을 대할 때 공정하게 대하기 위해서 노력해야 한다. 비록 실제 마음은 그렇지 않더라도 차별하지 않고 공정하게 대하려 하는 도덕적 역량이 요구된다.

⑥ 도덕적 비전을 추구해야 한다

성공하는 리더는 집단과 조직의 행동과 목표를 설명하고, 정당화하기 위해 비전의 중요성을 강조한다. 비전의 힘은 사람들을 공감하도록 해 주며, 매력적이며, 노력에 동참하도록 한다. 그런데 어떤 비전은 다른 비전보다 더 큰 호소력을 갖기도 하고, 거꾸로 어떤 비전은 사람들에게 그리 반향을 이끌어내지 못하기도 한다.

우리는 어떤 조직의 비전 자체의 내용을 도덕적인 측면에서 평가할 수 있다. '탐욕은 선이다(Greed is Good, C. Icahn).', '엔지니어가 세상을 지배한다(Engineers rule the world, B. Gates).'와 같은 비전은 물론 한때는 공감할 수 있었겠지만, 도덕적 측면에서 바람직하지 않으며, 매력적이지도 않다. 핵심은 조직이 지향하는 관점이 스스로가 지향하는 관점과 일치할 때, 사람들은 그 조직에 합류하고 싶어 한다. 도덕적 개인이 비도덕적 조직이나 비도덕적 사회에 합류해야만 한다면 비극일 것이다.

향후 우리 조직에 들어올 사람들을 생각한다면 리더는 도덕적 비전을 제시해야 한다.

⑦ 선례를 만든다는 것을 인식하라

실제 대부분의 중요한 학습은 사회적 학습, 즉 타인의 행동에 대한 모방을 통해 이루어진다. 따라서 어떤 개인이 모방의 대상(역할 모델)이 될 수 있는가를 결정하는 요인은 두 가지이다. 첫째는 역할 모델의 사회적 지위이고, 둘째는 역할 모델의 행동이 역할 모델 스스로에게 가져다준 결과이다(Bandura, 1963). 따라서 리더가 구성원들에게 중요한 역할 모델이 될 수 있는 조직은 이러한 두 가지 요인을 충족시키기 때문이다. 이때 리더나 관리자의 지위가 높을수록 역할 모델의 기능은 더욱 강력해진다.

리더는 역할 모델로서 위치를 생각하고 스스로의 행동이 구성원들에게 선례가 된다는 것을 인식하고 행동해야 한다.

6. 캐플란과 카이저의 균형 리더십 역량 모델

캐플란과 카이저(B. Kaplan과 R. Kaiser)는 개념 비교를 통한 방식으로 리더십 역량 모델을 설명하고 있다. 이 모델에서 설명하고 있는 7개의 역량 가운데 여섯 가지는 양극단을 이루는 세 가지 역량 쌍이고, 나머지 하나는 역량 전체를 포괄하는 메타 개념이다(Kaplan과 Kaiser, 2003).

(1) 강압적-허용적 리더십 역량

리더십 행동연구에서도 등장하는 가장 오래된 이분법적 리더십 유형이다. 강압적 리더십은 독재적 권력을 사용하고, 과업에 초점을 두는 것이다. 그에 비해 허용적 리더십은 민주적 권력을 사용하고 사람에 관심을 두는 것이다.

캐플란과 카이저는 두 개념을 '힘에 의한(forceful) 리더십 역량'과 '힘을 주는(enabling) 리더십 역량'이라고 설명한다. 전자는 자신의 권한, 능력, 지위를 주장하는 데 비해, 후자는 구성원들이 주도하고 기여할 수 있는 조건을 만들어주는 역량이다. 표 4.2는 강압적-허용적 리더십 역량 평가 항목을 보여주고 있다.

표 **4.2** 강압적-허용적 리더십 역량 평가 항목

강압적	허용적
1f. 주도권을 쥔다.	1e. 다른 사람에게 권한을 부여한다.
2f. 참견한다.	2e. 사람들의 문제처리 방식을 신뢰한다.
3f. 도전적인 목표를 세운다.	3e. 기꺼이 시간을 내준다.
4f. 사람들에게 책임을 묻는다.	4e. 사람들이 일을 완수하지 못해도 이해한다.

(2) 전략적-운영적 리더십 역량

전략적 리더십은 큰 그림을 제시하고, 개발하고, 평가하고, 확장하고, 수정한다. 또한 사업모델, 전략적 이슈, 경쟁시장 분석 등을 이해하고, 판단하고, 개선하기 위해 노력하는 것이다. 그에 비해 운영적 리더십은 전략적 의사결정이 효율적으로 수행되고, 효과를 거둘 수 있도록 하는 리더십 역량이다. 표 4.3은 전략적-운영적 리더십 역량 측정 항목을 나타낸다.

운영적 리더십 역량의 대표적인 사례가 일본의 도요타 자동차이다. 도요타는 자신의 제조방식을 경쟁사들에게 노출되는 것을 걱정하지 않는다. 어떤 자동차 회사도 자신들의 방식을 제대로 수행할 수 없다고 확신하기 때문이다. 오늘날까지 이러한 효과적인 운영적 리더십이 도요타가 경쟁우위를 유지하는 토대가 되고 있다.

표 **4.3** 전략적-운영적 리더십 역량 평가 항목

전략적	운영적
1s. 장기적 전략에 집중한다.	1o. 단기적 결과에 집중한다.
2s. 큰 그림을 그리고 폭넓게 사고한다.	2o. 디테일 지향적이다.
3s. 기업가적 마인드를 가지고 있다.	3o. 고객의 즉각적 니즈에 집중한다.
4s. 영감을 통해 사람들에게 비전을 설득한다.	4o. 사람들의 활동을 계속 점검한다.

캐플란과 카이저는 강압적-허용적 리더십과 전략적-운영적 리더십에 대한 연구를 통해, 각 쌍에서 포함하고 있는 개념들이 연속선상에 존재하는 것이 아니라, 독립적인 차원의 개념이라고 주장한다. 예컨대, 강압적 접근과 허용적 접근 가운데 한 가지만을 사용할 수도 있고, 동시에 두 가지를 함께 사용할 수도 있는 리더십 역량이라는 것이다. 또한 어느 쪽도 사용하지 않을 수도 있다.

실제로 후속연구에서 강압적 리더십과 허용적 리더십 사이에 정적인 상관관계가 있다는 연구결과도 있다. 이는 리더십 행동이론에서 관리격자이론의 가장 효과적인 리더 행동으로 과업 중심 행동과 사람 중심 행동의 결합인 (9,9) 유형을 제시한 것과 부합하는 결론이라고 하겠다(Kaplan 등, 2010).

하지만 캐플란과 카이저는 조직의 상층의 지위로 올라갈수록 강압적 리더십 역량과 허용적 리더십 역량 가운데 하나만을 사용하는 경향이 있다고 하였다. 즉 대부분의 관리자들은 어느 한쪽의 리더십 역량만을 주로 사용하며, 다른 쪽의 리더십 역량은 잘 발휘하지 않는다는 것이다.

(3) 과다수행–과소수행 리더십 역량

리더와 관리자들이 실패하거나 역할을 제대로 해내지 못하는 경우가 있다. 그 이유는 어떤 리더십 역량을 과다수행(overdoing), 즉 너무 많이 수행하였거나, 혹은 과소수행(underdoing), 즉 그 기능을 충분히 수행하지 못하였기 때문이라는 것을 발견하였다(Kaplan과 Kaiser, 2003).

다시 말해서, 강압적 역량을 과다 사용하거나 과소 사용할 수 있으며, 허용적 리더십 역량을 너무 많이 혹은 너무 적게 사용할 수 있다. 마찬가지로 전략적 접근을 너무 많이 하거나, 운영적 접근을 너무 많이 할 수도 있을 것이다. 그 결과 다음과 같이 비생산적인 양극단을 향해 치닫는 리더의 모습으로 나타나게 된다. 예컨대, 합의과정을 지나치게 중시하느라 중요한 의사결정의 시기를 놓치거나, 의욕이 앞서 진행방향을 수시로 바꾸기도 한다. 고품질에 대한 열정으로 세세한 것에 집착하느라 한 걸음도 나아가지 못하기도 하고, 직원들에 대한 세심한 배려가 불필요한 친절과 과보호가 되기도 한다. 과소수행도 문제이지만 지나치게 많이 수행하는 강점 역량을 군이 약점이라고 부르지는 않더라도 리더십의 실패로 이어지는 경우는 빈번하다.

연구에서 12년간 교육훈련에 참여한 680명의 임원들을 대상으로 네 가지 리더십 역량을 통한 업무수행을 과다, 적정, 과소라는 세 가지 척도를 통해서 측정하였다. 이때 양극단의 서로 반대되는 역량(강압적-허용적, 전략적-운영적)은 부적 상관관계를 나타내었다. 이를 통해 캐플란과 카이저는 리더와 관리자들은 한 가지 강점 역량에 기우는 경향이 있으며, 반대쪽에 있는 다른 역량은 너무 적게 사용하고 있다고 설명한다. 표 4.4는 과잉 역량을 억제하고 과소 역량을 강화하는 방법을 보여주고 있다.

표 **4.4** 과잉 역량을 억제하고 과소 역량을 강화하는 방법

	과잉 역량 억제하기	과소 역량 강화하기
외적 개발 작업	스스로 억제한다.	스스로 강제한다.
내적 개발 작업	충동을 억누른다.	심리적 억압을 극복한다.
기타 방법들	당신을 제어해 줄 견제장치를 둔다.	당신의 한계를 보충해 줄 보완물을 둔다.

(4) 균형 리더십 역량

캐플란과 카이저 모델을 균형 리더십(Versatile Leadership)이라고도 하는데, 이때 균형 리더십 역량은 다음과 같은 의미를 갖는다. 균형 리더십 역량이란 앞에서 제시한 두 양극의 개념(강압적-허용적 리더십, 전략적-운영적 리더십)을 동시에 수행할 수 있을 뿐 아니라, 주어진 상황에 따라 양극의 강점 역량과 약점 역량 간 균형을 이루면서 수행하는 것을 말한다. 따라서 균형 리더십 역량은 리더십 효과를 촉진할 수 있는 역량이다. 하지만 이러한 역량을 가진 리더는 많지 않다고 하였다. 연구에 의하면 미국 대기업 임원들의 20퍼센트 정도가 이에 해당하며, 이는 짐 콜린스가 말하는 유능한 관리자들의 비율 추정치 20퍼센트와 일치한다는 것이 흥미롭다(Collins, 이무열 역, 2021).

캐플란과 카이저의 리더십 역량 모델이 주는 두 가지 시사점은 다음과 같다.

첫째, 일반적으로 관리자들의 리더십을 평가할 때 강점에 속하는 역량이면 그것이 어떤 것이든 많이 수행하면 좋다고 하는 전제를 갖고 있다. 따라서 강압적, 즉 힘에 의한 역량이나 행동을 많이 하는 경우라도 좋은 관리자라고 평가한다. 물론 관리자나 리더에게 스스로의 강점에 집중할 수 있도록 하는 것은 좋은 일이다. 하지만 지나치게 많이 발휘되는 강점에 대한 주의를 환기하지 않으면 앞서 지적한 리더십의 실패를 가져다 줄 수 있다. 따라서 그러한 강점과 보완관계(반대쪽 극단)에 있는 리더십 역량을 경시하고 있는 것이 아닌지 인식할 필요가 있다.

둘째, 연구과정에서 개발한 균형 리더십 역량 지표의 효용성이다. 이는 주어진 상황에서 관련 문제를 해결하는 데 가장 적합하게 행동하는 수준에 관한 것이다. 균형 리더십 역량 지표의 점수와 관리자들의 직무수행 평가점수와 높은 상관관계를 보여주었다. 이것은 균형 리더십 역량이 효과적인 리더나 관리자들을 그렇지 못한 쪽과 구분할 수 있는 역량임을 의미한다고 할 수 있다. 즉 강압적 리더십도 강점이고 허용적 리더십도 강점이 될 수 있다. 따라서 균형 리더십 역량을 갖춘 리더는 상황의 요구에 따라 각각의 리더십 접근법을 활용하되, 너무 오랫동안 한 가지를 위해 다른 한 가지를 포기하지 않아야 한다.

한편으로는 사람들을 어떻게 공정하게 대하는가를 몸소 실천하면서도 다른 한편으로는 사업장, 개인의 업무수행능력에 따라 필요하다면 사람을 내보낼 수도 있는 리더의 모습을 말하고 있다.

개인 역량과 핵심 역량

서른여섯 살 여성인 고재림 상무는 오스트리아 빈에 본사가 있는 글로벌 제약회사인 베클브리오의 한국지사에서 영업과 마케팅 총괄 업무를 수행하고 있다. 이전 직장인 한독제약사에서는 영업을 담당하였다. 뛰어난 능력을 인정받아 높은 연봉으로 계약 후, 한국 베클브리오에서 영업과 마케팅 업무를 맡게 된 고 상무는 얼마 전 실적에 따른 인센티브 지급 계약을 수정하였다.

　고 상무는 지난달 본사 회의실에서 직원들과 업무 관련 회의를 하였는데, 회의에 참석한 직원 가운데 한 사람이 회의 내용을 개인적으로 녹음하였다. 문제는 고재림 상무의 이야기 가운데 회사의 윤리강령과 준수규정을 벗어난 내용이 포함되었다는 것이다. 다음은 회의를 녹음한 직원이 본사 감사팀에 제출한 녹취록이다.

고재림 상무: 예, 그래서 이제 저는 부탁드렸던 게 지금 저 팍스로비드(covid-19 치료제), … 장 주임님한테 부탁할 거 딱 그거였거든. 그러니까 이 PMS 모멘텀을 활용해서 실제 선생님들한테, … 세상은 넓고 선생님도 많고 경험도 많아서, 이 인터원과 인터투에 대해서 그레이 에어리어 진단하셨을 때 굉장히 플렉서블, 스트릭트 하시는 선생님들 사이에 갭이 엄청 크더라는 얘기를 다이렉트로 물어, 그러니까 이 다이렉트로 PMS 툴을 통해서 하고 싶었던 거예요.

직원: 예.

고재림 상무: 그래서 '좀 더 플렉서블 하게 봐 주세요. 선생님. 충분히 더 많이 혜택 볼 환자들이 있음에도 불구하고 혜택을 못 보고 있는 거다.'라는 얘기를 PMS에 feasibility questionnaire를 빌미 삼아 물어보고 싶었던 거죠. 예. 그렇게 물어보고 나면 그 자체가 다시 모멘텀이 생길 수 있으니까.

---

* 팍스로비드를 처방하는 중증 환자군을 인터투(intermediate2), 처방하지 않는 경증 환자군을 인터원(intermediate1)이라 하고, 인터원과 인터투 사이에 그 구분이 명확하지 않은 환자군을 그레이 에어리어(gray zone)라고 한다.

* PMS (post-marketing surveillance)　시판후 조사라는 의약용어로 제약회사가 자사 약품의 시중 판매 후 부작용 확인 등 약품의 안정성 등을 높이기 위해 실시하는 조사이다. 주로 제약회사 임상 관련 부서가 해당 의약품을 처방하는 의사에게 조사를 의뢰하는 방식으로 이루어진다.

* 의약품 거래에 관한 공정경쟁규약 제13조(시판후 조사)제1항제3호는 '조사대상 의약품을 채택·구입의 지속 또는 구입량의 증가를 조건으로 시판후 조사를 의뢰하여서는 아니 된다.'라고 규정하고 있고, 제6호는 '시판후 조사에 대한 보상은 마케팅 또는 영업부서의 활동과 독립적으로 운용되어야 한다.'라고 규정함으로써 PMS를 영업활동의 수단으로 활용하는 것을 엄격히 금지하고 있다.

올해 초 회사는 임상팀, 영업팀, 마케팅팀 소속 직원을 대상으로 POA(plan of action: 실행계획) 워크숍을 개최하였는데, 영업팀에게 사전 배포된 자료집에는 covid-19 치료제인 팍스로비드의 PMS(시판후 조사) 현황이 포함되어 있었다. 이는 고재림 상무의 지시로 해당자료집에 실리게 되었다.

한편 지난주에는 고재림 상무가 팍스로비드 판매를 촉진하기 위해 영업 수단으로 PMS를 활용하도록 지시하였고, 팀원들에게 영업비용(식사비, 주류, 여행경비 등) 제한에 관한 내부 윤리지침을 회피하도록 조언하였다는 취지의 내부고발이 접수되었다.

이후 회사는 마치 벌집을 쑤셔 놓은듯한 상황이 된다. 왜냐하면 얼마 전 불법 리베이트 사건으로 고액의 벌금과 경영진이 형사처벌을 받은 상황에서 또 다른 불법행위는 회사의 이미지와 수익에 큰 타격을 줄 것이기 때문이다.

곧이어 오스트리아 본사에서는 아시아-태평양지역 법무 책임자를 한국지사에 파견하여 진상조사가 이루어졌다. 다음은 내부고발 직원 2명의 인터뷰 내용이다.

직원 A의 인터뷰 내용

법무책임자: 지난달 업무 관련 회의에서 PMS 관련 이야기가 있었나요?

A: 그 때 상무님이 팍스로비드 PMS가 영업에 있어 좋은 모멘텀이라고 말했습니다. 그게 어떤 의미냐 하면, 만약 어떤 센터에서 20건의 팍스로비드 케이스를 가지고 있으면, 우리가 잠재적인 시장 사이즈를 알 수 있다는 의미였는데, 상무님은 센터들이 더 많은 케이스를 등록하도록 우리가 독려해야 하고, 영업사원들을 위한 핵심 메시지를 개발해야 한다고 말했습니다.

A: 상무님은 우리가 PMS를 활용해야 한다고 말했고, 만약 제가 이메일을 보내는 것이 불편하거나 부담을 느낀다면 카카오톡 같은 메신저를 사용해서 영업사원들에게 보내는 것이 낫겠다고 말했습니다. 저는 알겠다고 대답했지만, 그렇게 하지는 않았습니다.

A: O월 O일에는 Hematology(혈액팀)에서 프랜차이즈 리더십 미팅이 있었는데, 해당 미팅에 세일즈 매니저 2명과 프로덕트 매니저 전원이 참석했습니다. 당시 미팅에서는 다른 것에 관한 언급은 없었고, 핵심 메시지에 관해서만 이야기했습니다. 그러나 상무님은 팍스로비드 PMS 모멘텀에 관해서 얘기했고, 우리가 그것을 활용해야 한다고 말했습니다. 제가 지금 정확히 기억이 안 나서 확실하지는 않지만, 아마 영업팀장에게 했던 말인 것 같습니다.

직원 B의 인터뷰 내용

법무책임자: 그에 관한 특별한 이슈를 상무님이 언급했나요?

B: 영업사원들과 비즈니스 딥다이브 미팅이 있었습니다. 그 때 직원 한 사람이 말하기를, 자기들이 의사들을 만나서 프레젠테이션을 할 때 저녁식사를 한다고 말했습니다. 그런데 우리 회사 규정에 따르면, 그런 경우 주류 비용이 전체 식사비용의 30퍼센트를 초과해서는 안 됩니다. 그래서 그 영업사원이 의

사들이 보통 술을 많이 먹기 때문에 자신들이 굉장히 힘들다고 말했습니다. 그 때 상무님이 "주류반입이 무료인 곳을 찾거나 무제한 맥주가 제공되는 곳을 찾는 게 어떨까요?"라고 말했습니다. 제 생각으로는, 그 규정의 취지는 의사들에게 향응이나 접대를 제공하지 못하도록 하는 것이지, 비용이 30퍼센트만 넘지 않으면 괜찮다는 의미가 아닙니다. 그 자리에 있던 영업사원들 모두 상무님이 그렇게 말하는 것을 들었지만, 아무도 특별한 말을 하지는 않았습니다.

B: A씨가 미팅에 참석했다고 말했는데, 프랜차이즈 리더십 미팅이었습니다. 그 때문에 상무님이 C씨에게 "팍스로비드 PMS는 어떻게 되고 있나요? PMS에 관한 고객들 반응은 어떤가요?"라고 말했습니다. 그리고 저는 상무님이 모멘텀 극대화 방안에 대해 얘기했다고 들었습니다.

질문자: 상무님이 모멘텀에 관해 얘기했을 때 의도가 무엇이었다고 생각하십니까?

B: 저는 그런 말을 하는 것이 부적절하다고 생각합니다. 제 생각에는 상무님은 PMS를 영업 수단으로 활용하려고 한 것 같고 우리가 판매 촉진을 위해서 팍스로비드 PMS 모멘텀을 활용할 수 있다고 계속 얘기했습니다.

토의내용

1. 캐츠의 세 가지 관리기술을 통해 고재림 상무의 역량을 설명하시오.

2. 맥클리랜드의 역량 모델을 통해 제약회사 리더(관리자)의 역량을 분석하시오.

3. 캐플란과 카이저의 균형 리더십 역량 모델을 통해 고재림 상무의 리더십 역량을 논의하시오.

다음의 리더십 역량 설문지는 여러분의 리더십 역량의 전체 모습을 보여줍니다. 이를 통해 현재 자신의 역량 가운데 어떤 것은 높고 어떤 것은 부족한지를 이해할 수 있습니다. 아울러 미래를 위해 어떤 역량의 개발이 필요한가에 대한 정보를 얻을 수 있습니다.

리더십 역량 설문지

● 작성방법

아래 문항을 읽고 답하시오. 각 문항에서 자신을 설명하고 있는 정도를 1부터 5까지 해당 점수 위에 O표로 표기하시오.

1 = 전혀 그렇지 않다.	2 = 좀처럼 그렇지 않다.	3 = 때때로 그렇다.
4 = 약간 그렇다.	5 = 매우 그렇다.	

문항					
1. 나는 효과적이고 구체적인 업무수행방법을 즐거운 마음으로 배우고 익힌다.	1	2	3	4	5
2. 필요시 내 생각을 다른 사람들의 주장에 맞춰 바꾸기도 한다.	1	2	3	4	5
3. 나는 추상적인 아이디어와 관련된 업무를 즐겨 수행한다.	1	2	3	4	5
4. 전문 기술과 관련된 일들이 나를 즐겁게 해 준다.	1	2	3	4	5
5. 다른 사람들을 이해하는 것이 내 업무의 핵심사항이고 나는 그 일에 능숙하다.	1	2	3	4	5
6. 포괄적 전망과 예측은 나에게 쉬운 일이다.	1	2	3	4	5
7. 나의 강점 역량 중의 하나는 업무진행을 원활히 하는 것이다.	1	2	3	4	5
8. 나의 주된 관심사는 원활한 커뮤니케이션을 위한 협력적인 분위기 조성이다.	1	2	3	4	5
9. 나는 복잡한 조직문제를 해결하는 일에 흥미를 느낀다.	1	2	3	4	5
10. 지시에 따라 일하고 서식대로 작업하는 일은 즐겁고 쉬운 일이다.	1	2	3	4	5
11. 조직의 사회적 구조(구성원의 사회적 관계)를 이해하는 것이 나에게는 중요하고 익숙하다.	1	2	3	4	5
12. 나는 조직성장을 위한 전략을 수립하고 실행에 옮기는 것을 좋아한다.	1	2	3	4	5
13. 나는 내게 부여된 업무의 완성에 능숙하다.	1	2	3	4	5
14. 모든 부분이 협력하여 움직이도록 하는 일은 나를 즐겁고 도전적이게 한다.	1	2	3	4	5
15. 조직의 사명 선언문을 작성하는 것은 가치 있는 일이다.	1	2	3	4	5
16. 나에게 부여된 업무의 기본적 수행방법을 이해하고 있다.	1	2	3	4	5
17. 나는 다른 사람들에게 끼칠 영향을 고려하면서 의사결정을 한다.	1	2	3	4	5
18. 조직이 추구하는 가치와 경영철학을 실천하는 것은 나에게 즐겁고 보람 있는 일이다.	1	2	3	4	5

● 채점방법

리더십 역량 설문지는 세 가지 리더십 역량인 전문적 기술, 인간관계기술, 개념적 기술을 측정하기 위한 것이다. 채점방법은 다음과 같다. 문항 1, 4, 7, 10, 13, 16의 점수를 합계하여 얻은 점수가 전문적 기술 점수이다. 문항 2, 5, 8, 11, 14, 17의 점수를 합계하여 얻은 점수는 인간관계기술 점수이다. 문항 3, 6, 9, 12, 15, 18의 점수를 합계한 점수는 개념적 기술 점수이다.

전문적 기술 합계 _____

인간관계기술 합계 _____

개념적 기술 합계 _____

● 결과의 해석

역량 설문지를 통한 점수는 세 가지 영역의 리더십 역량에 대한 정보를 제공한다. 본인의 리더십 역량들에 대한 상대적인 강약뿐만 아니라 본인의 조직 내 지위에서(최고경영층, 중간관리층, 일선관리층) 세 가지 리더십 역량이 이론에서 제시하는 내용과 부합되는가에 대한 정보도 알 수 있다.

출처: T. O. Peterson and D. V. Fleet, "The ongoing legacy of R. L. Katz: An updated typology of management skills," **Management Decision**. vol. 42, no. 10, 2004, pp. 1306~1307.

III
리더 행동 연구

5장

리더십 행동이론

리더십 연구에서 초기 특성이론 연구의 한계는 연구의 흐름을 다른 쪽으로 향하게 하였다. 그리하여 리더가 보여주는 행동을 연구하기 시작하였고, 이를 통해 '효과적인' 리더가 행동하는 방법을 찾아내려 한 것이다. 리더십 행동이론(behavioral theory)은 리더는 타고난 것이 아니라 교육훈련에 의해 개발될 수 있다는 전제에서 출발한다.

특성이론이 성공했다면 리더십이 필요한 집단이나 조직에 적합한 사람을 선발하는 데 활용할 수 있는 근거가 되었을 것이다. 마찬가지로 행동이론이 성공한다면 효과적인 리더십을 결정하는 특정 행동을 밝혀낼 수 있을 것이고, 이를 통해 많은 사람들을 리더로 육성할 수 있을 것이다.

따라서 적용 측면에서 특성이론과 행동이론의 차이는 기본 전제에 있다고 할 수 있다. 특성이론은 기본적으로 리더는 타고나는 것이므로, 그 같은 특질의 유무는 자신의 의지나 노력과 무관하게 이루어진다. 그에 비해 행동이론에서는 리더에게 나타나는 특정 행동이 존재한다면 교육훈련을 통해 리더십을 개발할 수 있다. 따라서 효과적인 리더를 양성하기 위한 프로그램 개발을 통해 효과적인 리더의 양산이 가능하다는 것이다.

1. 아이오와대학 리더십 연구

아이오와대학 리더십 연구(Iowa Leadership Studies)는 리더십 행동이론에 관한 최초의 체계적 연구이다. 연구는 르윈, 리피트, 화이트(K. Lewin, R. Lippitt, R. White) 등에 의해 이루어졌다. 여기서 리더십 유형에 관한 연구모델을 처음으로 제시했는데, 이 연구를 리더십 스타일 이론(leadership style theory)이라고 부르기도 한다. 이후에 등장하는 리더십 행동이론은 르윈 등의 리더십 유형 연구의 기본개념을 토대로 발전하였다.

아이오와대학 리더십 연구의 출발은 집단과 집단역학 연구에서 시작한다. 집단과 리더십 유형 사이의 관계를 연구하면서, 일반적으로 리더는 집단에 따라 각기 다른 유형의 리더십을 사용한다는 것을 발견하였다. 그리하여 다른 형태의 리더십은 구성원들의 직무만족과 직무성과를 결정하게 되었다(Lewin 등, 1939).

이러한 결과를 토대로 과학적인 방법을 통해 효과적인 리더의 행동을 찾아내려고 하였다. 연구를 통해서 리더의 행동을 독재적(autocratic), 민주적(democratic), 자유방임적(laissez-faire) 세 가지 유형으로 구분하였다.

① 독재적 유형

집단의 권력이 리더 한 사람에게 집중되어 있다. 리더에게는 목표를 달성하는 것이 가장 중요하다. 그러므로 과업의 완수와 업무의 효율성에만 관심이 있기에 집단 구성원에 대한 관심은 낮다. 구성원은 의사결정에 참여할 수 없는 수동적, 종속적인 위치에 있다. 집단의 목표와 업무지침은 전적으로 리더가 결정하며, 업무를 배분하고, 인력을 배치하는 것 역시 그러하다. 조직이나 집단의 구성원이 직무와 관련하여 의견을 내놓아도 리더가 좋아하지 않으므로 수용 가능성은 적다. 리더는 개인의 이해와 판단을 통해 집단 구성원을 감독하고 통제한다. 이처럼 가정의 가장과 같은 리더십 행동은 조직의 상하 간 사회적 거리감 내지는 격차를 낳는다. 리더는 부하에 대해 무감각하기 때문에 부하는 리더에 대해 경계심과 적대감을 갖게 된다. 부하는 집단의 규범이나 규정 준수 시, 상부의 명령 수행 시에 수동적, 소극적인 자세를 취할 뿐이다. 집단의 창의성과 협력 정신이 결여되어 있으므로 흔히 구성원 간 공격적인 태도를 취하게 된다.

② 민주적 유형

권력이 전체 구성원에게 있다. 그렇기 때문에 리더는 회의의 좌장 혹은 위원회 의장 역할인데, 이는 구성원들 간 조정자와 중재자 역할이라고 할 수 있다. 따라서 집단의 목표와 업무지침 관련 사항을 모든 구성원들에게 알려주고, 의견을 모으고 동의를 이끌어 내기 위해 노력한다. 업무를 분배하고 구성원을 배치하는 일은 집단 구성원들이 협의해서 결정한다. 리더는 조직과 관련된 일에 대해서라면 구성원들이 내놓은 의견을 지지하며, 모든 의사결정은 리더와 구성원들 간 협상과 토론과정을 거친다. 그러므로 구성원이 내놓은 의견을 리더가 받아들일 가능성이 크다. 민주적 유형의 리더는 조직 내부에 민주적이고 평화로운 분위기를 유지하기 위해 노력한다. 부하들이 하는 일에 지지를 보내고 도움을 주며, 단체 구성원의 욕구를 만족시키는 데 관심을 갖는다. 이와 같은 유형의 리더십에서는 리더와 부하 간 사회 심리적 거리가 가깝다. 그 결과 집단 구성원은 일에 대한 동기, 임무 완수에 대한 열의와 책임감이 제고된다.

③ 자유방임적 유형

권력이 구성원 개인에게 있다. 리더는 집단이나 조직이 하는 일에 관심을 갖지 않으며 수

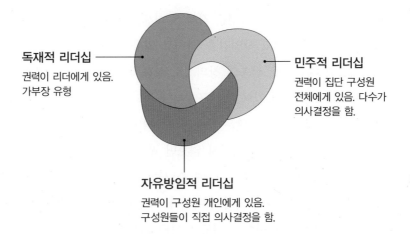

독재적 리더십
권력이 리더에게 있음.
가부장 유형

민주적 리더십
권력이 집단 구성원
전체에게 있음. 다수가
의사결정을 함.

자유방임적 리더십
권력이 구성원 개인에게 있음.
구성원들이 직접 의사결정을 함.

그림 **5.1** 오아이오 리더십 연구의 세 가지 리더십 유형

동적 자세를 취한다. 이 유형의 리더는 정보 전달자 또는 보조자 역할밖에 하지 않는다. 리더는 목표와 업무수행과 관련하여 전혀 지시를 내리지 않으며 업무를 배분하고 직원들을 배치함에 있어서도 명확한 지침을 내리지 않는다. 리더는 단지 자신에게 주어진 지위와 물질적인 조건에 만족할 뿐이다. 또한 구성원들이 업무를 수행할 때에도 협조를 하거나 감독 또는 통제를 하지 않는다. 부하들이 결정하고 일하는 것에 대해 그저 방임하는 태도를 취하며 업무성과에 대해서도 아무런 평가나 상벌을 내리지 않는다. 따라서 구성원들이 일을 더 잘하도록 전혀 동기부여하지 못한다. 이와 같은 유형의 리더십에서는 비생산적인 활동이 많고 작업도 제대로 진척이 되지 않는다. 당연히 효율성은 떨어진다. 구성원들은 오히려 업무와 무관한 분야에서 논쟁이나 토론을 자주 하는 편이지만, 구성원들 간 관계가 느슨하므로 갈등은 매우 적다.

세 가지 리더십 유형에 관한 실험

리더십 행동유형에 대한 구분을 바탕으로 10세 소년들을 대상으로 방과후 활동시간에 연구가 이루어졌다. 소년들을 임의로 세 반으로 나누고, 연극용 가면 만들기, 벽화 그리기, 비누 조각하기, 모형비행기 만들기 등의 작품 작업에 자발적으로 참여하도록 하였다. 이때 세 가지 서로 다른 리더십 유형을 가진 리더 각자가 세 그룹을 지도하였고, 6주마다 세 반을 돌아가면서 소년들을 지도하였다. 이 실험은 5개월에 걸쳐 진행되었다.

연구 결과를 종합하면 다음과 같다.

실험 결과, 민주적 리더가 이끄는 그룹에서 만들어진 작품의 수준이 가장 높았다. 리더가 작업 현장에 있을 때와 없을 때, 생산성은 각각 50퍼센트와 46퍼센트로 큰 차이가 없었다. 소년들은 시종일관 적극적이었고 책임감을 가지고 일을 하였다. 어려움에 닥치면 함께 힘을 합쳐 문제를 해결해 나갔으며, 작품의 창의성도 상대적으로 뛰어났다. 그룹 내 구성원들 사이뿐만 아니라, 소년들과 리더 간에도 친근함이 유지되었다.

독재적 리더가 이끄는 그룹은 가장 많은 수량의 작품을 만들어냈으며 완성도도 비교적 높았다. 하지만 리더가 작업 현장에서 보이지 않으면 생산성은 70퍼센트에서 29퍼센트로 급격히 떨어지는 현상을 보였다. 작품 활동 중에 소년들의 적극성도 높지 않았고 자발적으로 하려는 경향도 시간이 지남에 따라 점차 떨어졌다. 서로 책임을 떠넘기려 하였고 상대를 도와주지 않았다. 또한 전반적으로 반항적 태도가 나타났다.

자유방임적 리더가 이끄는 그룹에서는 실제로 리더가 그룹을 이끄는 것을 포기하였기 때문에 생산성은 33퍼센트로 가장 낮게 나왔다. 일을 할 때 지루해 하며, 산만하였으며 자신이 하고 싶은 대로 행동하였다. 게다가 각자 행동을 하다 보니 서로에게 별 영향을 주지는 않았다. 소년들은 느슨한 관계를 유지하고 있어서 서로 단결하거나, 협력하는 모습을 보여주지 않았다.

실험에서 소년들의 공격적 성향의 행동도 함께 측정하였는데, 방과후 활동 1회당 발생한 싸움이나 시비걸기, 말다툼 등의 공격적 성향의 행동에서 자유방임적 리더의 경우 38회, 독재적 리더의 경우 30회, 민주적 리더의 경우 2회로 나타났다.

이러한 결과를 두고 본다면 독재적 유형의 리더십이 리더가 함께 있으며 감독할 때 가장 생산적이라고 이야기할 수 있다. 하지만 인터뷰에서 소년들은 20명 가운데 19명이 민주적 리더를 독재적 리더보다 선호하였으며, 10명 중 7명이 자유방임적 리더가 독재적 리더보다 더 낫다고 대답하였다.

다시 말해서 민주적 리더 아래서 작품의 수준과 생산성이 모두 높았으며, 또한 소년들의 만족도 높았다. 그 결과 소년들은 창의적인 작품 활동을 위해 적극적으로 참여하고, 서로 돕고 협력하는 모습을 보여준 것이다.

결론적으로 소년들을 대상으로 이루어진 실험에서 민주적 리더의 행동이 가장 효과적인 리더십이라고 하는 것이 아이오와대학 리더십 연구의 주장이다. 독재적 리더십 유형은 비록 생산성에서 최고를 기록할 수 있었지만 구성원들의 적극적 의지를 훼손하고, 적대감과 공격성을 키우게 하였다. 자유방임적 리더십 유형은 생산성을 중요하게 생각하는 현대 조직에는 전혀 적합하지 않은 유형이라고 하겠다.

2. 오하이오주립대학 리더십 연구

오하이오주립대학 리더십 연구(Ohio State Leadership Studies)는 오하이오주립대학에서 이루어진 리더십에 관한 연구로, 연구 자체의 의미에 더하여 후속연구를 위한 여러 가지 근거를 제공했다는 점에서도 의의가 크다. 먼저 연구를 위해 리더의 행동묘사 설문(LBDQ, leader behavior description questionnaire)을 개발했는데, 이는 다양한 집단(공군 조종사, 공장감독자, 대학 행정직원, 대학생, 교사, 중소기업관리자, 백화점 판매원, 생산직 근로자)을 대상으로 이루어진 설문조사이다 (Hemphill과 Coons, 1957).

연구를 위해서 리더십 관련 행위를 약 1,800개 수집하고, 그 가운데 리더십 행위라고 명확히 인식되는 것을 최종적으로 150개 추출하였다. 이 150개 항목을 이용하여 LBDQ를 구성하여 응답자의 상사가 보여주는 행동과 부합되는지를 답하도록 한 것이다. 응답내용을 갖고 요인분석을 통해 상관관계가 있는 항목을 밝혀내었다.

이 연구는 리더십에 관해서 어떤 정의를 내리지 않고 실시하였다는 것이 특징인데, 그 이유는 응답자들의 선입견을 배제하고자 하는 목적 때문이다. 왜냐하면 일반적으로 리더십 연구에서 사람들은 '리더십'을 '좋은 리더십'으로 이해하는 경향이 있었기 때문이다. 따라서 리더십에 관한 기존의 정의에 구애받지 않고, 현재 자신의 상사의 리더십이 효과적인지, 비효과적인지, 긍정적인지, 부정적인지 등과 무관하게 상사의 행동을 묘사한 것을 선택하도록 하기 위해서였다.

LBDQ를 통한 요인분석 결과에서 응답내용은 배려(consideration)와 구조주도(initiating structure)로 명확하게 구분되어 묶였다. 다시 말해서 리더의 행동을 구성하는 독립된 차원을 찾고자 하는 목적으로 행해진 연구 결과, 수많은 차원 가운데 이 두 가지 차원을 도출하게 된 것이다. 따라서 이 두 가지 차원은 부하들의 위치에서 기술한 상사의 리더십 행동의 대부분을 설명한다고 할 수 있다. 표 5.1은 두 가지 차원을 설명하고 있다.

- **구조주도**   리더가 목표달성을 위해 자신의 역할과 부하 직원의 역할을 정의하고 구조화하는 행동을 의미한다. 구체적으로 업무 내용과 업무 관련 요소, 목표 등을 조직화하는 것이다. 이러한 행동이 두드러지는 리더는 특정 과업을 구성원들에게 명확하게 할당하고, 정해진 성과기준을 준수할 것을 요구하며, 회의에 필히 정시에 참석하는 것을 강조한다. 쉽게 말하자면 업무 중심적 리더라고 할 수 있다. 연구에서 주로

표 5.1 LBDQ의 두 가지 차원

구조주도	배려
• 상사는 항상 분명한 업무지시를 한다.	• 상사와 대화를 하다 보면 긴장이 풀리고 편안해진다.
• 상사는 일정을 수시로 점검한다.	• 상사는 어려운 일이 있을 때 언제라도 상담에 응해준다.
• 상사는 규정과 절차를 중요시한다.	• 상사는 제안사항에 대해서 반드시 검토해 준다.
• 상사는 업무마감일을 반드시 준수하도록 한다.	• 상사는 실수나 잘못에 대해서 함께 해결하고자 노력
• 상사와 마주칠 때 인사말은 '일이 잘되고 있지'라고 하	한다.
는 것이다.	• 상사는 마주치면 내 근황이나 가족안부를 물어본다.

제조업에서 근무하는 사람들의 응답에서 상사의 행위를 이렇게 묘사하는 경우가 많
았다.

- **배려**　업무관계에서 상호 신뢰, 부하 직원의 의견 존중, 부하 직원의 감정 존중 등을
강조하는 행동이다. 이러한 유형의 리더는 부하 직원의 안전, 위로, 지위, 만족에 관심
을 갖는다. 배려형 행동을 하는 리더는 개인적인 문제에 당면한 부하 직원을 도와주
며, 친절하다. 또한 가까이하기 쉽고, 모든 부하를 공평하게 대우한다. 쉽게 표현하자
면 관계 중심의 리더라고 할 수 있는데, 주로 서비스 조직 근무자들의 응답에서 많이
나타났다.

오하이오주립대학 리더십 연구 결과

오하이오주립대학 리더십 연구와 관련한 160개의 논문을 통해 리더의 구조주도 활동과
배려 활동이 각각 효과적인 리더십과 관련이 있음을 발견하였다. 다음은 연구 결과를 요약
한 것이다(Schriesheim 등, 1995).

- 높은 배려의 리더와 함께 일하는 구성원들은 자신의 직무에 더욱 만족하고, 동기유발
되며, 리더에 대한 충성심이 큰 것으로 나타났다.
- 높은 구조주도 리더의 경우 생산성, 집단 간 의사소통 등에서 리더십 효과를 나타내
었다.
- 후속연구를 통해서 배려의 리더십 유효성은 서비스 산업의 경우에 매우 높았고, 구조
주도의 경우 제조업 분야에서 리더십 효과가 높았다. 즉 직무 상황에 따라 리더십 효
과가 달라짐을 발견하게 되었다.
- 학교, 기업, 군대 조직 등 다양한 집단을 대상으로 이루어진 연구에서, 높은 배려 행

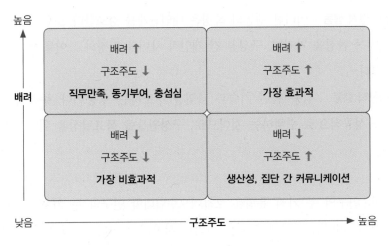

그림 **5.2** 오하이오주립대학 리더십 모델과 연구 결과

동과 동시에 높은 구조주도 행동을 하는 리더가 구성원들의 만족도와 성과에서 가장 효과적인 것으로 밝혀졌다.

- 특성이론에 근거할 때, 뛰어난 리더를 확보하기 위해서는 특성에 따른 선발에 의존할 수밖에 없지만, 행동이론을 두고 보건대, 교육훈련을 통해 리더십을 개발할 수 있다는 이론적 근거를 갖추게 되었다. 그리하여 이후 이를 토대로 한 다양한 리더십 교육훈련 프로그램이 등장하게 된다.

3. 미시간대학의 리더의 행동특성연구

미시간 리더십 연구(Michigan Leadership Studies)는 미시간대학 서베이 센터에서 오하이오주립대학의 연구와 같은 시기에 같은 목적으로 이루어졌다. 연구 목적은 조직 성과에 영향을 줄 수 있는 리더의 행동특성을 밝히는 것이었다(Likert, 1961).

미시간대학의 리더의 행동특성연구는 2개의 유형으로 구성된 리더십 행동을 제시하고 있으며, 두 가지는 종업원지향적(employee orientation) 행동과 생산지향적(production orientation) 행동이다.

- **종업원지향적 행동** 이러한 행동의 특징은 대인관계를 강조한다. 또한 부하 직원의 욕구에 개인적 관심을 가지며, 구성원 간 개인적 차이를 인정하고 이를 당연한 것으로 받아들인다.
- **생산지향적 행동** 직무 관련 기술과 과업을 강조하는 행동이다. 주요 관심은 집단의 과업을 성공적으로 수행하는 것이므로, 구성원들을 목표달성을 위한 수단으로 인식한다.

미시간대학 연구의 두 가지 유형은 오하이오주립대학 연구의 두 차원과 유사한 개념이며, 이후 실제로 리더십 연구에서 같은 의미로 사용하고 있다. 즉 종업원지향적 리더십은 배려형과, 생산지향적 리더십은 구조주도형과 같은 것이라고 할 수 있다.

하지만 연구 결과에서는 오하이오주립대학 연구와 달리 종업원지향적 리더가 더욱 효과적이라는 결론에 이르게 되는데, 종업원지향적 리더가 높은 집단 생산성과 높은 직무만족을 보였고, 그에 비해 생산지향적 리더는 상대적으로 낮은 집단 생산성과 낮은 직무만족의 경향을 보였기 때문이다. 이러한 결과는 오하이오주립대학의 연구 결과와 다르다고 할 수 있다.

미시간대학의 초기연구에서는 오하이오주립대학 연구와 달리 종업원지향적 행동과 생산지향적 행동을 단일연속체의 양극단에 위치하는 것으로 개념화하였다. 즉 생산지향적 리더는 덜 종업원지향적이고, 종업원지향적 리더는 덜 생산지향적이란 의미로서 두 유형의 행동을 단일 차원으로 인식하였다. 따라서 오하이오주립대학 연구와 다른 결과는 그와 같은 이유에서 비롯된 것일 수도 있다. 이후 미시간대학의 후속연구에서는 두 가지 유형의 리더십 활동유형을 오하이오주립대학 연구처럼 두 가지 차원으로 재개념화하였고, 이를 통해 이론의 타당성을 강조하지만, 실제로 오하이오주립대학의 연구가 더 많은 관심과 후속연구를 위한 기반으로 활용되고 있다.

4. 리더십 연속체 모델

탄넨바움과 슈미트는 일곱 가지 리더십 행동을 통해 리더십 연속체 모델(The Continuum of Leadership Behavior)을 제시하였다. 이를 위해 아이오와대학 연구의 두 가지 리더십 유형을 사용하고 있다. 민주적 리더십 행동과 독재적 리더십 행동을 양극단에 두고, 그 사이에 중간수준의 다섯 가지 리더십 행동 유형을 넣어 하나의 연속체를 구성하였다. 연속체 모델에서는 의사결정과정에서 리더가 자신의 권한을 사용하는 정도와 부하들의 자율권의 정도를 통해서 연속체상 리더십 유형을 선택하게 된다(Tannenbaum과 Schmidt, 1973).

4.1 리더십 연속체 모델의 일곱 가지 리더십 행동

탄넨바움과 슈미트(R. Tannenbaum과 W. H. Schmidt)가 제시한 일곱 가지 행동은 다음과 같다.

① 독재형

리더가 모든 의사결정권을 가진다. 다른 관점이나 견해는 고려하지 않으므로 부하가 의사결정에 참여하는 것을 일체 허락하지 않는다. 문제 발견부터 방안 제시, 의사결정까지 모든 과정이 리더에 의해 이루어진다. 리더는 명확한 업무지시와 함께 그에 부응하는 성과를 기대한다. 대체로 위기상황에서 적합하며, 결정사항을 실행할 때 강제력을 동원한다.

② 마케팅형

의사결정권이 리더에게 있고 독재형과 마찬가지로 부하는 의사결정 과정에 참여할 수 없다. 독재형과 다른 점은 의사결정의 당위성에 대해서 리더가 설명을 해 준다. 리더가 의사결정의 효과를 마케팅하는 것이다. 예컨대, 부하에게 의사결정의 내용이 실행되었을 때 어떤 유익을 얻게 될지에 대해 설명하고 강조한다. 부하들의 지지가 필요할 때 유용한 리더십 행동이다.

③ 보고형

마찬가지로 리더가 의사결정을 한다. 그러나 겉으로는 부하 직원들에게 의견을 구하는 방식을 취한다. 리더는 회의나 설명회를 통해 부하들에게 현안(issues)에 대해 설명하고 질문이나 코멘트를 요청한다. 하지만 리더가 현안과 문제에 대한 의사결정을 하므로 리더의 생각은 이미 정해진 상태이다. 그러므로 해명이나 설명을 통해 부하들에게 결정한 내용을 더욱 잘 이해하도록 하는 방법으로서, 설명이나 해명하는 형태를 취하고 있다.

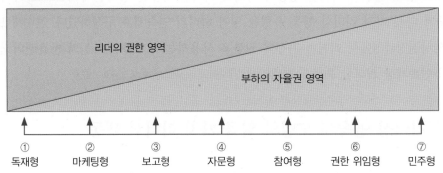

독재적 리더십   민주적 리더십

리더의 권한 영역

부하의 자율권 영역

①   ②   ③   ④   ⑤   ⑥   ⑦
독재형   마케팅형   보고형   자문형   참여형   권한 위임형   민주형

그림 **5.3** 탄넨바움과 슈미트의 리더십 연속체 모델
출처: R. Tannenbaum and W. H. Schmidt, "How to Choose a Leadership Pattern."
Harvard Business Review, May-June 1973, p. 66.

④ 자문형

부하에게 의견을 물어보는 리더십 행동이다. 그러나 여전히 의사결정과정에서 전적으로 리더가 문제를 판별하고 해결방안을 제시하는 권한을 갖고 있다. 리더가 부하로부터 의견을 구할 때에도 이미 의사결정과 관련된 1차적 대안이 마련되어 있다. 하지만 리더는 부하가 내놓은 다른 의견과 건의사항을 들을 준비가 되어 있다. 의사결정은 리더가 하지만, 최종 의사결정을 하기 전에 부하들에게 자문(consulting)을 구하는 유형이다.

⑤ 참여형

리더와 부하가 의사결정권을 공유하기 시작하는 유형이다. 문제를 판별하고 최종 의사결정은 리더가 하지만, 리더와 부하가 문제 해결방법에 대해 상의하고 함께 대안을 내놓는다. 자문형과 달리 부하가 리더와 다른 대안을 내놓을 수 있다. 리더는 부하와 논의하면서 여러 대안 중에서 하나를 선택한다. 결국 최종 대안을 선택하는 권한은 여전히 리더에게 있다. 그렇지만 구성원들이 대안을 제시하는 과정에 참여함으로써, 최종 의사결정에 영향을 주게 된다.

⑥ 권한 위임형

의사결정권이 실제로 부하에게 옮겨간 형태이다. 리더는 문제를 제시하고, 의사결정 원칙과 수용 범위 등을 알려주는 역할만 한다. 따라서 구체적인 문제 해결방안은 부하들이 위의 제약조건하에서 결정한다.

⑦ 민주형

의사결정권이 완전히 부하들에게 주어진 형태이다. 리더는 의사결정을 보장하는 제약조건만 제시하고, 부하에게 어떠한 영향력도 행사하지 않는다. 또한 부하가 어떠한 결정을 내리더라도 리더가 책임지고 실천하겠다는 약속을 한다. 문제의 범주 확정에서부터, 대안 제시, 해결방안까지 전부 부하들에게 맡긴다. 이 모델은 기업과 정부에서는 보기 힘든 형태이다. 일부 과학연구 기관과 자원봉사 단체에서 볼 수 있다. 이때는 또한 리더도 의사결정에 참여할 수 있지만 구성원들과 동등한 지위로 참여하는 것이며, 리더로서 지위와 권한이 의사결정에 영향을 주지 않는다.

4.2 리더십 연속체 모델의 전제

탄넨바움과 슈미트는 현장연구를 통해 리더십 연속체 모델의 일곱 가지 행동을 이끌어 내게 된 전제, 즉 배경을 다음과 같이 설명하고 있다.

첫째, 리더는 작업의 촉진자이며, 작업의 책임자가 아니다. 조직의 모든 작업의 완성은 부하 직원들에 의해 이루어진다. 일선에서 일하는 직원이 작업의 목적에 대해서 가장 잘 알고 있다. 축적된 지식과 경험을 통해 업무에서 발생하는 문제에 대한 해결방안을 찾을 수 있다. 이것은 리더가 필요 없다는 의미가 아니다. 리더십의 본질은 일선의 의견을 경청하고, 부하들을 이해하며, 사기를 북돋아주는 것이기 때문이다.

둘째, 리더는 광범위한 의견 수렴을 통한 의사결정자이다. 리더의 주요 직무는 의사결정이다. 그러나 리더 또한 완전한 존재가 아니므로 경험, 지식, 지위, 행동, 성격 등에 의해 제약을 받을 수 있다. 독단적으로 의사결정을 하는 경우 잘못될 가능성이 있으므로, 다른 관점의 의견을 듣고, 필요시 수용해야 한다. 이는 양질의 의사결정을 위해서 필요하다. 하지만 최종 의사결정자는 리더가 되어야 한다. 의사결정은 리더의 본연의 의무이며 책임이므로, 의사결정을 통해 리더의 권한을 구성원들에게 인정받고 유지할 수 있다.

셋째, 리더는 목표달성을 중요하게 생각해야 한다. 리더의 업무 가운데는 직무수행을 위해 실제로 도움이 되지 않는 일이 많이 포함되어 있다. 불필요한 회의와 보고가 이에 해당한다. 리더가 조직목표와 거리가 먼 주변적인 일에 둘러싸여 있으면, 성공적인 직무수행은 어려워진다.

넷째, 민주적 리더십을 주장하는 리더는 독재적 리더십을 비난한다. 사람들은 권력을 가진 자가 모든 것을 통제하는 상황에 대해서 불만족해 하기 때문이다. 민주적인 방식을 통해 전체 조직의 지지와 호응을 얻고, 부하들의 참여를 이끌어 내야 한다는 것을 리더들도 잘 알고 있다.

그러나 리더에게는 의무와 책임이 있으며, 또한 위에서 내려다보는 자리에 앉을 수밖에 없다. 더 많이 누리고, 더 많이 갖고, 더 많이 지시하고 명령해야 하는 것이다. 그리하여 무의식적으로 권력을 행사하면서 자신의 생각을 부하들에게 강요하려 한다. 그런데 다른 한편으로는 조직의 규정상, 경영관리 이론상 구성원들의 의사결정 참여를 의식적으로 유도하려 한다. 하지만 이는 민주적이지도 않고 또한 독재적인 리더십 행동도 아니다.

이와 관련하여 가장 흔히 발생하는 부정적 사례는 리더가 이미 속으로는 자신의 의견을 명확히 하고 있음에도, 토론과 협상이라는 방법으로 구성원들에 이를 수용하도록 장려하는 것이다. 그 과정을 통해 리더의 목적은 자신의 생각을 부하들에게 주입시켜서, 리더의 의견을 부하 직원 스스로의 생각인 것처럼 만드는 데 있다.

그런데 토론 과정과 결과의 활용 등에 관한 명확한 지침이 없는 대부분의 경우, 구성원들은 리더로부터 권한을 부여받은 것으로 잘못 이해할 수 있다. 그리하여 상호 간 신뢰상실과 부하들은 실망과 좌절, 분노할 수 있다.

이때 리더 또한 자기모순에 빠지게 된다. '마케팅형 리더십'을 '권한 위임형 리더십'으로 잘못 생각하게 되고, '설득'을 '의견수렴'으로 생각하여 결국에는 독재를 민주로 인식하는 오류에 빠지게 되는 것이다.

그렇다면 권한 위임을 많이 할수록 민주적이라고 할 수 있을까? 탄넨바움과 슈미트는 권한 위임은 정도나 횟수와 같은 양적 측면이 아니라 내용, 즉 본질이 중요하다고 강조한다. 예컨대, 부하 직원에게 사무용품을 스스로 구매할 수 있는 권한을 주는 것과 고객 관리 데이터베이스를 자신의 방식으로 관리할 수 있는 권한을 주는 것은 근본적으로 차이가 있다.

큰 권력은 혼자 차지하고, 작은 권력만 나누는 경우, 이는 민주적 리더십 행동이 아닐뿐더러, 단지 리더가 일상 업무에서 벗어나는 하나의 방편일 뿐이다.

4.3 리더십 유형의 선택

연속체 모델의 리더십 효과는 실제 상황에서 일곱 가지 리더십 유형 가운데 어떤 것을 선택하는가에 달려 있다. 이때 선택에 영향을 주는 세 가지 요소로서 리더자신, 부하 직원, 환경요인이 있다.

(1) 리더자신

여기에는 네 가지 하위변수가 있으며, 이를 통해 리더십 유형을 선택할 수 있다.

① **리더의 가치관**　개인의 가치관은 상대적으로 안정적이므로 선택의 우선순위와 중요성을 결정하는 요인이 될 수 있다. 예컨대, 구성원들의 발전을 우선순위에 두고 있는 리더라면 그들의 자주성과 독립성을 중시할 것이므로 민주적 리더십에 가까운 유형을 선택할 것이다. 그에 비해 실적을 가장 우선순위에 두는 리더라면 조직의 효율성과 회사의 수익을 강조할 것이므로 독재적 리더십에 가까운 리더십 행동유형을 선택한다.

② **리더의 부하에 대한 신뢰 수준**　신뢰는 부하에 대한 능력 평가에서 나오며, 함께 일하면서 얻은 경험의 결과라고 할 수 있다. 일반적으로 관리자들은 남들보다 스스로를 더 신뢰하는 경향이 있다. 실제로 자신의 능력은 높이 평가하면서, 부하들의 능력은 낮게 본다. 그러므로 부하들마다 리더의 신뢰 수준이 다르기 때문에 부하 직원에게 권한을 위임하는 정도 또한 다르다.

③ **리더의 성격과 행동경향**　어떤 리더는 강하고 독단적인 유형으로 기울어지고, 반대로 어떤 리더들은 편안하게 느껴지거나 권한을 나누려는 리더십 행동을 한다.

④ **리더의 안정성 추구 수준**　불확실한 상황에서 리더의 안정성 추구의 정도는 조직 내 권력배분에 영향을 준다. 예컨대, 리더가 미래에 대한 불확실성을 가능한 줄이려 한다면 의사결정권과 통제권을 스스로가 갖고 있으려 할 것이다. 그에 비해 권한을 부하 직원들에게 위임한다는 것은 자신의 의사결정에 대한 권한을 줄이는 것이므로, 예측 가능성과 조직 안정, 조직 운영의 명확성 등은 떨어지고 불확실성은 증가한다.

(2) 부하 직원

리더는 특정 전제하에서 부하들에게 자율권을 부여할 수 있다. 전제 요인으로 다음과 같은 것이 있다.

① **독립적인 주체로서 욕구**　조직 안에서 어떤 사람들은 지휘와 명령을 받는 것을 오히려 선호하는 경우가 있다. 그에 비해 다른 사람으로부터 업무상 제약을 받는 것에 거부감을

갖는 사람도 있다.

② **책임감**　어떤 사람은 기꺼이 책임을 맡음으로써 자신의 능력을 보여주려고 한다. 그에 비해 어떤 사람들은 책임을 회피하려 하며, 리더의 권한 위임을 리더의 책임 회피로 인식한다.

③ **직무에 대한 흥미**　직무에 대한 흥미는 권한 위임의 효과를 위한 필수요인이다. 반대의 경우에는 권한 위임은 개인과 조직에게 파국을 가져다줄 것이다.

④ **조직 목표에 대한 수용**　업무에 대한 충분한 이해가 있더라도, 조직 목표에 대한 수용이 부족하다면 권한 위임은 여러 가지 부작용을 낳게 된다.

⑤ **문제 해결을 위한 경험과 기술적 지식**　그렇지 않을 경우 마음만 앞선 결과를 낳게 된다.

⑥ **조직 참여의 경험**　참여 행동을 해보지 못하고 독단적 리더 아래서 오랫동안 일한 부하들은 의사결정에 참여했을 때 혼란스러워 하며, 비효율적이 될 수 있다.

(3) 환경요인

리더십 연속체 모델의 환경요인은 대부분 조직의 내부요인이며, 다음과 같은 것이 있다.

① **조직구조와 속성**　개별조직은 행동모델과 역할과 기능, 전통에서 차별화된다. 공공 조직과 자원봉사자 조직 간에는 많은 차이가 있다. 자동차 생산공장과 연구소 또한 상이한 유형의 리더십을 보여줄 것이다. 어떤 조직에서는 강력하고 결단력 있는 리더가 필요하지만, 어떤 조직에서는 화합을 중시하는 리더가 요구된다.

② **집단의 특징**　집단의 응집성, 집단 구성원 간 신뢰 수준 등은 효율적인 업무수행을 위해 필요한 요인이다. 특히 집단 내부적으로 오랜 시간을 통해 형성된 명시적, 암묵적 규범은 리더의 선택에 영향을 준다.

③ **직무 특성**　직무와 관련된 여러 가지 문제는 리더 행동에 영향을 줄 수 있다. 예컨대 사안들이 매우 복잡하다면 높은 수준의 전문지식이 요구될 것이다. 리더는 여러 사람들의 의견을 모아야 하기에 참여 정도가 높은 리더십 유형이 필요하다.

④ **시간제약**　시간의 부족은 모든 리더의 공통된 상황이다. 중요한 의사결정을 위한 시간 압박이 있는 경우, 권한 위임이나 참여와 같은 과정이 허용될 수 없다. 이러한 상황에서 리더는 과감하게 결단하는 리더십 행동을 해야 할 것이다.

4.4 리더십 연속체 모델의 의의

리더십 행동이론으로서 리더십 연속체 모델은 다음과 같은 두 가지의 의미를 갖고 있다 (Gosling 등, 2003).

첫째, 독재적 리더십과 민주적 리더십을 하나의 체계 속에서 결합하려고 시도하였다. 일반적으로 리더십에 대한 사람들의 생각은 '흑과 백, 선과 악'처럼 두 가지 양극단의 개념을 통해 설명하고, 이해하려고 하는 경향이 있다. 하지만 사람들이 마음속으로 원하는 리더는 냉철하고 일을 잘하는 모습은 아니다. 온화하며 함께 있을 때 편안한 사람의 모습일 것이다. 여기에서 현실과 기대 사이에 충돌이 발생하게 된다.

리더십 연속체 모델은 독재자에서부터 민주적 리더까지 리더십을 설명하기 위한 연속체 (spectrum)를 만들었다. 마치 빛이 프리즘을 통해 분산되어 색깔이 나뉜 것처럼 보이지만, 실제로는 서로 이어져 있다. 이러한 리더십 연속체 개념에 근거한 리더십 연구의 분석적 연구방법은 이후 후속연구를 위한 중요한 틀을 제공하였다.

둘째, 독재적 리더십과 민주적 리더십이라고 하는 두 가지 양극단의 리더십 행동을 매개변수(리더의 권한과 부하의 자율권)와 조절변수(리더자신, 부하 직원, 환경요인)를 통해 리더십 효과와 연계하였다. 이 과정에서 탄넨비움과 슈미트는 독재적 리더십과 민주적 리더십 간 우열에 대한 분석을 하지 않았다. 즉 어느 것이 더 낫고, 어느 것이 못하다는 방식의 접근은 없다. 왜냐하면 리더십 연속체 모델의 핵심은 리더와 부하 간 조화로운 결합이기 때문이다. 즉 모델은 어떠한 경영자와 직원이든, 어떤 환경이든 그에 적합한 효과적인 리더십이 있다고 전제하고 있다.

이때 어려운 문제는 '리더가 어떻게 선택을 하는가? 선택을 위한 근거는 무엇인가?'라고 할 수 있다. 따라서 리더십 연속체 모델의 또 다른 중요한 의미는 그에 대한 대답을 구하고자 하였던, 피들러를 비롯한 리더십 상황이론을 위한 계기가 되었다는 점을 들 수 있다.

5. 관리격자이론

블레이크와 뮤턴의 관리격자이론(Managerial Grid Theory)은 대표적인 리더십 행동이론이다 (Blake와 Mouton, 1964).

조직행동이론 가운데 관리격자이론만큼 이론과 실제에서 서로 엇갈리는 극단적인 평가를 받는 경우는 드물다. 현장에서는 리더십 개념에 대한 명확한 이해와 분석을 위한 틀로써 평가받고 있다. 하지만 학계에서는 이론으로서 타당성 결여뿐만 아니라 실무 차원의 효용성에도 의문을 제시하며, 이론이라는 명칭도 붙여서는 안 된다는 주장까지 한다.

하지만 그와 같은 평가와 별개로 관리격자이론은 리더십 행동이론의 중요한 위치에 있으며, 중요한 주제로 다루어지고 있다.

5.1 관리격자의 개념

관리격자이론의 기본 전제는 '리더십 효과는 과업과 사람에 대해서 얼마만큼 관심을 갖는가에 따라 다르게 나타난다'는 것이다. 이때 과업 중심과 사람 중심이라는 개념은 오하이오주립대학 연구의 두 가지 리더 행동 차원인 구조주도와 배려를 사용한다. 따라서 모든 관리자들의 리더십은 과업 중심과 사람 중심에 대한 선호도와 이를 실천하기 위한 행동(노력)에 의해 결정된다는 주장이다. 관리격자 모델은 이를 토대로 하고 있다. 그림 5.4는 관리격자 모델을 보여주고 있다.

모델에서 과업과 사람에 대한 관심 수준에 따라 각기 9개 단계로 구분된다. 따라서 모두 81개의 리더의 행동유형으로 구성된다. 그 가운데 5개를 전형적인 리더십 유형으로 꼽는다. 관리격자이론에서는 그와 같은 5개의 유형에 대한 특징을 설명하고, 아울러 관리격자 모델에서 어디서 해당하는지를 알아볼 수 있는 평가방법을 제시하고 있다. 따라서 실무 차원에서 자신이 관리격자 모델의 어디에 위치하는지를 확인한 다음, 스스로에게 필요한 개선방안(행동 변화)을 찾도록 한다.

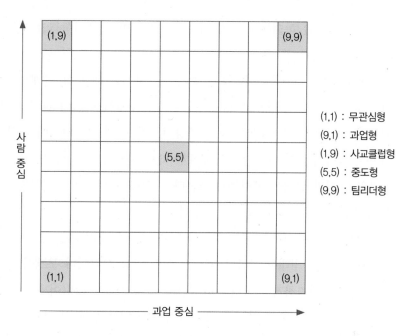

그림 **5.4** 관리격자 모델

5.2 관리격자이론의 다섯 가지 리더 유형

지금부터 관리격자이론의 전형적인 다섯 가지 유형에 대해 살펴보도록 하자.

1) 무관심형 (1,1)

무관심형(impoverished management)은 과업과 사람 모두에게 무관심한 리더십 행동을 의미한다. 관리격자 모델에서 관심이 없다, 쓸모가 없다는 것은 무능력하다는 의미와는 다르다. 관리격자이론에서 이러한 유형의 리더는 스스로의 능력 수준은 높으나, 무관심하기 때문에 리더십 효과가 떨어지는 경우까지 포함하기 때문이다. 이러한 유형의 리더십 행동을 설명하면 다음과 같다.

① 무관심형 리더는 과업과 사람에게 모두 무관심한 태도를 갖는다. 따라서 최소한의 노력을 통해 과업을 수행하며, 인간관계를 유지하려고 한다. 이러한 유형의 리더는 조직에서 자신이 원하는 것이 많을 수도 있고 적을 수도 있지만, 어떤 경우이건 스스로의 노력은 그에 훨씬 못 미친다. 스스로의 행동규칙에서 가장 중요하게 생각하는 요소는 정해진 방법에 따라서 일을 하되, 최소한만 하자는 것이다. 이러한 행동의 심리적 근

거는 현상유지를 하려는 욕구가 강하기 때문이며, 미래지향적인 성취동기를 전혀 갖고 있지 않다.

② 무관심형 리더는 권한 위임이라는 명목으로 자신이 해야 할 것까지 부하들에게 일처리를 맡긴다. 이러한 행동의 이유로서 일선 근무자들이 일에 관해 가장 잘 알고 있기 때문에 효과적인 권한 위임이라고 주장하지만, 실제로는 자신이 편하게 지내기 위해서이다. 따라서 과업이나 업무를 분배할 때도 누가 맡든지 똑같다고 하면서 구성원들 각자의 특성과 능력을 고려하지 않는다. 그리하여 문제가 발생했을 때 그 일에서 자신이 책임자가 아니라는 논리를 펼친다.

③ 무관심한 리더는 조직 안에서 중요한 일을 맡지 않으려 하고, 스스로가 화제의 중심이 되는 상황을 최대한 삼간다. 따라서 어떤 갈등 상황이나 분쟁이 발생했을 때는 항상 침묵으로 일관하거나 중립을 유지한다. 그렇게 함으로써 어느 쪽으로도 적을 만들지 않으려 한다. 겉으로 보기에 욕심이 없는 것처럼 보일 수 있으나, 속으로는 자신의 이익과 관련된 일에만 집중하는 사람이다. 자신의 이익에 몰입하며, 조직의 이익에 대해서는 초월한 듯한 태도를 보이는 유형이 이러한 리더십의 두드러진 특징이다.

2) 과업형 (9,1)

과업형(task management) 리더는 일에만 전념하는 유형이다. 따라서 사람에 관해서는 중요하게 생각하지 않는다. 효율성을 위해서 직무 관련 요소와 상황에 대해서는 중요하게 생각하지만, 인간적 요소에 대해서는 관심이 없다. 경영관리에 있어서 기계적, 과학적 접근을 생각해 보면 이해가 될 것이다. 이러한 유형의 리더는 상황에 대한 통제욕구가 강하기 때문에 규정과 절차를 중요하게 생각한다. 따라서 업무수행이 매뉴얼대로 진행되도록 노력할 것이며, 과업과 마찬가지로 사람들 또한 매뉴얼대로 움직이는 것을 당연하게 여긴다. 따라서 구성원들에 대해서는 일방적인 복종을 요구하며, 자신의 의견에 따르지 않는 사람에 대해서는 장애물로 생각한다.

① 과업형 리더의 심리적 근저에는 실패에 대한 두려움이 위치하고 있다. 그것이 반동형성으로 작용하여 스스로가 남들보다 강하고 뛰어나다는 것을 과시하려고 한다. 그리하여 실패하는 경우, 실패의 원인을 상황과 타인에게 귀인하기 때문에, 문제의 원인을 자신으로부터 찾을 수 있는 기회를 차단하게 된다. 실수나 잘못을 인정하는 것은 자신이 무능하다는 것을 인정하는 것이 되기 때문이다. 따라서 일을 할 때 결코 다른

사람의 충고나 조언에 귀를 기울이지 않는다.

② 이러한 유형의 리더는 위계를 중요하게 생각한다. 따라서 조직 구성원과의 관계에서 명령과 복종관계를 당연하게 여긴다. 업무지시에 관련해서는 육하원칙에 따라 명확하게 부여하며, 구성원들 또한 그에 따라 보고하도록 한다. 또한 과업형 리더는 성과가 좋은 부하 직원을 편애한다. 잘못하거나 부족한 부하들에 대해서는 매정하게 대한다. 대화 방식에 있어서도 질문을 매우 공격적으로 함으로써 상대방을 몰아붙이고, 다른 사람의 이야기를 들을 때는 방어적인 자세를 결코 흩뜨리는 경우가 없다. 특히 대화에서 '결코, 절대, 반드시' 등의 말을 많이 사용하며, 일에서뿐만 아니라 놀이에서도 승부욕이 강하다.

③ 이러한 유형의 리더가 팀이나 부서의 관리자일 경우 구성원들의 반응은 복종 아니면 무관심의 두 가지 형태로 나타난다. 마치 (1,1) 형태의 리더가 보여주는 태도와 행동을 구성원들이 한다는 것으로, 소극적이며, 창의성이라고는 결코 찾아볼 수 없는 모습으로 일을 하게 된다. 구성원들의 이러한 모습을 보면서 리더는 그러한 태도의 원인을 구성원들의 내부적 특성으로 귀인하게 된다. 즉 원인을 결코 스스로에게서 찾으려 하지 않는다. 그 결과 리더와 구성원 간 관계는 복종, 게으름, 무관심, 조용한 사직(quiet quitting), 처벌 등의 부정적인 요소로 채워지며, 그러한 관계는 악순환을 거듭하며 점차 심화된다.

테슬라의 일론 머스크는 트위터를 인수한 후, 직원의 절반인 3,700명을 내보냈다. 해고가 쉬운 미국이지만, 한 번에 전체 직원의 절반을 내보내는 일은 유례가 없었다. 해고 통보도 없이, 직원들은 자신의 사내 인터넷 접근이 차단되거나, 로그인이 거부되는 것을 통해 해고되었음을 알게 되었다. 남게 된 직원들에 대한 처우는 삭감된 임금으로 주 80시간 이상의 장시간 노동을 수용하거나 아니면 퇴사하라는 것이었다. 결국 1,000명이 더 떠나고 2,000명만이 인수된 트위터에 남았다. 그럼에도 떠나지 않고 사람들이 남았다고 해서 머스크의 결정이 옳다는 의미는 아닐 것이다.

사람에 대한 배려와 이해에는 전혀 관심이 없는 경영방식은 머스크의 일관된 리더 행동이다. 자신과 의견이 다르거나, 시키는 대로 하지 않는 경우에 폭언과 해고를 서슴지 않았던 행동은 (9,1) 유형의 전형이라고 할 수 있다. 결과만 좋으면 과정의 불공정과 불합리, 부당함은 묻히고 만다는 경험을 해 보았기 때문일 것이다.

과거 산업화 시대에나 통할 것 같은 머스크의 과업형 리더십이 성공을 위해서는 그렇게 해도 된다는 사례로 등장한다면 그 부작용은 매우 클 것이다.

3) 사교클럽형 (1,9)

사교클럽형(country club management) 리더는 스스로와 동료, 부하와 상사들 간 관계를 중요하게 생각한다. 그에 비해 실제로 일이 어떻게 진행되고 있는지에 대해서는 관심이 없다. 사교클럽 매니저의 역할처럼 손님들이 모든 시름과 걱정을 잊어버리고, 오로지 모여서 즐겁게 지낼 수 있도록 하는 것이 목적이라고 할 수 있다. 따라서 사교클럽형 리더는 리더십의 원천을 구성원들의 태도와 감정에서 찾는다. 구성원들의 지지와 뒷받침이 자신의 권력기반이라 인식하기 때문에, 구성원들의 욕구 충족에 대해 항상 관심을 기울인다.

① 사교클럽형 리더의 심리적 근저에는 구성원들의 저항에 대한 두려움이 자리하고 있다. 마치 사교클럽 매니저가 그러하듯, 손님들의 저항이 두려워 최대한 묵언(관용)과 순종하는 자세를 보이는 것이다. 따라서 사교클럽형 리더는 부하들에 대해 도움과 뒷받침을 아끼지 않고 제공한다. 즉 그렇게 함으로써 조직의 융합과 사기 진작이 이루어지고, 반대급부로서 스스로의 리더십 기반이 튼튼해지기 때문이다. 따라서 이러한 리더가 이끄는 조직이나 부서는 자유롭지만, 게으르고 비효율적일 수 있다.

② 사교클럽형 리더의 업무부여 방식은 통제와 거리가 멀다. 왜냐하면 억누르고 통제한다는 것은 서로에 대한 불신임 행위이기 때문이다. 따라서 구성원들에게 업무를 부여하는 것이 아니라 놀잇거리 혹은 심심풀이 정도의 일을 준다. 이때 구성원들에게 업무를 쉽게, 즐겁게, 잘하리라고 기대한다는 당부도 함께한다. 특히 이러한 유형의 리더는 구성원에게 가족이라는 인식을 강조한다. 따라서 직원들뿐만 아니라, 직원들의 가족과 심지어 친척까지도 관심과 배려의 대상이 된다.

③ 업무성과가 나쁘거나 문제가 발행하면, 이러한 유형의 리더는 자신의 책임으로 귀인한다. 따라서 (9,1) 유형의 리더와 마찬가지로 문제 해결을 위해 본질적인 접근을 하지 않으려 한다. 만일 진정으로 문제 해결을 하려는 경우에도, 문제 발생 당시에는 일단 은폐하며, 문제의 범위와 수준을 축소함으로써 모두에게 좋은 일이 되도록 노력한다. 그리하여 (1,9) 유형의 리더는 결코 꾸지람과 욕설을 동원하지 않으며, 자신도 확신하지 못하는 미래와 보상을 약속한다. 구성원들은 이러한 리더의 조직 내 행동에 대해서 처음에는 만족해 할 수 있다. 하지만 시간이 지나면서, 리더의 그러한 행동과 태도에 싫증과 실망을 느끼고 리더를 무시하게 된다. 성취동기가 큰 사람은 그러한 리더 밑에서 일하고 싶지 않기에 이탈하는 경우도 있다. 한편, 사교클럽형 리더 아래에서는 가짜 노동(pseudo work)이 더욱 두드러진다. 가짜 노동은 업무와 유사하게 보이

지만 실제로는 업무노동이 아니다. 가짜 노동을 하면 실질적인 일은 하지 않으면서도 계속 바쁘다. 겉으로 볼 때는 중요하고 꼭 필요한 일처럼 보일 수 있으며, 진짜 노동처럼 보이기도 한다. 심지어 칭찬과 명예가 따르기도 하므로, 가짜 노동을 하는 사람들은 무의미한 노동을 하면서도, 스스로는 바쁘고 부지런히 일하고 있다고 착각한다. 이러한 가짜 노동과 사교클럽형 리더십의 결합은 독과점 상황에서 높은 이윤을 내며, 경쟁의 위험도 걱정할 필요가 없는 조직에서 쉽게 발견할 수 있다. 우리나라 공기업이 전형적인 보기에 해당할 것이다.

4) 중도형 (5,5)

중도형(middle-of-the-road management) 리더는 과업과 사람에 대해 골고루 관심을 갖는다. 따라서 과업형과 사교클럽형의 중간 형태라고 할 수 있다. 중도형 리더는 자신에 대한 구성원들의 평가를 중요하게 생각한다. 따라서 조직 안에서 동료와 관계에서 우위를 차지하기 위한 노력도 게을리하지 않는다. 언어능력이 뛰어나며, 사교적이고, 행동과 태도가 단정하다. 또한 상황적응력이 뛰어나기 때문에 대세에 따라서 의사결정을 한다. 이러한 유형의 리더는 대다수의 행동과 의견에 따라가면서, 그들보다 조금만 나으면 자신의 출세와 성공은 보장된다는 믿음을 갖고 있다. 따라서 중도형 리더십 유형은 태도와 행동에서 정형화되어 있다는 특징이 있으나, 자신의 개성이 없다는 것이 또한 특징이다.

① 중도형 리더는 원칙주의자로서, 다른 사람과 다른 행동을 하려 하지 않는다. 무엇을 개척하고 창조하는 것이 아니라 부족하고 모자라는 것을 채워 넣는 방식으로 업무를 수행한다. 이것은 자기감시성향이 높은 사람이 갖는 특징 때문에 가능하다. 즉 적응에 능숙하다는 말이다. 중도형 리더는 명령이라는 수단에 의존하지는 않지만, 자유방임도 하지 않는다. 그렇기 때문에 동기부여와 커뮤니케이션을 중요한 수단으로 활용한다. 따라서 계획 수립 시에도 구성원들의 생각과 아이디어를 중요하게 생각하고, 활용하기 위해 노력한다. 업무배분과 관련하여 볼 때, 부하들에게 격려와 함께 필요할 때 기꺼이 직접적인 도움도 제공한다. 배치에 있어서 과업과 사람의 조화, 즉 현재의 적합성을 가장 중요하게 생각한다. 잠재능력이나 미래의 활용 가능성은 우선순위에서 멀다.

② 중도형 리더는 자신뿐 아니라 다른 사람들 또한 합리적인 존재로 인식하는 경향이 강하다. 따라서 구성원들의 이상 반응이나 행동에 대해서도 그럴 수 있는 것으로 여

긴다. 그리하여 업무성과에 있어서도 최고나 최대를 추구하지 않는다. 사람들이 수용할 수 있는 합리적인 범위와 수준에서, 그리고 적당히 노력하면 누구라도 달성할 수 있는 수준에서 목표가 설정되어야 한다고 생각한다. 최고를 추구하기보다는 적정 수준을 추구한다고 할 수 있다.

③ 중도형 리더는 어려운 문제나 갈등 상황에 당면하게 되면 관례에 따라 해결하려고 한다. 따라서 조직 내 암묵적 관행이나 전통을 중요하게 생각하며, 업무수행과정에서 발생하는 불확실성을 그러한 관행이나 전통을 통해 흡수하기 위해 노력한다. 구성원과 관계에서 융합을 잘하기 때문에, 부하들은 이러한 리더와 함께 일하는 과정에 어느새 감화된 스스로를 발견하게 된다. 그리하여 구성원들은 일을 할 때 리더가 어떻게 하기를 원할지를 먼저 생각하게 된다. 당연히 혁신과 창의성은 떨어지는 조직이 될 것이며, 구성원들이 무언가 변화를 시도하는 경우에는 온갖 논리와 이유를 들으면서 자신의 생각을 접어야 한다. 중도형 리더가 장애물을 극복하지 못하는 경우 (1,1) 유형으로 바뀔 가능성이 크다고 한다.

5) 팀리더형 (9,9)

팀리더형(team management)은 과업과 사람에게 모두 관심을 가질 뿐 아니라 두 가지를 하나로 조화롭게 융합한다. 구체적으로 자발적인 협력, 자기혁신, 개방적 조직, 권한과 책임의 분담 등을 잘 추진한다. 따라서 조직의 성공이 개인의 성공이 되며, 개인의 발전이 조직의 발전이 될 수 있다는 믿음으로 실천할 수 있다. 특히 팀리더형 리더는 어려움이나 난관에 처한 상황에서 빛을 발휘하는데, 스스로에 대한 확신과 구성원들의 신뢰 덕택에 좌절함 없이 성공을 향해 전진할 수 있다.

① 앞서 언급하였듯이 팀리더형 리더의 가장 큰 특징은 개인의 발전과 조직의 성장을 동일한 것으로 인식한다는 점이다. 이러한 특징은 의사결정 과정에서 두드러지게 나타나는데, 계획단계에서부터 구성원들이 참여할 수 있도록 하며, 권한과 책임관계를 명확히 하고, 규정과 절차 또한 잘 갖추어 둔다. 따라서 의사결정 과정의 효율성뿐만 아니라 실행효과도 높다. 인력 배치는 다른 유형의 리더와 달리 과업의 필요성뿐만 아니라 구성원들에 대한 개발계획을 함께 고려하여 이루어진다. 팀리더형 리더십은 운동팀의 경우와 마찬가지로 구성원들의 참여 수준에 의해 부서의 목표가 결정된다. 따라서 이러한 과정을 통해 구성원과 조직은 협력의 진정한 의미를 상호 학습

하게 된다.

② 갈등과 문제 발생 상황에서 팀리더 유형은 더욱 가치를 발휘한다. 무엇보다 팀은 일심동체란 의식이 강하기 때문에 갈등이나 문제 발생에 예방적 효과가 있으며, 문제가 발생한 후에도 쉽게 해결할 수 있는 바탕이 된다. 그리하여 문제나 갈등 상황 자체가 발전이나 창조를 위한 기회가 될 수 있음을 크고 작은 팀 활동을 통해서 우리는 경험하고 있다. 커뮤니케이션 측면에서 볼 때, 팀리더형 리더는 다양한 커뮤니케이션 채널을 갖고 있다. 종류의 다양성뿐만 아니라 속성에서도 상하좌우 골고루 이루어진다. 따라서 조직 내 정보와 구성원들의 감정 전달에서 왜곡현상이 현저히 줄어든다. 그리하여 구성원들로 하여금 생각과 태도에서 현실적이 되도록 해 주며, 논리와 이성을 강조하고, 사고능력을 제고함으로써 문제 해결을 용이하게 해 줄 수 있다. 마찬가지로 갈등 상황에 대해서도 문제의 원인을 일방적으로 귀인하지 않고 다차원적으로 접근할 수 있도록 함으로써 근본적인 해결이 가능할 수 있게 해 준다. 따라서 이러한 조직에서 일하는 구성원들은 스스로를 존중할 수 있기에, 자신의 의견을 분명히 나타내며 자신의 일에 대해 기꺼이 책임을 지려 한다.

③ 팀리더형은 조직과 인간, 과업과 감정이 최고의 조화를 이룬 상태이다. 그러므로 다른 리더 유형을 (9,9) 유형으로 바꾸기 위한 노력이 필요하다.

④ 블레이크와 뮤턴은 이를 위해 다음과 같은 노력이 요구된다고 한다.

첫째, 무엇보다 리더와 구성원들은 관리격자이론의 특성에 대해 잘 이해해야 한다. 그렇게 함으로써 팀리더형과 본인의 유형 간 차이를 알 수 있기 때문이다.

둘째, 구성원들은 팀으로서 공통된 가치관을 갖기 위해 노력한다. (9,1)과 (1,9) 유형을 생각하면 무슨 의미인지 곧 이해가 될 것이다.

셋째, 구성원 모두가 자기기만에서 벗어나야 한다. 블레이크와 뮤턴은 이것이 가장 중요한 요소라고 말한다. 즉 모든 사람이 팀리더형 행동과 관리방법이 가장 좋다고 인정하고 있다. 하지만 스스로의 행동은 그것과 큰 차이를 보이는 전혀 다른 것임에도 불구하고, 팀리더형 리더십과 관리행동을 하고 있다고 생각한다. 물론 착각에서 그렇게 생각할 수도 있다. 하지만 블레이크와 뮤턴은 이를 자기기만이라고 표현하며, 그와 같은 방어적 심리상태를 포기해야만 팀리더형 리더로 나아가는 장애물을 제거할 수 있다고 강조한다(Blake와 Mouton, 1985).

5.3 관리격자이론의 다섯 가지 현장 적용

관리격자이론은 리더십 행동을 분석할 수 있는 이론적 틀을 제공하였다. 하지만 실제 현장에서 일어나는 모습은 앞에서 논의한 다섯 가지 유형에만 국한되어 있지 않으며, 오히려 다섯 가지가 섞여 있는 형태를 보여준다. 관리격자이론에서 블레이크와 뮤턴은 여러 가지 방식의 결합을 통해 실제로 어떠한 유형이 있는지 보여주고 있다. 현장에서 가장 많이 볼 수 있는 다섯 가지 결합은 다음과 같다.

1) 온정주의형

온정주의형(paternalistic management)은 과업형과 사교클럽형 리더의 결합이다. (9,1) 리더가 가진 독재적인 면과 (1,9) 리더가 가진 아량을 동시에 가지고 있다. 리더는 조직을 가정으로 생각하여 부하에게 엄격한 아버지와 자상한 어머니의 역할을 동시에 한다. 예를 들어, 엄격하게 혼내지만 퇴근 시간이 되면 커피를 건네며 진심으로 관심을 보인다. 온정주의형 리더는 부하들에게 책임감을 갖도록 격려하지만, 권한을 위임하지는 않는다.

그리고 부하에 대한 만족 정도에 따라 아버지처럼 부하를 돌본다. 예를 들어, 높은 보상, 부러워할 정도의 복지혜택이 주어진다.

그러나 이러한 보상은 일한 만큼의 보상이라거나 상응하는 반대급부가 아니다. 아버지가 자식들에게 베푸는 은혜라고 할 수 있다. 왜냐하면 집에서 일을 제일 많이 한 사람이 반드시 가장 많은 혜택을 받는 것이 아닌 것처럼, 아버지가 제일 걱정하고 아끼는 사람은 가장 약하고 능력이 떨어지는 자녀이기 때문이다. 그런데 오늘날 온정주의는 거의 사라졌다. 과거에는 온정주의 조직 관리가 이루어지면 안정적인 조직이 형성될 수 있었으며, 회사는 강한 매력을 지닌 곳으로 인식되었다. 그러나 이 모델은 필연적으로 언젠가는 과부하와 혼란, 저효율성의 발생이 필연적이다. 리더가 아무리 은혜를 베풀어도 조직 운영에서 나타나는 한계를 극복하지 못하기 때문이다. 이러한 상태가 지속되면 결국에는 불공정, 원망, 저항과 같은 부정적 요소들이 쌓이게 된다. 이것이 우리사회와 기업환경의 변화 속에서 온정주의가 사라지는 원인이 되었다.

2) 시소형

시소형(seesaw management) 리더도 과업형과 사교클럽형의 결합이다. 하지만 시소형은 과업형과 사교클럽형이 동시에 이루어지는 것이 아니라, 리더의 필요에 따라 과업형과 사교클럽형을 오간다. 리더가 일방적인 과업형 리더십으로 부하 직원들의 강한 반대에 부딪히게 되면, 이를 진정시키기 위한 일시적 방편으로 사교클럽형 쪽으로 바꾸는 것이다. 그리하여 직원들과 관계를 회복하게 되었으나, 생산성이나 수익이 줄어들면 다시 과업형으로 되돌아갈 가능성이 크다. 이렇게 되돌아온 다음에 리더와 부하와 관계에서 긴장이 발생하면, 리더는 또다시 과업형에서 사교클럽형으로 옮기는 행동을 반복한다. 이와 같은 주기적인 이동은 선거를 통해 당선된 선출직 리더에게서 흔히 볼 수 있다. 유권자들의 표를 얻기 위해서라면 온갖 필요한 말과 행동을 한다. 하지만 당선된 리더는 바뀐다. 조직 관리의 고삐를 죄기 시작한다. 강경책과 온건책을 모두 사용하는 것이다. 경제 상황의 주기적인 변동에 따른 이와 같은 두 가지 관리방법은 기업에서도 쉽게 발견할 수 있다.

시소형은 문제 상황에 긴급 대응해야 하는 경우에 적합한 방법이 될 수 있다. 그러나 두

그림 **5.5** 시소형 리더 행동

가지의 양극단이 주기적으로 나타나게 됨으로써, 통일성이 훼손되고 자주 바뀌는 정책은 리더를 불신하게 된다. 즉, 관리방법이 바뀔 때마다 그에 수반되는 관리 수준의 질적 저하와 구성원과 신뢰 상실이 발생한다.

3) 저울형

저울형(balance scale management) 또한 과업형과 사교클럽형의 결합이며, 저울형이라는 명칭은 어느 한쪽으로 기울게 되면, 리더는 조직의 성과를 위해서 균형을 맞추기 위한 리더십 행동을 한다는 의미에서 비롯하였다. 저울형은 조직 내부의 분업과 배치 과정에서 주로 나타난다. 예컨대, 기업 전체를 수직적으로 지휘하는 시스템을 생각해 보자. 시스템 운영을 위해서 과업형 관리를 할 것이다. 따라서 내부에서는 긴장과 경쟁, 대립이 일상적으로 나타날 것이고 인간관계는 점차 나빠질 것이다. 이를 위해 내부적으로 또 다른 관리 조직은 사교클럽형 관리를 하도록 함으로써 문제를 해결하려 한다. 예를 들어, 회사 전체를 맡아 책임지는 경영기획팀이나 인사총무팀 외에 직원들의 후생복지와 정신건강만을 전담하는 워라밸 부서를 만드는 것이다. 이 부서는 직원들의 목소리를 들어주고, 이를 경영관리에 반영할 수 있는 자리이다. 기업에서 정신과 의사, 심리상담사, 사회복지사들을 고용하는 것은 그러한 기능을 수행하기 위해서이다. 그리하여 전체 조직은 과업형과 사교클럽형의 균형을 갖추게 된다.

정반대로 저울형을 사용할 수도 있다. 예컨대, 사내에 발생한 성희롱 사건에 대해서 엄격한 조사를 하려고 한다. 그런데 상사를 비롯하여, 인사부서나 고충처리부서에서는 이러한 어렵고도 힘든 일을 직접 하고 싶지 않을 수 있다.

이때 조직 내부를 임의로 사선으로 잘라서 해당 직원으로 구성된 위원회 조직을 구성하여 조사와 심의를 맡긴다. 이 위원회가 성희롱 사건에 대해 엄격하게 일할 수 있도록 전적인 권한을 부여한다.

저울형은 효율적이므로 널리 사용되고 있다. 그러나 두 개의 부서 또는 두 유형의 리더십을 동시에 사용하기 때문에 상쇄효과도 발생한다.

4) 두 개의 모자형

두 개의 모자형(wearing two hats) 또한 과업형과 사교클럽형의 결합이다. 앞에서 온정주의형은 동시에 두 가지 리더십 유형을 리더의 의지에 따라 활용하는 것이고, 시소형은 구성원들의 반응에 대처하기 위해 두 가지 리더십 유형을 번갈아 사용하는 것이라고 하였다. 하지만 두 개의 모자형은 앞선 논의들과 차이가 있다. 리더 중에는 생산이나 사람을 위한 역량에서 부족한 경우가 있다.

블레이크와 뮤턴은 사교클럽형과 과업형을 두 개의 모자에 비유하였다. 인간적 모자(Human Hat)는 사교클럽형, 그리고 기술적 모자(Technical Hat)는 과업형에 해당한다.

두 개의 모자형은 특히 과업(생산) 관련 리더십 역량이 부족한 경우에 활용할 수 있는 리더 행동이다. 이때 리더는 구성원과 관계와 역할에서 인간적 모자를 많이 쓰고 행동할수록, 기술적 모자를 쓰고 행동할 때 도움이 될 수 있다. 반면, 인간적 모자를 덜 사용할수록 기술적 모자를 쓰고 일하기가 어려워진다. 생산 관련 문제도 결국에는 사람 사이의 소통 문제일 수 있다는 측면에서 이러한 유형의 접근은 유용하다. 하지만 생산 관련 문제를 제쳐놓고 인간관계에 대해서만 강조한다면 문제 해결의 방향이 잘못된 것이다. 두 개의 모자형 리더는 온정주의형 리더와 달리, 능력의 한계 때문에 과업과 사람의 결합을 동시에 하지 못하는 리더의 행동이므로, 필연적으로 리더십 효과는 제한적이다.

5) 기회주의형

기회주의형(opportunistic style)은 상황에 따라 변하는 리더십 형태로, 고정된 형태가 없다. 특정 유형의 리더십 행동이 아니라 필요에 따라 관리격자상 81개 유형을 이것저것 모두 사용한다. 즉 목적달성을 위해서라면 어떤 유형의 리더 행동도 마다않는다. 이 유형은 부하 직원에 따라 대응 방법을 달리하고, 일의 상황을 보면서 해결방법을 찾아나간다.

만일 부하 직원이 일을 잘하고 있다면 더 열심히 하도록 당근과 채찍을 사용한다. 반대로 부하 직원의 능력이 부족하다고 생각되면 결코 중요한 직무를 맡기지 않고 관심을 기울이지 않는다. 따라서 착취, 조종, 설득 등 어떤 수단이건 성과를 위해서라면 정당화된다. 이러한 유형의 리더에게 구성원들의 지지나 뒷받침은 전혀 관심의 대상이 아니다. 조직의 리더가 이러한 행동 경향을 보이면 아래의 관리자들도 같은 경향을 보인다.

한편, 어떤 조직이 권력 분권화 전통이 강하다거나, 인수 합병을 통해 성장한 조직인 경우에, 부서 간, 회사 간 리더 행동에서 상이한 유형의 결합이 나타날 수 있다.

그러한 상황에서 기회주의형은 실제 적용이 가능하므로 그것만으로도 효용이 있다. 그러나 통일되고 안정적인 리더십의 부재는 단점이 된다. 특히 사람, 부서, 회사 사이에 차별을 낳아 불공정성의 문제를 야기할 수 있다.

블레이크와 뮤턴은 현실에서 이러한 다양한 결합형 리더 행동이 이루어지고 있으며, 모두 존재의 이유가 있다고 말한다. 하지만 이러한 결합형 리더 유형은 본질적으로 '사람 중심'과 '과업 중심'을 하나로 합치는 (9,9) 팀리더형의 효과와 중요성에는 못 미치는 리더십이라고 지적한다. 그러므로 행동과학이론을 통해 결합형 관리방법을 개선하고 발전시켜 (9,9) 유형으로 나가야 한다고 하였다.

5.4 관리격자이론의 의의

1) 실무 차원에서 의의

블레이크와 뮤턴은 경영현장에서 일선관리자들의 관리격자이론 활용도를 높이기 위한 노력을 하였다. 이를 통해 사람들은 스스로가 어떤 유형에 해당하는지를 알 수 있도록 하여, 이에 적절한 교육훈련 방법을 제시하였다.

앞서 (9,9) 유형에서 설명하였듯이, (9,9)의 팀리더형이 되기 위해 학습하려면, 스스로가 어떤 유형에 속하는가 명확하게 판단해야 한다. 이후 그 차이를 메우기 위한 교육과 훈련이 필요하다.

그런데 실제로 관리자들은 스스로의 관리방법과 리더십에 대해 과대평가하는 경향이 있었다. 처음에 관리격자이론을 모르는 상태에서는 75퍼센트의 리더가 스스로를 (9,9) 팀리더형 리더십을 발휘하고 있다고 생각한다고 대답하였다. 그러나 측정 방법을 학습한 후에는 25퍼센트만이 스스로를 관리격자이론의 팀리더형에 해당한다고 대답하였다. 즉 피평가자의 자기기만을 상당부분 줄일 수 있었다.

관리격자상 위치측정을 위해서 의사결정, 신념, 갈등, 마음가짐, 품위 등의 개념을 중요한 리더십 판단요소로 전제하고, 이러한 요소와 관련하여 조직 안에서 발생하는 구체적인 행동에 대해 스스로가 서술하도록 하였다.

이때 구체적인 행동의 범주로는 경영관리활동, 상사로서 행동, 결과의 인식, 조직동태성 인식, 아동기 요인 등이 있다. 그리하여 그러한 각각의 범주에 해당하는 하위항목에 관해서 평가하도록 하였다. 예컨대, '경영관리활동'에는 계획, 조직, 지휘, 조정, 통제, 인력 배치, 목표 관리, 인사고과 등의 관리현상을 두고 격자 평가점수를 부여하도록 하였다.

다음으로 자신에 대한 판단을 내린 후에 교육훈련을 통해 스스로의 관리방법을 개선하도록 한다. 관리방법의 개선이란 관리수준을 제고하여 관리격자상 (9,9) 팀리더형으로 나아가기 위한 과정이다.

이후 후속연구를 통해서 실무 차원에서 산업계 전반에 걸쳐, 동일한 분석방법을 사용하여, 관리자뿐만 아니라 비서직 관리격자, 공장관리자 관리격자 등에 대한 분석 결과도 제시하였다(Blake와 McCanse, 1991).

2) 이론적 차원에서 의의

관리격자이론은 리더십 행동 분석 시스템이다. 따라서 조직의 리더와 관리자뿐만 아니라 일상생활에서 적용 가능한 모델이며 개인의 관계행동을 개선할 수 있다는 측면에서 유용하다.

이론적 차원에서 블레이크와 뮤턴은 관리격자이론의 초기 모델에 대한 비판에 대응하여, 정교한 평가방법을 제시하였다. 아울러 여러 상황에서 적용 가능한 관리이론의 틀을 만들고자 노력하였다. 블레이크와 뮤턴은 리더십 상황이론을 비판하였는데, 왜냐하면 상황이론의 실용주의적 접근이 오히려 리더와 관리자들을 오도할 수 있기 때문이다. 더 나아가 인간심성의 발전에 불필요한 걸림돌이 되고 있다고 하였다.

왜냐하면 세상에는 (9,9) 팀리더라고 하는 가장 훌륭한 리더 유형이 존재하고 있으며, 이를 통해 경영관리에 직접 활용할 수 있는 시스템을 만들 수 있기 때문이다. 경영학은 행동과학에서 출발하였는데, 행동과학은 인간사회에 대한 이해와 해석을 가능하게 하기 위해 여러 학문 영역에서 사용하는 과학적 분석방법을 활용한다. 그리하여 연구대상의 발전과 변화 방향을 예측할 수 있게 해 주었다. 마찬가지로 리더십 연구에서 효과적인 관리방법을 찾고자 하는 경우에도 과학적 분석방법이 요구된다. 이러한 이유로 가장 이상적인 리더 행동 모델을 찾고자 과학적으로 연구하고, 노력하여, 그것을 발견하였으므로, 리더십 상황이론에서 주장하는 상황결정론에 반대하였다.

관리격자이론은 행동과학의 원칙을 토대로 만들어진 것이므로, 여러 관리유형의 비교가 가능하며, 논리적으로 설명할 수 있는 근거가 명확히 존재한다고 하였다. 그렇기 때문에 (9,9) 팀리더형 리더 행동이 이상적인 모델이며, 팀리더형의 확산과 적용을 통해서 기업뿐만 아니라, 이성적 사유를 통해 행동하는 인간사회를 건설할 수 있다고 주장하였다(Blake와 McCanse, 1991).

리더의 행동유형을 측정하기 위해 사용하는 대표적인 측정도구에는 LBDQ와 관리격자이론 설문지가 있다. 두 가지 측정도구는 응답자가 얼마만큼 과업지향적 리더인지, 관계지향적 리더인지에 관한 정보를 제공해 준다.

LBDQ는 기본적으로 연구목적을 위해 설계된 것이며, 리더십 관련 연구에서 널리 활용하고 있다. 그에 비해 관리격자이론 설문지는 실무 차원에서 교육훈련을 위해 개발된 것이며, 리더십 개발을 위한 도구로써 많은 조직에서 사용하고 있다.

LBDQ는 현재 100개의 설문문항을 계속해서 업데이트하고 있으며, 여기서는 대표적인 20개 문항을 통해 리더십 유형을 측정한다.

설문지의 채점결과를 통해 자신이 과업지향적인지, 관계지향적인지에 관한 정보를 얻을 수 있으며, 신뢰성 제고 측면에서 동일한 설문 내용을 4~5명의 동료, 상사, 부하 직원들이 평가하도록 함으로써, 리더로서 자신의 행동유형을 더욱 정확하게 알 수 있다.

리더 행동유형 설문지

● 작성방법

다음의 문항을 읽고 여러분이(혹은 여러분이 평가하는 그 사람이) 그러한 행동을 얼마나 자주 하고 있는가를 생각해 보십시오. 각 문항의 오른쪽에 있는 1부터 5까지의 숫자 위에 O표를 하십시오.

1 = 전혀 그렇지 않다.	2 = 좀처럼 그렇지 않다.	3 = 때때로 그렇다.
4 = 자주 그렇다.	5 = 항상 그렇다.	

1. 구성원들에게 해야 할 일이 무엇인가를 구체적으로 말해준다.	1 2 3 4 5
2. 구성원들을 친절하게 대한다.	1 2 3 4 5
3. 구성원들에게 업적기준과 목표를 설정해준다.	1 2 3 4 5
4. 사람들을 도와 만족하게 해 준다.	1 2 3 4 5
5. 문제 해결 방법에 관한 대안을 제시해준다.	1 2 3 4 5
6. 다른 사람들이 내놓은 제안에 대해 호의적인 반응을 보인다.	1 2 3 4 5
7. 자신의 생각이나 견해를 다른 사람에게 분명히 제시한다.	1 2 3 4 5
8. 사람들을 대할 때 공정하다.	1 2 3 4 5
9. 자신이 직접 팀이나 부서에서 해야 할 활동계획서를 작성한다.	1 2 3 4 5

10. 구성원들이 예측가능하게 행동한다.	1	2	3	4	5
11. 구성원 각자가 해야 할 역할과 책임을 확실하게 정해준다.	1	2	3	4	5
12. 구성원들과 적극적으로 의사소통을 한다.	1	2	3	4	5
13. 본인 스스로의 역할이 무엇이라는 것을 분명히 한다.	1	2	3	4	5
14. 다른 사람들의 복지에 대한 관심을 보인다.	1	2	3	4	5
15. 업무가 어떻게 수행되어야 하는가에 대한 계획을 세운다.	1	2	3	4	5
16. 의사결정 과정에서 융통성을 보인다.	1	2	3	4	5
17. 팀이나 부서의 기대치나 업적기준을 설정해준다.	1	2	3	4	5
18. 구성원들에게 자신의 생각이나 내면의 감정을 털어놓는다.	1	2	3	4	5
19. 구성원들이 작업의 질을 높이도록 북돋아 준다.	1	2	3	4	5
20. 구성원들이 서로 잘 지내도록 도와준다.	1	2	3	4	5

● 채점방법

리더 행동유형 설문지는 과업지향행동과 관계지향행동을 측정하기 위한 것이다. 채점방법은 다음과 같다.

① 홀수문항의 점수를 합산한다. 이것이 여러분의 과업지향행동 점수이다.
② 짝수문항의 점수를 합산한다. 이것이 여러분의 관계지향행동 점수이다.

합계: 과업지향행동 _____ 점   합계: 관계지향행동 _____ 점

● 결과의 해석

45~50점 매우 높은 범주	30~34점 중간 점도의 낮은 범주
40~44점 높은 범주	25~29점 낮은 범주
35~39점 중간 정도의 높은 범주	20~24점 매우 낮은 범주

출처: Ohio State University, Bureau of Business Research.
Leader Behavior Description Questionaire (LBDQ-XII), Columbus, OH, 2022.

6장

리더십과 동기부여

1. 동기부여의 개념

리더십 행동이론의 중요한 근거가 되는 동기부여(motivation)는 다음과 같이 정의할 수 있다. 동기부여란 생리적 혹은 심리적 불충분이나 필요에 의해서 행동(동인)을 촉진시켜 목적(유인자극)으로 향하게 하는 과정을 의미한다. 한편 실무 차원에서 동기부여라고 할 때는 이렇게 정의하고 있다. 동기부여란 개인으로 하여금 구체적이고 목표지향적인 행동을 추구하도록 하는 과정이다.

1.1 동기부여 모델

동기부여 개념을 구성하는 요소는 다음과 같다.

① 욕구와 필요(Needs)

필요나 욕구는 생리적 혹은 심리적 불균형 시 언제나 발생한다. 예컨대, 우리 몸의 세포가 물이나 양분이 부족할 때 음식을 취하고자 하는 욕구(필요)가 있고, 친구나 동료의 역할을 하는 사람이 없을 때 심리적으로 외롭기 때문에 누구를 사귀고자 하는 욕구가 발생한다. 심리학에서는 이러한 욕구가 불충분하다는 데 근거를 두고 있으나, 실제는 예외적인 경우가 많다. 예컨대, 경제적 욕구가 강한 사람일수록 과거에 줄기차게 성공한 사람이 많은 경우가 그러하다.

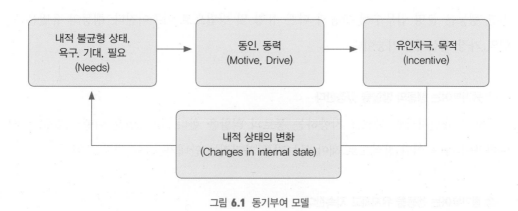

그림 **6.1** 동기부여 모델

② 동인(Motive)

욕구를 완화시키는 첫 단계에서 작용하는 것으로 동기유발 요인을 의미한다. 예컨대, 욕구 가운데 배고픔과 같은 생리적 욕구는 추구하는 방향이 분명하므로 방향성 욕구라고 한다. 이러한 욕구는 행동지향적이므로 목적인 음식으로 향하게 되는데, 이때 음식을 취하게 하는 힘을 동인(동력)이라고 한다. 이처럼 동인은 동기부여의 핵심이라고 할 수 있다.

③ 유인자극(Incentive)

욕구를 완화하고 동인을 증감시킬 수 있는 유인요소, 즉 목적을 위미한다. 따라서 유인 자극을 획득하게 되면 생리적, 심리적 균형을 되찾게 된다(욕구를 줄이거나 불충분한 상태를 복원하게 된다). 예컨대, 음식이나 물을 먹을 때, 친구를 얻게 될 때, 이는 필요와 욕구에 대한 균형을 취하게 됨으로써 관련 욕구가 줄어든다. 따라서 이 경우 물, 음식, 친구가 유인자극이 된다.

1.2 동기부여의 특징

앞서 논의한 동기부여 모델을 통해 다음과 같이 동기유발이 갖는 세 가지 특징적 요소를 발견할 수 있다.

① 동기부여는 행동을 유발한다

동기부여는 사람들로 하여금 어떠한 방식(pattern)으로 행동하도록 촉진시키는 내부적인 힘이기 때문이다. 예컨대, 친구를 사귀기 위해서는 분명히 무엇인가 행동을 취해야 하며, 그러한 행동은 분명 업무수행 활동과 다른 유형 및 방법으로 이루어진다. 행동의 유발은 동인의 가장 핵심적인 기능이다.

② 동기부여는 행동의 방향을 설정한다

동인은 유인자극인 목표를 지향하는 통로의 역할을 한다. 즉 동인은 어떤 목표를 향해 나아가야 하며, 어떤 방식으로 해야 하는지를 가리키는 안내자(guide) 역할을 한다.

③ 동기부여는 행동을 유지하고 지속한다

목표지향적 행동이 목표를 달성하기까지 지속적으로 실행하도록 하는 기능을 뜻한다.

이는 동인이 갖는 지속성이라는 특징에서 비롯되는데, 계속되는 프로세스로서 동기부여 과정은 내적 상태의 변화를 가져다준다.

따라서 이러한 세 가지 특징을 모두 갖춘 행위를 동기부여된 행동이라고 한다. 이에 비해 우발적이거나 일회성으로 끝나는 행위는 동기유발된 행동이 아니다.

1.3 동기부여의 중요성

리더십 연구에서 동기부여의 중요성은 다음과 같은 이유로 설명할 수 있다.

① 구성원들의 심리적 근거의 이해

동기부여의 목표지향이 내포하고 있는 의미는 개인과 조직의 성과지향, 경쟁지향, 규정준수지향, 변화지향 등으로 이해할 수 있다. 따라서 동기부여는 이러한 무엇인가를 지향하도록 하는 행동의 심리적 기반과 그 과정을 이해할 수 있도록 해 준다. 그런데 왜 이러한 심리적 기반의 이해가 필요한지를 생각해 볼 필요가 있다.

이는 조직 안에서 민주주의와 협동이 요구되는 오늘날 기업의 특징과 맥락을 같이 한다. 즉 성과주의, 관료제 구조, 권위적인 시스템에 근거한 경영관리가 더 이상 효과를 발휘할 수 없기 때문이다. 이는 구성원들의 저항과 시대적 요구 때문이기도 하거니와 혁신과 창의성이 요구되는 기업의 상황에서 더욱 그러하다. 따라서 리더의 자리에서는 수평적 관계를 통해 조직과 구성원 간 관계를 이해해야 할 필요가 커진다고 할 수 있다.

이를 위해 구성원들이 자발적으로 행동하게 되는 배경, 즉 심리적 근거와 그 과정을 적극적으로 이해해야 하는 중요성이 크다.

② 구성원들을 관리할 수 있는 수단의 개발

인간의 심리는 행위의 조절자로, 행동을 유발하고 촉진하며 행동의 지향성과 지속성에 대한 심리적 조절의 중요성이 부각된다. 따라서 구성원들의 행동을 유발하고, 지향하고, 지속시키는 심리적 내용과 과정을 이해한 후에 사용 가능한 수단, 즉 여러 가지 형태의 보상, 피드백, 고과 방법을 개발해야 한다. 동기부여 과정의 이해는 이를 가능하게 해 준다.

더구나 과거처럼 도구적 수단인 자본, 생산공정, 작업방식 등을 통한 효율성과 생산성을 위한 관리에서 구성원들의 자발적인 행동에 초점을 둔 리더십의 중요성이 강조되는 현실을 반영할 수 있다.

③ 인력개발과 개발관리에 활용

동기부여와 관련하여 심리적 과정을 이끌어 내는 요인은 이론상 본능(instinct), 욕구(needs), 인지(cognition) 등으로 이해할 수 있다. 따라서 동기부여 이론은 이러한 심리 요소 가운데 하나에 초점을 두고 전개된다. 그런데 동기부여 이론의 발달과정을 살펴보면 연구의 관심이 본능 → 욕구 → 인지의 순서로 진행되었음을 알 수 있다. 이러한 순서는 리더십 이론의 패러다임 변화과정과 일치한다. 현재 가장 설득력 있게 수용하는 동기부여 이론들은 개인의 인지과정에 초점을 두고 개발되었다.

오늘날 지속 성장하는 기업의 특징은 구성원들이 자신의 역할을 성실하게 수행하는 것에만 머무르지 않고, 창의적이며 자발적이고 혁신적인 행동을 할 수 있는 기회를 제공하고 있다. 따라서 이를 위해 필요한 것이 학습이며, 그 수단은 교육훈련이라고 할 수 있다. 교육훈련은 개인의 인지에 근거를 둔 활동이다. 이러한 관점에서 조직의 경쟁력 제고를 위해서 인적자원을 장기적 관점에서 개발하는 것은 리더의 중요한 과제라고 하겠다.

지금부터 중요한 동기부여 이론들을 살펴보도록 하겠다.

2. 매슬로의 욕구단계 이론

2.1 매슬로의 욕구단계

매슬로(A. Maslow)는 '인간 동기부여 이론(A Theory of Human Motivation, 1943)'이라는 논문에서 임상실험의 결과를 토대로 사람의 욕구에 대한 이론을 제시하였다.

매슬로는 인간의 욕구는 다섯 가지 단계로 나뉜다고 하였다. 이러한 다섯 가지 욕구는 우선순위에 따라 하위 단계에서 상위 단계로 나아간다. 이 과정에서 어느 한 단계의 욕구가 충족되면 그것은 더 이상 개인에게 동기부여하는 기능을 하지 못한다. 따라서 그 윗단계의 욕구가 동기유발을 할 수 있다고 하였다.

① **생리적 욕구**　이것은 학습되지 않은 본능에 근거한 1차적 동인이다. 따라서 이는 제일 우선하는 욕구이며, 가장 강력한 욕구라고 할 수 있다. 즉 생리적 욕구가 충족되지 않거나 위협받는 상황에서는 다른 욕구가 중요하지 않다. 예컨대, 배고픔을 생각해 보자. 오랫동안 굶은 사람에게 밥보다 중요한 것은 없다. 밥이 곧 기쁨이고 행복이며, 모든 것이 된다. 하지만 대부분의 경우 이러한 생리적 욕구를 통해 얻는 만족과 기쁨은 오래가지 않는다. 이러한 단계의 기본적 욕구가 충족되고 나면 상위 단계의 욕구가 발생하게 된다.

② **안전의 욕구**　이는 학습에 의해 강화되는 2차적 동인인 안전동인과 유사한 것이다. 하지만 매슬로는 안전의 욕구는 감정적 측면과 생리적 측면을 모두 포함하는 것이라고 한다 (즉 1차적 동인에도 해당한다는 의미이다). 안전의 욕구는 생리적 욕구가 충족되면 발생하는 욕구이다. 따라서 일반적으로 건강하고 정상적이며 행복하다고 느끼는 사람은 안전의 욕구가 충족된 상태라고 할 수 있다. 예컨대, 안정적인 직장을 우선 선택하거나 적금이나 보험에 가입하고, 의사결정 시 낯선 것보다 익숙한 방식으로 실행하는 것은 안전의 욕구 때문이라고 할 수 있다.

③ **사회적 욕구**　매슬로는 이것을 애정의 욕구라고 표현했다. 2차적 동인인 귀속동인에 해당하는 것으로 생리적 욕구와 안전의 욕구가 충족되면 나타나는 욕구이다. 이러한 사랑과 애정, 귀속과 친교에 대한 욕구가 발생하면, 다른 사람, 즉 동료, 친구, 연인과 특별한 관계 형성을 원하게 되며, 그러한 목적을 달성하기 위해 노력하게 된다. 특히 인간에게는 사랑을 받는 욕구뿐만 아니라 사랑을 주고 싶은 욕구도 있다. 부모가 자식에게 주는 사랑이나 봉사와 희생이 여기에 해당한다.

④ **존중의 욕구**　이는 다섯 가지 욕구 가운데 상위 욕구에 해당하는 것으로 2차적 동인인 권력동인, 성취동인, 지위동인 등이 여기에 해당한다. 이때 존중의 의미는 남으로부터 바라는 존경뿐만 아니라 스스로 갖게 되는 자존까지 포함한다. 남으로부터 받는 존경에는 명예, 권한, 좋은 평가, 인정 등이 있으며, 자기존중에는 성취, 역량, 성공, 자신감, 독립심, 자유와 같은 요소가 있다. 이러한 존중의 욕구가 충족되면 자신감을 갖게 되지만, 이러한 욕구를 추구했으나 좌절하는 경우 행동의 위축이나 스스로를 비하하는 심리작용이 나타난다.

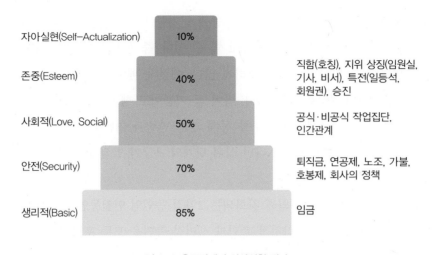

자아실현(Self-Actualization)	10%
존중(Esteem)	40%
사회적(Love, Social)	50%
안전(Security)	70%
생리적(Basic)	85%

직함(호칭), 지위 상징(임원실, 기사, 비서), 특전(일등석, 회원권), 승진

공식·비공식 작업집단, 인간관계

퇴직금, 연공제, 노조, 가불, 호봉제, 회사의 정책

임금

그림 6.2 욕구단계의 임상실험 결과
출처: A. Maslow, "A Theory of Human Motivation," **Psychology Review**. vol. 50, no. 4, 1943, p. 377.

⑤ **자아실현의 욕구**　인간 욕구의 정점을 이루는 것이다. 자아실현이란 자신이 갖고 있는 모든 능력과 잠재력을 실현하는 것을 의미한다. 즉 자신의 능력을 통해 가능한 모든 일을 이루고자 하는 욕구를 말하는 것이다. 이러한 자아실현의 욕구는 인간 내부의 본성을 드러내도록 한다. 그렇게 함으로써 자신의 방식대로, 심리적으로 더욱 건강하고 충실하게 생활할 수 있도록 해 준다. 다시 말해 자아실현의 욕구는 자신의 본래 모습대로 살고자 하는 욕구라고 할 수 있다.

매슬로는 1940년대 미국 사회에서 다섯 가지 욕구의 충족 정도(10~85퍼센트)를 임상실험을 토대로 그림 6.2와 같이 밝혀 내었다(Maslow, 1943).

2.2 매슬로 이론의 전제 요소

매슬로는 자신의 욕구단계 이론의 올바른 이해와 적용을 위해서 다음과 같은 두 가지 전제가 필요하다고 하였다.

첫째, 욕구단계 이론은 건강한 사람을 대상으로 논의해야 한다. 매슬로는 인간심리에 관한 연구에서 과학적이며 의미 있는 결과를 얻기 위해서는 연구대상을 정신적·심리적으로 건강한 사람의 건강한 동기를 대상으로 해야 한다고 주장했다. 그렇게 함으로써 개개인의 발전과 사회적 반전을 촉진하는 특징을 발견할 수 있기 때문이다. 매슬로는 환자를 대상으로 하는 연구의 필요성과 중요성을 부정한 것은 아니다. 환자들의 치료와 안정에 관한 정보를 얻을 수 있지만, 고전심리학의 접근방식으로는 인간이 갖고 있는 훨씬 더 중요하고 뛰어난 자질과 특성에 대한 연구를 하기에는 한계가 있기 때문이다.

둘째, 욕구단계 이론은 인간의 타고난 내적 구조에 대한 논의이다. 매슬로는 환경과 문화적 요인이 개인에게 주는 영향력을 부정하지는 않았다. 하지만 행동주의 이론이나 상황결정론에 대해서는 분명히 비판적 입장에서 자신의 이론을 제시한다. 따라서 매슬로는 욕구단계를 비롯한 동기부여 이론에 관한 연구는 문화적 차이를 배제하고 모든 인간이 갖고 있는 공통된 욕구나 목표를 대상으로 해야 한다고 주장한다.

2.3 매슬로 이론에 대한 비판

① 제한된 임상실험을 통한 연구는 이를 이론적으로 뒷받침할 수 있는 실증적 지지가 부족하다. 따라서 후속연구의 어려움이 존재한다.

② 하위 단계의 욕구가 충족되지 못하고, 오랫동안 억압되는 경우에는 상위 단계의 욕구가 먼저 동기유발 요소(motive)로 작용할 수 있다. 즉 개인의 기본적 욕구들이 단계를 이루며 순차적으로 행위상 동기유발 요소로 작용하는 것이 아니라, 그 가운데 어떤 것이라도 동기유발을 위해 선택적으로 작용할 수 있다.

　이를 욕구단계 고정성의 예외라고 할 수 있다.

③ 동기유발 복합성의 문제. 일반적으로 개인의 욕구란 상호 배타적인 행동 결정 요인이 아니라, 상호보완적 복합작용을 통해 행위를 결정한다. 예컨대, 회사에서 열심히 일하는 것은 경제적인 욕구와 직장 안정을 위해서뿐만 아니라, 인정을 받고 스스로의 자존감을 위한 것이기도 하다.

④ 하위 욕구로 퇴행. 매슬로는 하위 단계의 욕구를 충족하게 되면 그것은 더 이상 동기부여 요소로 작용하지 못하며, 상위 단계의 욕구 충족을 위해 노력한다고 하였다. 즉 돈을 많이 벌었다는 것은 기본적인 욕구와 안전의 욕구 충족을 가능하게 해 준다. 그러나 돈으로 친구나 진정한 사회적 관계를 살 수 있는 것은 아니다. 더구나 바쁘고 복잡한 정보화 시대에 직접 대면을 통한 관계 설정보다는 SNS를 통해 이루어지는 인간관계는 오히려 사회적 욕구를 더욱 갈망하게 만든다. 돈으로 진정한 우정을 얻지 못했지만 돈을 많이 번 어떤 사람의 경우를 생각해 보자. 상위 욕구를 추구하는 과정에서 더 이상 올라가지 못하고, 장애물에 걸리게 된 상황이다. 동기부여 이론에 따

르자면 사회적 욕구 장애물을 넘어서, 상위 욕구를 향해 계속해서 노력하고 시도해야 한다. 하지만 실제로 그렇게 하는가?

더 이상 상위 욕구로 나아갈 수 없다고 느끼게 되면, 오히려 가장 기본적인 욕구로 퇴행하는 것이 인간의 모습이다. 즉 동기부여를 위해 위로만 올라가는 것이 아니라, 무슨 이유이건 상위 욕구를 추구하는 기회가 막히게 되면, 기본적 욕구로 퇴행하는 모습을 보여주는 것이 인간이다. 그렇기 때문에 만족하고 행복하지 못하는 경우가 발생한다. 지나치게 부의 축적에 집착하거나, 불건전한 소비에 몰입한다. 즉 1차적 욕구 충족 수준의 소비에 머무르거나 혹은 타인의 행복에 이바지하는 유익한 소비가 아니라, 자신의 욕망과 이기적 만족을 위한 상품과 서비스의 과소비 형태를 보여준다. 이는 분명 자아실현과 거리가 멀뿐더러, 사회적으로 바람직하지 않다.

영국 육군상(각료급) 존 프러퓨모(John Profumo, 1915~2006)가 이른바 '프러퓨모 스캔들'로 1963년 6월 5일 사임했다. 발단은 섹스 스캔들이었으나 사임까지 하게 된 결정적인 스캔들은 의회 위증이었다.

부유한 귀족(남작) 가에서 태어나 옥스퍼드대 브레세노스 칼리지를 졸업한 프러퓨모는 39년 영국 육군장교로 입대, 50년 준장으로 예편한 엘리트 군인이었다. 2차대전 이탈리아 전선과 노르망디 상륙전 등에서 큰 공을 세워 44년 전쟁 중에 대영제국훈장(CBE, 4등급)을 탔고, 종전 후에는 미국 동성무공훈장을 받기도 했다. 그는 전쟁 영웅이었다.

1940년 군인 신분으로 노샘프턴셔 케터링(kettering) 보궐선거에서 보수당 후보로 출마해 정치에 입문했고, 45년 선거에서 낙선 뒤에는 패전국 일본의 영국 주둔군 참모장으로 파견되기도 했다. 그는 50년 총선에서 워릭셔 스트랫퍼드온에이번(Stratford on-Avon) 지역구 하원의원이 됐고, 이듬해 집권한 보수당 내각 하에서 외교 교통 국방 등 여러 부처 각료를 지냈다. 60년 육군상이 됐고, 이듬해 7월 한 파티에서 만난 19세 모델 크리스틴 킬러(Christine Keeler)와 몇 주간 성적인 교제를 나눴다. 당시 그는 영화배우 발레리 홉슨과 결혼(54년)한 유부남이었다.

그 무렵에도 소문이 있었지만, 정치인의 사생활에 비교적 관대한 관행 덕에 공적으로는 별 문제가 없었다고 한다. 62년 말, 킬러와 연루된 두 남성이 총기사건을 일으켜 조사 과정에서 킬러의 남자들 중 소련 대사관 해군무관(KGB정보원)이 포함된 사실이 드러나면서 상황이 달라졌다. 63년 3월 노동당 의원이 '국가 안보' 사안으로 그의 스캔들 의혹을 제기하자 프러퓨모는 의회 연단에 서서 킬러와 관계를 전면 부인했다. 그 위증으로 그는 사임했고, 맥밀런 보수당 정권은 10월 총선에서 패배했다.

'무직자' 프러퓨모는 사임 후 숨질 때까지 약 40년을, 묵묵히 런던 동부 슬럼가 자선단체인 '토인비 홀(Toynbee Hall)'의 무급 봉사자로 살았다. 아내 홉슨 역시 98년 별세할 때까지 그의 곁을 지켰다. 그 삶을 통해 프러퓨모는 자신의 명예를 회복했다. 영국 왕실은 75년 그에게 또 하나의 제국훈장(CBE, 3등급)을 수여했고, 대처 전 수상은 자신의 70세 생일 파티에서 여왕의 옆 자리를 그에게 양보했다.

출처: 최윤필, [기억할 오늘] 프러퓨모, **한국일보**. 2017.06.04
https://v.daum.net/v/20170604232831603?f=m

3. 허즈버그의 2요인 이론

허즈버그는 매슬로의 이론을 기반으로 심화하여 동기부여의 구체적 내용이론을 개발하였다(Herzberg, 1959). 연구를 위한 자료를 1950년대 말 피츠버그에 있는 여러 기업에서 203명의 엔지니어와 경리사원을 대상으로 주요사건법을 통해 얻었다. 주요사건법을 통해 허즈버그는 다음과 같은 두 가지의 기본적인 질문을 하였다.

- 언제 당신은 자신의 일에 대해서 특히 좋다고 느꼈습니까?
- 언제 당신은 자신의 일에 대해서 특히 싫다고 느꼈습니까?

이러한 질문을 통해 특별한 만족감 혹은 불만감을 느끼게 해 주었던 사건이 어떠한 것인지를 알아내었다. 이 과정에서 응답자에게 해당 사건을 기억하도록 몇 가지 부수적 질문을 한 것 이외에는 응답자에게 어떠한 내용의 서술도 자유롭게 하도록 하였다. 이렇게 수집한 수백 가지 관련 사건들의 내용을 분류하고 정리하여 요인분석을 통해 직무동기에 관해 연구하였다.

허즈버그는 이러한 주요사건법을 통해 얻은 응답 자료에서 매우 흥미롭고 일관성 있는 결과를 얻게 되었다. 첫째, 좋은 느낌은 대체로 직무경험이나 직무내용과 직접적으로 관련되었다. 예컨대, 회계 담당 매니저의 경우, 자신의 사무실에서 IBM360(1964년에 개발된 최초의 메인프레임 컴퓨터)을 설치하는 작업을 하게 된 것이 매우 좋았다고 대답하였다. 그것이 자신의 일에 긍지를 느끼게 해 주었고, 새로운 장비인 컴퓨터가 자신의 부서 업무에서 성과 향상을 가져다줄 것으로 확신했기 때문이다.

둘째, 그에 비해 나쁜 느낌은 직무를 둘러싼 업무 외적인 일과 관련되었다. 즉 직무상황이나 직무환경과 관련되어 있음을 발견하였다. 예컨대, 어떤 엔지니어의 경우 자신이 일하면서 극히 싫다고 느낀 경우를 다음과 같이 서술했다. 대학을 갓 졸업하고 그가 직장에서 처음 맡은 일은 업무 일과표를 작성하고, 일과가 스케줄대로 제대로 진행되는지를 체크하고, 상사가 퇴근한 후 사무실을 뒷정리하는 일이었다. 다시 말해 이러한 일은 공과대학에서

표 **6.1**

위생요인	동기요인
회사정책, 관리방침, 감독행위, 급여, 작업조건, 상사, 부하, 인간관계, 업무 관련 기술적 요소	성과, 인정, 직무내용, 책임감, 업무 향상, 승진

전공시간에 배우는 내용이 아니다(응답자는 이것을 '이따위 잡일'이라고 표현했다).

　허즈버그는 이러한 분석 결과를 토대로 직무를 만족스럽게 해 주는 것은 직무내용이나 직무경험과 관련되어 있으며, 직무를 불만족스럽게 하는 것은 직무상황이나 직무환경과 관련되어 있다는 결론에 이르게 되었다. 그리하여 직무를 만족스럽게 해 주는 것을 동기요인(motivator), 불만족스럽게 하는 것을 위생요인(hygiene factor)이라고 이름 붙였다.

　이 두 가지 요인은 매슬로의 욕구단계와 관련이 있다. 위생요인은 무엇을 방지하는 효과(preventive effect)와 환경적인 것이라는 특징을 갖고 있다. 매슬로의 욕구단계에서 볼 때 위생요인은 하위 욕구에 해당한다. 이러한 위생요인은 불만족을 방지하는 효과는 있으나, 만족으로까지 이끌지는 못한다. 일상에서 위생요인이라는 것은 건강하고 정상적인 생활을 위해 필수적인 기본 전제가 되는 것을 의미한다. 하지만 위생적인 환경이라고 해서 동기부여가 되는 것이 아니다.

　따라서 허즈버그는 동기요인만이 직무상 사람들을 동기부여한다고 주장한다. 매슬로의 욕구단계에서 상위 욕구에 해당하는 요인들이다. 2요인 이론에 따르면, 동기부여되기 위해서는 직무가 도전적인 내용을 포함하고 있어야 한다.

3.1 2요인 이론의 의의와 시사점

　첫째, 허즈버그는 2요인 이론에서 만족의 반대가 불만족이 아니라고 주장한다. 직무에서 불만족 관련 요소를 제거한다고 해서 종업원 만족도가 높아지는 것은 아니며, 만족의 반대는 만족하지 않는 것이고, 불만족의 반대는 불만이 없는 것이라고 하였다. 따라서 2요인 이

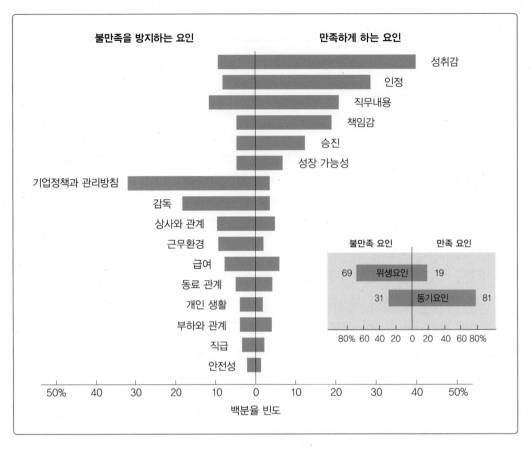

그림 6.3 불만족 요인과 만족 요인

출처: F. Herzberg, "One more time: How do you motivate employees?"
Harvard Business Review, vol. 65, Sep.~Oct. 1987, pp. 109~120.

론에서 만족과 불만족은 같은 차원에 있는 대립적 개념이 아니라 차원이 다른 개념이다.

둘째, 전통적으로 리더십과 경영관리에서 관심의 집중은 위생요인에 맞추어져 있었다. 예컨대, 근로의욕을 고취하기 위한 방안으로 효과를 기대하며 흔히 사용하던 방법을 생각해 보자. 임금 인상, 작업조건 개선, 후생복지 신설 등이다. 2요인 이론은 이러한 노력과 접근이 사람들을 동기부여하지 못하는 이유에 대한 해답을 제공한다. 급여라고 하는 위생요인이 개선되는 것은 불만족을 제거하고, 방지하며, 예방하기 위해서는 중요한 것이다. 하지만 그것이 결코 만족으로까지는 이끌지 못함을 또한 분명히 알 수 있다. 매년 이루어지는 임금협상의 효과를 생각하면, 이해가 된다.

셋째, 위생요인은 현대 기업조직에서 인적자원을 유지하기 위해서는 절대적으로 필요한 것이다. 하지만 매슬로의 주장처럼 일단 위생요인의 충족에 의해서 배가 부른 사람들에게 제공하는 또 다른 위생요인은 동기부여 역할을 하지 못한다.

넷째, 따라서 내적 보상을 주축으로 하는 새로운 동기부여 전략이 요구된다. 구체적으로 도전적인 직무로서 직무를 통해 성취감, 인정, 책임감, 승진(직무 향상), 발전과 성장의 기회 등이 제공될 수 있어야 한다.

3.2 2요인 이론에 대한 비판

첫째, 직무동기를 지나치게 단순화하였다. 실제로 후속연구에서 유사한 집단을 대상으로 주요사건법을 사용하여 분석했을 때, 허즈버그처럼 두 가지 요인으로 명확하게 묶이지 않았다. 직무 요인들 가운데 불만족 요인과 만족 요인으로 동시에 작용하는 것도 있었기 때문이다.

앞서 허즈버그는 위생요인과 동기요인뿐만 아니라 만족과 불만족 또한 다른 차원의 개념이라고 주장하면서, 동기요인과 위생요인의 서로 다른 효과를 설명하였다. 하지만 최근의 화장실 휴지와 관련한 구성원들의 반응은 그에 대한 의문을 제기한다.

주가 하락으로 2,000억 달러의 손실을 본 일론 머스크는 비용절감을 위해 화장실 휴지를 모두 없앴다고 한다. 그보다 훨씬 전에 한때 LG디스플레이에서 화장실 휴지를 모두 치워서 직원들이 각자 가져다 사용하도록 한 적이 있다. 당시 회사가 위기상황이었지만 미국처럼 직원을 해고할 수도 없고, 임금 삭감이나 후생복지의 축소도 쉽지 않은 상황에서, 리더로서는 효과적인 메시지 전달방법을 고민할 수밖에 없었을 것이다.

화장실의 휴지는 분명 위생요인에 해당한다. 구비되어 있지 않으면 불편하고, 불만의 원인이 된다. 하지만 갖추어져 있을 때는 만족스럽고 고마운 것이 아니라 당연한 것이다. 그러나 화장실 휴지의 효과는 매우 컸다. 인력감축이나 복지혜택을 줄이지 않고서도 직원들에게 위기의식을 절실하게 깨닫게 해 주는 신호가 되었다는 것이다. 이후 실적향상으로 그 회사 사장은 그룹사의 부회장으로 승진하였다. 따라서 트위터의 화장실 휴지도 같은 효과를 가져다줄 것인지는 두고 보아야겠으나 화장실 휴지가 동기요인과 위생요인으로 동시에 작용한 것은 분명한 것 같다.

둘째, 상황요인과 개인특성 요인 등을 고려하지 않았다. 이는 앞의 논의의 연장에서 이해할 수 있는 것으로서, 안전의 욕구를 가장 중요하게 여기는 사람에게는 승진보다는 도전적이지 않고 쉬운 현재 직무에서 계속해서 오래 근무하는 것이 동기부여 효과를 가져다줄 수 있다.

셋째, 지각이론 가운데 귀인이론에 근거할 때, 사람들은 결과가 좋은 일에 대해서는 자신과 연관시키고, 바람직하지 못한 것은 환경 탓으로 돌리는 경향이 있다. 예컨대, 시험 성적이 좋은 경우 본인이 열심히 했기 때문이며, 성적이 나쁜 경우는 담당 교수의 출제 의도에 문제가 있다고 생각하는 경우를 들 수 있다.

그렇다면 허즈버그의 연구에서 동기요인, 위생요인이 별개의 것으로 구분되어 나타난 것은 실제로 두 가지 요인의 본질적인 차이 때문일 수도 있지만, 다른 한편으로는 응답자의 사후 추론, 즉 나타난 결과의 좋고 나쁨에 의한 귀인효과일 수도 있다는 것이다.

4. 목표설정이론

조직 내 인간의 행동은 목표지향적이다. 따라서 목표를 어떻게 인지하느냐 하는 것이 행동을 유발하고, 지향하고, 유지하는 데 영향을 준다. 목표설정이론(Goal-setting Theory)은 직무수행을 위한 과정에서 목표의 구체성, 목표의 도전성, 피드백이 제공되는 경우 동기부여되며 성과에 영향을 준다는 이론이다(Locke, 1974).

(1) 목표의 구체성

구체적인 목표가 제시될 때 더 높은 성과를 달성한다. 그 이유는 목표의 구체성이 개인에게 내부적 자극으로 기능을 하기 때문이다. 예컨대, 최선을 다하겠다는 것보다 이번 학기에 학점 평균을 B+로 올리겠다는 구체적인 목표가 다른 조건이 동일할 때 막연한 목표를 부여받거나 설정한 사람보다 더 나은 성과를 창출하였다.

(2) 목표의 도전성

목표의 수용도가 동일하다면 목표가 어렵고 도전적일수록 성과가 높다. 쉬운 목표는 어려운 목표에 비해 수용도가 높을 수 있다. 그러나 어려운 목표라도 일단 수용하게 되면, 쉬운 목표에 비해 목표달성을 위해 더 많은 노력을 기울인다.

도전적인 목표가 더 큰 동기를 갖게 되는 이유는 다음과 같다.

- 어려운 목표는 주의가 분산되는 것을 줄이고 과업에 집중하게 한다.
- 어려운 목표가 주어지면 목표달성을 위해 의욕이 커진다. (질적인 측면)
- 목표가 어려울수록 목표 성취를 위해 더 많은 시간을 투입하게 된다. (양적인 측면)
- 어려운 목표는 더욱 효과적으로 과업이나 직무수행에 필요한 전략모색 노력을 하게 한다.

(3) 피드백

자신의 일이 어떻게 진행되고 있는지 피드백을 받을 경우 더욱 일을 잘한다. 왜냐하면 피드백을 통해 지금까지 해 온 과정에 문제가 없었는지, 앞으로 어떻게 해야 하는지를 알게 되고 그에 따른 학습과 행동 수정이 가능하기 때문이다. 이때, 직접 자신의 진척상황을 점검할 수 있는 자기발생적 피드백 방식이 외부적으로 제공되는 규범적인 피드백보다 훨씬 강력한 동기부여 효과를 제공한다.

(4) 목표설정 과정의 참여와 조직 성과

구성원이 목표설정 과정에 참여하게 되면 더 나은 성과를 얻을 것이라는 전제하에 많은 연구가 이루어졌다. 참여적 목표와 부여된 목표의 성과 비교에서, 그와 같은 전제에 대한 분석 결과는 일관되지 않았다. 그러나 참여적 목표는 목표 수용 가능성을 높이는 것으로 나타났다. 앞서 논의에서 도전적이고 어려운 목표일수록 목표 수용 가능성은 낮았다. 결론적으로 참여적 목표가 부여된 목표에 비해 더욱 높은 성과를 얻는다고 일반화할 수는 없으나, 참여를 통해 어려운 목표를 수용할 수 있는 가능성을 높일 수 있었다.

(5) 목표설정이론의 상황요인

목표설정이론은 개인이 목표에 몰입하고 있다는 것을 전제로 하고 있다. 따라서 이러한 목표에 대한 몰입은 목표가 공개적으로 제시되고, 개인이 내재적 통제 위치에 있으며, 참여적 목표(혹은 스스로 설정한 목표)일 때 높아진다.

목표설정이론은 모든 과업에 대해서 동일하게 적용할 수 있는 것은 아니다. 과업이 복잡하지 않고 단순하며, 신규 사업보다는 익숙한 사업에서, 상호 의존적이지 않고 독립적인 과업일 때 목표가 성과에 미치는 영향이 더욱 크다.

목표설정이론의 적용과 효과는 국가문화에 따라 달라진다. 조직 구성원들이 상대적으로 독립적(권력거리가 짧고)이고, 경영자, 근로자가 도전적인 목표를 추구하며(불확실성의 회피 정

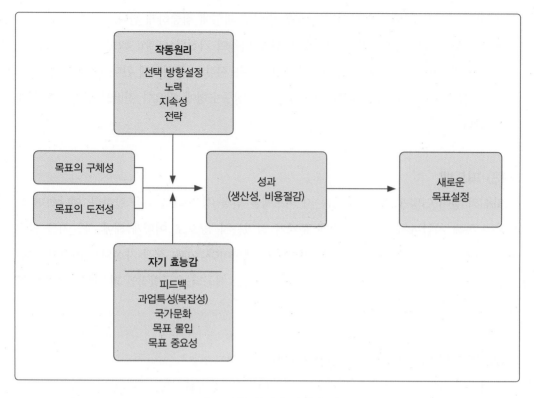

그림 **6.4** 목표설정이론의 확장모델

출처: E. Locke and G. Latham, "Building a Practically Useful Theory of Goal Setting and Task Motivation,"
American Psychologist. vol. 57, no. 9, 2002, pp. 705-717.

도가 낮을 때), 경영자와 근로자 모두 성과를 중요시할 때(성취동기가 클 때) 적용될 수 있다. 이와 대조적인 국가문화에서는 목표설정이론을 적용하기도 어려울 뿐 아니라 성과와 연계성도 발견하기 어렵다.

이러한 논의를 종합하여 그림 6.4처럼 목표설정이론의 확장모델을 구성해 볼 수 있다.

5. 공정성 이론

공정성 이론(equity theory)은 개인 사이에서 혹은 개인과 조직 간 교환관계에 근거한 이론이다(S. Adams, 1965). 그러한 교환 과정에서 발생하는 불균형에서 느끼게 되는 불공정이

동기부여를 한다는 것이다. 사람들은 직무수행 시 자신이 투입하는 노력과 조직으로 얻는 보상의 비율을 준거인물과 비교한다. 그리하여 자신의 투입과 산출의 비율이 준거인물의 투입과 산출의 비율과 같거나 비슷하다면 공정하다고 느낀다. 그렇지 못한 경우에는 불공정성을 느낀다. 이러한 불공정성을 지각하는 상황에서 사람들은 공정성을 회복하기 위한 노력을 하는데, 이때 발생하는 동기부여 효과에 주목한다. 표 6.2는 공정성 이론을 설명하고 있다.

표 6.2에서 보여주듯이 불공정성을 느끼게 되는 경우는 과소보상뿐만 아니라 과다보상에서도 발생한다. 애덤스의 초기연구에서 차별성과급 근로자들의 경우, 과다보상을 받게 되면 오히려 불안감을 느끼고, 공정성 회복을 위해 생산량을 낮추고자 하는 것을 발견하였다. 이때 공정성 회복을 위한 동기부여는 조직에 역기능적 효과를 가져다줄 것이다.

한편, 불공정성 지각을 위한 인간의 식역(threshold, 감각기관에 주어지는 물리적 자극을 감지할 수 있는 최소한의 자극의 크기)은 과다보상의 경우는 좁고 또한 높이 있기 때문에 과소보상에 비해 묵인 영역이 훨씬 크다. 따라서 과소보상의 경우 조금만 균형에서 벗어나더라도 금방 지각하며 공정성 회복을 위한 노력을 시작한다. 하지만 과다보상의 경우 묵인 영역이 크므로 상당한 정도의 불균형이 발생해야 편파성이나 이유 없는 호의에 대해 죄책감이나 미안함을 느끼게 되며 공정성 회복을 위한 노력을 시작하게 된다.

이러한 식역 차이의 발생 원인은 두 가지로 생각해 볼 수 있다. 첫째는 일반적으로 사람들은 자신의 투입에 대해서는 과대평가하고, 다른 사람의 투입에 대해서는 과소평가하는 경향이 있다. 예컨대, 자신의 영어 실력은 업무수행에 있어서 중요한 투입요소로 인식하는 데 비해, 준거인물의 다른 외국어 회화 능력에 대해서는 가치를 폄하하는 경우이다. 둘째는 과다보상이 이루어지는 상황에서 사람들은 불균형이 발생함으로써 불편함을 느끼기보다는

표 6.2 공정성 이론

비율 비교 결과	지각 형태
$\dfrac{O_A}{I_A} < \dfrac{O_B}{I_B}$	과소보상으로 불균형 → 불공정성 지각
$\dfrac{O_A}{I_A} \fallingdotseq \dfrac{O_B}{I_B}$	보상의 균형 → 공정성 지각
$\dfrac{O_A}{I_A} > \dfrac{O_B}{I_B}$	과다보상으로 불균형 → 불공정성 지각

* **A**: 자신, **B**: 준거인물

표 6.3 여러 가지 경우의 공정성 지각

		준거인물에 대한 지각			
		고산출 / 저투입	저산출 / 고투입	저산출 / 저투입	고산출 / 고투입
자신에 대한 지각	고산출 / 저투입	X	H	L	L
	저산출 / 고투입	H	X	L	L
	저산출 / 저투입	L	L	X	X
	고산출 / 고투입	L	L	X	X

* **H**: 불공정성을 높게 지각, **L**: 불공정성을 낮게 지각, **X**: 불공정성을 지각 못함

자신이 단지 운이 좋았다고 먼저 느끼게 된다는 것이다. 따라서 자신에게 유리한 결과를 불공정성으로 인정하지 않을 이유가 여럿 성립된다. 표 6.3은 이러한 논의를 요약하여 보여 주고 있다.

한편, 공정성 이론에서 비교대상으로 삼게 되는 준거 기준은 다음과 같다.

- **자신-내부** 조직 안에서 다른 직무를 수행하던 자신의 과거 경험을 현재와 비교
- **자신-외부** 조직 밖 다른 곳에서 자신이 겪었던 상황이나 직무상 경험을 현재와 비교
- **타인-내부** 현재 조직 안에 있는 다른 개인 또는 집단과 자신을 비교
- **타인-외부** 현재 조직 밖에 있는 다른 사람 또는 집단과 자신을 비교

준거인물은 선배나 후배, 친구, 동료, 이웃, 업계 특정 인물 등 광범위하다. 또한 준거인물이 자신인 경우 현재 직무와 과거에 경험한 직무와 비교할 수도 있다. 어떤 비교대상이 선택될 것인지는 비교대상에 대한 자신의 정보 수준과 준거대상인들의 매력도에 달려 있다.

5.1 공정성 회복을 위한 행동

이는 불공정성 지각에 대한 대안적 행동으로 다음과 같은 여섯 가지가 있다.

① **투입물의 변화** 불공정한 상황에서 공정한 상태로 바꾸기 위해 자신의 투입을 상향 혹은 하향 조정할 수 있다. 구체적으로 자신이 하는 일의 양적, 질적 차원을 조절한다. 이를 통해 준거인물이나 준거집단과 균형을 맞추기 위해 노력한다.

② **산출물의 변화** 산출물을 더 얻기 위해 직접적으로 행동을 취하는 경우가 있다. 예를 들면, 회사 비품이나 물품을 훔쳐가는 경우이다. 그에 비해 간접적인 방법에 해당하는 것으로, 노조 활동에 더욱 적극적으로 참여하는 경우가 여기에 해당한다.

③ **투입물과 산출물에 대한 인지적 왜곡** 이는 실제로는 투입물과 산출물을 변화시키지 않고 사실을 왜곡함으로써 균형관계를 변화시킨다. 과다보상의 경우, 자신은 준거인물과 같은 시간을 일했지만 담당 업무의 중요성이나 업무수행의 질적 측면에서 엄연한 차이가 있다고 지각한다.

④ **준거인물에 대한 영향력 행사** 준거인물을 문제의 상황에서 제거하는 방법이 있다. 예컨대, 새로운 사람을 선발하는 과정에서 객관적으로 우수한 인재를 택하기보다는 함께 지내기 편할 것 같은 사람을 뽑는 경우를 생각해 볼 수 있다. 그 결과 불공정성의 지각 가능성은 줄어든다.

⑤ **준거인물의 변경** 비교대상을 바꿈으로써 공정성을 회복하는 것이다. 예컨대, 조직 내 특정 전문가 집단을 준거인물로 설정하여 비교했으나 계속해서 과다보상을 지각하는 경우가 있을 수 있다. 이때에는 조직의 경계를 넘어서 외부에서 준거인물이나 집단을 선택한다.

⑥ **작업장의 이탈** 불공정한 비교 결과를 초래한 상황을 이탈함으로써 문제를 해결하는 방법이다. 구체적으로 결근, 이동, 이직 등이 있다.

5.2 공정성 이론의 개념 확대

공정성 이론에 관한 연구와 논의는 분배 공정성의 개념(개인 간 보상의 양과 질에 관한 지각)에서 조직 공정성(작업장 전반에서 지각하는 공정성)으로 확대되고 있다.

그림 6.5는 다차원적 공정성의 내용을 설명하고 있다.

윌리엄 블레이크 '친구를 용서하는 것보다 적을 용서하는 게 더 쉽다.'

18세기 영국의 시인 화가 윌리엄 블레이크의 작품 중에는 신비주의적 이미지가 짙게 밴 것들이 많다고 한다. 그는 이성을 중시하면서도 초월적 직관을 언어화하고자 했고, 초상화나 풍경화가 추구하는 외관의 재현보다 상상력으로 증폭된 초현실적 내면의 세계, 언어 이전의 상징 세계와 원초적 신화적 체험의 세계를 강렬한 색과 과장된 형태로 즐겨 표현하곤 했다. 예술사는 그를 낭만주의를 연 선구자 중 한 명으로 꼽는다.

런던에서 태어난 그는 정규 교육을 받지 않고 독학으로 시와 그림을 익힌 것으로 알려져 있다. 15세 무렵 한 판각화가의 제자가 돼 미술적 기법들을 배웠고, 1783년 친구의 도움으로 첫 시집(습작시집)을 출간했다. 어려서부터 천사와 대화를 나누고 손으로 하늘을 만졌다는 등 신비 체험의 일화도 많다. 그는 예술적 모티브를 성경과 중세 기독교 미술의 단편들에서 곧잘 채용했지만, 요한계시록이나 욥기 등 신비주의적 색채가 강한 것들에 특히 끌렸고, 비록 신앙인이긴 했지만 교회 중심의 종교에는 비판적이었다고 알려져 있다. 시화집 '천국과 지옥의 결혼', '경험의 노래', 단테의 신곡에 삽화 형식으로 그린 100여 점의 그림이 유명하다. 요한계시록에 등장하는 악의 화신 '붉은 용(red dragon)'을 모티브로 그린 '위대한 붉은 용과 빛의 여인' 속 붉은 용의 형상은 영국 드라마 '한니발'의 악인 프랜시스 달라하이드의 등 문신으로 차용되기도 했다.

"친구를 용서하는 것보다 적을 용서하는 게 더 쉽다(It is easier to forgive an enemy than to forgive a friend)"는 구절은 1908년 그의 장시 '예루살렘'에 등장한다. 인간의 심성이 집단 내부의 이견에 자주 사나워지고, 멀리 있는 명백한 악보다 가까이 있는 희미한 위선에 더 가혹해지곤 한다는 통찰을 그는 저렇게 표현했을 듯하다. 그것은 흔히 '친구'라는 말이 상징하는 바, 어떤 대의를 공유하는 무리 안에서, 그들이 추구하는 가치보다 추구하는 과정 자체, 그것의 선명성과 무결함을 더 무겁게 여기는 데서 비롯되는 악덕일지 모른다. 거기서 비롯된 실망들이 신비적 초월의 연료가 되기도 했을 것이다.

출처: 최윤필, [기억할 오늘] 윌리엄 블레이크, **한국일보**. 2016.11.28
https://v.daum.net/v/20161128044239000

물음: '자본에 관대하고 노동에 인색하다'와 '경제사범보다 절도범을 더욱 엄하게 처벌한다'라는 두 행위를 윌리엄 블레이크의 지적에 비추어 생각해 보자.

(1) 절차 공정성

절차 공정성은 다음의 두 가지 요소에 의해 결정된다.

- **절차의 통제** 공정한 산출물(보상의 형태와 수준)에 대해서 자신의 견해를 제시할 수 있는 기회가 주어지는가?
- **설명** 산출물에 대해서 분명한 이유와 설명이 제공되는가?

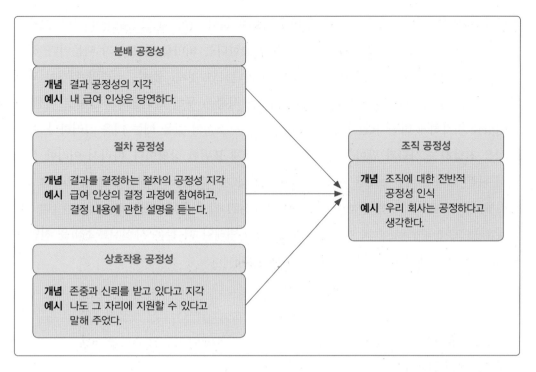

그림 **6.5** 주관적·다차원적 조직 공정성 모델

출처: J. A. Colquitt et al., "Justice at the Millennium: A Meta-analytic Review of the 25 years of Organizational Justice Research," **Journal of Applied Psychology**, vol. 86, no. 3, 2001, p. 428.

절차 공정성을 지각하기 위해서는 바람직한 산출물의 형태와 수준에 대해서 자신의 의견을 제시할 수 있는 기회가 있어야 하며, 또한 산출이 왜 그렇게 결정되었는지에 대한 분명한 설명을 들을 수 있어야 한다. 분배 공정성이 부족한 경우에는 특히 절차 공정성의 효과가 더욱 커진다.

(2) 상호작용 공정성

분배 공정성과 절차 공정성이 물리적 요소인 보상이나 회사의 정책과 관련이 있다면, 상호작용 공정성은 인간관계와 관련된 공정성의 지각이다. 상호작용 공정성은 특히 정보전달자로서 상사와 관련되어 있는 경우가 많다. 왜냐하면 상호작용에서 자신이 부당하게 대우받고 있다는 인식은 정보를 제공해 주는 상사와 커뮤니케이션 과정에서 대부분 경험하기 때문이다.

상호작용 공정성은 개인이 조직으로부터 관심과 존중, 신뢰를 받고 있다는 개인적 지각을 의미하며 이 과정에서 인간관계적 요인이 중요한 작용을 한다. 예컨대, 상사는 부하 직원들에게 솔직해야 하며, 회사 안에서 무언가 중요한 일이 있을 때 알려주어야 한다. 그것은 부하 직원들에 대한 예의이며, 부하 직원들을 존중한다는 의미를 담고 있기 때문이다. 하지만 조직 안에서 실제로는 그렇게 되지 못한다. 왜냐하면 첫째, 정보는 권력의 원천이 되기 때문에 공유하기를 꺼리기 때문일 것이다. 이러한 상황은 부하 직원들에게 상사로 인한 불공정성을 지각하게 하는 요인이 된다. 둘째, 안 좋은 소식이 있을 때는 더욱 그러하다. 이는 소식을 전달하는 사람과 받아들이는 사람 모두에게 불편한 상황이다. 따라서 이러한 상황에서 나쁜 소식에 대한 설명은 사실에 대한 정당성("나는 그 자리에 너 대신 김 대리를 보내기로 결정했어. 왜냐하면 김 대리의 고과성적이 더 나으니까.")보다는 사건 발생 후의 변명("나는 그 자리에 너를 앉히고 싶었지만 그것은 내가 독단적으로 할 수 없는 일이었어.")의 형태일 때 같은 사실(나쁜 소식)을 전달하면서도 상호작용에서 불공정성을 덜 지각하게 된다.

6. 기대이론

동기부여 과정을 구체화된 공식으로 설명하는 기대이론(expectancy theory)은 직무 동기유발에 관한 보편적이고 일관된 이해를 할 수 있는 기초를 제공하였다(Vroom, 1964).

기대이론의 기본 전제는 다음과 같다.

- 인간은 현재와 미래의 행동을 위해서 의식적인 선택을 한다.
- 동기유발이란 개인의 행동과 노력을 위한 방향을 선택하는 것이다.
- 이때 선택을 위해서, 여러 가지 행동 대안에 대해서 평가한 후, 스스로에게 가장 많은 보상을 제공할 것으로 판단되는 대안을 선택한다.

연구모델에서 브룸은 유의성(valence), 수단성(instrumentality), 기대감(expectancy)이라는 개념을 도입하였다. 이 세 가지 요소의 머릿글자를 따서 브룸의 기대이론을 VIE 이론이라고도 부른다.

기대이론은 개인의 동기부여 수준을 기대감과 유의성, 수단성의 함수로 나타내고 있다.

$$동기부여\ 수준 = f[V \cdot I \cdot E]$$

- **E**(Expectancy) 기대감을 의미한다. 개인의 노력과 성과 사이의 관계를 설명한다. 구체적으로 기대감이란 개인이 노력을 했을 때 성과를 달성할 수 있다고 생각하는 주관적 확률을 의미한다. 따라서 0에서 1까지의 값을 갖는다($0 \leq E \leq 1$). 예컨대, TOFEL 공부를 3개월 해서 110점을 받을 확률은 0.2이며 3개월 해서 90점을 받을 확률은 0.8이라는 값이 가능할 것이다(주사위를 계속 던져서 얻게 되는 기대값과 다른 의미이다).

  이때 개인은 이 두 가지 행동(노력) 가운데 동기부여 수준이 높은 대안을 선택하여 노력하게 된다. 즉 그 방향으로 동기유발된다는 것이다.
- **I**(Instrumentality) 수단성을 뜻한다. 성과와 보상의 관계를 설명한다. 노력을 통해 특정 성과(1차적 결과)를 달성했을 때 조직의 보상(2차적 결과)을 얻을 수 있으리라는 주관적 믿음을 의미한다. 수단성은 1차적 결과와 2차적 결과 간 상관관계로 나타낸다($-1 \leq I \leq +1$). 예컨대, 3개월에 90점(1차적 결과)을 달성했을 때 급여 인상(2차적 결과)이 있으리라고 믿어 의심치 않을 경우 $I = 1$이 될 것이다. 그에 비해 3개월에 110점을 달성했을 때 명백히 동료애에 손상을 가져오리라고 믿는 경우 $I = -1$이 될 것이다.
- **V**(Valence) 유의성을 의미한다. 유의성은 조직의 보상(2차 산출물)과 개인의 목표 사이의 관계를 나타내는 것이다. 즉 개인이 노력을 통해 성과(1차적 결과로서 3개월에 90점)를 달성함으로써, 그에 따라 주어지는 보상(2차적 결과로서 보너스, 급여 인상, 승진, 인정)의 각 요

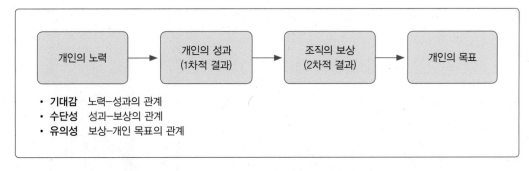

그림 **6.6** 브룸의 기대이론 모델

출처: V. Vroom, **Work and Motivation**. New York, Wiley, 1964, pp. 56-59.

소에 대해 갖는 욕구의 정도를 말한다. 다시 말해서 유의성이란 주어지는 보상의 중요성, 매력 정도라고 할 수 있다($-n \leq V \leq +n$). 따라서 긍정적이거나 부정적일 수 있으며, 중립적일 수도 있다. 예컨대, 3개월에 90점을 달성했을 때, 그에 따라 승진, 보너스, 급여 인상, 인정 등이 동시에 주어진다. 이때 이 네 가지 조직의 보상은 김 대리가 CEO가 될 것이란 목표에 비추어 볼 때 중요성과 매력도에서 차이를 나타낼 것이다. 이를 유의성이라고 한다. 구체적인 적용은 165쪽의 동기부여 기대이론 측정도구에서 설명하고 있다.

일리노이주립대학 3명의 여교수

미국 일리노이주립대학의 3명의 여교수에 의해 제기된 소송이 현재는 전·현직 여교수 350 여 명이 참가하는 대규모 소송으로 확대되었다. 사건의 발단은 경영대학 내 3명의 여교수가 전체 교수 80명 가운데 자신들의 연봉이 최하위인 것을 알게 되면서 시작되었다. 또한 대부분 남자인 신임교수들이 3명보다 훨씬 높은 연봉으로 임용되며, 3인의 급여는 일리노이주립대학 교수 전체 평균 이하인 것도 알게 되었다. 이들 3명의 여교수 중에는 30편이 넘는 논문을 썼고, 현재까지 28년을 근무한 사람도 있으며, 강의 평가에서 항상 최고 등급을 받는 사람도 있다. 자신들의 낮은 급여가 자긍심과 품위를 손상시킨다고 울분을 토로한다.

여교수 3명은 학교 당국에 연봉 지급을 위한 기준이 무엇인지 알려 달라고 요청하였다. 학교 측은 오히려 그들에게 어떻게 개인자료인 경영대학 전체 교수들의 연봉을 알게 되었느냐며 3명의 여교수의 안식년을 거부하고, 가장 나쁜 시간대에 강의를 배정하는 것으로 대응하였다. 이에 여교수들이 소송을 하기에 이른 것이다.

한편, 학교 측이 내세운 표면적인 이유는 3명의 여교수는 경영교육과 윤리경영 전공으로서, 재무나 회계, 마케팅처럼 높은 연봉을 주고 데려오는 분야의 교수들보다 적은 것은 당연하다는 것이었다. 하지만 낮은 연봉이 여성 차별이라고 주장하는 3명의 여교수는 연구실의 컴퓨터 배정에서부터 보직 임명에 이르기까지 여성 차별 때문에 이루어진 것임을 일관되게 주장하고 있다. 물론 결론은 법정에서 내려질 것이다.

물음: 소송의 발단은 분배 공정성 때문인가? 절차 공정성 때문인가? 아니면 상호작용 공정성 때문인가? 어느 쪽 불공정성 지각의 영향이 더 크다고 생각하는가?

스위스 작은 마을의 핵 폐기장

스위스 정부는 방사능 핵 폐기물을 저장할 장소를 찾으려고 수년간 노력했다. 원자력 발전에 크게 의존하고 있음에도, 자신이 거주하는 지역 근처에 핵 폐기장이 들어서는 것을 수용하는 곳이 없었기 때문이다. 폐기장 후보지 가운데 스위스 중부에 있는 인구 2,100명의 볼펜쉬센이라는 작은 마을이 거론되었다. 1993년 핵 폐기장 건립 장소를 놓고 국민투표가 실시되기 직전에 경제학자들이 마을 주민을 상대로 조사를 실시하였다. 만약 스위스 의회가 자신들 마을에 핵 폐기장을 건설하겠다고 결의하는 경우에 주민투표에서 이를 받아들이겠느냐고 물었다. 사는 곳 근처에 핵 폐기장이 들어서는 것이 바람직하지 않다는 견해도 많았지만 근소한 차이로 주민의 51퍼센트가 받아들이겠다고 답했다. 마을 사람들의 시민으로서 의무감이 핵 폐기장 유치로 발생할 수 있는 위험성 우려를 누른 것이다. 여기에 경제학자들은 감미료(경제용어로, 투자자의 관심을 끌기 위해 증권에 추가하는 조건)를 제시했다. 의회가 당신이 속한 지역사회에 핵 폐기장을 건설하겠다고 발의하고, 주민 모두에게 매년 보상금을 지불하겠다는 제안을 했다고 가정하자. 그렇다면 그 안건에 찬성하겠는가? 라고 물었다.

결과는 어떻게 되었을까? 몇 퍼센트의 주민들이 더 찬성하였을까? 70퍼센트? 혹은 80퍼센트?

아니었다. 지지율은 오히려 떨어졌다. 재정적 유인책을 추가하자 핵 폐기장 건립에 찬성하는 비율은 51퍼센트에서 25퍼센트로 절반 이상 줄었다. 보상금의 인상 제안도 효과가 없었다. 보상금 액수를 높였지만 결과는 바뀌지 않았는데, 평균 월수입이 넘는 일인당 8,700달러를 매년 보상금으로 지급하겠다는 제안에도 마을 주민들의 결정은 흔들리지 않았다.

물음: 이 작은 스위스 마을에는 무슨 일이 일어난 것일까? 보상금을 받을 때보다 받지 않을 때 핵 폐기장 유치를 받아들이는 사람이 많다니. 이 마을 사람들이 이상한 것인가?

출처: 마이클 센델, 안기순 역, **돈으로 살 수 없는 것들**. 와이즈베리, 2012, pp. 161-162.

영업팀에서 근무하는 윤희영 대리는 영어를 잘한다. 윤 대리는 회사에서 성장하여 최고경영자 자리에 오르고 싶다는 개인적 목표를 갖고 있다.

윤 대리는 자신이 TOEFL 시험공부를 3개월 하여 120점을 받을 확률은 0.2이고, 3개월 하여 100점을 받을 확률은 0.8로 기대한다(**기대감**). 그리하여 TOEFL 시험성적을 120점 받았을 때와 100점 받았을 경우에 주어지는 보상(즉 2차적 결과)을 생각해 보았다. 120점의 경우 해외근무, 특별 승진, 성취감, 동료애 손상, 업무상 문제 발생(밤낮 없이 영어 공부에 매진해야 하므로) 등의 결과를 예측할 수 있다. 그에 비해 100점을 받는 경우 고과 가산점, 상여금, 성취감, 동료애 손상, 업무상 문제 발생 등의 결과가 있을 수 있다. 윤 대리가 각각의 결과에 대해서 생각하는 중요성은 다를 것이다. 앞서 이러한 중요성을 유의성이라는 개념으로 설명하였다. 윤 대리는 각각의 결과(보상)에 대해 유의성 값을 부여하였다. 따라서 이를 통해 조직은 구성원들의 가치체계를 이해할 수 있게 된다(**유의성**).

한편 직원들이 높은 TOEFL 시험성적을 얻었을 때, 회사는 직원들에게 미리 약속했던 보상을 제공해 주어야 한다. 앞서 개인의 성과와 조직의 보상 간에 관련성이 있을 것이라는 믿음을 수단성이라고 하였다. 특히 이러한 수단성 제고를 위해 개인의 노력도 중요하지만,

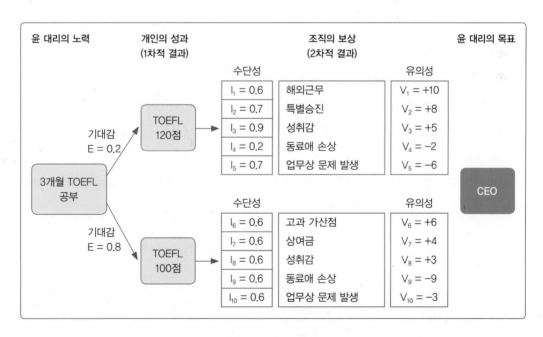

윤 대리의 노력과 기대이론 모델

조직신뢰도 중요하다. 따라서 훌륭한 성과를 이룩한 사람에게 항상 그에 상응하는 보상을 제공해왔던 조직의 경우 그러한 보상경험은 신뢰성이 높을 것이다. 이때 성과와 보상 간 상관관계로서 의미를 갖는 수단성은 1에 가까운 수치를 보여줄 것이다(**수단성**).

지금까지의 논의에 근거하여 볼 때 윤 대리는 어느 쪽을 선택하여 노력할 것이라고 생각하는가?

● 분석방법과 분석결과

윤 대리의 행동과 노력의 방향을 E, V, I를 통해 선택하는 과정을 다음과 같이 설명할 수 있다.

$$\text{윤 대리의 동기부여 수준} = f[V \cdot I \cdot E]$$

먼저 TOEFL 시험성적 120점을 위한 동기부여 수준은 $E_1 \times I_1 \times V_1 + E_1 \times I_2 \times V_2 + E_1 \times I_3 \times V_3 + E_1 \times I_4 \times V_4 + E_1 \times I_5 \times V_5$로서
$(0.2) \times (0.6) \times (10) + (0.2) \times (0.7) \times (8) + (0.2) \times (0.9) \times (5) + (0.2) \times (0.2) \times (-2) + (0.2) \times (0.7) \times (-6) = (2.3)$. 즉 동기부여 수준은 2.3이다.

그에 비해 TOEFL 시험성적 100점을 위한 동기부여 수준은 $E_2 \times I_6 \times V_6 + E_2 \times I_7 \times V_7 + E_2 \times I_8 \times V_8 + E_2 \times I_9 \times V_9 + E_2 \times I_{10} \times V_{10}$로서
$(0.8) \times (0.6) \times (6) + (0.8) \times (0.7) \times (4) + (0.8) \times (0.6) \times (3) + (0.8) \times (0.6) \times (-9) + (0.8) \times (0.5) \times (-3) = (1.04)$. 즉 동기부여 수준은 1.04이다.

따라서 기대이론 관점에서 개인적 목표를 달성하기 위해 윤 대리는 3개월에 TOEFL 시험성적을 120점 받고자 노력할 것이다.

IV

집단과
리더십 연구

7장

리더십 상황이론

리더십 특성이론에 대한 연구가 리더십 전반에 관한 논의에서 설득력이 부족하였고, 리더십 행동이론 또한 리더십 효과에서 일관된 결과를 얻지 못함에 따라 상황의 영향에 초점을 둔 접근이 이루어지게 된다. 그리하여 리더십 유형과 유효성의 관계를 밝히기 위한 상황이론이 등장하였다.

"리더십 유형 A는 상황 1에 적합하고, B는 상황 2에 적합하며, C는 상황 3에 적합하다고 할 때, 무엇이 1, 2, 3의 상황인가?" 하는 것이 상황이론의 핵심이라고 할 수 있다. 따라서 리더십 효과가 상황에 따라 달라진다고 하는 것은, 상황적 조건을 밝히기 위한 노력이 상황이론의 핵심이라는 것을 의미한다. 이때 중요한 것은 타당성 있는 상황변수를 도출하는 것이다.

리더십 상황이론은 리더의 역할, 기술적 요인, 행동특성에 영향을 주는 상황변수에는 어떤 것이 있으며, 구성원들의 성과와 만족에 영향을 주는 상황요인에는 어떤 것이 있는지를 중심으로 연구가 이루어지고 있다.

여러 가지 상황이론 가운데 오늘날 성공적인 것으로 평가받는 피들러의 상황모델, 리더-구성원 교환관계 이론, 목표-경로 이론, 허시와 블랜차드의 상황적 리더십 모델, 규범적 리더십 모델에 대해서 알아보도록 하자.

1. 피들러의 상황모델

최초의 리더십 상황이론으로서 피들러(F. Fiedler)의 상황모델이 있다. 높은 집단성과는 리더와 부하 직원의 상호작용 유형과 상황의 호의성(유리한 정도)이 부합될 때 나타난다는 것이다(Fiedler, 1967). 즉 리더십 형태와 상황의 호의성 사이의 관계를 통해 리더십 효과를 설명하고 있다.

(1) 리더십 유형과 LPC 평가

개인의 리더십 유형은 리더십 성공에 핵심적인 요소이므로, 피들러의 상황모델은 리더십 유형을 밝히기 위한 LPC 설문지를 개발하였다. 설문내용은 18개 항목의 형용사로 구성되어 있으며, 이를 통해 과업지향 혹은 관계지향인지를 밝힐 수 있다(LPC, least preferred coworker;

즉 함께 일하기가 가장 싫었던 사람을 의미함. 관련 내용은 178쪽 피들러의 리더십 상황이론 측정도구 참고).

피들러는 설문 응답자가 다른 사람, 즉 LPC에 대해 평가하는 것을 통해, (LPC가 아니라) 응답자 본인에 대해 많은 것을 알 수 있다고 주장한다. LPC 측정을 통해 설문 응답자들로부터 얻을 수 있는 정보에 관해서 피들러는 다음과 같이 설명하고 있다.

① 응답자가 LPC에게 비교적 높은 점수를 주면, 그 응답자는 동료와 좋은 인간관계를 형성하는 데 주된 관심을 기울이고 있는 사람이다. 따라서 그 응답자는 관계 중심적 리더라고 할 수 있다. 왜냐하면 '가장 선호하지 않는 동료'를 호의적으로 표현한다는 것은 좋은 대인관계를 유지하는 데 일차적인 관심을 갖는 사람이기 때문이다.

② 그에 비해 LPC에게 비교적 낮은 점수를 주는 응답자는 업무 중심적 리더라고 할 수 있다. LPC에게 낮은 점수를 준다는 것은 과업을 성공적으로 수행하는 데 일차적 관심을 두기 때문이다. 따라서 직무의 성공적인 수행에 별로 도움이 되지 못하거나 방해가 되는 LPC를 성가신 존재로 인식하는 경향을 반영한 것이다.

③ LPC에게 64점 이상을 주는 응답자는 높은 LPC 리더, 즉 관계 중심적 리더이다. LPC에게 57점 이하를 주는 응답자는 낮은 LPC 리더, 즉 업무 중심적 리더라고 할 수 있다. 피들러의 연구에서 약 15퍼센트 정도의 사람들이 58~63점 사이의 점수를 주는 응답자로 나타났는데, 이들은 피들러의 상황모델 예측 범위에서 벗어나는 사람이다.

④ LPC 점수에 근거하여 구분한 리더 유형은 행동이론에서 밝힌 리더십 유형과 다르다. 왜냐하면 응답자 본인의 행동분석을 통한 리더십 유형의 구분이 아니라, LPC를 어떻게 평가하느냐 하는 점수에 의해서 확인되는 리더 유형이기 때문에, 따라서 이는 특성이론에서 밝히고자 하는 리더의 특성에 해당된다고 보는 것이 타당할 것이다.

(2) 상황의 정의

LPC 측정을 통해 리더 유형을 밝혀낸 후, 그다음 단계로 실증연구를 통해 리더십 효과를 결정하는 세 가지 상황요인을 제시하였다. 그림 7.1은 피들러의 상황모델을 보여주고 있다.

① **리더와 구성원 간 관계**　리더에 대한 확신, 신뢰, 존경의 정도를 의미한다. 이는 리더의 직접적인 영향력을 결정한다. 구성원들에게 가장 영향력 있고 신뢰할 수 있는 리더가 누구인가를 물어보는 방식으로 확인할 수 있다.

② **과업 구조화**　규정과 절차 등의 구조화 정도를 의미한다. 구체적으로, 업무영역과 목표

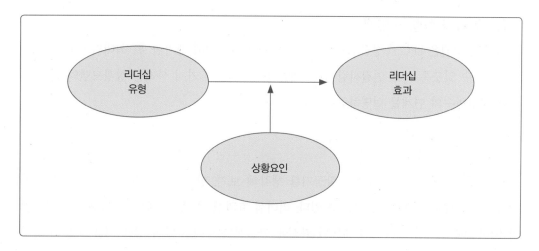

그림 **7.1** 피들러의 상황모델

가 얼마나 명확한가, 업무처리와 작업방식의 선택범위, 새로운 작업내용에 대한 성과 측정이 객관적인가 등을 말한다. 일반적으로 과업 구조화의 정도가 높은 업무가 업무를 완성하기 쉬우며, 리더의 역할도 더욱 명확해진다.

③ **지위영향력**　공식적 권한, 영향력의 정도를 의미한다. 따라서 이는 개인의 능력에서 발생하는 것이 아니다. 지위는 반드시 높은 지위를 의미하지 않으며, 해당 지위에 상응하여 조직으로부터 주어지는 영향력을 말한다. 지위영향력이 클수록 더욱 리더십을 발휘할 수 있는 상황이 된다.

피들러는 세 가지 상황이 그 정도에 있어서 모두 심화되어 있다면, 그러한 상황은 리더에게 유리한 것이 된다고 하였다. 즉 리더가 구성원들로부터 골고루 지지를 받고 있고, 업무가 잘 구조화되어 모든 일이 정상 가동되고 있으며, 관리와 통제를 위한 권한이 리더의 지위에 상응하게 공식적으로 주어지는 경우를 말하며, 이러한 상황은 리더에게 유리한 상황이다. 반면, 그러한 세 가지 차원이 심화 정도에서 낮다면 리더에게 불리한 상황이 된다.

피들러는 상황의 호전 정도와 리더십 유형이 결합하여 리더십 효과를 결정한다고 주장하였다. 연구 결과를 요약하면 다음과 같이 설명할 수 있다.

- 매우 유리한 상황
- 매우 불리한 상황 ｝ 업무 중심적 리더의 효과가 크다.
- 유·불리의 중간인 상황 ➔ 관계 중심적 리더의 효과가 크다.

(3) 리더와 상황의 연결

피들러 모델은 LPC 측정점수와 세 가지 상황변수에 대해 평가한 후, 최대의 리더십 효과를 얻을 수 있도록 서로 연결시킬 것을 제안한다. 다음 세 가지 사례는 상황모델의 리더 유형과 상황변수의 연계를 설명하고 있다.

사례 1. 리더에게 매우 유리한 상황

착륙을 준비하고 있는 국제선 항공기를 생각해 보자. 항공기에서 리더는 기장이며, 구성원들은 승무원과 승객이라고 할 수 있다. 리더십 효과를 측정하기 위한 성과변수는 항공기가 터미널에 도착할 때까지 승객들이 좌석에 안전벨트를 매고 앉아 있는 비율을 통해 측정하기로 하였다. 장시간의 비행으로 지쳐 있는 승객들이 내릴 때까지 안전벨트를 매고 앉아 있는 것은 쉬운 일이 아닐 것이다. 이때 상황변수 세 가지를 생각해 보자.

① **리더와 구성원 간 관계**　매우 좋을 것이다. 기내에서 항상 중요한 정보를 알려 주고, 좋은 역할만 담당하는 것은 다름 아닌 항공기 기장이 아니던가?
② **과업 구조화**　항공기 기내만큼 기장, 승무원, 승객이 각자 해야 할 일과 해서는 안 될 일에 대해 명확히 구분되는 경우도 흔치 않을 것이다.
③ **지위영향력**　기내의 모든 사람의 생명과 안전을 책임지고 있는 기장의 지위영향력은 매우 크다.

이 상황에서 어떤 리더 유형이 더욱 효과적인지 생각해 보자. "승객 여러분, 항공기가 완전히 멈출 때까지 제발 자리에 벨트를 매고 앉아 있어 주십시오. 여러분의 안전을 위해 거듭 부탁드립니다."라고 호소하는 부드럽고 친절한 관계 중심적 리더가 효과적일까? 아니면 "승객 여러분, 벨트를 매고 자리에 앉아 계십시오. 그렇게 계속 서 계신다면 출입문을 열어 주지 않겠습니다."라고 굳은 의지를 보이며 규정과 절차에 따르고자 하는 업무 중심적 기장이 효과적일 것인가? 임상실험 결과 이때 후자가 더욱 효과적으로 나타났다.

사례 2. 리더에게 매우 불리한 상황

매년 열리는 대학 축제에서 학생들의 낮은 참가 때문에 총학생회장은 고민이다. 어떻게 하면 학생들의 참여를 높일 수 있을까? 어떤 유형의 총학생회장이 효과적일까?

① **리더와 구성원 간 관계** 총학생회장의 이름조차 알지 못하는 사람이 많다. 실제로 총학
   생회장 선거에서 낮은 투표율로 인해 재선거를 실시하는 경우는 흔한 일이 되었다.

② **과업 구조화** 최근 들어 여러 가지 학내 문제 및 이슈와 관련한 의사결정에서 학생들
   은 완전히 소외되고 있다는 느낌이다. 총학생회는 무엇을 하고 있는지, 무언가 일을 추
   진하고 있다는 말도 믿을 수가 없다. 일부 학생들이 학생회비를 납부한다는 것 이외에
   는, 학생회 소속이라는 인식도 없는 상황이다.

③ **지위영향력** 당연히 총학생회장으로서 지위영향력은 미미할 것이다.

이때 SNS를 통해 감정에 호소하면서 학교 사랑과 전통, 학교 이미지 등을 언급하게 되면
학생들의 대학 축제 참여도가 높아질 것인가? 더하여 많은 경품이 있으며, 유명 연예인이
출연한다고 알리는 것이 효과적일까? 한 가지 효과적인 방법이 있다면 학교 축제 기간을
정규 학습일로 하여, 출석 일수에 포함시킨다면 참여율은 높아질 것이다.

사례 3. 리더에게 유·불리의 중간 상황

기업의 특정 프로젝트를 위해 외부 전문가에게 용역을 주는 경우를 생각해 보자. 컨설팅
회사에서 온 외부 전문가는 특정 프로젝트 수행을 위해서 기업 내부 구성원들과 함께 작업
해야 할 것이다. 이때 성과변수를 정해진 기일에 맞추어 수준 높은 결과보고서를 제출하는
것이라고 가정해 보자.

① **리더와 구성원 간 관계** 프로젝트 리더로서 외부 전문가는 구성원들과 좋은 관계를 형성
   할 시간적 물리적 여유가 없을 것이다. 하지만 함께 일하면서, 굳이 관계 형성에 나쁜
   영향을 주는 일도 하지 않을 것이다. 따라서 상황의 유·불리는 중간 정도라고 할 수
   있다.

② **과업 구조화** 내부적 상하관계처럼 명확하지는 않겠지만, 프로젝트 수행을 위한 업무
   분장은 이루어진 상황이라고 할 수 있다. 따라서 이 또한 중간 정도라고 할 수 있을
   것이다.

③ **지위영향력** 프로젝트 리더이기 때문에 전혀 없는 것은 아니다. 그렇다고 기업 내부 구
   성원들의 상사도 아니므로, 지위영향력 또한 중간 정도 수준이라고 할 수 있다.

이러한 상황에서는 마치 공식 조직의 리더와 구성원 관계처럼 업무 중심적 리더로서 행

동하기보다는 비공식적 관계를 통한 업무 효율화를 추구하는 관계 중심적 리더가 더욱 효과적일 것이다. 특히 프로젝트가 기업 구조조정과 관련되어 있다면, 미리 정해진 회사의 결정에 외부 전문가로서 소스를 얹어 주는 역할만을 하고 있으며, 함께 일하는 그들은 안전하다는 것을 자주 상기시켜 줄 필요가 있다. 그렇게 하는 것이 기한 내에 회사 기준의 수준 높은 보고서를 완성하는 데 도움이 될 것이다.

(4) 피들러 상황모델의 연구 결과

연구 결과를 요약하면 다음과 같다. 피들러 모델은 업무 중심적 리더가 I, II, III, VII, VIII 상황에서 더욱 효과를 나타낸다고 예측한다. 관계 중심적 리더는 IV, V, VI 상황에서 효과적이다. 즉 업무 중심적 리더는 리더의 통제력이 높거나 낮은 상황에서 효과적이며, 관계 중심적 리더는 보통 수준의 호의적 상황에서 효과적이다.

피들러는 이론의 검증을 위해서 해군부대, 화학연구실, 백화점, 슈퍼마켓, 병원 접수창구, 보건소, 중장비 생산부서, 건설기술팀 등을 대상으로 30회 이상의 실험을 통해 이론의 타당성을 입증하였다(Fiedler 등, 1977).

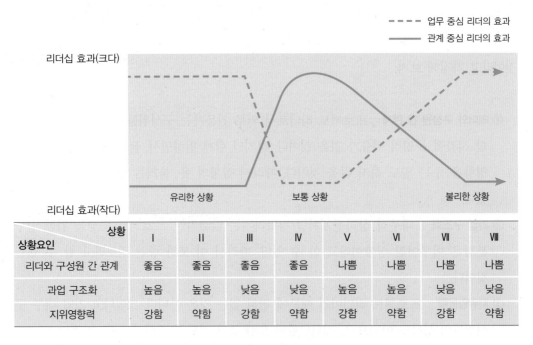

상황 상황요인	I	II	III	IV	V	VI	VII	VIII
리더와 구성원 간 관계	좋음	좋음	좋음	좋음	나쁨	나쁨	나쁨	나쁨
과업 구조화	높음	높음	낮음	낮음	높음	높음	낮음	낮음
지위영향력	강함	약함	강함	약함	강함	약함	강함	약함

그림 **7.2** 피들러의 상황모델 연구 결과

출처: R. Ayman, M. Chemer and F. Fiedler, "The Contingency Model of Leadership Effectiveness: Its Levels of Analysis," **Leadership Quarterly**. vol. 6, no. 2, 1995, pp. 147-167.

(5) 리더십 개발 프로그램

일반적으로 리더십과 관련한 여러 상황이론에서는 환경의 변화에 따라 적절한 리더십과 관리방법을 찾고자 하였다. 그렇게 함으로써 모집, 선발, 교육훈련 과정을 통해 조직의 상황에 맞는 리더를 얻을 수 있을 것이라고 기대했기 때문이다.

하지만 피들러 이론에 따르면 조직의 관리 상황이나 환경에 적합하도록 리더를 교육하거나 변화시키려는 노력은 성공할 수가 없다. 왜냐하면 피들러는 리더십 유형이란 사람의 성격에서 비롯된 것이므로, 변하지 않는 고정적 특성이라고 주장하였다. 따라서 실제 상황에 적용할 수 있고 또한 리더십 효과를 향상하기 위한 방법으로서 '리더십 개발 프로그램 (Leader Match Program)'을 개발하였다(Ayman과 Fiedler, 1995).

이 프로그램의 목적은 특정 직무에 적합한 리더를 선택할 때 과학적이고 체계적인 방법으로 사용하기 위한 것이다. 따라서 특정인의 리더십 유형과 상황의 세 가지 측면을 규명할 수 있는 설문을 실시한 다음, 몇 가지 문제를 제시하여 해결하도록 한다. 이를 통해 특정인의 리더십이 어떤 상황에 처하게 되었을 때, 해당 상황을 자신의 리더십이 최대로 발휘될 수 있도록 변화시키는 방법을 훈련한다.

앞에서 언급하였듯이, 피들러는 리더십 유형이란 개인의 성격에서 나온 것이기 때문에, 개인의 리더십 패턴을 바꾸려고 하는 것은 비현실적이라고 주장한다. 따라서 그러한 전제 하에 리더십 효과 향상을 위한 방법을 다음과 같이 제시하고 있다.

① 상황에 적합하도록 리더를 배치 혹은 교체한다

이는 야구시합에서 타자의 상황적 특성에 따라 왼손잡이 혹은 오른손잡이 투수를 투입하는 경우와 마찬가지이다. 따라서 상황이 매우 불리한 경우 관계 중심적 리더가 있는 집단에서 업무 중심적 리더로 교체함으로써 성과를 개선할 수 있다.

② 특정 리더에 적합하게 상황을 변화시킨다

첫째, 리더와 구성원 간 관계를 변화시키는 방법으로는 비공식적 접촉시간과 빈도를 증가시키는 것을 생각할 수 있다. 또한 특정 구성원을 소속집단으로 유입, 방출하는 데 영향력을 행사함으로써 리더와 구성원 간 관계 변화가 이루어진다.

둘째, 과업 구조화 정도를 변화시키기 위한 방법으로는 완전히 새롭거나 전혀 예기치 못한 문제 제기를 한다. 이를 통해 기존의 과업 구조화의 정도를 낮출 수 있다. 또한 반대로 계획 수립 시 더 많은 정보를 요구한다거나, 계획의 구체적 준비를 지시하는 경우는 과업 구조화의 수준을 높일 수 있다.

셋째, 지위영향력을 높이려면 그 직무에 전문가가 되기 위해 노력하면 될 것이다. 보상, 처벌 등을 통제하는 권력을 증가시키는 방법도 있다. 지위영향력을 낮추기 위해서는 계획 수립과 의사결정 과정에 구성원들을 참여시키는 방안을 생각할 수 있다.

(6) 피들러 상황모델의 의의

지금까지의 논의를 통해 피들러 모델의 의의를 살펴보면 다음과 같이 정리할 수 있다.

① 리더십 연구에 있어서 상황적 접근을 최초로 가시화하였다.
② 상황과 리더의 특징(유형)이 리더십 유효성을 결정하는 데 모두 중요한 요소임을 입증하였다.
③ 그 결과 후속연구를 위한 중요한 근거가 되었다. 즉 피들러 모델의 검증과 개선을 위한 후속연구뿐 아니라 다른 대안적 상황이론의 출현을 위한 기반이 되었다.
④ 실제 리더십 상황에 적용할 수 있는 모델로서 리더십 개발 프로그램(Leader Match Program)을 개발함으로써 리더십 교육의 중요성 인식과 발전에 공헌하였다.

(7) 피들러 상황모델의 한계와 비판

하지만 피들러의 연구는 다음과 같은 비판도 함께 받고 있다.

첫째, LPC 평가가 리더의 유형을 확인하는 기준으로 타당하며, 신뢰할 수 있는가 하는 것이다. 이는 복잡한 인간의 심리를 2~3분간의 일차원적 테스트로 파악 가능한지에 관한 것과, 실제로 응답자의 LPC 평가에서 일관성을 보이지 않는다는 점에 기인하고 있다.

둘째, 세 가지 상황변수가 해당 상황의 속성을 적절하게 묘사할 수 있는지에 관한 것이다. 이는 실무 차원에서 다양한 조직의 여러 가지 속성을 지나치게 단순화했다는 비판에 근거한다. 또한 응답자와 연구자가 공히 상황의 호의성을 결정하는 것이 쉽지 않다는 것도 지적할 수 있다.

셋째, 심리학적 리더십 연구로서 피들러의 이론은 실증적 연구경향을 지나치게 강조하고 있다. 따라서 리더십 현상의 본질을 구성하는 주요 요소인 '가치'와 '윤리적 측면'을 간과하고 있다는 한계가 있다. 이는 방법론상 문제로서, 실증주의 행동과학이 갖는 한계의 대표적 경우에 해당한다고 할 수 있다. 즉 LPC 평가표의 경우, 리더가 실제 상황에서 어떻게 리더십 행동할 것인지를 묻는 것이 아니라, LPC에 대한 리더의 성향(성격)을 확인하는 수준에 그

치기 때문이다. 따라서 피들러의 이론을 상황적 특성이론(situation-contingent trait theory)으로 분류해야 한다는 주장도 있다(Graeff, 1977; Kabanoff, 1981).

여러분은 다른 사람들과 어떤 목표를 위해 함께 일해 본 경험이 있을 것이다. 학교와 직장에서, 동아리와 친목단체에서, 교회나 봉사단체에서. 그런데 여러 상황에서 어떤 사람은 함께 일하기가 즐겁고 편안했지만, 어떤 사람들은 함께 일하기 어렵고 불쾌했을 것이다. 따라서 지금까지 함께 일한 사람들을 모두 한번 생각해 보라. 그리고 그 가운데 함께 일하기가 '가장 싫었던 한 사람(LPC, least preferred coworker)'을 생각해 보자. 그 사람이 현재 일하고 있는 사람이어도 좋고, 과거에 함께 일한 사람이라도 괜찮다. 그러나 그 사람과 개인적으로 또는 감정상 가장 싫었던 것이 아니라, 함께 어떤 일을 수행하기에 가장 어려웠던 사람이어야 한다. 쉽게 말해서 함께 일하면서 가장 껄끄러운 사람을 생각하면 된다.

　그런 다음 그 사람이 갖고 있는 여러 가지 측면에 대해 다음 설문에서 해당된다고 여기는 점수에 O 표시를 하라.

　척도의 양쪽에 있는 형용사를 보고 적합한 점수에 O 표시를 하되, 각 문항을 하나도 빠뜨리지 말고, 또한 가능한 빠른 속도로 답해야 한다. 각 문항에 대한 맨 처음 생각이 가장 정확한 답일 가능성이 크기 때문이다.

　지금부터 LPC 척도의 18문항에 답해 보자.

피들러 상황모델의 LPC 설문지

쾌활한	8	7	6	5	4	3	2	1	쾌활하지 못한
친절한	8	7	6	5	4	3	2	1	불친절한
거부적인	1	2	3	4	5	6	7	8	수용하는
긴장하고 있는	1	2	3	4	5	6	7	8	여유가 있는
거리를 두는	1	2	3	4	5	6	7	8	친근한
냉정한	1	2	3	4	5	6	7	8	다정한
지원적인	8	7	6	5	4	3	2	1	적대적인
따분해 하는	1	2	3	4	5	6	7	8	흥미있어 하는
싸우기 좋아하는	1	2	3	4	5	6	7	8	화목하고 잘 조화하는
우울한	1	2	3	4	5	6	7	8	즐거워하는
주저함이 없고 개방적인	8	7	6	5	4	3	2	1	주저하며 폐쇄적인

험담을 잘하는	1 2 3 4 5 6 7 8	너그럽고 관대한
신뢰할 수 없는	1 2 3 4 5 6 7 8	신뢰할 수 있는
사려 깊은	8 7 6 5 4 3 2 1	사려 깊지 못한
심술궂고 비열한	1 2 3 4 5 6 7 8	점잖고 신사적인
공감대가 있는	8 7 6 5 4 3 2 1	공감대가 없는
성실하지 않은	1 2 3 4 5 6 7 8	성실한
친절한	8 7 6 5 4 3 2 1	불친절한
합계		

출처: F. Fielder, **A Theory of Leadership Effectiveness**, NY, McGraw Hill, 1967, pp. 63-64.

● 채점방법과 결과의 해석

LPC 설문지의 18개 항목에 대해서 점수를 부여한다. 18개 가운데 7개 항목은 역척도이므로, 주의해서 평가해야 한다.

① 합계 64점 이상 ➡ 관계 중심적 리더
② 합계 58~63점 ➡ 예측 범위에서 벗어남(제외)
③ 합계 57점 이하 ➡ 업무 중심적 리더

2. 허시와 블랜차드의 상황적 리더십 모델

허시와 블랜차드(P. Hersey와 K. Blanchard)는 현장 경험을 토대로 실무에 활용 가능한 리더십 관리이론을 개발하였다. 허시와 블랜차드의 '상황적 리더십 모델(situational leadership)'은 오하이오주립대학 리더십 연구, 관리격자이론, 피들러의 상황모델에 이론적 근거를 두고 있다. 따라서 이론으로서 독창성은 부족하지만 리더십이론을 실무에 쉽게 적용할 수 있게 한다는 점에서 의미가 크다.

상황적 리더십 모델은 경영관리 측면에서 리더십 개발을 위한 교육훈련수단으로써 직관적으로 이해하기가 쉽고, 상황에 따라 적용하기가 용이하다는 특징이 있다. 또한 이론적인 측면에서는 비판과 지지를 통해서 계속 보완되고 있다.

상황적 리더십 모델은 리더십 유형과 부하(구성원)의 발달수준(development level)이 부합되는 상황에서 리더십 효과를 얻을 수 있다고 한다. 상황의 변화, 즉 부하의 변화에 따라 리더십 유형을 바꾸어야 한다는 것이다.

허시와 블랜차드의 모델은 세 가지 단계를 통해 전개된다.

(1) 허시와 블랜차드 모델의 3단계 전개과정

1) 1단계. 부하에게 부여할 업무와 역할의 명확한 이해

이 단계는 부하의 발달수준에 대한 판단을 위한 전제가 되는 것으로, 업무와 역할을 세분화하는 것이 필요하다. 이를 통해 부하의 발달수준을 더욱 정확하게 예측할 수 있게 된다. 예컨대, 영업실적이 뛰어난 어떤 영업사원의 경우, 분석보고서 작성에는 서투를 수 있다. 두 가지 과업을 수행하기 위한 역량이 다르기 때문일 것이다. 따라서 리더는 이 영업사원의 업무에 대해서는 다른 영업사원들과 다른 유형의 리더십을 발휘해야 한다.

2) 2단계. 부하의 발달수준에 대한 판단

부하의 발달수준은 역량(competence)과 몰입(commitment)을 통해 판단할 수 있다. 역량은 특정 과업을 수행하기 위해 필요한 경험, 지식, 기술을 통해 측정할 수 있으며, 몰입은 동기, 욕구, 자발성, 자신감을 통해 알 수 있다. 부하의 역량과 몰입의 수준에 따라 네 가지 단계로 구분할 수 있다.

- **발달수준 1** (Development Level 1, **D1**)　낮은 역량, 높은 몰입
- **발달수준 2** (Development Level 2, **D2**)　약간의 역량, 낮은 몰입
- **발달수준 3** (Development Level 3, **D3**)　보통 이상의 역량, 일정치 않은 몰입
- **발달수준 4** (Development Level 4, **D4**)　높은 역량, 높은 몰입

예컨대 갓 대학을 졸업하고 입사한 영업사원을 생각해 보자. 자신의 업무에 관한 지식, 경험은 부족하지만 일에 대한 관심이나 동기, 자발성은 무척 높을 것이다(D1 상황). 하지만 몇 년이 지나 업무에 익숙해지면서 과업수행 시 긍정적 태도, 자발성, 헌신성 등 직무나 조직에 대한 몰입도는 입사 초기에 비하여 상대적으로 줄어들 것이다(D2 상황). 한편 회사의 중간관리자로서 자신의 역량을 인정받고 있으며, 높은 몸값으로 이직이나 창업을 생각하고 있는 부하의 경우에는, 보통 이상의 역량을 갖고 있으나, 일정치 않은 몰입을 보여줄 것이다(D3 상황). 그에 비해 최고의 발달수준에 있는 부하로서 역량도 높으며, 직무 완성을 위한 몰입도 높은 회사의 임원을 생각해 보자. 그들은 직무수행을 위한 지식이나 기술을 터득하고 있으며, 자신의 임무를 완성하고자 하는 동기 수준이 높다(D4 상황).

상황적 리더십 모델의 핵심은 부하의 행동을 통해서 그들의 발달수준을 판단하는 것이다. 한편, 부하 직원의 발달수준은 '역량과 몰입'을 통해서 판단한다고 할 때, 중요한 것은 판단의 근거가 무엇인가 하는 점이다. 허시와 블랜차드는 명확히 드러나는 표현(expression)이 중요하며, 그것은 곧 행동을 의미한다고 하였다. 따라서 생각과 말은 여기에 포함되지 않는다.

리더가 부하의 행동에 따라 발달단계를 판단할 수 있다는 것은 부하의 역량과 몰입이 행동으로 표현된 것을 보았다는 의미이다. 다시 말해서 큰 포부와 뛰어난 역량을 갖춘 경우라도 실천으로 이어지지 않았다면 발달수준에 포함될 수 없다는 의미이다.

3) 3단계. 상황에 부합되는 리더십 유형의 선택

허시와 블랜차드는 오하이오주립대학 리더십 연구의 두 가지 리더십 유형을 활용한다.

• 과업 행동(task behavior)

위에서 아래로 일방적으로 지시하는 행동이다. 부하에게 어떤 일을 언제, 어디서, 어떻게, 언제까지 해야 하는가를 지시하고 요구한다.

- **관계 행동(relationship behavior)**

쌍방적 행동으로, 참여, 커뮤니케이션, 공감 등을 강조하는 행동이다. 부하에게 토론에 참여하도록 하며, 위에서 직접적으로 명령을 내리는 경우는 드물다.

오하이오주립대학 연구와 마찬가지로 과업 행동과 관계 행동의 정도에 따라서 네 가지 리더십 유형(리더 행동)이 가능하다. 하지만 상황적 리더십 모델에서는 부하들이 발달수준에 따라 선택적으로 네 가지 리더 행동을 함으로써 리더십 효과를 얻을 수 있다. 다음은 네 가지 리더 행동을 나타낸다.

① S1 (지시형) 낮은 관계 행동, 높은 과업 행동
② S2 (코치형) 높은 관계 행동, 높은 과업 행동
③ S3 (지원형) 높은 관계 행동, 낮은 과업 행동
④ S4 (위임형) 낮은 관계 행동, 낮은 과업 행동

* S는 상황적 리더십(situational leadership)을 의미함.

이러한 논의를 토대로 부하의 발달단계와 네 가지 리더십 유형을 결합하면 표 7.1과 같다.

사람들은 스스로의 리더십 유형이 가장 효과적이라고 생각할 수 있겠지만, 실제로는 모든 상황에서 효과적인 리더십은 없다. 이것이 리더십 상황이론과 관리격자이론의 차이점이다. 허시와 블랜차드는 상황에 따라 상이한 리더십 유형을 활용해야 한다고 주장하고 있다. 따라서 네 가지 리더십은 특정 상황에서 가장 효과를 발휘할 수 있는 것이며, 모든 경우에 최고의 효과를 이끌어 내지 못한다.

그림 7.3은 상황적 리더십 모델을 보여준다.

표 7.1 부하의 발달단계에 따른 네 가지 리더십 유형

리더십 유형	부하의 발달단계
S1 (지시형, Directing Approach)	• **D1의 부하에게 적합하다.** D1의 부하는 업무수행을 위한 역량이 부족하므로 일과 관련하여 분명한 지시가 필요하다. 따라서 이 단계에서는 관계 행동이나 쌍방적 커뮤니케이션을 많이 해서는 안 된다. • 관계 행동을 많이 하는 경우, 자신의 잘못된 행동에 대해서도 리더로부터 이해를 구하거나 용서받을 수 있으며, 유사한 행동을 반복해도 된다고 오해할 수 있다. 또한 업무에 대한 숙련도가 낮아 일을 제대로 하지도 못하고, 특별한 아이디어도 내놓지 못하는 상황임에도 의사결정 과정에 자주 참여하도록 한다면 오히려 불안해할 것이고 직장생활에서 부담을 느끼게 될 것이다. • 이와 같은 상황에서 적합한 방법은 커뮤니케이션 기회를 줄이되 업무에 대한 이해를 위한 것으로 한정하는 것이다. 따라서 가장 효과적인 리더 행동은 낮은 관계 행동, 높은 과업 행동이다.
S2 (코치형, Coaching Approach)	• **D2의 부하에게 적합하다.** D2에 있는 부하들은 업무 관련 지식과 경험은 입사 초기보다 약간 높아졌으나, 몰입은 오히려 낮다. 따라서 리더의 더 많은 지도와 격려가 필요하다. 이러한 상황의 부하를 적극적으로 의사결정에 참여시키고, 자신의 업무에서 긍정적 태도와 신념을 갖게 이끌어주어야 한다. 일방적인 명령이나 지시는 반발하는 상태이므로, 격려하거나 지지해 주는 행동을 보여주어야 한다. 그렇지 않을 경우 쉽게 좌절한다. 이 단계에서 리더는 높은 관계 행동과 높은 과업 행동을 보여주어야 한다. 즉 의사결정이 이루어진 과정에 대해 상세히 설명해 주고, 부하들이 얼마나 중요한 존재이며 관심의 대상이 되고 있는지를 충분히 설명해 주어야 한다. 이를 통해 리더의 행동을 마음으로 받아들일 수 있도록 해야 한다.
S3 (지원형, Supporting Approach)	• **D3의 부하에게 적합하다.** D3의 부하는 업무상 요구사항에 대해서는 준비는 되어 있지만 믿음과 동기가 부족한 상태이다. 이때 리더는 업무 관련 지시나 명령을 많이 할 필요가 없다. 정서적 공감과 칭찬, 지원이 필요하다. 의사결정에 참여하도록 장려함으로써, 자발성을 자극하며 신뢰를 강화한다. 이때 필요한 리더십 유형은 높은 관계 행동과 낮은 과업 행동이다. 즉 업무와 관련해서는 구체적인 논의를 할 필요가 없지만, 부하와 더욱 커뮤니케이션하고 동기부여하기 위해 노력해야 한다.
S4 (위임형, Delegating Approach)	• **D4의 부하에게 적합하다.** D4 수준의 부하는 업무에 대한 충분한 능력과 자발성을 갖추고 있다. 따라서 대부분 부하에게 맡기는 것이 효율적일 것이다. 이러한 부하는 리더보다 더 많은 경험과 지식을 가진 경우가 있기 때문에 지시나 명령할 필요가 없다. 또한 업무와 관련하여 신의성실의 원칙에 충실하며, 자발적으로 일을 추진하므로, 리더가 동기부여나 커뮤니케이션을 위해 애쓸 필요도 적다. 따라서 부하를 충분히 신뢰하므로 의사결정권과 집행의 많은 부분을 위임한다.

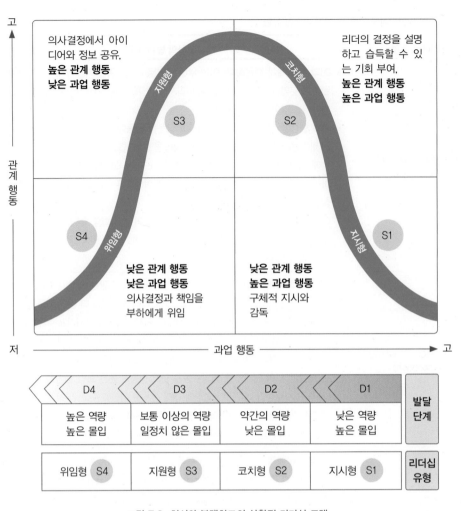

D4	D3	D2	D1	발달 단계
높은 역량 높은 몰입	보통 이상의 역량 일정치 않은 몰입	약간의 역량 낮은 몰입	낮은 역량 높은 몰입	

위임형 S4	지원형 S3	코치형 S2	지시형 S1	리더십 유형

그림 7.3 허시와 블랜차드의 상황적 리더십 모델

출처: P. Hersey, K. Blanchard, P. Zigarmi, and D. Zigarmi, **Leadership and One Minute Manager:**
Increasing Effectiveness Through Situational Leadership II. William Morrow, New York, 2013, p. 113

(2) 허시와 블랜차드 모델의 미세 조정과정

상황적 리더십 모델은 부하의 발달단계에 따라 적합한 리더십 유형의 선택을 통한 리더
십 효과를 추구하고 있다. 이때 상황변수인 부하의 발달수준은 고정된 상태가 아니라 변화
한다. 따라서 리더는 부하가 어떤 잠재력과 동기를 가지고 있는지를 지속적으로 관찰하고,
성장과 발전을 위해 이끌어 주어야 한다.

이를 위해 후속연구에서 과업 행동과 관계 행동의 미세 조정(minor adjustments)을 통해서
부하의 발달수준을 높이는 구체적인 방안을 제시하고 있다.

예컨대, D1과 D2 단계의 부하들로부터 성장과 발전을 이끌어 내기 위해서는 다음과 같

7장 리더십 상황이론

은 순서로 두 단계 행동을 해야 한다. 먼저 부하의 기술 수준이 높아지고 있으므로, 지시와 감독을 줄인다. 그 다음에 부하들의 행동을 관찰한 후, 부하들이 리더가 예상했던 행동을 실천하면 리더는 관계 행동의 빈도를 증가하는 것이다. 허시와 블랜차드는 이러한 두 단계 행동 순서를 바꾸지 않고 시행하는 것이 중요하다고 하였다. 반드시 먼저 리더의 과업 행동을 줄인 후, 부하가 그에 대해 양호한 반응을 나타내었을 때, 관계 행동을 증가시키라는 것이다. 이때 리더의 관계 행동의 증가는 일종의 보상이라고 할 수 있다. 따라서 이러한 보상은 만족할 만한 수준의 부하의 행동이 나타난 후에 주어져야 한다.

D3와 D4 발달수준의 부하에게는 다른 접근방법을 제시한다. 발달수준이 낮은 부하들에게는 관계 행동을 늘리는 것이 보상이 된다면, 높은 발달수준의 부하들에게는 업무를 독자적으로 처리하는 책임을 부여하는 형태로 보상해 주어야 한다. 왜냐하면 발달수준이 높은 부하에게 리더가 관계 행동을 강화한다면, 부하 직원은 자신이 신뢰받고 있지 못하다는 느낌을 가질 수 있다. 동기부여를 위해서는 다음과 같은 두 단계 행동을 취해야 한다. 첫째, 과업 행동을 줄이고, 둘째는 부하 직원의 행동 실천에 따라 리더의 관계 행동을 줄이는 것이다. 즉 발달수준이 높은 부하와 발달수준이 낮은 부하는 정반대의 보상을 제공해야 한다.

허시와 블랜차드는 상황적 리더십 모델을 현장에 적용할 때, 부하의 발달수준을 높이는

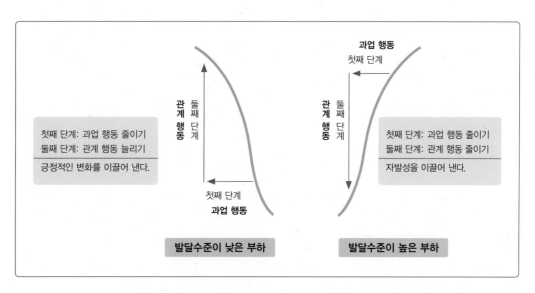

그림 **7.4** 리더십 행동 미세 조정 모델

출처: P. Hersey, K. Blanchard, P. Zigarmi, and D. Zigarmi, **Leadership and One Minute Manager:Increasing Effectiveness through Situational Leadership II**, William Morrow, New York, 2013, p. 63.

것뿐만 아니라, 발달수준이 떨어지지 않도록 하는 방안도 함께 고려해야 한다고 주장한다. 만약 부하들의 발달수준이 떨어지게 된다면, 리더십은 앞서와 반대방향으로 미세 조정에 들어가야 한다. 실제로 이러한 조정을 통해서 리더는 부하 직원들로부터 존중받으면서, 부하들의 발달수준을 원래 수준으로 회복시킬 수 있다. 만약 미세 조정의 필요 시기를 놓쳐서, 적절한 조정이 이루어지지 않을 경우, 이후 대대적인 조정이 필요할 수도 있다.

허시와 블랜차드는 실제로 현장에서 그와 같은 사례가 많이 발생한다고 하였다. 리더십 유형이 위임형인 S4에서 지시형인 S1으로 갑자기 바뀌는 경우인데, 리더가 부하에게 부여했던 권한을 거두어들인 후에 모든 일을 직접 도맡아 처리하면서, 부하들을 근접하여 감독하는 것이다. 이는 발달수준이 떨어지는 상황에서 리더십 미세 조정의 적절한 개입시기를 놓침으로써 발생하는 상황으로서, 이러한 리더십 유형의 급격한 변화는 부하의 반발과 함께 리더십 효과에 부정적 영향이 크다.

설문지는 네 가지 상황에서 부하의 발달수준을 확인하고, 해당 상황에 적합한 리더십 유형을 선택하도록 한다. 이를 통해 응답자의 리더십 유형과 리더십 행동의 유연성, 리더십 효과 등에 관한 정보를 얻을 수 있다. 한편 허시와 블랜차드는 동일한 내용의 설문지를 사용하여 설문 응답자(리더) 자신의 상사, 동료, 부하 직원이 평가하도록 하였다. 이를 통해 응답자는 스스로의 리더십 유형과 다른 사람이 지각하고 있는 리더십 유형의 비교가 가능하다.

허시와 블랜차드 상황적 리더십 설문지

● 작성방법

아래의 네 가지 상황을 읽어보십시오. 각 상황에 등장하는 부하는 서로 다른 발달수준에 있습니다. 해당 상황에 적합한 리더십 유형을 A, B, C, D 가운데 하나를 선택하십시오.

[상황 1]

큰 어려움으로 대규모 구조조정이 불가피하게 되었다. 인원감축을 위한 프로젝트를 유능하고 경험이 풍부한 총무이사에게 맡기려고 한다. 총무이사는 회사 내 주요 부서에서 두루 일해 본 경험이 있고, 직원들로부터 신뢰를 받고 있다. 총무이사 스스로도 어려운 이번 구조조정 업무를 기꺼이 맡아 회사 재건을 위해 힘쓰고자 하는 자발성을 가지고 있다.

A. 구조조정 관련 프로젝트의 책임을 총무이사에게 맡기고, 프로젝트 수행방식도 총무이사가 결정하여 시행하도록 한다.

B. 구조조정 프로젝트를 총무이사에게 맡기되, 해야 할 일을 상세히 지시하고, 진행상황을 면밀하게 모니터링한다.

C. 구조조정 프로젝트를 총무이사에게 맡기고, 필요시 지원을 해 주고 격려한다.

D. 구조조정 프로젝트를 총무이사에게 맡기고, 해야 할 일을 상세하게 지시하되, 제안사항에 대해서는 내가 반드시 반영하겠다고 말해준다.

발달단계: _____

리더 행동: _____

[상황 2]

새로 오픈한 지점의 지점장으로 발령받았다. 지점 직원들을 파악하는 과정에서 입사한 지 8개월 된 직원 한 사람이 주어진 목표달성을 위해 끝까지 최선을 다하지 않는다는 것을 발견하였다. 그 직원은 자신의 직무에 대해서 열성적이며, 회사에서 남들보다 잘하려고 하는 의지는 있는 것으로 보인다.

A. 끝까지 노력하지 않는 것에 대해서 상담하고, 그 문제를 해결하기 위한 방법을 함께 찾아본다.

B. 업무 마무리를 위해 해야 할 일이 무엇인가를 구체적으로 알려준다. 그리고 그 직원이 제시한 제안을 수용하고 반영한다.

C. 주어진 업무를 완성하기 위한 단계를 자세하게 지시하고 업무수행을 수시로 점검한다.

D. 끈기 있게 노력하지 않는다는 것을 지적해 주고, 자신의 업무수행 방식을 개선할 수 있도록 시간을 더 제공해 준다.

발달단계: _____

리더 행동: _____

[상황 3]

우리 회사는 설립 3년 된 게임 제작사이다. 현재 해외 진출 관련하여 새로 중요한 프로젝트가 진행 중이다. 나는 직원들 각자의 책임과 목표달성에 대해 지난 3개월 동안 면밀하게 관찰하고 감독하고 있다. 그런데 해외 파트너사 가운데 세 군데서 갑작스러운 계약 파기로 프로젝트 진행에서 적지 않은 차질이 생겼고, 직원들은 매우 실망하고 있다. 왜냐하면 성과급과 보너스를 못 받을 수 있기 때문이다. 사기도 저하되고 실적도 계속 떨어지고 있다.

A. 직원들의 업무수행을 가까이서 직접 감독하고 지시한다.

B. 직원들에게 프로젝트 관련하여 더욱 많은 시간을 주고, 계약파기에서 빚어진 차질을 회복할 수 있도록 한다. 하지만 때때로 진행상황을 점검한다.

C. 팀이 수행해야 할 과업에 관해서 명백하게 이야기해 준다. 부하를 의사결정 과정에 더욱 참여시키고, 아이디어를 의사결정에 반영한다.

D. 직원들을 의사결정 과정에 참여하도록 하고, 프로젝트 진행과정에서 발생한 문제를 해

결하려는 노력을 격려하고 지원한다.

발달단계: _____

리더 행동: _____

[상황 4]

영업팀장인 나는 김 대리에게 신제품 판매전략을 맡아 진행하도록 요청하였다. 팀장이 되기 전에 김 대리와 함께 관련 업무를 해본 경험이 있다. 그래서 이번에 새로 출시하는 제품의 판매전략 수립에 전문성과 역량이 있다는 것을 알고 있다. 문제는 본인이 책임지고 맡아 진행하는 것에 대한 두려움이 있다는 것이다.

A. 신제품 판매전략을 맡기고 스스로 알아서 잘하도록 한다.

B. 새로운 과업을 위한 구체적인 목표를 설정해 준다. 그렇지만 김 대리의 제안에 대해서 생각해 보고, 최종 의사결정 과정에 참여시킨다.

C. 김 대리의 업무 관련 관심사에 귀 기울인다. 김 대리가 이번 일을 잘할 것임을 확신시켜 주고 노력에 지원을 아끼지 않는다.

D. 신제품 판매전략의 구체적인 내용이 무엇인지 상세히 알려주고, 김 대리에게 내가 기대하는 것이 무엇인지 상기시켜주고, 업무수행을 가까이서 모니터링한다.

발달단계: _____

리더 행동: _____

● 결과의 해석

[상황 1]

구조조정 상황에서 구조조정을 이끌어갈 사람을 확신하고 있다. 총무이사는 유능하고 경험도 풍부하며, 동기유발된 사람이다. 허시와 블랜차드 모델에서 이 사람은 발달수준 4에 있는 사람이다. 따라서 위임적 접근이 적합하다. 네 가지의 응답 가운데 A에 해당된다. 구조조정 프로젝트의 책임을 맡기고, 그 프로젝트의 수행방법도 자신이 스스로 결정하여 시행하도록 한다. A가 위임형 리더십 유형(S4)인 낮은 관계 행동과 낮은 과업 행동을 잘 나타내고 있다.

[상황 2]

열의가 있는 종업원의 지속력 결여에서 오는 문제이다. 해당 직원은 발달수준 1에 있다고 할 수 있다. 동기부여는 되어 있으나 직무수행에 필요한 관련 경험이 없기 때문이다. 이러한 상황에서는 지시형 리더십 유형(S1)이 적합하다는 처방을 하고 있다. 자신의 구체적 업무를 언제 어떻게 수행하는지에 대한 지시가 필요하다. 그리고 지시를 받은 후에도 업무수행과정에서 엄밀한 감독을 받을 필요가 있다. 따라서 이 정답은 C이다.

[상황 3]

직원들은 경험도 있고 본인의 과업에 대한 이해도 하고 있으나 과업완성을 위한 동기부여가 부족하다. 리더가 가까이에서 세세한 것까지 이끌어오고 있었지만 최근 진행상 차질 때문에 그들의 업적과 헌신이 정체상태에 와 있다. 이러한 상황에서는 보다 지원적인 코치형 리더십 유형(S2)이 적합하다. 따라서 정답은 C이다.

[상황 4]

해당 직무에 적합한 사람이 있다. 팀장은 김 대리가 성공적인 전략수립을 위한 지식과 기술을 가진 사람으로 확신하고 있으나, 정작 본인은 스스로의 능력에 대해서 걱정한다. 허시와 블랜차드는 이러한 상황에서는 지원형 리더십 유형(S3)을 사용하기를 권한다. 역량은 충분하지만 자신감이 부족한 사람을 위한 리더 행동이기 때문이다. 정답은 C이다.

3. 목표-경로 이론

상황적 리더십 접근방법으로 높이 평가받고 있는 또 다른 이론으로 목표-경로 이론 (Path-Goal Theory)을 들 수 있다. 하우스와 에반스는 오하이오주립대학의 리더십 연구와 동기 부여의 기대이론에 근거하여 리더십 상황이론을 개발하였다(House와 Evans, 1971).

기대이론에서 개인의 동기부여는 노력-성과 사이의 기대감, 성과-결과 사이의 수단성, 주어진 보상의 유의성이 증가할수록 효과가 나타난다. 앞서 6장의 리더십과 동기부여에서 기대이론의 기본가정은 다음과 같은 경우에 동기부여된다고 하였다.

① 노력하면 성과를 달성할 수 있다고 기대할 때(기대감)
② 노력을 통해 성과를 달성했을 때 보상을 얻을 것이라고 기대할 때(수단성)
③ 노력의 결과로 주어진 보상이 가치 있는 것으로 기대할 때(유의성)

목표-경로 이론에서는 기대감, 수단성, 유의성 등의 개념을 리더와 구성원 간 관계에 적용하였다. 즉 구성원들은 조직에서 갖는 여러 가지 목표, 예컨대 원하는 직무, 승진, 보상, 자존감, 직무만족, 신뢰, 기대감 등이 있을 것이다. 이때 리더의 역할은 목표에 잘 도달할 수 있는 길, 즉 경로를 닦아 주고, 열어 주고, 개발해 주는 것이 되어야 한다는 것이다. 따라서 목표에 이르는 길에 놓인 방해요소가 있으면 이를 제거해 주어야 하고, 필요로 할 때 지원과 조언을 해 주어야 하며, 목표에 이르게 되면 그에 따른 의미 있는 보상과 연계해 주어야 한다. 다시 말해서 리더의 역할은 구성원들이 목표(goals)에 도달할 수 있도록 경로(path)를 명확하게 해 주는 것이라고 하겠다.

요약하자면, 경로-목표 이론은 구성원들의 요구와 그들의 작업상황에 가장 적합한 리더 행동을 선택함으로써, 목표달성의 경로를 따라 잘 나아가도록 하기 위한 이론이다. 즉, 상황에 적절한 리더십 유형을 선택함으로써 구성원들의 성공적인 과업수행과 만족의 수준을 증진시킬 수 있게 된다는 것이다.

앞서 논의한 피들러 모델의 경우 리더십 유형을 고정적인 개인의 특성으로 전제하여 이론을 전개한 것에 비해, 목표-경로 이론에서는 리더십을 리더의 행동으로 이해한다. 따라서 상황에 따라 여러 가지 리더십 행동을 선택적으로 발휘함으로써 리더십 효과를 얻을 수 있다고 주장한다(이러한 주장은 시기적으로 허시와 블랜차드 연구보다 앞선다).

(1) 목표-경로 이론의 리더십 행동

목표-경로 이론에서는 다음과 같은 네 가지 리더십 행동을 제시하고 있다.

① **지시적 (directive)**　권위주의적 유형이다. 리더는 구체적으로 지시를 내리며, 구성원들의 참여는 없거나 제한적으로 이루어진다. 구성원들은 리더가 무엇을 기대하고 있는지 명확히 알고 있다. 또한 분명한 업적기준을 설정하고, 따라야 할 절차와 규정을 명확히 한다. 오하이오주립대학 연구의 구조주도 유형과 유사한 형태라고 할 수 있다.

② **지원적 (supportive)**　구성원들의 욕구와 복지에 관심을 가지며, 동지적 관계를 중요시하는 리더십이다. 오하이오주립대학 연구의 배려형과 유사하다. 지원적 리더십은 친절하며, 구성원들이 접근하기가 쉬운 리더의 행동을 가리킨다. 지원적 리더 행동을 하는 리더는 의도적으로 업무가 즐거운 것이 되도록 하고 구성원들을 공평하게 대하며 인격적으로 존중한다.

③ **참여적 (participative)**　의사결정 과정에서 구성원들이 제안하도록 하고, 그들의 제안을 의사결정에 활용한다. 하지만 결정은 리더가 한다.

④ **성취지향적 (achievement-oriented)**　구성원들이 도전적인 목표설정을 할 수 있도록 도와준다. 또한 그러한 목표달성이 가능하며, 그에 따른 높은 성과창출이 가능하다는 확신을 북돋아주는 리더십이다. 성취지향적 리더 행동은 구성원들에게 일에 대한 도전적인 태도와 최고 수준으로 업적을 완수하도록 하는 것이다. 또한 구성원들이 도전적인 목표를 설정하게 하고 그 같은 목표를 달성할 수 있다는 높은 신뢰를 나타낸다.

하우스와 에반스에 의하면 리더는 이들 네 가지 리더십 행동의 일부나 혹은 모두를 상황에 따라, 그리고 구성원의 특성에 따라 나타내어야 한다. 따라서 목표-경로 이론은 리더를 어느 한 가지 행동유형으로 한정하는 리더십 특성이론이나 피들러의 상황이론과 차이가 있다. 상황이나 구성원들의 동기부여를 위한 요구에 부합하는 리더의 행동 유형을 선택해야 한다는 것이다.

예를 들어, 구성원들의 과업수행의 어느 시점에서는 참여적 리더십을 필요로 하고, 다른 시점에서는 지시적 리더십이 요구된다면, 리더는 필요에 따라 자신의 리더십 유형을 그

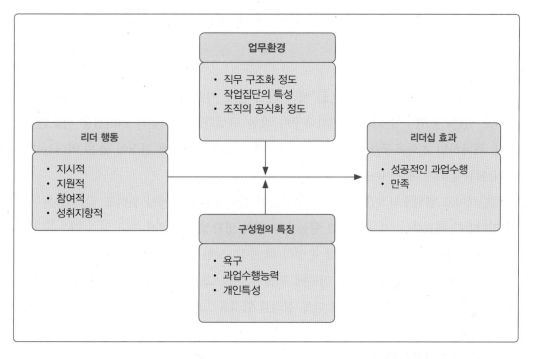

그림 **7.5** 목표-경로 이론 모델
출처: R. J. House and M. Evans, "A Path-Goal Theory of Leader Effectiveness,"
Leadership Quarterly, vol. 7, no. 3, 1971, p. 326.

에 따라 변경할 수 있어야 한다. 상이한 상황은 상이한 유형의 리더 행동을 요구하기 때문이다. 더욱이 동시에 하나 이상의 리더 행동을 통합하는 결합형 리더십 유형(a blend of leadership style)을 활용하는 것이 적절한 경우도 있을 것이다.

(2) 목표-경로 이론의 상황변수

목표-경로 이론에서 제시하는 상황변수는 다음의 두 가지이다. 첫째는 구성원들의 특징이다. 여기에는 구성원들의 욕구, 구성원들의 과업수행능력, 구성원들의 개인적 특성을 들수 있다. 둘째는 구성원들이 처한 업무환경이다. 구체적으로 직무 구조화의 정도, 작업집단의 특성, 조직의 공식화 정도 등이 있다.

1) 구성원의 특징

목표-경로 이론에서는 리더 행동이 구성원들에게 만족의 원천이 되느냐 혹은 불만족 요소로 작용하느냐 하는 것은 '구성원들의 특징'에 의해 결정된다고 주장한다. 구체적으로 구성원들의 욕구, 구성원들의 과업수행능력, 구성원의 개인특성 등이 여기에 해당한다.

① 구성원들의 욕구

성취욕구, 자율성, 사회화 욕구 등 여러 가지 욕구 가운데, 특히 어떤 욕구가 강하게 발현되고 있는가? 연구에 의하면 친화욕구가 강한 구성원들은 지원적 리더십을 선호한다고 한다. 왜냐하면 친화욕구가 강한 사람은 친절하고 사회적 관계에 관심이 높은 리더십이 만족의 원천이 되기 때문이다.

독단적이고 권위주의적인 성격의 구성원들이 불확실한 상황에서 일하고 있는 경우 지시적 리더십이 필요하다. 지시적 리더 행동은 과업의 명확성을 제공해 주고 있기 때문이다. 지시적 리더십은 목표로 가는 경로를 분명히 해 주고, 또한 그 과정에서 모호한 요소를 제거해 주기 때문에 구성원들이 목표 지향에 도움이 된다. 그리고 권위주의적 성격의 사람들은 작업상황에서 확실성을 지각할 때 더욱 심리적 안정을 느낀다고 한다.

② 구성원들의 과업수행능력

구성원들의 직무 관련 기술, 경험, 지식 수준은 어떠한가? 이는 스스로에 대한 지각과 관련된 것으로서, 특정 과업을 수행할 수 있는 자신의 능력에 대한 인식을 의미한다. 자신의 능력이나 역량에 대한 지각 수준이 높아짐에 따라 지시적 리더십에 대한 필요성은 낮아진다. 구성원들이 자신의 과업완성을 위한 자신감과 자기유능감을 느끼고 있는 경우, 지시적 리더 행동은 불필요한 행동이고 지나친 통제로 느끼게 될 것이다.

③ 구성원들의 개인특성

성격상 어떤 특징을 갖고 있는가? 예컨대, 긍지와 자존감이 높은가? 수동적인가 능동적인가? 통제의 위치가 어디인가? 구성원들의 통제위치는 성격개념인 통제의 위치(내적 통제위치와 외적 통제위치)에 관한 연구를 통해 중요하게 다루어지고 있다. 내적 통제위치(internal locus of control)의 구성원들은 자기생애에서 일어나고 있는 일의 책임이 자신에게 있다고 믿는 사람인 반면에 외적 통제위치의 구성원들은 자기생애에서 일어나고 있는 일은 우연이나 운명, 외부 영향력 때문이라고 믿는다.

이에 대한 목표-경로 이론의 주장은 다음과 같다. 내적 통제위치의 구성원들은 참여적 리더십을 가장 만족해한다. 참여적 리더십이 그들로 하여금 일에 대한 책임감을 느끼도록 하고, 의사결정 과정에 참여하여 결정의 주체가 되기 때문이다. 그리고 외적 통제위치의 구성원들에게는 지시적 리더십이 적절하다. 왜냐하면 자신의 주위에서 일어나고 있는 일은 외부 세력에 의해 통제된다는 구성원들의 생각에 부합하기 때문이다.

2) 업무환경

업무환경이 또한 리더의 행동이 구성원들의 동기유발에 영향을 주는 중요한 상황변수이다. 목표-경로 이론에서는 세 가지 업무환경 요인을 제시한다.

① **직무 구조화의 정도**　직무의 범위와 내용이 명확한가?
② **작업집단의 특성**　새로운 구성원이 많은가? 인력 구성의 특징은 어떠한가?
③ **조직의 공식화 정도**　조직설계 차원에서 공식적 권한이 큰가? 비공식적 요소가 얼마의 비중을 갖는가?

목표-경로 이론에서 업무환경 요인은 개별적으로 혹은 통합적으로 구성원들의 동기부여에 영향을 미친다. 예컨대, 직무가 고도로 구조화되어 있으며, 작업집단이 분명한 규범과 절차를 갖고 있으며, 공식적인 권한 시스템이 확립되어 있다면 구성원들은 바람직한 목표로 나아가는 경로가 어떠한가를 잘 알게 될 것이다. 이러한 상황에서는 리더는 목표가 무엇인가를 명확하게 제시하지 않아도 되며, 목표를 어떻게 달성할 것인가에 대해서도 코치할 필요도 없다. 아울러 이러한 상황의 구성원들은 스스로가 과업을 완성할 수 있다는 인식과 함께 자신의 일의 가치를 잘 느끼게 될 것이다. 따라서 이 상황에서 지시적 리더 행동은 불필요하며 오히려 통제로 여길 수 있다.

그러나 다른 업무상황에서는 지시적 리더 행동을 요구하기도 한다. 업무 범위가 불명확하거나 모호할 경우 리더가 그 같은 과업을 구조화하는 것을 필요로 하기 때문이다. 한편, 구성원들이 단순 반복적인 과업을 하는 경우 동기부여를 위해 지원적 리더십을 요구하게 된다. 또한 공식적 권한 시스템이 미흡한 작업상황에서 리더 행동은 규칙이나 작업상 요구를 명백히 하는 지시적 리더 행동을 함으로써 구성원들의 과업수행을 돕는 수단이 된다. 특히, 집단규범 수준이 낮거나 상호 지원이 미미한 작업상황에서는 이 같은 리더십이 집단의 응집성과 책임의식을 높이는 데 도움이 되기 때문이다.

앞의 모델에서 보여주듯이, 리더는 네 가지 리더십 행동과 두 가지 상황요인을 이용하여, 구성원들의 지각과 동기부여에 긍정적인 영향을 줄 수 있어야 한다. 이때 지각이란 구성원들에게 그들의 역할이 무엇인가를 분명하게 인식하게 한다는 의미로서, 역할지각의 인식이라고 할 수 있다. 또한 동기부여를 통해서 개인의 만족과 조직의 성과라는 목표에 이르도록 한다.

목표-경로 이론에서 리더의 역할은 구성원들이 목표를 향해 가는 길을 가능한 잘 닦아주는 것이라고 하였는데, 그렇다면 구체적으로 리더의 역할과 실무 차원의 효용은 다음과 같다.

(3) 목표-경로 이론에서 리더의 역할

① 구성원들의 목표에 대한 욕구를 파악하고 불러일으키고 또한 집중할 수 있도록 해 준다. 이때 목표가 리더에 의해 어느 정도 통제 가능한 것이면 더욱 바람직하다.
② 목표달성에 따른 구성원들의 보상기회를 늘린다.
③ 보상을 추구하는 과정에 도움이 될 수 있도록 지시, 지원, 참여, 성취의욕 고취 등을 해 준다.
④ 구성원들에게 스스로의 기대가 무엇인지 명확하게 인식하도록 해 주며, 기대 수준의 제고를 위해 도움을 준다. 예컨대, 직무 구조화가 덜 된 직무의 경우, 애매한 상황에 놓인 구성원들은 성공에 대한 기대가 적을 수 있다.
⑤ 업무수행의 결과 얻게 되는 직무만족의 기회가 많아지도록 해 준다. 이를 위해 업무 수행 결과에 대한 피드백의 속도와 수준을 향상시킬 필요가 있다.
⑥ 구성원들을 좌절하게 하는 장애요소를 제거해 주어야 한다. 예컨대 의사결정 시 평가 요소의 타당성 제고 노력은 기대감을 높이는 중요한 요소이다.

(4) 목표-경로 이론의 실무 차원의 효용

목표-경로 이론의 실무적 의미는 리더가 어떻게 하면 구성원들을 도와 과업을 만족스럽게 완수할 수 있도록 할 것인가이다.

표 7.2는 목표-경로 이론의 실무 차원의 효용을 설명하고 있다. 이러한 측면의 목표-경로 이론의 연구 결과를 요약하면 다음과 같다. 지시적 리더십은 모호한 업무상황, 즉 구조화, 공식화의 정도가 낮고, 구성원의 업무수행경험이 적은 상황에서 구성원 만족과 기대에 효과적이다. 반면에 업무성격이 명확한 경우에는 구성원들의 만족과 기대에 부정적 효과를 보였다.

지시적 리더십은 과업수행능력이 뛰어난 부하들에게는 기대와 만족에 부정적인 영향을 준다. 또한 지시적 리더십은 구성원들의 개인특성상 자율성이 낮은 사람들에게 효과적이다.

그에 비해 지원적 리더십은 업무특성상 스트레스를 많이 받고, 좌절을 자주 겪으며, 불

표 7.2 목표-경로 이론의 효용

리더 행동	구성원의 특성	업무환경
지시적 지침과 절차의 제공 및 심리적 지원	독단적 권위주의 낮은 자율성	모호성 불분명한 규칙 복잡성
지원적 교육 및 양육	사회적 욕구 인간관계 욕구	반복적 도전적이 아닌 평범한
참여적 참여시킴	자율적 자기통제의 욕구 명확성에 대한 욕구	모호성 불분명 비구조화
성취지향적 도전의 제공	높은 기대 성취욕구	모호성 도전적 복잡성

만족이 큰 업종(3D 업종)에서 직무만족에 긍정적인 효과가 있다. 과업이 어렵고 구성원들의 개인특성상 자신감과 자기확신이 부족한 상황에서 지원적 리더십은 구성원들의 불안감을 덜어 주고 자신감을 심어 줄 수 있다. 이는 작업환경의 부정적 측면을 최소화하기 위해 함께 노력함으로써 불가피한 작업을 통한 성과 향상에 도움이 되기 때문일 것이다.

참여적 리더십은 제조업 가운데 자아가 개입될 수 있는 비반복적 작업환경, 즉 덜 구조화된 상황에서 일하는 사람들의 경우 다른 형태의 리더십 유형에 비해 효과적으로 나타났다. 그에 비해 구성원들이 고도로 구조화된 과업, 즉 단순 반복작업을 수행하고 직무에 대한 명확한 인식을 하고 있는 상황에서는 참여적 리더십이 성과와 만족에 전혀 영향을 주지 못했다. 참여적 리더십은 구성원들의 개념특성상 높은 자율성과 성취욕구를 갖고 있는 경우 만족도와 동기부여에 긍정적 효과를 나타내었다.

성취지향적 리더십은 직무성격이 명확하지 않고 덜 구조화된, 즉 비반복적 업무를 수행하는 상황에서 구성원들의 노력과 성과에 긍정적 효과를 나타내었다. 그에 비해 고도로 구조화된 작업상황에서 성취지향적 리더십은 구성원들의 기대와 노력에 전혀 영향이 없었다(House, 1996).

리더십 목표-경로 이론 설문지

● 작성방법

아래 문항을 읽고 자신의 행동을 나타내고 있는 정도를 _____ 위에 적어 넣으십시오. 1부터 7까지의 숫자는 다음과 같은 정도를 나타냅니다.

1 = 결코 그런 적이 없다.	2 = 거의 그런 적이 없다.	3 = 좀처럼 그러지 않는다.
4 = 때때로 그렇게 한다.	5 = 가끔 그렇게 한다.	6 = 보통 그렇게 한다.
7 = 항상 그렇게 한다.		

1. _____ 나는 구성원들에게 기대하고 있는 것이 무엇인지를 알려준다.

2. _____ 나는 구성원들과 업무상 우호적인 관계를 유지하고 있다.

3. _____ 어려운 문제에 봉착했을 때 나는 구성원들과 논의한다.

4. _____ 나는 수용적인 태도로 구성원들의 아이디어나 제안을 경청한다.

5. _____ 나는 구성원들에게 무슨 일을 어떻게 수행해야 하는지 알려준다.

6. _____ 나는 구성원들에게 최고 수준의 업무수행을 기대한다고 말한다.

7. _____ 나는 구성원들과 상의 없이 내 나름대로 결정하고 행동한다.

8. _____ 나는 우리 팀의 구성원이 된 것을 행복해 하도록 최선을 다한다.

9. _____ 나는 구성원들에게 정해진 규칙이나 규정에 따르도록 요구한다.

10. _____ 나는 도전적인 성과목표를 설정해 두었다.

11. _____ 나는 구성원들의 개인감정을 상하게 할 만한 말을 하곤 한다.

12. _____ 팀의 업무를 어떻게 수행할 것인지에 관한 제안이나 아이디어를 제출하도록 구성원들에게 요청한다.

13. _____ 나는 구성원들의 업무수행에서 지속적인 개선을 위해 동기부여한다.

14. _____ 나는 구성원들에게 내가 기대하고 있는 업적수준의 정도에 대해 설명해 준다.

15. _____ 나는 구성원들을 도와 과업수행에서 방해가 되는 문제를 해결하도록 해 준다.

16. _____ 나는 구성원들의 목적달성능력에 대한 나의 불신을 나타내 보인다.

17. _____ 나는 구성원들에게 업무배분에 대한 제안을 요청한다.

18. _____ 나는 구성원들에게 직무상 내가 기대하고 있는 것을 대략적으로 설명해 준다.

19. _____ 나는 지속적으로 구성원들에게 도전적인 목표를 설정해 준다.

20. _____ 나는 구성원들의 개인적인 욕구 충족을 위해 항상 마음을 쓴다.

출처: M. A. Glinow, "The Path-Goal Theory of Leadership: A Thoretical and Emperical Analysis." **Academy of Management Journal**. vol. 20, no. 3, 1977, pp. 400-401.

● 합산방법

① 문항 7, 11, 16, 18의 점수를 뒤바꾼다(1↔7, 2↔6, 3↔5).
② 지시적 유형 문항 1, 5, 9, 14, 18의 점수를 합산한다.
③ 지원적 유형 문항 2, 8, 11, 15, 20의 점수를 합산한다.
④ 참여적 유형 문항 3, 4, 7, 12, 17의 점수를 합산한다.
⑤ 성취지향적 유형 문항 6, 10, 13, 16, 19의 점수를 합산한다.

● 결과의 해석

• **지시적 유형** 중간 점수는 23점, 28점 이상은 높음, 18점 이하는 낮음
• **지원적 유형** 중간 점수는 28점, 33점 이상은 높음, 23점 이하는 낮음
• **참여적 유형** 중간 점수는 21점, 26점 이상은 높음, 16점 이하는 낮음
• **성취지향적 유형** 중간 점수는 19점, 24점 이상은 높음, 14점 이하는 낮음

　　목표-경로 이론 리더십 측정결과를 활용하기 위해 다음과 같은 점수를 얻었다고 가정해 보자. 여러분의 점수가 지시적 유형에서 29점(높음)이고, 지원적 유형에서 22점(낮음)이며, 참여적 유형에서 21점(중간), 성취지향적 유형에서 25점(높음)이다. 이 점수는 다른 리더들보다 더욱 지시적이고 더욱 성취지향적이라는 것을 의미하며, 다른 리더들보다 덜 지원적이며, 참여적 유형으로 행동하는 정도는 다른 리더와 비슷하다는 것을 의미한다.

　　따라서 목표-경로 이론에 비추어 볼 때, 업무내용과 절차가 불분명하고 구성원들이 확실성을 요구하는 상황에서 여러분의 리더십은 효과를 발휘할 것이다. 하지만 과업이 구조화되어 있고 덜 도전적인 상황에서는 비효과적일 것이다. 그리고 구성원들이 리더의 통제를 원하는 모호한 상황에서는 여러분의 리더십은 중간 수준으로 효과적일 것이다. 높은 업적 기준을 제시하고 구성원들을 자극하여 그러한 높은 업적목표에 도전하도록 하며, 구성원들을 도와서 자신감을 갖도록 하는 등의 상황에서는 여러분의 리더십은 매우 효과적이다.

4. 리더십 교환관계 이론

리더십 교환관계 이론은 리더와 구성원 간 교환관계의 개선을 통해 조직 효율성을 제고할 수 있다고 한다. 이때 교환관계의 질적 수준을 결정하는 상황적 요인에 대한 연구가 논의의 핵심이다. 여기에는 수직적 짝짓기 이론(VDL, Vertical Dyadic Linkage Theory)과 리더-구성원 교환관계 이론(LMX, Leader-Member Exchange Theory)이 있다.

리더십 교환관계 이론은 이전의 다른 리더십이론인 특성이론, 행동이론, 상황이론 등과 다른 전제에서 출발한다. 교환관계 이론이 등장하기 전까지 리더십이론의 공통된 전제는 '리더는 모든 구성원들에게 동일한 리더십을 사용한다'는 것이었다. 즉 구성원들을 하나의 전체로 인식하여 영향력을 행사한다는 의미이다. 따라서 구성원들도 리더의 행동을 동일하게 지각하게 되고, 그 결과 리더십 효과도 구성원들에게 동일하게 나타남을 의미한다.

교환관계 이론은 이러한 기본 전제에 대한 의문을 갖고, 리더와 구성원 각자 사이에 존재하는 개별적 리더십 과정에 관해 논의를 전개하였다.

4.1 수직적 짝짓기 이론

리더십 교환관계 이론의 근거가 되는 개념은 공통적 리더십(ALS, Average Leadership Style)과 수직적 짝짓기 이론(VDL, Vertical Dyadic Linkage Theory)의 비교에서 이끌어 낼 수 있다(Graen과 Cashman, 1975). 앞서 지적하였듯이 기존의 리더십에 관한 이론에서는 리더는 구성원들과 친소관계가 동일하다는 전제 아래 연구가 이루어졌다. 따라서 공통적 리더십(ALS)은 구성원들이 모두 공통적으로 동일하게 리더의 행동을 지각하고 해석하여 반응한다고 가정한다. 즉 리더와 개별 구성원 사이의 관계특성을 고려하지 않고, 리더와 구성원 집단 전체와 관계만을 다룬다. 그리하여 공통된(average) 리더십 행동을 전제로 이루어진 리더십이론 전개는 오류에 이르게 된다.

그에 비해 짝짓기 이론(VDL)이란 리더는 구성원들 각자와 관계, 즉 짝짓기를 이룬다는 전제하에, 그러한 관계를 결정하는 요인을 찾으려는 접근이다. 짝짓기 이론에서는 리더와 각각의 구성원들이 상대방에 따라, 상이한 친소관계를 갖는 짝짓기 관계로 전제하고, 짝짓기에서 나타나는 관계상 특성을 분석의 대상으로 하고 있다.

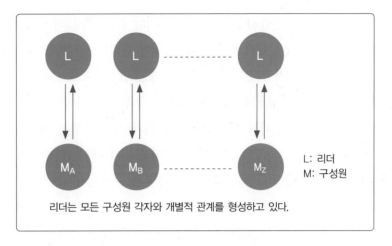

리더는 모든 구성원 각자와 개별적 관계를 형성하고 있다.

L: 리더
M: 구성원

그림 **7.6** 수직적 짝짓기 관계

리더와 각각의 구성원들이 상호작용을 하기 위한 전제가 되는 관계상 특성은 짝마다 서로 다를 수 있다. 수직적 짝짓기 이론에서는 두 가지 일반적 관계유형을 발견하였다.

첫째는 공식적 역할 이외의 역할에 근거한 관계유형으로서, 이것을 내집단(in-group) 관계라고 한다. 내집단 구성원들과는 역할확대(expanded role)와 역할협의(negotiated role)가 이루어진다. 둘째는 공식적 고용관계에 의해 명시된 역할에 근거한 관계유형으로 이를 외집단(out-group) 관계라고 한다.

구성원들은 리더와 자신들 사이에 업무상 관계 혹은 인간적 요인에 의한 관계에 따라 내집단의 일원이 되거나 외집단의 일원이 된다. 인간적 요인이란 리더와 구성원 간 유사성(성격, 종교, 태도, 나이, 성별, 가치관, 학연, 지연 등)을 의미하며, 업무상 관계에는 구성원들의 역량, 능력, 자질 등의 요소가 포함된다. 리더십 교환관계 이론이 상황이론의 범주에 속하는 이유는 선택을 결정하는 사람은 리더지만 리더의 집단 분류 결정을 주도하는 것은 구성원의 특성이라고 하는 리더의 통제 바깥에 있는 상황(환경)요인이기 때문이다.

구성원들 가운데 집단이나 조직을 위한 일을 기꺼이 자발적으로 하고자 리더와 협의하는 구성원일수록 내집단에 포함될 가능성이 높다. 이러한 협의 과정에는 일반적으로 다음과 같은 교환관계가 성립된다. 즉 구성원들이 공식적으로 부여된 직무나 책임의 범위를 넘어선 활동을 하게 되면, 리더는 그에 대한 반대급부로써 더욱 많은 기회를 제공한다. 그러나 구성원들이 공식적인 직무 이외에 새로운 역할이나 활동에 대한 관심이 없다면 외집단으로 남아 있게 된다(Graen과 Uhl-Bien, 1995).

리더와 구성원 간 관계가 내집단일 때는 상호 간 동업자와 같은 신뢰뿐 아니라 존중과 우정, 공동운명체 의식 등을 공유하게 되며, 공식조직이 갖는 계약 외적 행동교환이 발생함으로써 서로 영향을 주고받게 된다. 한편 일단 특별한 관계를 형성하면, 리더와 구성원은 그러한 관계에 투자를 함으로써 시간이 경과해도 관계는 안정적으로 지속된다.

그리하여 내집단에 속한 구성원들은 노력, 만족도, 충성심, 이직의도, 결근율 등에 있어서 외집단보다 더욱 긍정적인 결과를 보여준다. 즉 리더가 자극을 주는 대로 구성원이 반응하게 되는데, 왜냐하면 리더는 최고의 성과를 낼 것이라고 기대하는 사람들에게 자신의 자원을 투자하기 때문이다. 이때 리더는 부하 직원의 행동을 통해서 내집단 구성원이 가장 유능하다는 믿음을 확인하며, 동시에 자기예언의 효과를 얻는다.

특히 전문성 추구 성향이 높은 조직이나 집단의 구성원일수록 친밀한 관계를 개발하기 위해 노력한다. 그러한 조직의 구성원들은 자신의 상사를 가치 있는 정보와 경험의 원천으로 생각하고 있기 때문이다. 그리하여 그들은 조직에 이익을 가져다줄 수 있는 기술개발과 자기개발을 순조롭게 할 수 있다.

하지만 상사와 빈번한 의사소통은 내집단 구성원에게만 해당된다. 리더는 유사성이나 능력이 덜한 집단 구성원과 갖는 의사소통은 고통스럽고 비효율적이라고 생각하기 때문이다.

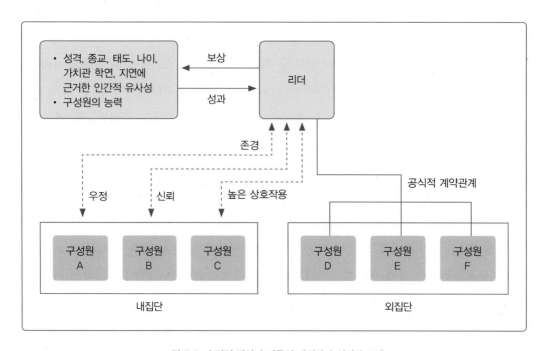

그림 7.7 수직적 짝짓기 이론의 내집단과 외집단 모델
출처: R. C. Linden and G. B. Graen, "Generalization of the Vertical Dyad Linkage Model of Leadership," **Academy of Management Journal**, vol. 23, no. 3, 1980, p. 454.

그 결과 외집단은 리더와 접촉기회도 적고 협상의 여지를 전혀 제공받지 못해 공식적인 관계만 갖는다. 따라서 부하 직원들은 리더의 외집단이 되기를 원치 않을 것이다. 그림 7.7은 수직적 짝짓기 이론을 나타내고 있다. 리더는 내집단 구성원들과는 신뢰와 존중, 우정, 상호적 영향관계가 이루어진다. 그에 비해 외집단 구성원들에게는 그러한 관계가 이루어지지 못하며, 공식적인 업무 및 그와 관련한 커뮤니케이션만이 이루어지게 된다.

4.2 리더-구성원 교환관계 이론

교환관계 이론 가운데 초기이론인 수직적 짝짓기 이론(VDL)이 내집단과 외집단의 차이에 초점을 두고 연구가 이루어진 것임에 비해, 리더-구성원 교환관계 이론(LMX)은 VDL 이론을 정교화하고 리더십 효과와 관련성을 심도 있게 다루었다. 구체적으로 리더-구성원 교환관계의 수준(quality of LMX)이 조직과 개인, 리더, 집단에 미치는 리더십 효과에 대한 내용이 연구의 핵심이다(Graen과 Uhl-Bien, 1995).

연구를 위해서 LMX 7 설문지를 활용하여 LMX의 수준과 리더십 효과 간의 관계를 분석하였다. 연구 결과 이직률, 고과성적, 승진, 조직헌신과 몰입, 직무태도, 경력개발, 리더의 관심과 지원, 조직참여 등의 리더십 효과를 가져다주는 것을 발견하였다. 이러한 연구는 25년 간의 추적조사를 통한 것이었다(Graen과 Uhl-Bien, 1995; Liden, Wayre와 Stilwell, 1993).

LMX와 관련한 최근의 연구는 리더십 효과뿐만 아니라 LMX의 선행요인에 관한 것을 비롯하여, LMX 관계에 영향을 주는 상황요인, 예컨대 작업환경(집단의 역동성), 조직문화 등에 대한 연구가 있다(Dulebohn 등, 2012).

최근에 이루어진 130여 건의 LMX 관련 연구와 160여 개의 LMX 연구의 메타분석을 통해서, 다음과 같은 LMX 이론의 공통적인 기본 전제를 확인할 수 있다. 즉 구성원들과 업무상 좋은 관계를 만들어갈 수 있는 리더가 있는 조직은 여러 가지 긍정적인 효과를 가져다줄 수 있다. 그리하여 리더와 구성원이 좋은 교환관계를 가질수록 구성원들은 만족하고, 업무성과의 향상을 가져오고, 조직은 더욱 발전하게 된다는 것이다.

그림 7.8은 LMX 이론과 리더십 효과에 관한 연구모델을 보여주고 있다.

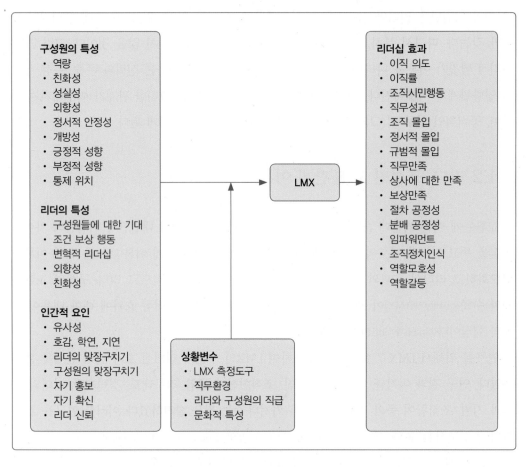

그림 **7.8** LMX 이론과 리더십 효과

출처: J. H. Dulebohn, et al., "A Meta-Analysis of Antecedents and Consequences of Leader-Member Exchange:
Integrating the Past with Eye toward the Future," **Journal of Management**, vol. 38, no. 6, 2012, p. 1717.

4.3 LMX 리더십 형성

1) LMX 리더십의 효과

실무 차원에서 LMX 연구는 리더십의 처방적 접근으로써 LMX 리더십 형성과정을 관계의 발달단계를 통해 제시하고 있다(Graen과 Uhl-Bien, 1995). 이는 리더가 소수의 구성원으로 내집단을 형성하는 것이 아니라, 모든 구성원들과 양질의 교환관계를 발전시켜, 모든 구성원들이 스스로를 내집단에 속하여 있다고 지각하도록 하는 것이다. 그렇게 함으로써 리더는 구성원들과 긴밀한 관계를 유지하고, 구성원들을 차별한다는 비판에서 벗어날 수 있으며, 외집단에 속함으로써 발생하는 부정적 효과를 제거할 수 있다.

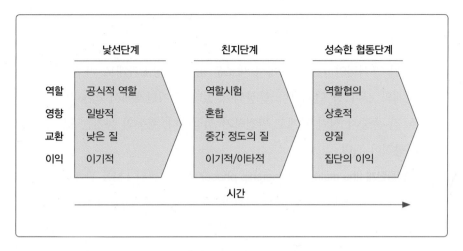

그림 **7.9** LMX 리더십 만들기

출처: G. B. Graen and M. Uhl-Bien, "Relationship-Based Approach to Leadership: Development of Leader-Member Exchange(LMX) Theory of Leadership Over 25 Years: Applying a Multi-Level Multi-Domain Perspective," **Leadership Quarterly**. vol. 6, no. 2, 1995, p. 231.

LMX 리더십 만들기는 그림 7.9에 있는 협동단계의 구축을 목표로 하고 있다. 성숙한 협동단계에서는 리더와 모든 구성원들은 효과적인 짝관계를 만들 수 있다. 궁극적으로 LMX 리더십 만들기가 추구하는 목적은 조직 전체에 걸쳐 협동관계 연결망(partnership network)을 만들고, 이를 통해 조직목표의 달성과 구성원들의 경력상 진전을 이룩하는 것이다.

2) LMX 리더십 형성 단계

LMX 리더십 만들기는 시간의 경과에 따라 낯선단계, 친지단계, 성숙한 협동단계라고 하는 세 단계를 통해 발전한다.

첫째, 낯선단계 (the strange phase)이다. 상호작용이 공식적인 계약관계 속에서 이루어진다. 리더와 구성원은 미리 규정된 역할의 범위 안에서 관계형성과 관계활동이 이루어진다. 따라서 낮은 수준의 교환관계를 가지고 있으며, 이러한 교환관계는 외집단 구성원들과 교환관계와 비슷한 수준이다. 이 단계에 있는 구성원들은 리더의 통제하에 있는 경제적 보상을 위하여 리더에게 복종하고 따른다. 낯선단계의 구성원들의 동기는 집단의 이익보다는 개인적 이익지향이다.

둘째, 친지단계 (the acquaintance phase)이다. 리더와 구성원들은 경력지향적이며 동시에 사교적 교환관계의 개선을 위한 정보의 제공에서 출발한다. 여기에는 개인 정보나 업무관련 정보를 서로 나누는 일이 포함된다. 리더와 구성원의 상호 관계를 시험하는 기간으로 리더는 구성원이 더 많은 역할이나 책임을 맡는 데 관심이 있는지 여부를 알아보려고 하고, 구성원은 리더가 기꺼이 새롭고 도전적인 일을 맡기려 하는지 여부를 살펴본다. 이 기간 동안에 상호 짝관계가 공식적인 계약관계에서 새로운 방식의 상호관계로 바뀌게 된다. 이 단계에서는 교환관계의 질이 전 단계보다 향상되어 있다. 친지단계에서 성공적인 짝관계가 이루어지면 상호 간 존중과 신뢰 관계로 발전하기 시작한다. 행동의 동기는 덜 이기적이 되고 더 집단목표지향적이 된다.

셋째, 성숙한 협동단계 (the mature partnership phase)이다. 양질의 LMX 관계라고 할 수 있다. 리더와 구성원 간 교환관계가 높은 상호신뢰와 존중, 상호 간 지원에 대한 의무감을 갖게 된다. 왜냐하면 리더와 구성원은 교환관계를 시험하였고, 상호 간 의존할 수 있다는 사실을 확인했기 때문이다. 그리하여 성숙한 협동단계에서는 높은 수준의 상호 협력관계가 형성된다.

은행 관리자들과 IT기업 관리자들을 대상으로 한 연구에서 양질의 LMX는 조직 내 평등한 관계, 자발적 협력 등에 의한 성과향상의 효과가 있는 것으로 나타났다(Schriesheim 등, 2001). 연구에서 관리자들은 추가적 업무를 위해 구성원들의 자발적 협력에 의존하게 되고, 이때 구성원들은 필요한 지원과 격려를 위해 리더에게 의존하였다. 그리하여 리더와 구성원들이 계층적 구조의 상하관계를 넘어서 생산적인 방식으로 연결관계를 맺게 되었다. 그래서 스스로를 위해서뿐만 아니라 조직을 위해서 성과를 가져다주는 효과적인 협동관계를 발전시켜 간다. 이러한 협동관계는 실질적으로 변혁적인(transformational) 특성을 가지고 있는데, 그와 같은 관계가 리더와 구성원들로 하여금 이기적 동기를 넘어 부서와 조직을 위해 더 큰 성과달성을 지향하도록 만들기 때문이다.

한편, 성숙한 협동단계의 교환관계를 발전시킨 구성원들이 얻게 되는 이익으로는 직무관련우대, 직무관련 의사소통의 증가, 상사에 대한 접근기회 증가, 업무수행 성적과 관련된 피드백의 증가 등이 있다(Harris 등, 2009).

4.4 LMX 이론의 의미와 시사점

리더십 상황이론으로 LMX 이론은 리더십 연구에 있어서 다음과 같은 의미를 갖는다.

첫째, 리더와 구성원 간 일대일 짝짓기 개념은 LMX 이론이 유일하게 제시하고 있다(물론 연구의 출발은 VDL에서 시작하였다). 다른 리더십이론들은 리더나 구성원의 특성, 상황요인, 행동요인 등을 종합적으로 분석하고 전개한다. 그에 비해 LMX 이론은 리더십 효과는 리더와 개별 구성원의 교환관계에 의해 결정된다는 것이 논의의 핵심이다. 따라서 리더십 연구에서 완전히 새로운 시각에서 리더십 개념을 이해하도록 해 준다.

둘째, 현장에서 쉽게 적용할 수 있는 서술적이며, 실용적인 이론이다. 조직에서 일한 경험이 있는 사람들은 내집단과 외집단의 개념과 존재를 알고 있다. 단지 이를 공개적으로 다루거나 논의하지 않을 뿐이다. 조직 안에는 더 많이 공헌하고 덜 공헌하는 사람이 있기 마련이다. LMX 이론에서는 그러한 차이의 원인을 구성원에게서 찾는 것이 아니라, 리더십에서 찾고자 하였다. LMX 이론은 처방적 수단까지 제공하고 있다. 외집단을 형성하게 되는 원인을 리더십, 즉 리더와 구성원 간 교환관계에 있음을 진단하였고, 조직 안에서 존재하는 분명한 현실, 즉 불공정성과 낮은 성과, 적은 몰입 등과 같은 문제를 해결할 수 있는 방법을 제시한다. 실제로 LMX 연구에서 업무성과, 조직헌신, 작업분위기와 환경개선, 조직시민행동, 구성원들의 임파워먼트, 절차 공정성과 분배 공정성, 경력개발 등의 실무상 요인들을 포함하여 전개함으로써 실무적 의미를 더하고 있다.

셋째, LMX 이론은 이론의 논의과정을 통해 조직 내 커뮤니케이션의 중요성을 강조한다. LMX 이론의 양질의 교환관계는 효과적인 커뮤니케이션이 필수적이기 때문이다. 효과적인 커뮤니케이션은 조직 안에서 경험하게 되는 차별의 부정적 영향요인(성별, 국적, 학력, 연령, 종교)을 상기시켜주며 어떻게 행동해야 하는지를 일깨워 준다.

LMX 7 설문지는 일곱 문항으로 이루어져 있으며 리더-구성원 교환관계의 수준을 측정하기 위한 도구이다(Graen과 Uhl-Bien, 1995). 이를 통해 리더-구성원 관계의 세 가지 차원인 신뢰, 존경, 의리를 측정할 수 있다. 이 설문지는 리더와 구성원들 간 상호 신뢰의 정도와 상호 존중의 정도, 서로 간의 의리 정도를 측정한다. 이 세 가지 차원은 성숙한 협동관계를 형성하는 데 필요한 요인이다.

설문을 통해 얻은 점수는 LMX 모델의 협동관계의 수준을 의미한다. 설문지는 리더의 위치와 구성원의 위치에서 응답하며, 리더는 개별 구성원과 관계의 수준을 측정하기 위해 구성원의 수만큼 설문지를 작성해야 한다. 구성원들은 리더와 관계를 근거로 하여 설문지를 완성하면 된다.

LMX 7 설문지

● 작성방법

이 설문지는 '당신과 리더와 관계' 혹은 '당신과 구성원들 가운데 한 사람과 관계'에 관한 문항입니다. 각 문항마다 밑에 관계의 정도를 나타내는 숫자가 있습니다. 관계 정도에 따라 숫자 위에 O표 하여 주십시오.

1. 당신은 자신의 리더(부하)와 관계가 어떻습니까? …… 당신의 리더(부하)는 당신이 하는 일에 대해 어느 정도로 만족하고 있다고 생각하나요?

거의 만족해 하지 않는다	가끔 만족해 한다	자주 만족하는 편이다	꽤 자주 만족해 한다	매우 자주 만족해 한다
1	2	3	4	5

2. 당신의 리더(부하)는 당신의 직무상 문제점이나 직무상의 필요를 어느 정도로 잘 이해하고 있나요?

조금도 이해하지 못하고 있다	약간은 이해하고 있다	꽤 이해하고 있는 편이다	많이 이해하고 있다	아주 많이 이해하고 있다
1	2	3	4	5

3. 당신의 리더(부하)는 당신의 잠재능력을 어느 정도로 잘 인식하고 있나요?

전혀 인식하지 못하고 있다	약간 인식하고 있다	절반쯤 인식하고 있다	대부분 인식하고 있다	충분히 인식하고 있다
1	2	3	4	5

4. 직위에 부여된 공식권한과 상관없이 당신의 리더(부하)가 리더의 권력(영향력)을 활용하여 당신을 도와서 직무관련 문제를 해결해 줄 가능성은 어느 정도인가요?

거의 없다	약간 있다	절반이다	높다	매우 높다
1	2	3	4	5

5. 당신의 리더(부하)가 가지고 있는 공식적 권한과 무관하게 당신의 리더(부하)가 자신의 희생을 감수하고 당신을 어려운 처지에서 구해내 줄 가능성은 어느 정도인가요?

거의 없다	약간 있다	중간 정도이다	높다	매우 높다
1	2	3	4	5

6. 나는 나의 리더(부하)를 충분히 신뢰하고 있기 때문에 리더의 결정을 지지하고 정당하다고 인정할 것이다.

절대로 그렇게 하지 않겠다	그렇게 하지 않겠다	잘 모르겠다	그렇게 하겠다	전적으로 그렇게 하겠다
1	2	3	4	5

7. 당신의 리더(부하)와 직무상 관계는 어떻다고 말할 수 있나요?

매우 좋지 않다	평균보다 못하다	보통이다	좋다	매우 좋다
1	2	3	4	5

● 결과의 해석

LMX 7에서 얻은 점수는 다음 기준을 사용하여 해석합니다.

매우 높음 = 30~35점	높음 = 25~29점	중간 수준 = 20~24점
낮음 = 15~19점	매우 낮음 = 7~14점	

높은 점수는 높은 수준의 리더-구성원 교환관계를 나타내며(내집단 구성원), 낮은 점수는 낮은 수준의 교환관계를 나타냅니다(외집단 구성원).

출처: G. B. Green and M. Uhl-Bien, "Relationship-based approach to leadership: Development of leader-member exchange(LMX) theory of over 25 years: Applying a multi-level, multi-domain perspective." **Leadership Quarterly**. vol. 6, no. 2, 1995, pp. 243-244.

5. 규범적 리더십 모델

동기부여의 기대이론을 제시했던 브룸은 예튼(P. Yetton)과 함께 규범적 리더십 모델을 개발하였다. 규범적 리더십 모델은 부하의 의사결정 참여 정도에 따라 리더십 유형이 결정된다는 것이다. 임상실험을 통해 세 가지 범주의 다섯 가지 리더십 유형을 발견하였다(Vroom과 Yetton, 1973). 규범적 리더십 모델은 의사결정 나뭇가지에 있는 7개 문항에 대답해 나가면서, 상황에 맞는 리더십을 찾아내는 방법을 사용한다.

(1) 규범적 리더십 유형

• 독재적 (Autocratic) 리더십 유형: AI, AII

이러한 범주의 리더십에는 완전 독재적 리더십(AI)과 참고 독재적 리더십(AII)의 두 가지 종류가 있다.

① AI은 리더가 현재 보유하고 있는 정보를 이용하여 스스로 문제를 해결하며 의사결정을 하는 유형이다. 따라서 부하의 의사결정 참여도는 없거나 매우 낮다.

② AII는 리더가 부하들로부터 필요한 정보를 얻은 후, 문제 해결방법이나 의사결정은 리더 스스로 한다. 따라서 AI에 비해 부하들의 의사결정 참여 정도는 상대적으로 높다고 할 수 있다. 하지만 리더가 필요한 정보를 요구할 때 관련 상황에 대해 항상 설명하는 것은 아니기 때문에, 부하들은 자신들이 제공하는 자료의 효과에 관해서 알지 못한다. 그러므로 이러한 유형 또한 참여 정도는 여전히 낮다고 하겠다.

• 협의적 (Consultative) 리더십 유형: CI, CII

협의적 범주도 두 가지 종류, 즉 개별 협의적 리더십(CI)과 집단 협의적 리더십(CII)으로 나누어 볼 수 있다.

③ CI은 개별 협의적 리더십으로서, 부하들에게 개별적인 협의와 참여를 통해 문제를 논의하고 문제 해결을 위한 아이디어나 의견을 얻는다. 하지만 이 경우에도 최종 의사결정은 리더가 내린다.

④ CII는 집단 협의적 리더십이다. 리더가 해결해야 할 문제나 과제를 공개적으로 알려
주고, 부하들의 의견과 아이디어를 광범위하게 수집한다. 하지만 의사결정에 반영 여
부는 전적으로 리더에게 달려 있다. CI, CII는 AI, AII에 비해 부하들의 참여 정도가
조금 더 늘어났다고 할 수 있다. 이는 질적인 측면의 증가로 의사결정에 의견을 낼
수 있다는 점을 주목해야 한다. 한편 CII는 CI보다 참여도가 높으므로, 하부 의사결
정에 참여할 수 있다. 이때 의사결정 단위를 개인에서 집단으로 확대할 수 있다.

• 집단적(group-based) 리더십 유형: GII

⑤ GII는 문제 해결이나 의사결정을 위해 리더와 구성원들이 팀이 되는 것이다. 따라서
해결방안에 관해 함께 논의하고, 토론하고, 평가하며, 의사결정에서 의견일치를 이루
기 위해 노력한다. 이때 리더의 역할은 회의의 의장으로서 토의를 주재하고, 논의가
주제에서 벗어나지 않도록 한다. 따라서 리더는 팀이나 그룹의 일원으로서 자신의 아
이디어나 의견을 제시할 수는 있으나, 이를 따르도록 강요할 수는 없다. 전체 그룹의
지지를 받는 의견이나 결정을 수용하고 이를 실행한다. 이는 부하의 참여 정도가 가
장 높은 리더십 유형이라고 할 수 있다. 다섯 가지 리더십 유형의 예시는 220쪽의 결
과의 해석에 나와 있다.

규범적 리더십 모델 또한 경영학의 상황이론 관점에서 출발하고 있다. 따라서 상황이론
에서 전제하고 있는 '보편적으로 응용 가능한 최선의 관리방법은 없다'는 것을 기본 전제로
하고 있다. 따라서 규범적 리더십 모델에서 다섯 가지 리더십 유형 가운데 가장 좋은 것이
나 가장 나쁜 것은 없으며, 상황에 맞는 최적의 리더십 유형을 선택하는 것이 리더십 효과
를 얻을 수 있다.

규범적 리더십 모델을 활용하기 위해서는 리더, 즉 의사결정자의 경험이 중요하다. 경험
이 많은 리더일수록 올바른 선택을 할 수 있는 가능성이 크기 때문이다. 한편, 현실에서는
다섯 가지 리더십 유형의 분류에 따라 의사결정을 할 때, 모든 리더가 풍부한 사전 경험을
갖고 있다고 할 수 없기에, 의사결정을 위한 리더십 유형의 선택을 위한 세 가지 상황요인을
제시하고 있다.

(2) 규범적 리더십 유형 선택의 상황요인

① **의사결정의 질적 측면**　의사결정의 중요성과 수준은 상황에 따라서 다르다. 예컨대, 인수합병과 관련된 의사결정은 매우 중요한 것이라고 할 수 있다. 이때 요구되는 의사결정의 질적 차원은 높다고 할 수 있다. 높은 질적 차원의 의사결정이 요구되는 상황으로는 전략수립이나 실천방안의 결정, 조직 내 업무분장 등을 들 수 있다.

② **부하의 의사결정 수용도**　의사결정사항을 효과적으로 실행하고 완수하기 위해서는 부하들의 수용도가 중요하다. 의사결정의 수용도는 특정 의사결정에 대해 이해하고, 받아들이고, 자발적으로 실천하는 정도를 의미한다. 수용도가 높을 경우 의사결정사항의 실행은 원활하게 이루어질 것이다.

③ **의사결정 소요시간**　의사결정을 위한 시간 기준은 의사결정의 질적 측면과 연계하여 생각할 수 있다. 의사결정의 질적 측면이 강조되는 경우, 시간적 고려는 중요도나 우선순위에서 뒤처질 수 있다. 하지만 어떤 의사결정은 신속성이 무엇보다 우선할 수 있다. 이때 질적 측면은 덜 중요하게 된다. 대부분의 상황에서는 중요성 차원에서 두 가지가 함께 고려될 것이다.

브룸은 이러한 세 가지 상황요인과 다섯 가지 리더십 유형을 결합하여 규범적 리더십 모델을 구성하였고, 이를 통해 리더십 효과를 얻을 수 있다고 하였다. 연구 결과, 일상적인 상황에서 부하의 참여 정도가 높은 협의적 리더십, 즉 그와 같은 의사결정방법은 의사결정 과정에서 더 많은 시간을 필요로 할 것이다. 하지만 결정 내용에 대해서는 지지를 얻게 되므로 실행이 원활하며 실행 결과가 효과적일 가능성이 큰 것으로 나타났다. 한편 독재적 리더십 유형과 집단적 리더십 유형은 상반된 특징을 갖고 있지만 둘 다 리더십 효과를 나타내었다. 이는 어떤 특정 유형이 항상 효과적이거나 비효과적이라고 할 수 없다는 의미이다. 따라서 상황에 따라 서로 다른 리더십을 통한 의사결정방법을 취함으로써 리더십 효과를 극대화할 수 있다.

(3) 규범적 리더십 모델의 구성과 전개

규범적 리더십 모델의 구성은 세 가지 상황변수 가운데 의사결정에 요구되는 시간변수를 제외한 나머지 두 가지 변수에 대한 질문을 계속해서 나아가는 나뭇가지 형태로 이루어져 있다. '의사결정의 질적 측면'과 '부하의 의사결정의 수용도'라고 하는 두 가지 변수에 관한 7개의 질문에 대해 '예 혹은 아니오'라고 답하도록 함으로써, 응답자의 리더십 유형(의사결정방법)을 규범적(혹은 기계적)으로 발견할 수 있다.

다음의 일곱 가지 질문 가운데 ⓐ~ⓒ는 의사결정의 질적 측면과 관련된 것이고, ⓓ~ⓖ는 부하의 의사결정 수용도와 관련된 것이다(219쪽의 규범적 리더십 모델 측정도구 참조).

ⓐ 의사결정에 질적 측면이 중요한가?
ⓑ 높은 질적 수준의 의사결정을 위해 필요한 정보와 기술을 리더가 가지고 있는가?
ⓒ 해결해야 할 문제가 구체화, 구조화되어 있는가?
ⓓ 의사결정 내용에 대한 부하의 수용도가 의사결정의 실행에 중요한 역할을 하는가?
ⓔ 리더의 독자적인 의사결정 내용을 부하들이 받아들일 것이란 확신이 있는가?
ⓕ 부하들이 조직목표달성을 우선적으로 고려하여 문제를 해결하려 하는가?
ⓖ 제시된 해결방안에 대해 부하들 간 의견충돌이나 갈등이 존재하는가?

그림 7.10은 이러한 논의를 의사결정 나뭇가지 형태로 구성한 것이다.

모델에서 의사결정을 위해 응답자는 ⓐ~ⓖ의 일곱 가지 질문에 대해 '예 혹은 아니오'라고 답해 나가면 막다른 O표에 이르게 된다. 이것이 해당 상황에서 효과적인 리더십 유형이다. 즉 응답자 자신에게 필요한 리더십 유형이며 의사결정방법이다. 이러한 선택 과정이 규범적 리더십 모델이며, 규범적 의사결정과정이다. 실제로 의사결정 나뭇가지를 따라 7개의 질문에 대한 답을 하다 보면 특정 사안별로 활용 가능한 리더십 유형이 어떤 것인지를 알 수 있다.

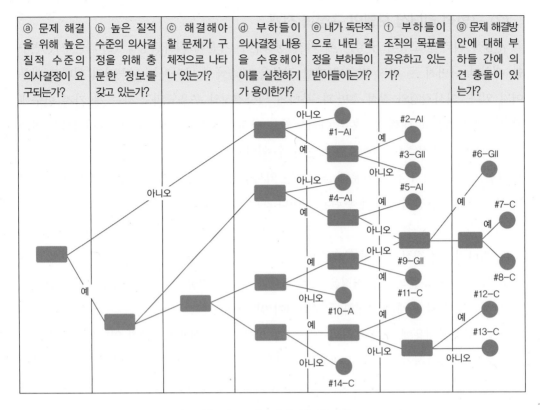

ⓐ 문제 해결을 위해 높은 질적 수준의 의사결정이 요구되는가?	ⓑ 높은 질적 수준의 의사결정을 위해 충분한 정보를 갖고 있는가?	ⓒ 해결해야 할 문제가 구체적으로 나타나 있는가?	ⓓ 부하들이 의사결정 내용을 수용해야 이를 실천하기가 용이한가?	ⓔ 내가 독단적으로 내린 결정을 부하들이 받아들이는가?	ⓕ 부하들이 조직의 목표를 공유하고 있는가?	ⓖ 문제 해결방안에 대해 부하들 간에 의견 충돌이 있는가?

그림 **7.10** 규범적 의사결정 나뭇가지

출처: V. H. Vroom and P. W. Yetton, **Leadership and Decision Making**.
Pittsburgh, University of Pittsburgh Press, 1973, pp. 131-133.

(4) 리더십 유형 선택의 규칙

브룸과 예튼은 후속연구를 통해 실제로 의사결정 나뭇가지를 그때마다 사안별로 적용하지 않더라도 현 상황에 적합한 리더십 유형이나 의사결정방법을 선택할 수 있는 규칙을 제시하였다. 이는 다양한 집단을 대상으로 실시한 규범적 모델의 연구 결과에 의한 것으로, 즉각적으로 자신에게 요구되는 리더십 유형을 판별할 수 있다는 이점이 있다. 일곱 가지 규칙은 다음과 같다. 앞의 세 가지 항목은 의사결정의 질적 측면 관련 사항이고, 뒤의 네 가지 항목은 부하의 의사결정 수용도와 관련한 사항이다.

① **리더정보 관련 규칙**　의사결정의 질적 수준이 중요한 상황에서 의사결정자는 필요한 정보나 기술을 갖고 있지 못한 상태의 규칙이다. 이러한 상황에서는 **AI**(독재적 리더십)을 사용해서는 안 된다. 따라서 이 유형은 배제해야 한다.

② **목표 일치성 관련 규칙** 의사결정의 질적 수준이 중요하며, 부하가 조직의 목표를 공동의 목표로 인식하고 있지 않은 상황의 규칙이다. 이러한 상황에서는 참여적 리더십을 사용해서는 안 된다. 특히 구성원들이 조직의 목표를 리더가 추구하는 개인적 목표라고 인식하고 있는 상황에서는 더욱 사용해서는 안 된다. 따라서 **GII** 유형은 배제해야 한다.

③ **구조화 부재 관련 규칙** 의사결정의 질적 수준이 중요하고, 리더가 충분한 정보와 기술도 없으며, 독자적으로 문제를 해결해야 하는 상황이다. 해결해야 할 문제가 분명하지 않고 덜 구조화되어 있는 상황일 때는 구성원들의 참여가 높은 리더십 유형을 선택해야 한다. 따라서 **AI, AII, CI** 유형은 배제해야 한다.

④ **구성원의 수용 관련 규칙** 의사결정 내용을 부하들이 수용하는 것이 효과적인 실행을 위해 중요한 상황의 규칙이다. 그럼에도 리더가 독단적으로 의사결정을 했을 때 부하들이 수용할지 여부가 불확실한 상태라면, 독재적 리더십 유형을 선택해서는 안 된다. **AI, AII** 유형은 배제해야 한다.

⑤ **갈등 관련 규칙** 의사결정 내용에 대한 부하들의 수용이 중요한 상황이고, 또한 독단적 의사결정에 대한 부하들의 수용이 불확실하며, 부하들 간 의사결정 내용에 대해 불일치나 갈등이 존재하는 상황이다. 이때에는 참여 가능성이 높은 리더십 유형을 사용해야 한다. 따라서 **AI, AII, CI** 유형은 배제해야 한다.

⑥ **공평성 관련 규칙** 의사결정의 질적 측면이 전혀 중요하지 않으며, 의사결정의 수용성이 중요하지만, 독단적인 의사결정에 대해 부하들의 수용성이 불확실한 상황이다. 이때는 참여 수준이 가장 높은 리더십 유형을 선택해야 한다. 따라서 **GII** 유형만 선택 가능하다.

⑦ **수용 우선 관련 규칙** 의사결정의 수용도가 핵심이다. 즉 독단적인 의사결정이 수용될 가능성이 없고, 부하들이 조직의 목표를 자신의 목표와 같은 것으로 인식하는 상황이다. 이때에도 **GII** 유형만 선택 가능하다.

앞서 이러한 일곱 가지 규칙을 통해서 여러 가지 상황에서 효과적인 리더십 유형을 신속하게 선택할 수 있다고 하였다(하지만 브룸과 예튼의 리더십 효과는 규범적 리더십 모델과 일곱 가지 규칙을

표 **7.3** 상황에 따라 사용할 수 있는 규범적 리더십 유형

상황	선택과 활용 가능한 리더십 유형
#1	AI, AII, CI, CII, GII
#2	AI, AII, CI, CII, GII
#3	GII
#4	AI, AII, CI, CII, GII
#5	AI, AII, CI, CII, GII
#6	GII
#7	GII
#8	CI, CII
#9	AII, CI, CII, GII
#10	AII, CI, CII, GII
#11	CI, CII
#12	GII
#13	CII
#14	CII, GII

결합함으로써 더욱 커진다).

앞에서 규범적 리더십 모델과 일곱 가지 선택규칙에 따라서 해당 상황에서 다섯 가지 리더십 유형 가운데, 불필요한 리더십 유형을 제거할 수 있었다. 그리하여 의사결정 나뭇가지에서 보여주는 14가지 환승유형(ⓐ~ⓝ의 일곱 가지 상황×2)을 통해 스스로에게 효과적인 리더십 유형을 찾을 수 있다. 표 7.3은 연구 결과에 따라 14가지 상황별로 선택 가능한 리더십 유형을 정리한 것이다.

한편, 이와 같이 규범적 리더십 모델에 따라 리더십 유형을 찾다 보면 해당 상황에 따라 선택 가능한 리더십 유형과 개수에서 차이가 있음을 알게 될 것이다. 실제로 어떤 상황에서는 거의 모든 리더십 유형을 활용할 수 있다. 이러한 경우에는 시간적 변수를 함께 고려해야 한다. 즉 선택 가능한 리더십 유형이 다수인 경우에는 시간을 얼마나 절약할 수 있느냐 하는 것을 중요한 요소로 생각하라는 것이다.

그렇다면 환경조건이 동일하다면 시간을 가장 많이 절약한 것이 최선의 유형이라고 할 수 있을까? 항상 그렇지는 않다. 대부분의 리더들은 시간과 인적, 물적자원을 함께 고려한다. 따라서 시간을 줄인 것이 최선의 리더십 유형의 선택이라고 할 수는 없다. 연구에서 시간 요소를 우선적으로 고려하는 리더일수록 가장 독단적인 방법을 사용하는 것으로 나타났다. 단기적, 독재적 리더는 시간을 절약하고 인적, 물적 비용을 줄일 수 있다. 그러나 의사

결정의 질과 부하의 수용도가 낮아지는 대가를 치를 가능성은 커진다. 그러므로 규범적 리더십 모델에서는 시간도 고려해야겠지만 동시에 리더십 모델을 단기형과 장기형 모델로 나누어 생각해야 한다. 그리하여 인적 비용, 구성원들의 역량 제고, 집단의 단결력 강화 등의 요소와 시간 사이에서 균형점을 찾을 수 있다.

(5) 리더 행동에 관한 기술 모델

브룸은 규범적 리더십을 확장하여 리더행동기술 모델(LBDM, Leader Behavior Descriptive Model)을 제시하였다.

규범적 리더십 모델에서는 문제를 가장 효과적으로 해결할 수 있는 리더십 유형을 찾기 위한 것이라고 한다면, 리더행동기술 모델은 현장에서 실제로 리더가 문제 해결을 위해 어떤 리더십을 사용했는지를 알아보기 위한 것이다.

리더행동기술 모델을 위해 브룸은 두 가지 연구방법을 사용하였다. 첫째, 문제회상방법이다. 이는 리더가 자신의 경험을 회상하면서 스스로가 어떤 리더십 유형을 사용하였는가 대답하는 것이다. 브룸은 11개 국가의 500여 명의 기업 경영자들을 대상으로 한 연구에서, 문제 해결 경험을 회상하면서 실제로 사용했다고 하는 리더십 유형과 규범적 리더십 모델을 통한 리더십 유형을 비교하였다. 연구 결과, 두 유형 사이에는 차이가 존재함을 발견하였다. 그리하여 이 과정을 통해 리더가 현장에서 겪게 되는 대표적 문제들이 무엇인가에 대한 자료를 얻을 수 있었으며, 현장의 실제 경험을 담은 문제표준화방법을 만들 수 있었다. 이는 규범적 리더십 모델의 후속연구를 위한 중요한 자료로 활용하였다.

연구 결과 브룸은 기업 경영자들의 리더십 유형이 일반적으로 생각하고 있는 것처럼 정형화되어 있지 않음을 발견하였다. 첫째, 극단적인 유형에 가까운 리더는 적었다. 약 10퍼센트 정도의 리더만이 '완전 독재적' 유형과 '집단적' 유형이란 양극단에 해당하였다. 약 30퍼센트의 리더는 상황에 따라 독재적 혹은 집단적 경향을 나타내었다. 이때 이러한 경향은 규범적 리더십 모델을 통해 나타난 리더십 유형과 별개의 형태로 나타났다. 예컨대 가장 많은 60퍼센트의 리더는 상황, 즉 환경에 따라 리더십 유형이 계속 바뀌었다. 둘째, 문제 해결을 위한 복잡한 상황에 놓이면 리더 개인별로 다양한 행동, 즉 리더십 유형이 나타났다. 그에 비해 단순한 환경에서 리더들은 대부분 거의 일관된 리더십 행동을 취하였다.

이에 대해 리더십 유형의 차이란 단지 상황이 차이를 반영한 것에 지나지 않으며, 리더십 유형을 연구하는 것보다 리더가 처한 환경적 제약요인을 연구하는 것이 리더십 연구에서 더 중요하다는 결론에 이르게 되었다. 즉 조직의 관리자와 경영자가 정확한 리더십 유형을 선택할 수 있도록 해 주는 요인은 해당상황에서 얼마나 정확한 판단을 내릴 수 있는지 여부에 달려 있다는 것이다.

규범적 리더십 모델의 전제는 리더는 여러 상황에서도 리더십 효과를 위해 리더십 유형이 달라져야 한다는 것이다. 이는 앞서 피들러의 상황모델과 목표-경로 이론의 차이점과 같은 맥락에서 이해할 수 있다. 즉 피들러가 리더십 유형은 고정적인 것이라고 주장한 것에 비해, 규범적 리더십 모델은 상황에 따라 리더의 행동을 선택해야 한다는 것을 강조하고 있다.

다음의 설문지는 규범적 리더십을 적용하기 위한 의사결정 나뭇가지 모델입니다. 과거(혹은 현재) 여러분의 동아리, 부서, 조직, 집단, 팀에서 리더로 일해 본 경험을 회상해 보십시오. 그때 해결해야 했던 문제 한 가지를 생각하면서 ⓐ부터 ⓖ까지 7개의 문항에 대해서 '예 혹은 아니오'라고 대답하십시오.

각 문항의 질문에 대답해 나가면 1개 혹은 2개의 실행 가능한 리더십 유형을 찾을 수 있습니다. O표가 되어 있는 곳에서 발견한 리더십 유형이 해당 상황에서 필요한 리더십 유형이라고 할 수 있습니다(O표에 있는 A는 AI과 AII를 의미함).

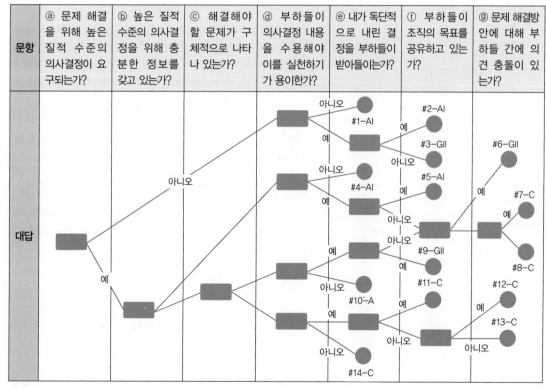

문항	ⓐ 문제 해결을 위해 높은 질적 수준의 의사결정이 요구되는가?	ⓑ 높은 질적 수준의 의사결정을 위해 충분한 정보를 갖고 있는가?	ⓒ 해결해야 할 문제가 구체적으로 나타나 있는가?	ⓓ 부하들이 의사결정 내용을 수용해야 이를 실천하기가 용이한가?	ⓔ 내가 독단적으로 내린 결정을 부하들이 받아들이는가?	ⓕ 부하들이 조직의 목표를 공유하고 있는가?	ⓖ 문제 해결방안에 대해 부하들 간에 의견 충돌이 있는가?
대답							

출처: V. H. Vroom and P. W. Yetton, **Leadership and Decision Making**. Pittsburgh, University of Pittsburgh Press, 1973, pp. 131-133.

● 결과의 해석

아래 여러분의 2개의 상황을 통해 다섯 가지 유형의 리더십의 구체적인 특징을 알 수 있다.

상황 ① 전문인력 채용을 위해 미국으로 출장 갈 사람을 인사팀에서 선택하는 상황
상황 ② 이동통신회사의 영업출장팀에서 대리점 실적 부진 문제를 다루는 상황

리더십 유형	상황
AI [완전 독재적]	① '박사인력 채용을 위한 이번 미국 출장은 김 부장이 다녀오시오.' ② '지역 담당들은 이번 주 동안 대리점을 모두 방문해서 애로사항을 청취하고 다음 주 수요일 팀 회의 때 발표할 수 있도록 할 것.'
AII [참고 독재적]	① '김 부장, 지난번 해외출장은 누가 다녀왔지요?' ② '박 대리, 지난 달 시장동향표와 대리점 영업실적표를 좀 가져오시오.' (확인 후, 위의 AI 방식의 명령)
CI [개별 협의적]	① '내가 사실 자네 의견을 듣고 싶어서 이렇게 따로 보자고 했네. 이번에 신규 인력 채용 때문에 미국 출장을 누군가 다녀와야 하는데 자네 생각엔 누가 좋겠는가? 기간은 한 열흘 되지만, 미국 전역을 커버해야 하니까 꽤 힘들 거야. 지난번엔 자네가 다녀왔지?' ② '다름이 아니고, 대리점 영업실적이 이달 들어 거의 20퍼센트나 떨어졌어. 도통 이유를 모르겠어. 어떻게 했으면 좋을까?'
CII [집단 협의적]	① '다 모였나요? 다음 달에 해외인력 채용 때문에 미국 출장을 누가 한 사람 다녀와야 하는데 누가 좋겠어요? 의견들 내 보기 바랍니다.' ② '오늘은 자유토론으로 회의를 운영할 테니까 서슴없이 얘기들 좀 해 보자고. 대리점 영업실적이 형편없는 것을 다 알고 있겠지. 어떻게 했으면 좋겠나?' (의견을 다 들은 후, 팀장이 결정을 내림)
GII [집단적]	① '이번 해외인력 채용을 위해서 미국 출장 갈 사람을 인사팀에서 상의해서 결정하시오.' ② '나는 오늘 회의 주재만 한다. 대리점 영업실적 부진 문제를 어떻게 했으면 좋을지는 여러분이 아이디어를 내서 오늘 결정해 주기 바란다. 이번에는 여기서 합의된 안을 그대로 실행하겠다.'

김성자 씨의 사직서

김성자 씨는 위기여성119 지원센터의 이주여성팀 상담원으로 근무하고 있다. 중국동포 여성인 김성자 씨는 중국에서 대학원 석사과정을 마쳤고, 중국에서는 자동차 부품공장 인사부장으로 근무하였다. 지체장애를 갖고 있는 김성자 씨는 목발을 짚고 다니며 수도권에 있는 현재 직장에서 근무한 지는 10년째이다.

김 씨는 우리나라에 결혼으로 이주한 여성들이 어려움을 겪을 때 상담과 조언을 통해 극복한 경험을 소중히 여기고 있으며, 또한 자신의 업무에 대한 긍지도 높다. 그런데 이렇게 행복하고 만족스러웠던 김 씨의 직장생활은 3년 전부터 점차 파국으로 접어들게 된다.

지난주 화요일, 김 씨는 내담자 상담업무로 인해 점심시간이 끝나기 전에 구내식당에 갈 수 없게 되었다. 그래서 동료 상담사인 윤효선(필리핀 이주여성) 씨에게 점심 식사를 대신 수령해서 가져다줄 것을 부탁하였다. 그런데 김성자 씨의 점심 식판을 들고 이층으로 올라오던 윤효선 씨는 이 일로 센터장인 남훈희와 큰 소리로 다투게 되는 일이 벌어진다. 이번 일로 모욕감을 느낀 윤효선 씨는 회사를 그만두겠다며, A4용지에다 사직서를 작성하였고, 옆에서 눈물을 글썽이며 이를 지켜보던 김성자 씨는 윤 씨가 쓴 사직서를 박박 찢어 버렸다. 그리고 김성자 씨는 윤효선 씨와 온다르갈(몽골어 상담원)과 함께 회사 업무용 PC에 있는 문서 양식을 사용한 사직서를 대표이사에게 등기우편으로 보냈다. 사직서 내용은 무려 A4용지 3장에 이르는 분량으로써 '사직서를 처음 써보는지라 어떻게 써야 하는지 모르겠다. 그렇지만 이런 사직서를 보는 것이 흔치 않을 것이다…'라고 시작하면서, 지난 3년간 본인을 비롯한 3인이 남훈희 센터장과 업무수행과정에서 겪었던 일들을 상세히 서술하였다. 가장 최근에 있었던 식사 부탁과정에서 센터장이 "이게, 감히 어디서 말대꾸냐, 사직서 써, 사직서 써."라고 한 것에서, 양쪽 목발을 짚고 서 있는 자신에게 회의자료를 일일이 나눠주라고 시켰다든가 하는 세세한 사항들을 포함하고 있었다. 세 사람의 긴 사직서는 다음과 같이 끝을 맺고 있다. '우리는 이주여성들에게 도움을 줄 수 있는 이 직장을 너무 사랑하고, 오래오래 이 직장에서 일하고 싶습니다.'

본사에서는 인사담당자를 파견하여 이 사건과 관련하여, 사직서를 제출한 세 사람을 면담하였는데, 면담 내용에 대해서 양측의 의견이 전혀 달랐다. 세 사람의 상담원들은 '본사에서 내려온 직원은 우리가 울면서 호소했던 인권침해 내용이나 사직서를 쓸 수밖에 없었던 상황에 대해서는 전혀 귀담아 듣지 않았다. 오히려 우리가 이야기를 하는 중간중간에 자꾸 말을 자르며, 사직서에 본인들이 사인을 한 것이 맞느냐는 것을 여러 번 확인하고, 아무런 의미 없는 말만 되풀이하였다.'라는 면담 내용을 주장하고, 본사의 인사담당자는 '제가 사직서 제출경위, 사직서에 기재된 사실조사를 위해 본사에서 왔다고 분명히 밝혔고, 센터장이 독단적으로 업무를 지시하고, 장애인에 대한 배려도 없으며, 업무상 이주여성 상담원에 대한 차별이 있기에 마찰이 심하였다. 그래서 자유의사로 사직서를 제출하였다.'라고 말하고 있다.

회사는 얼마 전에 남훈희 센터장에 대해서는 견책처분을 내렸으나, 남 센터장은 그 다음날 사직서를 내고 퇴사하였다. 현재 이주여성 근로자 6명 가운데 3명이 사직서를 제출한 상태이며, 20명 규모의 이곳 센터는 뒤숭숭한 분위기로 모두가 일이 손에 잡히지 않는다며 걱정하고 있다.

토의내용

1. 이주여성들이 많이 근무하는 조직에서 LMX 이론의 외집단 범위를 확대할 수 있는 방안을 생각해 보시오.
2. 피들러의 상황모델과 목표-경로 이론, 규범적 리더십 모델 관점에서 효과적인 리더십 유형을 선택하시오.
3. 김성자 씨가 제출한 사직서는 어떤 의미를 갖고 있는가?

8장

리더십과 집단역학

1. 집단의 개념

(1) 집단의 정의와 속성

리더십 연구의 사회적 측면의 분석 단위로서 집단은 실제로 조직 내 구성원 행동의 기초 단위라고 할 수 있다. 또한 중요성 때문에 집단과 역학관계에 대한 논의는 리더십 연구를 위한 중요한 주제 가운데 하나이다. 집단이란 공동의 목표를 갖고 있으며, 상호작용을 하고, 함께 모여 있다고 지각하고 있는 둘 이상의 사람을 의미한다. 집단이 갖고 있는 이러한 특징은 단순히 사람들이 모여 있는 군중(crowd)이라는 개념과 분명히 구분해 준다.

집단의 특징 가운데 중요한 요소인 상호작용의 의미는 직접 대면을 통해 이루어지는 대화나 행동일 수도 있지만, 메일이나 SNS를 이용한 것도 있다. 이때 상호작용 속에는 집단 구성원 간 심리적으로 의미 있는 의사소통이 포함되어야 한다. 아울러 집단 구성원들은 다른 구성원에 대해 알고 있으며, 전체 구성원의 숫자를 알고 있다. 그리고 집단 구성원 각자는 스스로가 특정 집단의 일원임을 지각하고 있다.

표 8.1은 집단과 관련된 개별 속성에 따른 집단에 대한 개념을 요약한 것이다.

표 8.1 집단의 속성과 정의

속성	집단의 정의
범주화	자신을 어떠한 사회 범주의 구성원이라고 지각하는 두 사람 이상의 개인 (J. C. Turner, 1982)
의사소통	상당한 기간 동안 직접 대면을 통해 대화가 가능할 정도의 숫자의 사람들로 이루어진 집합체 (Homans, 1950)
영향	서로에게 영향을 주고받는 둘 이상의 사람 (Shaw, 1981)
상호작용	구성원끼리 주기적인 상호작용과 정체성을 가진 사회적 체계. 이를 통해 '우리'라는 의식을 갖게 됨 (Johnson, 1995)
상호관계	상당한 정도의 상호 의존적 관계를 맺고 있는 개인의 집합 (Cartwright & Zander, 1968)
심리적 의미	심리적으로 집단이란 서로 상호작용하고, 서로의 존재에 대해서 인식하고 있으며 자신들이 같은 집단에 소속되어 있다고 인식하는 사람들 (Pennington, 2002)
공유하는 과제, 목표	합의에 의한 활동 혹은 공동의 목표를 갖고 상호 의존하여 일하는 소수의 사람들 (Keyton, 2002)
공유하는 정체성	둘 이상의 사람들이 자신들을 집단으로 규정하고 그것의 존재가 제3자에 의해 인식될 때 집단이 존재함 (Brown, 1988)

출처: M. Poole et al., "The Temporal Perspectives on Groups," **Small Group Research**, vol. 35, no. 1, 2004, pp. 73-95.

따라서 이러한 논의를 토대로 다음과 같이 집단을 개념정의할 수 있다. 집단이란 소수의 사람들의 집합체로서

- 구성원 간 상호작용이 있어야 한다.
- 집단 구성원이라는 지각이 있어야 한다.
- 공유할 수 있는 목표, 규범, 가치관이 있어야 한다.
- 운명공동체라는 인식이 있어야 한다.
- 구성원 간 관계와 구성원이라는 인식은 일정 기간 동안 안정적으로 지속된다.

한편 이러한 정의에 근거해 볼 때, 일반적으로 집단이라고 하면 20~30명 정도의 구성원을 갖는다는 의미로 규정하고 있으며, 실제로 집단 구성원의 숫자에 대한 상한선이 정해져 있지 않은 경우에도 30명 이상이 되면 집단에 대한 관리가 어렵고, 더 작은 하위 집단으로 분화될 가능성이 있다.

(2) 리더십과 집단 간 연구의 중요성

리더십 연구에서 집단의 중요성은 집단의 목표 공유라는 속성과 집단의 구조적 특징 때문이다. 즉 집단의 공유목표는 구성원 간 합의에 의한 것일 때 달성이 가장 효율적이며, 개인적으로 할 때보다 집단이라고 하는 구조를 통해서 직무수행을 할 때 가장 잘 할 수 있다고 하는 것이 집단에 관한 연구의 핵심이다.

집단이 효율성 향상에 주는 영향으로는 다음과 같은 것이 있다.

① 개인적으로 달성할 수 없는 과업 수행을 할 수 있다.
② 복잡하고 어려운 직무 상황에 대응할 수 있는 기술과 능력을 제공한다.
③ 여러 가지 대안을 도출하고, 상충하는 견해를 표면화함으로써 숙고를 통한 의사결정 수단이 된다.
④ 개인이 행동을 통제할 수 있는 효율적인 방법을 제공한다.
⑤ 집단의 공유가치와 신조 등을 새로운 구성원에게 전달함으로써 조직의 안정성을 향상시킨다. 이는 조직을 존속하기 위한 필수적 요소이다.

아울러 집단은 개인의 효율성 향상에 다음과 같은 영향을 준다.

① 외부 환경을 이해하는 데 도움이 된다. 이는 개인이 집단과 동일화를 통해 스스로를 객관적으로 평가하는(평가받는) 기회를 얻기 때문이다.

② 스스로를 이해하는 데 도움이 된다. 이를 위해 집단 내 인간관계를 통한 피드백이 원천이 된다.

③ 새로운 기술을 획득하는 데 도움이 된다. 이는 작업집단이 갖는 장점이다.

④ 개인이 수행을 통해 얻을 수 없는 보상을 얻을 수 있다.

⑤ 개인적 욕구 충족의 기회가 된다(사회적 욕구, 귀속 욕구).

2. 집단의 규범과 집단 내 역할

집단을 구성하는 가장 작은 단위가 바로 집단이 갖는 규범과 역할이라고 할 수 있다.

(1) 집단의 규범

규범(norms)이란 어떤 행동을 위한 기준이나 의무사항을 의미한다. 따라서 집단규범이라고 하면 어떤 집단이 규정한 법이나 명령이라고 하겠다. 이러한 규범에는 작업 시 노력 수준, 생산량과 품질 등에 관한 성과규범(performance norm)이 있다. 그에 비해 표출규범(appearance norm)은 더욱 포괄적인 개념으로 타인 앞에서 어떻게 행동하고, 어떤 모습을 보여주는지를 규정한다.

1) 규범의 필요성과 특징

집단의 규범은 다음과 같은 이유에서 형성된다. 먼저 개인적 측면에서 집단을 이해하고, 주변 환경에 대한 행동의 준거기준으로서 규범이 필요하다. 집단 측면에서는 집단의 유지와 존속, 목표달성을 위해 필요한 통일된 행동을 이끌어 내기 위해 필요하다.

그리하여 규범은 일반적으로 다음과 같은 특징을 갖는다.

① 집단의 규범은 집단의 영향력(혹은 그 과정)을 요약하고 단순화하고 있다. 따라서 집단의 구조적 특성을 담고 있다.

역할갈등이란 자신의 역할 지각과 상대방(혹은 주변 사람들)의 역할 기대가 불일치할 때 발생하는 것으로, 하부 조직이나 하부 집단에서 자주 발생한다.

조직에서 역할은 직무보다 광범위한 개념이다. 따라서 특정 직무를 맡아 수행함에 있어서 타인이 기대하는 행위뿐 아니라 공식적·비공식적 상호작용, 상호 의존성, 감정적 유대, 심리적 기대 등을 포함한다. 따라서 매우 포괄적이며, 추상적인 영역까지 포함한다고 할 수 있다.

따라서 공식적으로 규정되어 있는 직무 관련 규정만으로는 성공적인 직무수행이 불충분하기에, 조직 유효성 증대를 위해서는 역할분석도 필요하다는 주장이 있다.

② 집단의 규범은 구성원들의 행동에만 영향을 준다. 따라서 구성원들의 사고나 감정에는 영향을 미치지 않는다.
③ 집단의 규범은 지속적, 직접적으로 사회적 제약이 필요한 행동에 적용된다.
④ 집단의 규범은 집단 내 지위에 따라 예외가 허용된다.

2) 규범의 준수와 위배

집단 구성원들의 성격이나 지각 과정, 집단 내 관계 등이 집단규범의 준수에 영향을 준다. 따라서 규범의 준수는 구성원들의 행동을 예측할 수 있다는 측면에서 필요하지만 규범의 강제로 인한 역기능 또한 존재한다. 이러한 규범이 집단에 의해 강제되는 일반적인 상황은 다음과 같다.

① 집단의 생존과 이익이 달려 있는 경우
② 집단 구성원들의 행동을 단일화하거나 예측 가능한 것으로 만들기 위해
③ 구성원 간 곤란한 문제 발생을 예방하기 위해
④ 집단의 핵심 가치, 목표, 특징을 대내외적으로 드러내기 위해서이다.

(2) 집단 내 역할

역할(role)은 규범이 일정한 형태의 행동으로 나타난 것을 말한다. 집단이나 조직에서 역할이란 연극의 배역과 같은 것이다. 따라서 집단에서 역할이란 개인이 맡아서 수행해야 하는 자리(position)이며, 역할의 구체적인 내용은 현존하는 규범에 의해서 구체화된다. 따라서

규범과 역할의 관계를 정리해 보면, 역할은 정해진 규범으로부터 생성, 발전하여 특정 행위를 하도록 기대하는 자리라고 할 수 있다. 이러한 역할과 관련된 문제로서 역할갈등(role conflict)이 있다.

3. 집단의 분류와 집단의 기능

3.1 공식집단과 비공식집단

공식집단은 공동의 목표나 과업을 수행하기 위해 조직에 의해 만들어진다. 공식집단은 조직이 부여한 과업을 수행할 의무를 갖는다. 공식집단은 과업 중심적이며, 지속적이고, 공식적인 구조와 형태를 갖고 있으며, 조직 내외에서 다른 공식집단에 의해 명확하게 인식된다.

그에 비해 비공식집단은 공동의 관심사를 위한 상호 의존적 집합체이다. 따라서 공동의 욕구를 충족시키기 위해 서로의 행동에 영향을 준다. 비공식집단을 통해 개인이 얻고자 하는 것은 친밀감, 사회적 유대감, 공동의 관심사 등이 있다. 따라서 비공식집단을 통해 구성원들은 욕구 충족이나 동기부여 효과를 얻을 수 있기 때문에, 비공식집단을 의도적으로 만들지는 않지만 비공식집단의 형성을 장려한다.

리더십 연구에서는 공식집단과 비공식집단의 중요성을 공히 인식하기 때문에, 두 가지가 모두 중요한 연구대상이 된다.

(1) 공식집단

조직 내 대표적인 공식집단으로 기능 부서와 위원회 조직이 있다. 특히 위원회 조직은 현대 조직에서 점차 기능과 역할의 중요성이 커지고 있는 공식집단이다.

위원회 조직은 특정 목표를 달성하기 위해 형성된 공식집단이라고 할 수 있다. 이러한 위원회 조직은 다음과 같은 특징을 갖는다.

① 공식적인 형태(예: 후생복지위원회)와 비공식적인 형태(예: 월례 스태프 회합)를 모두 취한다.

② 특정 의무와 권한을 갖는다.

③ 어떤 위원회는 필요에 의해 문제 해결을 위해 구성되기도 하며, 문제 해결 후에는 해체된다.

④ 명칭은 팀, 위원회, 그룹, 대책반, 기획단, 태스크포스, 프로젝트 팀 등 매우 다양하다.

⑤ 위원회 조직은 모든 종류의 조직에 존재하며, 서비스(예: 후생복지), 조언(전략적 차원, 관리적 차원), 중개(노사관계), 정보 제공(산학협동과 연계), 최종 의사결정(임원으로 구성) 등과 같이 매우 다양한 기능을 수행한다.

1) 위원회 조직의 이점

위원회 조직을 통해 이루어지는 활동은 개인행동에 비해 여러 가지 이점이 있기에, 거의 모든 조직에서 운영되고 있다. 구체적인 효과를 들어 보면 다음과 같은 것이 있다.

① 위원회 조직은 통합적 의사결정능력을 제공한다. 이는 위원회 구성원들의 광범위한 경험과 지식, 능력, 개성의 활용을 통해 조직의 문제 해결에 필요한 다양한 지적 원천을 제공해 줄 수 있는 응집체가 될 수 있기 때문이다.

② 위원회 조직은 기능 부서 간 갈등을 줄여 나가고 중재 역할을 해 주는 효과적인 수단이다. 왜냐하면 위원회 조직은 대화와 토론을 통해 구성원 상호 간의 문제와 필요를 이해하게 된다. 따라서 이는 현대 조직구조 속에서 공식화된 유일한 수평적 의사소통의 통로가 된다.

③ 개인 차원에서 위원회 조직은 동기부여 증대 효과와 참여를 통한 조직몰입 효과를 제공한다. 즉 위원회에서 문제 해결을 위해 분석과 토론 과정에 참여함으로써 결정된 사항에 대해서는 기꺼이 수용하게 되고 실천에 더욱 적극적이 된다. 아울러 상대적으로 나이가 적고, 경험이 적은 구성원의 경우에는 스스로의 노력만 통해서는 얻기 어려운 인력개발 기회를 경험하게 될 뿐 아니라, 다른 견해나 지적능력을 가진 위원회 구성원의 도움을 얻게 된다.

2) 위원회 조직의 문제점

위원회는 또한 다음과 같은 문제점을 가지고 있다.

① 시간과 비용의 문제이다. 계속되는 회의로 인한 비용 발생의 문제점이 있을 수 있다.

가장 좋은 위원회는 5명 위원 가운데 4명이 결석하는 것이라고 하는 비판도 있다. 위원회에서 5분은 중요하나 5시간은 중요하지 않다. 실제로 국회의 어떤 소위원회에서는 회의에서 사용하는 40만 원짜리 커피머신을 어떤 것으로 구매하느냐를 놓고 3시간 설전을 벌였다. 하지만 1,400억 예산에 관한 심의는 3분에 마쳤다고 한다.

② 조직 차원에서 볼 때 책임소재 불분명의 문제가 있다. 위원회의 경우 집단이나 단체이기 때문에 책임이나 의무를 떠맡을 개인이 없다. 그리하여 실제로 나쁜 결정이나 실패에 대한 개인적 책임을 회피하기 위한 방편으로 위원회를 이용하는 경우도 있다. 이에 대한 대비책으로 잘못된 결정에 대해서는 위원회 구성원 모두에게 책임을 묻는 방안(물론 이 경우에도 반대 의견이나 소수 의견을 제시한 사람에 대한 공정성의 문제가 있다)이나 위원장에게 책임을 부과하는 방안이 있을 수 있다.

③ 타협 일변도의 의사결정이나 담합, 혹은 한두 사람이 독주하는 현상이 나타날 수 있다. 특히 이러한 문제가 발생하는 경우에는 위원회 조직이 제공하는 집단 의사결정의 장점에 해당하는 통합적 의사결정과 전문 기술의 공동 활용이라는 효과의 역작용이 일어나게 된다. 예컨대 만장일치가 공식적으로 요구되는 상황뿐만 아니라, 반대로 만장일치가 요구되지 않는 상황일 때에도 최종 의사결정은 전원이 만족하는 수준까지 내려가는 경우가 발생한다.

위원회 조직이라고 하는 집단을 통해 얻는 장점은 다양한 견해를 분석과 통합을 통해 활용하는 것이지, 결코 적당한 수준의 타협을 통해 최소한의 공통분모를 얻고자 함이 아닐 것이다. 이러한 문제점을 좀 더 심도 있게 다룬 것이 집단사고라고 하는 개념이다.

3) 집단사고

집단사고(groupthink)란 고도의 응집력을 갖는 위원회 조직이나 집단에서 발생하는 역기능을 의미한다. 따라서 부정적 의미를 갖는 개념이다. 집단사고는 집단의 내부적 압력으로 인해 지적 효율성, 도덕적 판단력, 현실 파악 능력 등이 질적으로 저하되는 결과를 낳는다.

집단사고는 리더십 관점에서 본다면 집단 구성원들에게 의견일치에 순응하고, 의견일치에 이르도록 압력과 영향력을 행사하는 과정에서 발생한다. 따라서 이러한 집단사고에 빠진 위원회 조직은 의견일치에 이르도록 모든 상황적 요인들이 왜곡되어 있으므로, 의사결정 시 대안적 사안에 대한 실질적 평가를 하지 않는다든가, 다른 의견이나 소수 의견을 가진 사람을 억누르는 경향을 보인다.

표 **8.2** 집단사고의 발생요인과 증상

- **불사신의 환상.** 집단에 대한 과대한 낙관론으로 위험을 감수한다.
- **자기 합리화.** 외부의 위협이나 경고 상황을 평가절하한다.
- **집단의 도덕성에 대한 무조건적 신뢰.** 집단의 윤리적, 도덕적 문제에 관한 논의 자체를 무시하고 포기한다.
- **집단에 맞서는 외부요소(개인, 집단, 국가)에 대한 고정관념.** 우리에게 맞서는 세력은 누구든지 공공의 적으로 간주하겠다.
- **집단에 반대하는 내부 인사에 대한 직접적 압력.** 충성스러운 구성원은 우리가 하는 일에 이러쿵저러쿵 해서는 안된다.
- **집단의 합의에서 벗어나는 어떤 행위건 잠재의식 억압 작용.** 꿈속에서도 우리가 하고 있는 일에 대해서 발설하지 않는다.
- **만장일치의 환상.** 침묵은 찬성을 의미한다. 우리는 항상 만장일치를 해 왔으니까.
- **집단을 불리한 정보로부터 차단하는 심리적 방어기제.** 우리의 결정과 다른 정보나 우리에게 불리한 정보는 보아도 보이지 않고 들어도 들리지 않는다.

출처: I. Janis, **Victims of Groupthink**, Houghton Mufflin, 1972, pp. 74-76.

실제로 연구에서 국가의 중요한 정책 결정 가운데 집단사고로 인해 중차대한 과오 발생이 적지 않음을 발견하였다(Janis, 1971). 예컨대, 제2차 세계대전이 일어나기 직전까지 영국이 히틀러에 대해 방관 정책을 실시한 것, 일본군의 진주만 습격에 대한 미국의 무방비, 쿠바 미사일 사태에 대한 미숙한 대응, 닉슨의 워터게이트 사건, 부시 대통령의 이라크 전쟁 등이 이에 해당한다. 표 8.2는 집단사고를 발생하게 하는 요인과 증상을 설명하고 있다.

이러한 집단사고는 역사적으로 중요한 사건에서 발생하는 실수의 원인으로 인식될 뿐 아니라, 실제로 기업조직의 여러 집단에서 발생하고 있는 현상이다.

따라서 집단사고의 오류에 빠지지 않기 위해서는 리더의 역할이 중요하다. 즉 소수 의견이나 일반화되지 않는 견해라도 자유로이 표현하고 제시할 수 있도록 하는 노력이 필요하다. 이를 위해 구성원들에게 필요한 교육훈련으로 감수성 훈련(T-group)이나 행동모델법 등이 있다. 교육 참가자들은 소수 의견, 반대 의견, 돌출 의견 등의 상황에서 논의 전개 방법과 갈등관리 방법을 적절하게 다루고, 학습함으로써 집단사고의 오류에서 벗어나는 효과를 기대할 수 있다(Civettini, 2007).

(2) 비공식집단

비공식집단은 개인이나 공동의 관심사에 부응하여 형성되는 것으로서, 신중하게 설계되는 조직 차원의 공식집단과 구별된다. 사람들이 비공식집단을 형성하고 비공식집단에 귀속하는 이유는 공동의 관심사, 사회적 측면, 우정 때문이라고 할 수 있다.

표 **8.3** 공식집단과 비공식집단의 특징 비교

	공식집단	비공식집단
생성배경	인위적, 제도적	자연발생적
규모	대체로 방대함	소규모
인간관계	관리적, 규범적	욕구에 기반함
가치지향	능률과 효과	감정과 심리
리더십	임명, 지명	자생적, 선출
질서	전체의 질서	부분의 질서

이러한 비공식집단은 스스로의 규범과 역할이 있다. 리더십 연구에서 비공식집단에 대한 활발한 논의가 이루어지는 것은 바로 이러한 비공식집단의 규범과 역할 때문이다. 비공식집단은 공식집단과 역학관계에서 긍정적이면서 또한 부정적 요소로 작용하고 있는데, 두 종류의 집단이 공히 규범과 목표와 목적(비공식집단의 경우에는 명문화되어 있지 않은 경우가 대부분)을 갖고 있으며, 그것을 구성원들에 따르도록 요구하기 때문이다. 따라서 공식집단과 비공식집단은 조직 안에서 갈등발생의 가능성이 매우 높다고 할 수 있다.

1) 비공식집단의 긍정적 효과

비공식적 집단은 다음과 같은 긍정적 작용을 한다.

① 전체 조직구조를 더욱 효율적으로 만들어 준다. 왜냐하면 공식적으로 설계된 권한이나 영향력 구조는 별개로 이루어지는 권한과 영향력을 행사함으로써, 공식적 관계에서 다루지 못하는 인간의 감정이나 혹은 미세한 부분까지 조정과 해결이 가능하다.
② 따라서 관리자들의 업무량의 경감을 가져다준다.
③ 같은 맥락에서 관리자들의 역량(능력)의 부족 부분을 메워 준다.
④ 조직 구성원들의 감정과 심리에 안전장치 역할을 한다.
⑤ 비공식 커뮤니케이션(grapevine)을 활성화함으로써 조직 내 의사소통의 향상 기능을 한다.

2) 비공식집단의 역기능적 효과

하지만 비공식집단은 다음과 같은 부정적 기능을 한다.

① 공식집단과 추구하는 목표의 상충으로 인한 갈등발생 가능성이 있다.

② 집단의 이익을 위해 생산량(혹은 생산성)을 제한하기도 한다.

③ 구성원들에게 획일성, 단일성을 강요한다.

④ 따라서 개인적 발전을 위한 도전과 열정을 차단하는 경향이 있다.

⑤ 변화에 대한 저항과 조직행동에 있어서 타성에 빠질 가능성이 있다.

따라서 오늘날 비공식집단의 존재의 불가피성과 중요한 영향력에 비추어 볼 때, 리더십 연구에서 점차 의미가 커지는 영역이라고 할 수 있다.

3.2 작업집단과 작업팀

작업집단(work group)은 각자의 영역에서 일을 하면서 집단의 목표달성을 위해 도움이 되는 정보를 공유하고 상호작용하는 사람들의 모임이라고 할 수 있다. 이때 작업집단의 성과는 개별 구성원 각자의 노력의 결과를 합한 것이다. 즉 투입량의 총합보다 더 큰 성과 수준을 얻는 시너지 효과는 없다. 왜냐하면 작업집단은 상호작용이나 상호 의존성을 갖고 일을 하는 개인의 집합체이기 때문이다(Brown과 Robinson, 2014).

그에 비해 작업팀(work team)에서 개인의 노력은 각자가 투입한 것보다 더 많은 성과를 이끌어 낸다. 즉 시너지 효과를 창출한다.

(1) 작업집단과 작업팀의 특징

작업집단과 작업팀의 차이는 다음과 같은 특징과 차이점에서 발생한다. 먼저 작업집단과 작업팀은 공히 구성원들에게 적용하는 규범과 기대하는 역할이 있다. 또한 구성원들에게 표준화된 노력, 적극적인 집단역학, 의사결정 등과 같은 구체적인 행동을 요구한다. 아울러 아이디어의 창출, 자원의 공동이용, 실행계획의 조정 등의 행동도 작업집단과 작업팀에서 함께 발견할 수 있다.

하지만 이러한 모든 행동은 작업집단의 경우, 집단 외부에 있는 의사결정자를 위한 정보 수집의 의미를 갖는다. 즉 작업집단에서는 그와 같은 행동이 의사결정권을 갖는 상위관리자의 지시에 의해서 수행내용과 범위가 제한된다. 구성원들의 커뮤니케이션을 강조하지만, 신속하고 효율적으로 만들고 팔기 위해서는 강한 리더십, 조직 내 통일성 등을 강조하게 된다. 그에 비해 작업팀은 구성원들의 행동이 정보의 수집과 공유에 머무는 것이 아니라 상호

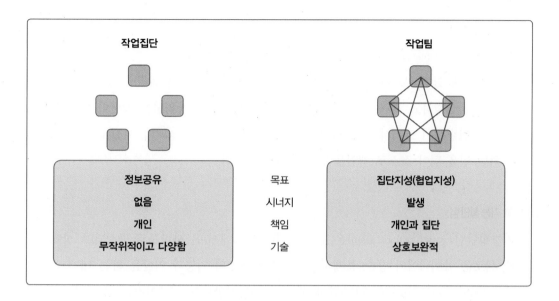

그림 **8.1** 작업집단과 작업팀의 특징 비교
출처: J. Katzenbach and D. Smith, **The Wisdom of Teams**, Harvard Business Review Press, 1993, p. 110.

작용을 통한 집단성과에서 시너지 효과를 창출한다. 이는 수평성과 유연성을 강조하는 팀 구조가 갖는 속성 때문에 가능하다.

그림 8.1은 작업집단과 작업팀의 특징을 비교하고 있다.

작업팀은 투입량의 증가 없이 더 나은 성과를 창출할 수 있는 잠재력을 갖고 있다. 하지만 시너지 효과를 얻을 수 있는 작업팀은 명칭만 팀으로 부른다고 이루어지는 것이 아니다. 이를 위해 팀의 유형과 효과적인 팀의 특징에 관해서 살펴보자.

(2) 팀의 유형

현대 조직에서 다음과 같은 네 가지 유형의 팀을 통한 시너지 창출을 기대할 수 있다.

① 문제해결팀

문제해결팀(problem-solving team)은 그 명칭과 달리 일반적으로 문제 해결을 위한 제안 기능만을 한다. 대표적으로 품질관리팀(quality-control team), 생산성향상팀, 작업환경개선팀 등이 이에 해당한다. 원래는 제조산업에서 볼 수 있었지만, 의료, 서비스, 교육, 행정 등의 영역으로 확대되고 있다. 문제해결팀은 제안한 내용을 단독으로 실행할 권리는 없으나, 실행을 통해 개선을 기대할 수 있다.

② 자율작업팀

자율작업팀(self-managed work team)이란 작업수행과정에서 자율권을 가질 뿐 아니라, 스스로를 관리함에 있어서도 자율권을 갖는 작업팀을 말한다. 따라서 해결방안의 제안뿐만 아니라 그것을 실행하고 결과에 대해서도 완전한 책임을 갖는 작업팀을 말한다. 자율작업팀은 업무상 관련성이 크거나 상호 의존적인 소수의 사람들로 구성되며, 이전에는 관리 감독자가 하던 일을 팀이 스스로 책임을 맡아 수행하게 된다.

③ 기능횡단팀

기능횡단팀(cross-functional team)은 조직의 여러 부문에서 온 사람들로 구성되며, 상호정보교환, 새로운 아이디어의 창출, 문제 해결, 업무상 조정의 기능과 역할을 하는 데 효과적인 팀이다. 따라서 기능횡단팀은 다양한 배경과 기술을 기반으로 이루어지는 구성원들의 협력과 노력을 통한 효과를 기대할 수 있다. 만약 기능횡단팀 구성원들 각자의 관점을 충분히 활용할 수 있는 리더십이 제공된다면 그 효과는 더욱 클 것이다.

④ 가상팀

가상팀(virtual team)은 공동의 목표를 달성하기 위해서 물리적으로 떨어져 있는 구성원들을 정보통신 기술을 활용하여 구성한 팀이다. 팀 구성은 내부 구성원을 대상으로 이루어지는 경우와 명목집단(nominal group)을 활용하는 경우도 있다.

4. 집단형성 이론

조직 내 업무 부서와 달리, 비공식집단의 경우 가입 여부를 스스로가 결정할 수 있다. 따라서 개인이 비공식집단에 가입하는 이유를 생각하면 집단형성의 이론적 근거를 찾을 수 있다.

일반적으로 사람들은 심리적 안정을 위해, 자존감을 높이기 위해, 정보를 나누고 지식을 획득하기 위해, 사회적 욕구 충족을 위해, 특정 목적 달성을 위해 비공식집단을 만든다.

다음은 비공식집단의 형성을 설명하는 대표적인 내용이론이다.

(1) 근접성 이론

근접성 이론(theory of propinquity)은 조직 내 구성원들이 서로 이끌리며 상호작용을 하면서 집단을 형성하게 되는 것은 공간적·지리적으로 서로 가까이 있기 때문이라는 것이다(Piercy와 Piercy, 1972). 따라서 이론에 따르자면, 강의 시간에 서로 가까이 앉아 있는 사람들이 상대적으로 멀리 떨어져 있는 사람들에 비해 팀 프로젝트를 위한 집단을 형성할 가능성이 더 크다. 조직에서도 마찬가지이다. 사무실이나 생산라인에서 일할 때, 가까이 있는 동료나 상사는 그렇지 않은 사람에 비해 집단을 이룰 가능성이 더욱 커진다.

(2) 균형 이론

균형 이론(balance theory)은 추구하는 목표나 목적이 같을 때 나타나는 태도의 유사성으로 인해 서로 이끌리게 되어, 상호작용이 빈번해짐에 따라 집단을 형성하게 된다는 것이다. 즉 A와 B라고 하는 두 사람이 서로 공통된 태도나 가치관을 갖고 있다면(같은 종교, 정치적 견해, 라이프스타일, 직업, 사회적 지위, 결혼관, 직업관) 서로 상호작용을 하게 되면서 집단을 이루게 된다(Litwak과 Meyer, 1966).

일단 이러한 관계가 형성되면, 집단 구성원들은 서로 '이끌림(유인 보도)'과 '공통된 태도와 가치관' 사이에 균형을 이루기 위한 노력을 지속적으로 하게 된다.

이때 구성원 간 이러한 두 요소의 불균형이 발생하게 되면 균형 회복을 위해 노력하게 되며, 그것이 불가능할 때 관계는 와해된다.

(3) 교환 이론

집단행동의 교환 이론(exchange theory)은 동기부여 이론의 공정성 이론과 유사하다. 구성원 간 상호작용에서 비용과 보상에 근거한 것이다. 상호작용의 결과 투입(비용)과 산출(보상) 사이에 최소한의 증가가 이루어진다면 집단을 형성(혹은 집단에 귀속)하고, 반대로 감소가 일어나는 경우 집단의 형성은 이루어지지 않는다.

하지만 이러한 이론적 근거를 들지 않더라도 조직에서는 보다 실질적인 이유에서 집단이 형성되고 있음을 알 수 있다. 즉 구성원들의 경제적, 사회적, 안전의 목적을 위해 집단을 구성하고 있다. 노동조합이 대표적인 예로, 임금 상승의 기대와 안전욕구의 충족이라고 하는 목적뿐만 아니라, 불공정한 대우나 차별에 대항하기 위한 실질적인 수단이 된다.

개인이 집단을 형성하는 실질적인 이유와 목적 가운데 가장 중요한 것은 집단이 사람들의 사회적 욕구를 충족시킬 수 있는 수단이기 때문임을 교환 이론을 통해 다시 한번 확인할 수 있다.

5. 집단의 성과와 관련한 연구

과업수행이나 문제 해결 시 개인적으로 하는 것보다 집단으로 하는 것이 성과가 낫다는 것은 다음과 같은 이론을 통해서 확인할 수 있다.

(1) 사회적 촉진

연구에서 연습장의 사이클 선수가 혼자 트랙을 돌 때보다 다른 선수와 함께 돌 때 속도를 더 빨리하여 돈다는 것을 발견하였다. 이후 어린이들을 대상으로 실시한 실험에서, 첫 번째 실험조건에서는 각자에게 낚싯줄을 릴에 빨리 감도록 하였고, 다른 집단을 대상으로 실시한 실험에서는 함께 모여서 줄을 감도록 하였다. 이때 실험에 참가한 어린이들에게 서로 경쟁하고 있는 것이라고 말하지 않았다. 실험 결과, 혼자 낚싯줄을 릴에 감는 일을 수행한 어린이들이 함께 수행한 어린이들보다 훨씬 느리게 줄을 감았다(Zajonc, 1965).

그리하여 낚싯줄 감기와 같은 기계적 과제수행을 포함해 단어연상퀴즈나 반박문 작성 등과 같은 인지적 과제수행 실험을 실시하였다. 실험 결과에서 모두 사회적 촉진효과(social facilitation)를 발견하였다. 즉 다른 사람과 함께할 때 과업수행이 더욱 촉진된다는 것이다. 중요한 것은 이러한 과제수행 시 다른 어린이들과 상호작용을 하거나 의사소통을 하지 않았다는 점이다. 실험 상황이 단지 다른 사람들이 함께 과업수행을 했음에 주목할 필요가 있다. 이러한 개인수행에 관한 연구는 상호작용이 없는(즉, 수동적인) 군중 사이에서 이루어진 공동 작업에 해당되는 것으로, 일반적으로 소집단 행동의 핵심 요소라고 할 수 있는 상호작용(적극적)과 반대의 개념이다(Bond와 Titus, 1983).

그렇다면 단순히 다른 사람이 있다는 것만으로 과업수행에 영향을 주는 것인지, 아니면 다른 어떤 영향 요인이 있는지 밝힐 필요가 있다. 연구 결과 과업수행뿐 아니라 인간 행동에 있어 일반적으로 나타나는 현상임을 알게 되었다. 예컨대, 사람들의 식사 행동에 관한 연구에서, 일주일 동안 언제, 누구와, 무엇을, 얼마만큼 먹었는지 기록하도록 하였다. 기록

내용의 분석 결과, 혼자 먹을 때보다 다른 사람들이 있을 때 더 기름지고 많은 음식을 먹는다는 것을 발견하였다. 이때 같은 식탁에서 함께 먹는 경우가 아닐 때에도 마찬가지의 결과를 나타냈다.

연구 결과를 통해, 단지 다른 사람들이 존재하기만 해도 과업수행이 촉진되거나 행동이 증가함을 알 수 있다.

(2) 각성이론

앞의 어린이들과 같은 실험상황에서, 대학생들에게 철학적 논증에 대한 반박문을 작성하도록 하였다. 그 결과 다른 학생들과 함께 있을 때보다 혼자 있을 때 훨씬 수준 높은 반박문을 작성하였다. 사회적 촉진 현상과 반대되는 결과가 나온 것이다(Cottrell 등, 1968).

그리하여 사회적 촉진을 이론적으로 발전시킨 것이 사회적 각성이론(social arousal theory)이다. 각성이론은 다른 사람의 존재가 감정적으로 각성되는 효과를 가져다준다는 것이다.

각성이론에서는 '접근 가능한 자극에 대한 지배적 반응*'과 '접근 불가능한 자극에 대한 지배적 반응'이라고 하는 개념을 사용한다. 전자는 학습이나 연습을 통해서 이전에 많이 경험해 본 자극에 대한 반응을 말한다. 그에 비해 후자는 잘 배우지 못했거나 경험이 없는 자극에 대한 반응을 뜻한다. 예컨대, 10년 동안 해금을 연주했고, 얼마 후에 많은 사람 앞에서 공연해야 한다고 가정해 보자. 이 경우 혼자서 연습하던 때와 비교해 본다면, 여러 사람 앞에서 연주할 때 더 잘하게 될까? 아니면 더 못하게 될까? 한편, 이전에 춤을 춰 본 적이 거의 없는데, 동아리 행사 때 여러 사람 앞에서 춤을 추어야 한다고 가정해 보자. 이를 위해 친구들과 모여서 며칠 주야로 춤 연습을 하였다. 그렇다면 사람들이 있는 상황과 없는 상황 가운데 어떤 경우에 춤을 잘 출 수 있을 것인가?

해금 연주는 이전에 많이 연습을 했고, 청중 앞에서 하는 연주는 자주 경험한 것이므로, 과제에 대해 숙련되어 있고 접근 가능한 자극에 대한 반응이라고 할 수 있다. 그에 비해 춤은 접근 불가능한 자극에 대한 반응이라고 하겠다.

각성이론은 우리가 각성될수록 지배적 반응을 보일 가능성이 높다고 가정한다. 다른 사람이 있다는 것은 각성을 일으키며, 이것이 수행의 효율성에 영향을 준다. 이때 접근 가능한 익숙한 자극의 경우에는 과업수행이 증진된다. 하지만 접근 불가능하며, 익숙치 않은 경

---

* **지배적 반응(dominant response)** 주어진 일련의 자극에 대해서 발생할 가능성이 가장 높은 반응(행동)을 의미한다. 쉽게 말해서 어떤 상황에서 가장 흔하게 할 법한 반응을 말한다. 예컨대 큰 소음에 대한 대부분 사람들의 지배적 반응은 두 손으로 귀를 막는 것이다.

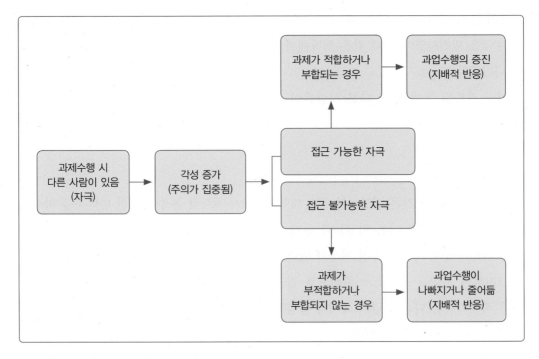

그림 **8.2** 각성이론 모델

우, 과업수행은 더 나빠진다(Edwards, 2004).

따라서 연구 결과에서 사람들은 숙련된 과제, 즉 잘 학습하였고 오랜 기간 동안 경험한 해금 연주는 관중들이 있을 때 더 잘하였다. 반면 서툴거나 이제 막 학습하기 시작한 춤은 사람들 앞에 서게 되면 연습 때보다 더 못하게 되었다.

리더십 읽을거리 | 수월성은 사전에 없지만, 같이 있으면 일하기 수월하다

옛 기억 하나. 내가 고등학교에 다니던 시절엔 예술고등학교가 흔치 않았다. 전국 단위로 서너 개가 있었을까? 그만큼 희소했기 때문에 그런 고등학교가 있다는 사실 자체도 모르는 학생들이 태반이었다. 그럼 그때 미대나 음대 진학을 희망했던 학생들은 어떻게 했는가. 그냥 일반고에서 다른 학생과 똑같이 배웠다. 약간 다른 점이라곤 야간 자율학습을 빼주는 정도. **(하략)**

출처: 이기호, [청사초롱] '수월성'은 사전에 없어요, **한국일보**, 2017.07.11
https://v.daum.net/v/20170711171459969

8장 리더십과 집단역학

(3) 사회적 태만

집단이나 팀 작업 시 개인의 기여도를 측정할 수 없을 경우에 과업수행이 떨어지는 것을 사회적 태만(social loafing)이라고 한다. 연구에서 다양한 크기의 집단에게 끈을 당기는 힘을 측정하는 실험을 실시하여 집단별로 힘의 크기를 측정하였다. 또한 실험에 참여한 각 개인의 당기는 힘의 크기도 측정하였다(Ringelmann, 1913). 그 결과 크기가 큰 집단일수록 집단 내 개인의 힘이나 노력이 줄어드는 것을 발견하였다(그림 8.3 참조).

이후 연구를 통해 사회적 태만 현상이 여러 경우에서 보편적 현상이라는 것을 발견하게 되었다. 즉 남녀 공히 동일하게 발생하며, 인지적 과업과 단순 반복적 과업에서 모두 관찰되고, 모든 문화에서 관찰할 수 있었다. 따라서 사람들은 집단에서 힘을 합쳐 노력하는 과제를 수행할 때면 언제나 사회적 태만을 나타낸다고 할 수 있다(Linden 등, 2004).

사회적 태만 현상의 근거 이론으로 사회적 영향이론(social impact theory)이 있다. 이는 집단의 크기가 커지면 구성원 각자의 노력이나 영향력이 줄어든다는 것이다. 학기말 프로젝트를 위해 5명이 한 팀이 되는 경우와 15명이 한 팀이 되는 경우를 생각해 보자. 교수가 학생들에게 열심히 준비하도록 하기 위해 팀 프로젝트를 요구하고, 진행 단계별로 상황을 점검하고 지정일에 발표를 한다고 하였다. 5명으로 이루어진 팀의 경우, 구성원들은 담당 교

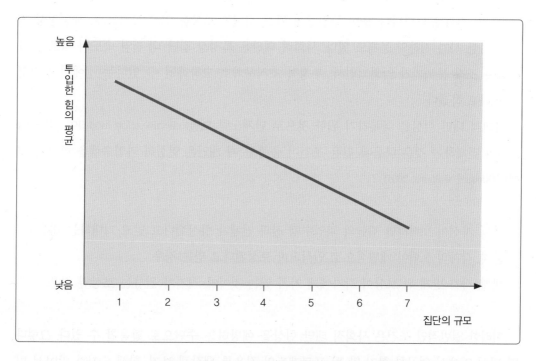

그림 8.3 링겔만 효과. 집단의 규모와 줄다리기 힘의 세기

수가 자신들에게 큰 영향력을 주고 있다고 느끼게 된다. 이와 달리 15명으로 이루어진 팀의 경우, 사회적 영향이론에 의하면 교수가 주는 영향력을 훨씬 적게 느낄 것이다. 그리하여 각자가 책임감을 덜 느끼거나, 자신의 노력이 전체 프로젝트에서 별로 중요하지 않은 것으로 생각하게 된다. 그 결과 집단의 규모가 커짐에 따라 개인에 대한 사회적 영향력이 감소된 결과로 인해 사회적 태만 현상이 증가하게 된다.

연구 결과를 통해 사회적 태만의 발생 원인을 다음과 같은 상황요인으로 요약할 수 있다.

① **개인의 투입량 측정이 어려운 경우**　개별적 노력을 확인하기 어려울수록, 산출물(성과)에 대한 보상이 차별화되지 않을수록 많이 나타난다.
② **책임이 분산되는 경우**　자신이 하지 않아도 다른 사람이 할 수 있다면, 사회적 태만이 발생한다.
③ **자율성의 확대**　위계조직이 아니라, 자율성이 보장되는 집단의 느슨한 관리체계는 사회적 태만을 유발한다.
④ **집단의 크기**　집단의 규모가 커질수록 사회적 태만이 더 많이 발생한다.

사회적 태만은 구성원들이 자신의 역량을 제대로 발휘하지 않음으로 인해 성과달성에 부정적인 결과로 나타난다. 또한 투입량에 따른 적절한 보상을 얻지 못하므로, 불공정성 지각에 따른 사기 저하의 문제도 있다. 사회적 태만은 특성상 집단 내 전염 속도가 빠르다. 그리하여 조직 분위기가 악화되면서, 부정적 조직문화로 고착화될 수 있다는 점에서 심각성이 크다고 하겠다.

사회적 태만 현상을 극복하기 위한 것으로 단체노력 모델(collective effort model)이 있다. 이 모델이 전제하는 것은 다음과 같은 조건이 충족될 때 개인은 열심히 과업수행을 한다는 것이다(Karau와 Williams, 2001).

첫째, 자신이 노력하면 집단의 과업수행 결과 전체가 향상된다고 믿고 기대하는 경우
둘째, 각자의 노력이 개별적으로 인식되며 보상된다고 믿는 경우
셋째, 각자 받게 된 보상이 각자에게 가치 있는 것이며, 각자가 원하는 보상일 경우

이러한 일반적인 조건은 사회적 태만 현상을 예방하는 수단으로 활용할 수 있다. 그렇다면 다시 앞에서 언급한 학기 말 팀 프로젝트의 경우를 생각해 보자. 학생 숫자가 많아서 팀

당 구성원들의 숫자를 줄일 수 없는 경우, 사회적 태만 현상을 줄이고 극복하기 위해 다음과 같은 방안을 제시할 수 있다.

① 팀 프로젝트 주제를 팀 구성원들에게 흥미를 주고 그들에게 중요한 것이라고 생각되는 것으로 선택한다. 따라서 프로젝트 주제를 교수가 부여하기보다는 팀이 선택하도록 한다.

② 서로 배려하고 존중하는 사람들과 함께 팀을 구성할 수 있도록 한다.

③ 개인의 공헌이 각자의 방식으로 투입되고 산출물(성과물)과 연계될 수 있도록 한다.

④ 본인이 없으면 팀 내 구성원들이 팀 프로젝트를 제대로 수행할 수 없다는 생각이 들도록 역할분담 등을 한다.

⑤ 이와 관련하여 규정이나 절차를 만들고, 팀의 합의에 의해 확정하고 시행한다.

단체노력 모델의 효과를 검증하는 여러 연구에서 모델을 지지하는 일관된 연구 결과를 얻을 수 있었다. 특히 각자의 노력이 집단의 최종 산출물과 직접 관련이 되도록 하며, 개인이 이를 확인할 수 있는 방법을 활용하였을 때 단체노력 모델의 효과가 크게 나타났다.

공식집단과 비공식집단

길만배 씨는 올해 66세로 부산신항에서 컨테이너에 실려 온 다양한 수입산 과일을 하역하는 신항만노동조합의 하역인부 조합원이다. 그는 과실분회 조합원으로 가입하고 있는데 급여는 일당 형태로 조합에서 지급한다. 하는 일은 과일 출하 차량이 들어오면 과일을 하역해서 경매가 이루어질 수 있도록 선별 작업을 하고, 경매가 끝나면 중도매인에게 배송하는 업무이다. 길만배 씨는 이 일을 30년째 하고 있다.

그런데 올해 있었던 대통령 후보자 TV 유세 내용과 관련하여, 동료 조합원인 박신유 씨와 작업팀장 곽충권 씨가 언쟁을 벌이다 쌍방폭행으로 이어졌고, 이에 신항만노동조합에서 곽충권 작업팀장은 5일의 취업중지처분, 박신유 조합원은 20일의 취업중지처분을 내린 일이 있었다. 조합원들 가운데 가장 나이가 많은 길만배 씨는 아침 작업을 마친 뒤 위 두 사람 간 화해를 위해, 먼저 박신유 조합원과 외부 식당에서 점심식사를 하며 이야기를 나누었다.

그런데 함께 식사하면서 술을 마시다가 작업 시작 시간인 오후 3시에 작업장에 복귀하지 못하였고, 이와 관련하여 사전에 작업팀장에게 보고하지 않았다.

그날 오후 5시쯤 곽충권 작업팀장의 전화를 받았는데, 작업팀장에게 음주를 이유로 당일 17:00부터 다음 날 7:00까지 근무를 할 수 없으니 결근처리를 해달라고 요청하였다. (길만배 씨의 근무는 23:00 출근, 다음 날 7:00 퇴근의 형태이다.)

조합은 길 씨가 근무시간 중 '음주를 하고, 근무지를 무단이탈하였다'라는 이유로 상무집행위원회를 개최하여 다음 날부터 3일간의 취업중지처분을 하고, 이를 게시판에 붙여놓았다.

길 씨는 이러한 상황을 회사가 아닌 동료 조합원으로부터 전화로 전달받았는데 취업중지 3일 동안 출근을 하지 않다가, 중지 기간이 종료되고 일주일이 지나서부터 다시 출근하여 근무하였다. 그런데 이러한 진행 과정에 대해 곰곰이 생각하던 길만배 씨는 뭔가 억울하고 잘못되었다는 생각을 하게 되고 자신의 취업중지처분 3일이 부당하다며, 조합 측에 등기우편으로 징계취소 신청서를 발송하였다. 이에 조합 임원진은 길 씨의 신청서를 받아보고는 징계절차상 하자가 있음을 알게 된다. 조합장은 3일간의 취업중지처분을 취소한다고 길만배 씨에게 전화로 알려주고 또한 게시판에 취소사실을 공고하였다. 그로부터 일주일 후 12명 가운데 11명이 참석한 상무집행위원회의 의결로 1일간의 취업중지처분이 있었다.

이에 대해서 길만배 씨는 다음과 같은 주장을 하고 있다. "우리 조합은 배송 시에만 음주를 금할 뿐, 작업시간 중 한두 잔의 반주에 대해서는 허용했다. 다른 조합원의 음주에 대해서 문제 삼은 적이 없으며, 지금까지 지게차를 운전하면서 술 마셨다고 부산 앞바다 어디에도 지게차가 빠졌다는 이야기를 들어본 적이 없다." 그리고 길만배 씨는 "1일간의 취업금지가 음주와 근무지를 무단이탈했기 때문이라고 하는데, 그 시간에 근무자가 나타나지 않으면 항상 대기하고 있는 대기인력이 빈 자리를 메꾼다. 사람이 나타나지 않는다고 해서 한 번도 작업에 차질이 일어난 경우가 없다."라고 주장한다.

조합 측은 음주와 관련해서, "공식적으로 회사에서는 근무 중 음주는 금한다는 규정이 있다. 그렇지만 육체적으로 작업이 힘들기 때문에 한두 잔 반주를 하고 일하는 것에 대해서까지 제지할 수 없었기에 묵인하였을 뿐이다."라고 주장한다. 그리고 대기 중인 대기인력이 있어서 업무상 차질이 없었다는 것과 근무지를 이탈한 사실은 엄연히 별개의 문제라는 논리로 대응하고 있다.

토의내용

1. 공식집단과 비공식집단의 규범이 충돌 시 어떤 것을 먼저 따라야 하는가? 이때 요구되는 리더십의 특징은 무엇인가?
2. 길만배 씨에 대한 1일간 취업중지처분은 공정한가?

팀과 리더십에 관한 연구는 집단과 집단역학에서 중요하게 다루고 있는 연구 영역이다. 아래의 설문은 팀의 효과에 관한 7개 문항과 팀과 협력적 관계를 형성하는 팀 리더십에 관한 6개 문항으로 구성되어 있다.

팀 리더십 설문지

● 작성방법

설문지는 여러분의 팀과 리더십에 관한 질문입니다. 여러분의 팀과 관련하여 다음의 4점 척도를 사용하여 문항 앞에 써넣으십시오.

1 = 사실이 아니다.	2 = 사실이 아닌 편이다.
3 = 사실인 편이다.	4 = 사실이다.

1. _____ 팀의 존재를 정당화할 수 있는 명시적 목표가 존재한다 (명확하고 가치 있는 팀-목표).
2. _____ 우리는 개인의 업무수행 결과를 확인하고 피드백을 하기 위한 확실한 방법을 가지고 있다 (팀-성과지향적 구조).
3. _____ 팀 구성원들은 팀의 목표를 달성하기 위한 기술과 역량을 보유하고 있다 (팀-역량 있는 구성원).
4. _____ 팀의 목표달성을 개인의 목표달성보다 우선한다 (팀-헌신성).
5. _____ 우리 팀은 정보, 감정, 피드백을 공유할 만큼 상호 신뢰한다 (팀-협동적인 분위기).
6. _____ 우리 팀은 업적 향상을 위해 전력을 다한다 (팀-우수성의 노력).
7. _____ 우리 팀에게 작업 완성에 필요한 자원이 잘 지원되고 있다 (팀-외부지원과 인정).
8. _____ 팀의 목표를 조정해야 할 때 팀리더는 그 이유를 확실히 알려준다 (리더십-목표에 대한 초점).
9. _____ 팀리더는 팀의 성공과 관련된 문제를 공개적으로 논의할 수 있는 분위기를 조성한다 (리더십-협력적 분위기 조성).
10. _____ 팀리더는 구성원들의 공헌을 반드시 인정해 준다 (리더십-자신감 고취).
11. _____ 팀리더는 목표달성 과정에서 당면하는 기술적 문제를 이해하고 있다 (리더십-기술적 역량).
12. _____ 팀리더는 불필요한 목표를 설정하여 팀 노력을 분산시키지 않는다 (리더십-우선순위 설정).
13. _____ 팀리더는 구성원들의 부적절한 업무수행 시 직접 나서서 해결할 의지가 있다 (리더십-업적관리).

출처: F. LaFasto and C. Larson, **The Collaborative Team Leader**. 1996.

● 채점 결과의 해석

	팀 효과 점수	팀 리더십 점수
탁월	22~28점	19~24점
보통	15~21점	13~18점
미흡	1~14점	1~12점

문항 1~7의 점수 합계는 **팀 효과**의 점수를 의미함
문항 8~13의 점수 합계는 **팀 리더십** 점수를 의미함

출처: M. Poole, K. B. Henry, and R. Moreland, "The Temporal Perspectives on Group."
Small Group Research. vol. 35, no. 1, 2004, pp. 88-90.

V

새로운 리더십 패러다임

9장

새로운 리더십

새로운 리더십 패러다임의 등장배경에는 조직문화에 대한 연구가 있다. 이는 기업 경쟁력의 원천을 물질적인 요소가 아닌 가치, 정서, 문화 등의 인지적 요소를 통해 추구하고자 하는 접근을 말한다.

따라서 새로운 리더십 패러다임은 이전의 리더십 연구와 다른 접근을 하고 있다. 또한 이전의 리더십이론들과 달리 이론이라고 하는 명칭도 붙어있지 않다. 왜냐하면 이론적으로 검증하기 어렵거나 가능하지 않을 수도 있기 때문이다. 그럼에도 새로운 리더십 패러다임에 관한 연구 결과는 실무 차원이나 일상에서 이전의 리더십 연구보다 오히려 더 많이 인용되고 다루어지고 있음에 주목할 필요가 있다.

새로운 리더십 패러다임에서 리더십을 다음과 같이 설명하고 있다.

리더십이란 구성원, 조직, 공동체가 스스로의 내재적 가치(intrinsic value)를 통해 행복을 증진할 수 있도록 하는 것이다(Barbuto와 Wheeler, 2006). 새로운 리더십이란 자신의 이해관계보다는 조직과 공동체의 이익을 위해서 봉사하도록 한다. 따라서 새로운 리더십은 구성원들이 수익보다는 가치와 목표의식을 더욱 중요하게 실천한다(Barrett, 2011).

지금부터 새로운 리더십 연구에 관해서 살펴보자.

1. 카리스마 리더십

카리스마 리더십(Charistmatic Leadership)의 초기연구는 리더십 특성이론과 관련되어 있다. 리더와 리더가 아닌 사람을 구분하는 특질에 대한 논의에서, 하나의 특질에 해당하는 카리스마에 대한 연구이다. 따라서 초기 카리스마 리더십이론을 위인이론의 범주에 포함하기도 한다. 이후 카리스마 리더십 연구는 리더의 카리스마적 특성이란 논의에 더하여, 카리스마가 구성원들에게 미치는 심리적 과정에 초점을 두고 이루어진다.

카리스마 리더십에 관한 초기 연구로서 베버(M. Weber)는 카리스마를 리더만의 내적 특성으로 이해하였다(Weber, 1947). 이후의 연구에서는 리더십 카리스마를 두 가지 관점에서 해석하고 있다. 첫째, 카리스마란 리더의 행동을 관찰한 구성원들의 귀인의 결과물이란 것이다(Conger와 Kanungo, 1987). 둘째, 리더십 카리스마는 리더와 구성원 사이의 관계에서 서서히 만들어지는 개념이라는 것이다. 즉 리더와 구성원 간 영향력을 주고받는 과정에서 구성원들의 자아개념의 변화를 가져다주는 것이 리더십 카리스마라는 것이다(Shamir 등, 2005).

지금부터 카리스마 리더십에 관해서 살펴보도록 하자.

1.1 베버의 카리스마 권한

베버는 카리스마 리더십을 논의한 최초의 학자이다. 베버는 사회와 국가 조직 안에서 합법적 권력인 권한(authority)이 정당화되는 방식에 따라 세 가지로 구분하였다(Weber, 1947).

① 카리스마적 권한(charismatic authority)

카리스마적 권한은 권한의 행사가 리더의 개인적 특질에 의해서 이루어진다. 베버는 그리스어인 카리스마라는 이름을 붙인 이유로서, 이것은 리더를 보통 사람들과 차별화해 주며, 초자연적이거나 초인적인 혹은 최소한 특별한 힘이나 능력을 갖고 있는 사람으로 인식할 때 발생하는 권한이기 때문이라고 하였다. 따라서 카리스마란 하느님이 내린 선물(gift of grace)이라고 설명하면서, 이것을 갖고 있는 사람을 리더로 간주한다는 것이다.

그리하여 이러한 힘이나 능력을 가진 사람은 예언자, 영웅, 정치적 지도자, 대중운동가의 위치에 서게 되며, 일반 대중과 리더자신을 연결하는 업무를 담당하는 일단의 사도(apostles)를 거느린다. 즉 카리스마적 권한관계는 리더의 비상한 능력이나 행위에 의해 정당화되고, 사도들의 믿음을 바탕으로 대중은 그의 지배를 따르게 된다.

이러한 권한관계와 지배에 따르게 될 때 행정기구는 불안정하고 이완되는 경향이 있다. 특히 지도자가 죽었을 때 계승문제가 심각해지고, 경우에 따라서는 구조적 불완전성 때문에 와해되는 경우를 겪는다. 대표적인 경우가 종교적 조직이나 정치적인 혁명세력이다. 이러한 조직들은 리더의 사망 시 그 활동에너지가 분산되며, 여러 사도들이 자신이 카리스마 리더의 후계자라고 주장하게 된다. 대부분의 경우 이 과정에서 일종의 핵분열로 이어진다. 동서고금의 여러 독재자들의 사후에 발생했던 지위 계승 분쟁은 이를 잘 설명해 준다. 한편, 카리스마적 권한에서는 리더가 후계자를 지명하더라도, 그 사람이 반드시 다음 지도자가 되는 것은 아니다. 왜냐하면 카리스마는 특성상 또 다른 카리스마적 지도자를 허용하지 않는 경향이 크기 때문이다.

그리하여 조직은 카리스마적 권한 형태를 상실하고, 베버가 제시한 다른 두 가지 형태중 하나로 변화할 가능성이 크다. 만약 이때 지도자의 계승이 세습적으로 이루어진다면 그 조직은 전통적 권한으로 변화해 갈 것이며, 지도자의 계승이 규칙에 의해서 이루어지는 경우에는 합리적-법적 권한으로 변화한다.

② 전통적 권한(traditional authority)

전통적 조직의 질서와 권한의 원천은 관습과 관례라고 할 수 있다. 전통을 강조하는 조직이나 사회의 다양한 집단은 스스로의 권리와 기대를 이야기할 때는 지금까지 늘 있었던 것을 당연시하고 때로는 신성시하는 경향이 있다. 즉 전통적 조직이나 시스템의 중요한 조정 메커니즘을 구성하는 것이 관습이나 관례가 되는 것이다.

전통적 조직의 리더는 세습되는 지위로 인해 권한을 부여받고, 관습과 관례에 의해서 그 권한의 범위가 정해진다.

③ 합리적-법적 권한(rational-legal authority)

대표적인 예가 관료제(bureaucracy)이며, 베버는 이것을 현대 사회의 지배적인 제도라고 주장한다. 이러한 시스템을 합리적이라고 하는 이유는, 특정 목적을 달성하기 위한 수단이 명백하게 설계되어 있기 때문이다. 특정 기능을 수행하기 위해 사전에 잘 설계된 기계의 각 부품은 해당 기능이 최대의 성과를 달성할 수 있도록 움직여야 한다. 따라서 관료제의 특징은 그러한 요구에 부합하는 합리성을 갖고 있다. 한편 법적이라고 하는 의미는, 규정과 절차라고 하는 제도적 장치에 의해서 권한을 부여받은 특정 관료에 의해 기능이 수행되기 때문이다. 따라서 리더의 변덕에 의한 비일관적인 의사결정이나 적용할 여지가 사라진 관례나 전통 등에 의해서 방해받거나 대체될 수 없다.

베버는 관료제가 기술적으로 가장 능률적인 조직 형태임을 설명하기 위해서 그 비교대상으로서 카리스마 리더십의 개념을 논의하고 설명하게 된 것이다.

1.2 하우스의 카리스마 리더십 연구

실제로 카리스마 리더십에 대한 체계적인 연구는 하우스(R. House)에 의해 이루어졌다. 리더십 특성으로서 카리스마에 관한 베버의 연구가 리더십 특성연구처럼 일방적(one-way) 관점의 접근이었다면, 하우스는 카리스마 리더십의 효과를 얻기 위해서는 구성원의 역할이 중요하다고 하였다. 이론에 의하면 구성원들은 리더로부터 어떤 바람직한 행동을 보았을 때 그것을 영웅적 행동 혹은 비범한 리더십 행동으로 여긴다는 것이다.

하우스는 카리스마를 형성하는 요인으로서 구체적인 리더 특성과 리더 행동을 제시하고, 그에 대한 구성원들의 반응까지 포함한 카리스마 리더십 모델을 제시하였다.

카리스마 리더가 갖고 있는 특성으로는 우월감(dominance), 강한 권력동기, 높은 자신감, 뚜렷한 가치관 등이 있다.

또한 카리스마 리더가 보여주는 행동을 구체적으로 설명하면 다음과 같다.

첫째, 카리스마 리더는 구성원들에게 확실한 역할모델(role model)로서 행동한다. 예를 들어 독립운동가 백범 김구는 젊은 시절부터 항일투쟁을 하였고 이봉창, 윤봉길 의사의 의거를 주도하면서 항일 무력투쟁의 전형적인 역할모델이 되었다.

둘째, 카리스마 리더는 구성원들에게 유능한 사람으로 인식된다. 가난하고 소외된 사람의 친구 마더 테레사는 인도에서 제일 어려운 사람들이 사는 곳에서 13명의 봉사자와 함께 행려자들을 위한 임종의 집 운영으로 봉사를 시작하였다. 가진 것 없는 수녀였음에도 리더의 유능함을 믿었기에 많은 것을 가능하게 해 주었다.

셋째, 카리스마 리더는 이념적 목표를 사람들이 분명하게 알아들을 수 있는 말로써 나타낸다. 마틴 루터 킹 목사의 '내게는 꿈이 하나 있습니다 (I Have a Dream)'라는 말은 이 세상

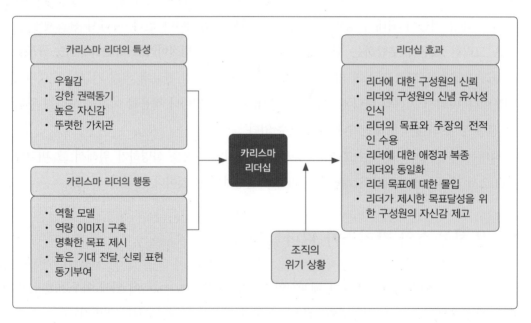

그림 9.1 하우스의 카리스마 리더십 모델

출처: R. J. House, "A 1976 theory of charismatic leadership." In J. G. Hunt and L. L. Larson (eds.),
Leadership: The Cutting Edge. Carbondale, Southen Illinois University Press, 1977.

어떤 언어로 번역하더라도 뜻하는 메시지가 명확하게 전달된다.

넷째, 카리스마 리더는 구성원들에게 높은 기대와 함께 구성원들의 능력에 강한 신뢰를 나타낸다. 빌게이츠의 '엔지니어가 세상을 지배한다'는 한마디는 구성원들 스스로에게 할 수 있다는 믿음을 갖게 해 주었다. 그리하여 구성원들로 하여금 일에 대한 자부심과 자기 유능감(self-efficacy)을 증진하고, 높은 업적달성을 가능하게 하였다.

다섯째, 카리스마 리더는 구성원들의 내부에 있는 협동, 성취동기, 권력동기, 자긍심 등 업무관련 동기를 일깨워준다. 명량해전에서 13척의 전선으로 133척의 왜군을 물리친 이순신 장군이 한 말을 마치 그 자리에서 들은 것처럼 기억한다. "죽고자 하면 살고, 살고자 하면 죽는다. 한 명이 길목을 지키면 천 명도 두렵게 할 수 있다." 이순신 장군의 리더십은 패전과 죽음의 공포에서 벗어나서, 나라를 구했고, 함께 싸웠던 모든 사람들을 불멸의 영웅으로 기억하게 해 주었다.

하우스는 연구 결과 카리스마 리더십을 통해 구성원들에게 나타나는 리더십 효과를 다음과 같이 설명하고 있다. 먼저 리더의 이상과 이념에 대해 구성원들은 신뢰하게 되고, 리더의 신념과 구성원들의 믿음이 서로 닮아가며, 구성원들은 리더의 주장과 목표를 전적으로 수용하게 된다. 또한 리더의 목표추구과정에 정서적으로 동참하게 되어, 높은 목표수립이 가능하고, 목표를 추구하는 과정에 자신감을 갖게 되었다. 하우스는 특히 조직이 어려운 상황에 처해 있을 때 카리스마 리더십의 효과가 크게 나타난다고 하였다. 왜냐하면 그러한 상황일수록 리더가 구원자의 역할을 한다고 믿으려 하기 때문이다.

하우스의 연구는 카리스마 리더십에 관한 최초의 체계적 연구라는 의미를 갖고 있으나, 리더십 효과로 제시하는 변수가 동시에 카리스마 리더의 행동을 설명하고 있다. 즉 카리스마 리더십 효과를 통해 카리스마 리더십의 개념을 설명한다는 이론적 한계를 갖고 있다. 현재 하우스의 카리스마 리더십 연구는 후속연구를 통해 계속해서 확대되고, 수정 보완되고 있다.

1.3 콘저와 카눙고의 카리스마 리더십이론

콘저와 카눙고(J. Conger와 R. Kanungo)는 4단계로 이루어진 카리스마 리더십이론을 제시하였다. 이후 많은 기업을 대상으로 한 연구를 통해 이를 뒷받침할 수 있는 근거를 제시하고 있다. 콘저와 카눙고는 리더의 카리스마란 리더 행동에 대한 귀인에 근거하고 있는 것이라고 주장한다. 즉 구성원들이 리더의 행동을 관찰하고, 그러한 행동특성을 카리스마라고 귀인 지각한 결과라는 것이다(리더십 귀인이론에 관해서는 10장에서 설명하고 있음).

연구를 통해 카리스마 리더십의 네 가지 행동특성으로 밝혀진 것으로는 다음의 네 가지가 있다(Conger와 Kanungo, 1987).

카리스마 리더십의 네 가지 행동특성

- **비전의 수립과 명확화** 카리스마 리더는 현상유지보다는 더 나은 미래를 제시하는 비전을 가지고 있으며, 구성원들이 쉽게 이해할 수 있는 용어로 비전의 중요성을 설명할 수 있다. 이때 하우스는 비전을 이상적인 목표로 표현하였다.
- **개인적 위험** 카리스마 리더는 비전 달성을 위해 기꺼이 개인적 위험과 개인적 비용을 감수하고 자기희생을 한다.
- **구성원의 욕구에 대한 민감성** 다른 사람의 능력을 파악할 수 있고 그들의 욕구와 감정에 반응할 수 있다.
- **관습을 따르지 않는 행동** 규범이나 과거의 전통에 얽매이지 않는 행동을 한다.

이와 같은 카리스마 리더십의 네 가지 특성에 근거한 카리스마 리더십의 진행단계는 다음과 같다.

(1) 제1단계

리더가 구성원들에 호소력 있는 명확한 비전을 제시한다. 비전의 기능은 조직의 현재와 더 나은 미래를 연결시킴으로써 구성원들에게 연속성을 제공해야 한다. 예컨대, 스티브 잡스(Steve Jobs)는 "아이폰은 애플이 지금까지 만들었던 제품들처럼 애플다운 것이다."라고 하며 구성원들에게 자사제품에 대한 긍지를 갖게 해 주었다. 아이폰의 개발은 새롭고 사용하기 쉬운 기술을 제공한다는 애플사의 변함없는 목표를 달성한 것이기 때문이다.*

(2) 제2단계

리더는 높은 성과기대를 나타냄으로써 구성원들에 대한 확신을 표현한다. 이것은 구성원들의 자신감과 긍지를 강화하는 기능뿐만 아니라 상호신뢰를 쌓아가는 길이기도 하다. 마이크로소프트(MS) 사는 1998년 반독점법 소송으로 위기에 처하게 되었다. MS는 미 법

---

* 2007년 아이폰 등장의 가장 큰 의미는 당시의 스마트폰이나 PDA는 전문적인 사용자 전용 휴대폰이란 이미지를 깨뜨리고, 스마트폰을 대중화하였다는 점이다.

무부와 19개 주정부로부터 반독점법 위반혐의로 제소되어, 2년간의 법정싸움에서 결국 유죄판결을 받게 된다. 이로 인해 회사 주가는 폭락했고, 큰 손실을 입었다. 다행히 연방정부와 합의를 통해 회사분할은 피할 수 있었다. 하지만 문제는 소비자들의 반응이었다. 이로 인해 오픈소스에 대한 관심과 개발이 MS에게 더욱 위협적으로 다가오게 된다. 그러나 이 모든 어려움을 빌 게이츠는 극복하였다. 기술에 모든 승부수를 걸라고 하면서, 본인의 연봉을 1달러로 책정하였다. 이는 모든 구성원들에게 스톡옵션에 대한 기대를 갖게 해 주었다. 스톡옵션에 대한 기대는 성공할 수 있다는 믿음과 신뢰가 없이는 불가능하기 때문이다.

(3) 제3단계

리더는 말과 행동을 통해 새로운 가치관을 전달하고, 이를 통해 구성원들이 따라 할 수 있는 행동모델을 제시한다. 일본의 소니가 지속적으로 성공할 수 있었던 것은 구성원들이 스스로를 창업자인 이부카 마사루 회장과 개인적으로 동일화했기 때문이다. 그는 직원들에게 불가능이란 없다는 생각을 심어 준 사람이다. 워크맨을 개발하는 과정은 우연한 발명에서 시작되었다. 녹음기가 아닌 녹음 재생기로서 워크맨은 입력장치를 없애고 출력장치를 하나 더 끼워 스테레오 재생장치를 만든 개조 녹음기에서 출발하였다. 시제품을 본 이부카 회장은 '헤드폰이 너무 크군'이라고 한마디했다. 당시 헤드폰 크기만 한 워크맨은 그렇게 리더의 말 한마디로 인해 탄생한 것이다. 가격은 소니 설립 33주년에 맞추어 3,300엔으로 하자는 이부카 회장의 말에 따라, 가격뿐만 아니라 크기와 품질에서 어떠한 방향으로 나아가야 할지를 몸으로 체화한 구성원들이 만들어 낸 창조물이었다. 그리하여 소니는 제품개발에서부터 광고, 마케팅, 영업에 이르기까지 더욱 효과적일 수 있었다. 이와 관련해서는 자아개념 기반이론에서 설명한다.

(4) 제4단계

리더는 구성원들에게 감정을 이입하고, 스스로는 관습에 얽매이지 않는 행동을 한다. 카리스마 리더십은 리더가 전달하는 감정을 구성원들이 무의식적으로 받아들이는 감정적 전이 과정을 갖는다. 교황 요한 바오로 2세는 보수 일색인 가톨릭교회에서 과거 교회가 하느님의 뜻이란 이름으로 인류에게 행한 갖가지 죄악(sins)을 인정하고 용서를 구한 최초의 가톨릭 지도자였다. 그는 지동설을 주장한 갈릴레이의 명예를 회복시켰으며, 십자군 전쟁, 타종교와 유태인에 대한 박해, 가톨릭 국가에서 이루어진 인종차별과 여성에 대한 억압 등을 일일이 나열하고 용서를 구하고 참회함으로써 국가, 종교, 인종을 초월하여 사람들로부터 존경을 받은 인물이다. 그가 병상에 있는 환자의 손을 잡고 위로할 때, 위로받는 사람은 아픈 사람이 아니라 바로 우리 자신임을 경험하지 않았던가. 용기 있고 확신에 찬 그의 행동을 TV를 통해 보았던 많은 사람들이 온몸으로 받아들이고 실천하려 하고 있다.

1.4 카리스마 리더십의 자아개념 기반이론

카리스마 리더십의 자아개념 기반이론(self-concept based theory)은 카리스마 리더가 구성원들을 변화시켜서 기대 이상의 성과와 충성심을 나타내도록 하는 과정을 구성원들의 자아개념의 변화에 초점을 두고 설명한다. 즉 구성원들의 자아개념의 변화과정에서 리더의 가치관과 목표를 내면화하고, 리더가 제시하는 사명의 충실한 이행을 위해 동기부여된다는 것이 카리스마 이론의 핵심이다(Shamir 등, 1993).

자아개념 기반 이론은 선행연구인 하우스의 카리스마 리더십 연구와 콘저와 카눙고의 카리스마 리더십이론이 갖고 있는 논리적 한계와 이론 전개의 모호성을 극복하기 위해 이

참고 9.1 | 자아개념

심리학에서 자아개념(self-concept)이란 다른 사람과 관계에서 가지게 되는 스스로에 대한 인식 혹은 자기 이해를 의미한다. 정체성뿐만 아니라 자신의 성격과 능력, 신체적 특징까지 포함한다. 즉 나는 누구인가 뿐만 아니라, 무엇이 나를 나답게 만드는가에 대한 인식이라고 할 수 있다.

리더십 과정에서 자아개념의 논의는 리더와 구성원 관계 속에서 개인이 갖게 되는 스스로에 대한 인식의 변화에 초점을 두고 있다.

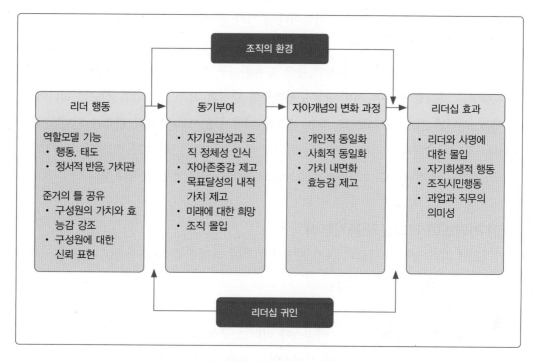

그림 **9.2** 카리스마 리더십의 자아개념 기반이론 모델

출처: B. R. Shamir, R. J. House, and M. Arthur. "The motivational effects of charismatic leadership: A self-concept based theory." **Organization Science**. vol. 4, no. 4, 1993, p. 589.

루어졌다. 따라서 카리스마 리더십에 관한 선행 연구에서 사용되었던 개념과 논리를 기반으로 하고 있다.

카리스마 리더십의 자아개념 기반이론은 네 가지 요인으로 구성되어 있다. 즉 리더 행동, 동기부여, 자아개념의 변화, 리더십 효과이다.

(1) 리더 행동

자아개념 기반이론 모델의 리더 행동은 하우스의 연구와 콘저와 카눙고의 이론에서 제시한 리더 행동을 그대로 사용한다. 리더 행동은 크게 두 가지 기능을 수행하는데, 하나는 역할모델로서 기능과 다른 하나는 준거의 틀을 공유하는 것이다.

먼저 역할모델의 기능은 구성원들이 리더의 행동, 태도, 정서적 반응, 가치관 등을 관찰하고 학습할 때 중요한 기준이 된다. 리더가 사명의 완수를 위해서 자기희생적 모습을 보여주며, 위험을 감수하고 관습에 얽매이지 않고 자신의 믿음과 이념에 따른 행동을 보여줄 때 역할모델의 기능은 활성화된다.

다음으로 준거의 틀을 공유하는 기능이다. 준거의 틀이란 자신의 행동의 옳고 그름, 또는 규범이나 가치를 판단함에 있어서 표준이 되는 기준을 의미한다. 조직 안의 개인은 각자의 준거의 틀을 갖고 있다. 따라서 준거의 틀을 공유한다는 의미는 리더와 구성원들 간의 해석의 지향점을 하나로 한다는 의미이다. 구성원들의 관심과 욕구, 가치관과 신념이 리더의 행동, 목표, 신념과 서로 일치되도록 하고, 필요에 따라서는 서로 보완적 관계가 되도록 하는 것이다. 과거의 사례와 업적을 통해 구성원들에 대한 신뢰를 나타내고, 미래의 비전의 가치를 공유함으로써 집단으로서 정체성과 효능감을 높이는 리더 행동을 해야 한다.

(2) 카리스마 리더십의 동기부여

카리스마 리더 행동은 다음의 다섯 가지 동기부여 과정을 통해 구성원들로 하여금 자아개념의 변화가 이루어지도록 한다.

① **자기일관성과 조직 정체성 인식**　카리스마 리더는 구성원들에게 노력이 중요한 가치가 있음을 강조한다. 성과에 대한 인정과 보상경험을 통해 구성원들은 노력의 가치를 지속적으로 신뢰하게 된다. 그것이 조직의 정체성으로 인식될 때 구성원들은 노력의 가치를 더욱 중요하게 생각한다.

② **자아존중감 제고**　자아존중감 제고는 구성원들의 자기기대감을 높일 수 있다. 카리스마 리더는 구성원들이 기대성과를 충분히 이룩할 능력이 있다는 믿음을 보여줌으로써, 구성원들의 자아존중감이 높아지고, 이를 통해 기대감이 높아지는 선순환 효과를 얻을 수 있다.

③ **목표달성의 내적 가치 제고**　카리스마 리더가 제시하는 비전과 사명은 가치 차원의 목표와 관련되어 있다. 이것이 카리스마 리더십의 중요한 동기부여 과정이다. 비전과 사명을 달성하기 위한 구성원의 노력은 스스로의 자아개념과 일관된다는 점에서 동기부여 효과가 크다.

④ **미래에 대한 희망**　카리스마 리더는 구성원들의 노력에 대해서 내적 보상을 강조한다. 비카리스마 리더는 눈앞의 가시적 목표와 그에 따른 외적 보상을 강조한다면, 카리스마 리더는 이상적인 미래를 지향하므로, 그에 대한 보상은 내적 보상의 형태로 나타난다. 따라서 보상의 내용에 나은 미래에 대한 희망과 믿음을 가지고 있을수록 카리스마 리더의 메시지는 효과를 발휘한다.

⑤ **조직 몰입**　카리스마 리더는 조직의 이상과 비전, 사명에 구성원들이 몰입할 수 있도록 하여야 한다. 따라서 비전과 사명을 위해 구성원들에게 요구되는 관계와 역할이 구성원들의 자아개념의 일부가 되어야 한다.

(3) 자아개념의 변화 과정

카리스마 리더십의 효과는 구성원들의 자아개념의 변화를 통해 이루어진다. 구성원들의 자아개념은 4단계 과정을 거치면서 변화하게 되는데, 개인적 동일화, 사회적 동일화, 가치 내면화, 효능감 제고의 순서로 진행된다.

카리스마 리더와 구성원 관계에서 관계적 자아가 활성화되면 리더와 구성원 사이에 개인적 동일화가 되고, 구성원의 공동적 자아가 활성화되면 집단이나 조직과 사회적 동일화가 진행된다.

① **개인적 동일화**　개인적 동일화(personal identification) 단계는 구성원들이 카리스마 리더의 행동과 태도를 모방함으로써 리더처럼 되고자 하는 단계이다. 따라서 카리스마 리더는 구성원들을 끌어들일 수 있는 행동이나 태도를 보여주어야 한다. 예컨대, 매력적인 비전을 제시하고, 자신감을 통해서 혹은 자기희생적 모습을 보여줌으로써 개인적 동일화를 이끌어 낸다. 이 과정에서 구성원들은 리더와 밀접한 관계형성을 통해서 신화를 구축하며, 리더와 동일체라는 것에 자부심과 긍지를 갖는다. 개인적 동일화 단계는 리더와 구성원 개인의 관계에 머무르게 된다.

② **사회적 동일화**　사회적 동일화(social identification) 단계는 카리스마 리더와 구성원 집단 전체가 동일한 태도와 행동을 나타내게 되는 단계이다. 사회적 동일화 단계의 집단은 소규모 그룹, 조직, 사회, 국가가 될 수 있다. 이 단계에서 구성원들은 조직을 위해 기꺼이 스스로를 희생할 준비가 되어 있으며, 조직의 목표를 개인적 목표보다 우선하게 된다. 카리스마 리더는 이 과정에서 특정 형태의 상징물을 내세우며 구성원들의 일체감을 강화한다. 이에 구성원들은 카리스마 리더의 요구에 부응하여 개인적 희생과 봉사를 기꺼이 수용하게 된다.

사회적 동일화는 구성원들의 공유가치와 행동규범을 강화한다. 리더가 집단의 중요성, 집단의 차별성과 명성, 다른 집단과 경쟁을 강조하며, 구성원의 자아개념 가운데 공동의 자아가 부각된다. 구체적으로 카리스마 리더는 사회적 동일화를 제고하기 위해, 구성원의 자아개념을 집단의 공유가치와 역할 정체성에 연계시킨다. 카리스마 리더는 타 집단과 구별되는 집단의 정체성을 위하여 사명의 이념적 중요성을 강조한다. 또한 의식, 의례, 상징적 요소를 적극적으로 활용하기도 한다.

③ **가치 내면화**   가치 내면화(value internalization) 단계에서 구성원들은 카리스마 리더의 가치관과 이념을 자신의 내면적 가치로 받아들인다. 즉 이러한 내면화 과정은 리더의 가치를 내면 속 자아의 행동 원칙으로 받아들이는 것을 의미한다. 따라서 리더의 판단이 자신의 판단이며, 리더의 비전과 이상이 바로 자신의 것이 된다. 따라서 이 과정에서 아무런 저항이나 거부감이 없기 때문에, 실천행동에서 구성원 개인의 판단 기준은 소거된다.

④ **효능감 제고**   개인의 자기효능감(self-efficacy)이란 자신의 일에 대해 할 수 있다는 믿음을 의미한다. 따라서 집단효능감(group efficacy)이란 집단이 특정 과업에 대해 갖게 되는 수행 능력에 대한 믿음이라고 할 수 있다. 카리스마 리더는 구성원 개인의 자기효능감뿐만 아니라 집단효능감도 높여 준다. 집단효능감은 이전 단계에서 구성원들이 사회적 동일화와 내면화 과정을 통해 얻게 된 협동체계에 대한 인식강화의 결과이다.

자아개념 기반이론에서는 카리스마 리더가 모든 구성원에게 유사한 효과를 가져오지 않는다고 한다. 하우스의 카리스마 리더십 이후 카리스마를 리더의 특성으로 보지 않고 리더와 구성원의 관계에서 존재하는 것으로 보고 있는데, 따라서 관계의 결과에 따라 구성원들의 카리스마 리더에 대한 인정, 리더에 대한 귀인, 리더 영향력의 수용, 리더에 대한 의존 등이 결정된다. 그 과정에서 핵심적인 역할을 하는 것이 구성원의 자아개념이며, 어떤 자아개념이 얼마만큼 활성화되는가에 따라 카리스마 리더십의 영향력이 달라진다. 따라서 카리스마 리더십에서 중요한 것은 리더의 카리스마뿐만 아니라 구성원의 자아개념이라고 할 수 있다.

(4) 카리스마 리더십의 한계

조직은 카리스마 리더십을 가진 리더를 원한다. 왜냐하면 카리스마 리더는 구성원들과 조직에게 긍정적 효과를 가져다주기 때문이다. 구성원들은 심리적 성장을 경험하고 능력을 개발하게 되며, 조직은 새로운 변화와 활력을 통해 경쟁에서 성공할 수 있다. 더욱 중요한 것은 조직이 단지 이익이나 성장을 추구하는 것을 넘어, 보다 더 큰 사회적 가치를 가진 사명을 추구하며 존경받는 조직으로 나아갈 수 있다. 실제로 애플, 소니, GM, 포드, IBM, HP 등 거대 기업은 탁월한 카리스마 리더를 영입하기 위해 모든 자율권과 높은 연봉을 제공하였다. 실제로 카리스마 리더들은 기업을 성공적으로 이끌었고, 탁월한 성과를 창출하였으며, 스스로는 유명인사가 되었다. 하지만 카리스마 리더는 다음과 같은 문제점을 나타내기도 한다(Howell과 Shamir, 2005).

첫째, 카리스마적 CEO들이 그들의 성과가 보통 수준이거나 보통 이하인 경우에도 자리보전을 위한 목적으로 그들의 카리스마를 이용할 수 있음을 종단연구를 통해 밝혀내었다. 역설적으로 우리는 소니에서 그와 같은 사례를 발견할 수 있다. 1995년 소니의 CEO로 발탁된 이데오 노부유키 회장은 디지털 드림 키즈라는 비전을 제시하며 굴뚝산업에서 인터넷 비즈니스 사업으로 변신을 추진하였다. 그리하여 취임 3년 만에 적자기업을 흑자로 돌려놓는 데 성공한다. 그는 13명의 입사 선배를 제치고 CEO 자리에 올랐으며, 1,000명이 넘는 사원들에게 자신보다 더 많은 연봉을 지급할 만큼 강력한 카리스마를 가진 리더였다.

하지만 2003년 주가 폭락을 기록하고, 실적이 저하되었다는 이유로 소니 역사상 유례없이 2만 명에 이르는 직원을 해고했다. 이토록 많은 사람을 해고할 수 있었던 근거는 미국식 실적주의를 일본 기업 소니에 도입했기 때문에 가능한 것이었다. 결국 소니 배터리 폭발사고로 회장 자리에서 물러났지만, 자신의 자리보전을 위해 카리스마를 이용한 CEO의 불명예스러운 사례로 꼽히고 있다.

둘째, 카리스마 리더는 조직을 위해 항상 최선의 행위를 하지는 않는다. 미국의 엔론(Enron), 월드컴(WorldCom)을 비롯하여 한국의 많은 벤처신화 주역들의 추락을 보라. 사욕을 채우기 위해 회사와 사회에 미친 해악을 우리는 잘 기억하고 있다. 이들의 공통점은 잘못이 똑같은 곳에서 시작되었다는 것이다. 즉 주가를 일시적으로 올려 스톡옵션으로 큰 돈을 벌기 위해 분식회계를 했다는 점이다. 또한 그렇게 한 후 자신의 권력을 이용하여 회사를 자신의 이미지에 맞게 재구성하였는데, 그 결과 회사는 파산하고, 스스로는 불행한 결말을 맞이하였다.

셋째, 비난을 용납하지 못하는 카리스마 리더의 특성상 주위에 예스맨만을 가까이 두게 됨으로써 이의제기나 권위에 도전하지 못하게 하는 분위기를 만든다. 그리하여 법적, 윤리적 문제 발생에 대해 점차적으로 무감각해진다.

전반적으로 카리스마 리더십의 효과는 입증되고 있다고 할 수 있다. 중요한 것은 카리스마 리더가 항상 정답이 아니라는 것이다. 카리스마 리더가 있는 조직이 더욱 성공적인 경향

표 9.1 카리스마 리더십의 부정적 측면

- 구성원들은 리더를 두려워하여 좋은 제안을 하지 않는다.
- 구성원들은 리더에게 인정받고자 하는 욕구로 인해서 비판을 억제하게 된다.
- 구성원들은 리더를 숭배하여 무오류성의 착각에 빠진다.
- 리더는 과도한 자신감과 낙관주의로 위험을 보지 못한다.
- 실패를 부정하여 조직학습이 감소된다.
- 과도하게 위험한 계획으로 실패할 가능성이 높다.
- 자신의 성공을 위해 받고 있는 신뢰를 이용함으로써, 지지자를 멀어지게 한다.
- 충동적이고 불합리한 행동은 적을 만들어 낸다.
- 리더에 의존함으로써 유능한 후계자의 육성이 억제된다.
- 후계자 육성의 실패는 궁극적으로 리더십 위기를 가져온다.

출처: J. M. Howell and B. Shamir, "The Role of Followers in the Charismatic Leadership Process: Relationships and their Consequences." **Academy of Management Review**, vol. 30, no. 1, 2005, p. 101.

이 있으나, 그러한 성공은 상황과 리더의 비전에 따라 결과에서 완전히 달라질 수 있다. 히틀러와 같은 카리스마 리더는 너무나 성공적으로 구성원들을 설득하였기에 공동체를 파멸로 이끄는 비전을 추구하도록 하였다(Jacobsen과 House, 2001).

카리스마 리더십을 측정하기 위해서 리더 스스로가 카리스마 리더십 요인 관련 행동을 하는 정도와 구성원들의 카리스마 리더십 인식 정도를 알아본다.

카리스마 리더십 설문지

● 작성방법

다음은 여러분(혹은 상사)의 리더십에 관한 질문입니다. 문항의 해당 정도를 4점 척도를 사용하여 _____ 앞에 써넣으십시오.

1 = 전혀 아니다.	2 = 아닌 편이다.
3 = 그런 편이다.	4 = 매우 그렇다.

비전 제시

1. _____ 구성원에게 영감을 주는 전략적 조직 목표를 제시한다.

2. _____ 구성원이 하는 직무의 중요성을 분명히 표현함으로써 동기부여한다.

3. _____ 조직의 미래에 대한 새로운 아이디어를 계속 만들어 낸다.

4. _____ 열정적인 대중 연설가이다.

5. _____ 미래의 가능성에 대한 아이디어를 종종 꺼낸다.

6. _____ 목표를 달성하기 위한 새로운 기회를 찾아낸다.

7. _____ 조직 목표달성을 위한 노력을 촉진시킬 수 있는 유리한 물리적, 사회적 조건을 쉽게 인지한다.

환경에 대한 민감성

1. _____ 조직 목표달성에 제약이 될 수 있는 물리적 환경 (기술적 한계, 자원 부족 등)을 쉽게 인지한다.

2. _____ 조직 목표달성에 제약이 될 수 있는 사회적·문화적 환경 (문화적 규범, 기본 자원 부족 등)을 쉽게 인지한다.

3. _____ 조직 구성원들의 능력과 기술을 인지한다.

4. _____ 조직 구성원들의 한계를 인지한다.

구성원 욕구에 대한 민감성

1. _____ 상호 존중을 통해 구성원들에게 영향을 준다.

2. _____ 조직 구성원의 욕구와 감정에 민감하다.

3. _____ 조직 구성원의 욕구와 감정에 개인적인 관심을 표현한다.

개인적 위험

1. _____ 조직을 위해서 개인적인 위험을 감수한다.

2. _____ 조직의 이익을 위해서 개인적인 비용을 지불한다.

3. _____ 조직 목표를 달성하는 과정에서 개인적 위험이 동반된 일에 참여한다.

관습을 따르지 않는 행동

1. _____ 조직 목표를 달성하기 위해 관습적이지 않은 행동을 한다.

2. _____ 조직 목표를 달성하기 위해 전통적이지 않은 방법을 사용한다.

3. _____ 조직 구성원들을 놀라게 하는 독특한 행동을 보여준다.

출처: J. A. Conger, R. N. Kanungo, S. T. Menon, and P. Mathur, "Measuring charisma: Dimensionality and validity of Conger-Kanungo scale of charismatic leadership." **Canadian Journal of Administrative Science**. vol. 14, no. 3, 1997, pp. 298-302.

● 채점 결과의 해석

카리스마 리더십 수준	점수
상	65~80점
중	41~64점
하	20~40점

2. 변혁적 리더십

카리스마 리더십이론이 등장하던 같은 시기에 변혁적 리더십(transformational leadership) 이론이 등장한다. 다운톤(J. Downtow)은 변혁적 리더십의 개념을 처음 주장한 학자이다. 하지만 변혁적 리더십이 리더십 연구에서 중요하게 자리하게 된 것은 번즈(J. Burns)의 연구에서부터이다. 이후 배스(B. Bass)에 의해 심화되어 현재에 이르고 있다.

변혁이란 완전히 다른 모습, 완전히 다른 속성으로 탈바꿈한다는 의미인데, 이론의 등장배경은 다음과 같다.

일반적으로 리더십 연구는 거래적 리더십에 관한 것이라고 할 수 있다. 즉 오하이오주립대학 리더십 연구, 피들러의 상황모델, 목표-경로 이론, 리더-구성원 교환관계이론 등이 그러하다. 거래적 리더십은 스스로의 역할과 기능, 과업조건 등을 명확히 함으로써 구성원들이 목표를 달성할 수 있도록 이끌거나 동기부여한다. 따라서 이론의 초점도 그러한 목적을 위해 리더가 무엇을 어떻게 해야 하는지에 맞추어져 있다. 그 결과 거래적 리더십에서 리더의 역할은 성과에 대한 보상을 명확히 해 주는 거래적 관계로 설명한다. 즉 성공에 대해서

표 9.2 거래적 리더십과 변혁적 리더십의 구성요인 비교

거래적 리더십

① **보상연계** 노력에 대한 보상을 명확히 한다. 성과에 대한 보상을 약속하며, 업적을 객관적으로 인정한다.

② **예외에 의한 관리(적극적)** 규칙과 기준의 일탈 여부를 상시적으로 관찰하고, 판단하고, 수정조치를 취한다.

③ **예외에 의한 관리(소극적)** 기준을 충족하지 않았을 경우에만 개입한다.

④ **자유방임** 책임을 포기하고, 의사결정을 회피하는 형태도 있다.

변혁적 리더십

① **이상적인 영향력 카리스마** 카리스마 영향력을 통해 비전을 제시하고, 사명감을 고취하며, 자부심을 심어 주고, 존경과 신뢰를 받는다.

② **영감에 의한 동기부여** 높은 기대감, 노력을 집중시키기 위해 상징을 사용하고, 목표를 단순하게 표현하며, 직관을 강조한다.

③ **지적 자극** 학습을 강조하고, 지성, 합리성, 디테일한 문제 해결을 촉진한다. 문제들을 새로운 방식으로 조망할 수 있게 한다. 문제의 인식을 변화시킨다.

④ **개별적 배려** 개인적인 관심을 나타내 보이고, 직원들을 욕구와 필요에 개별적으로 대하고, 코치하고, 조언한다. 개발욕구에 주의를 기울인다.

출처: B. M. Bass, "From Transactional to Transformational Leadership: Learning to Share to Vision," **Organizational Dynamics**. Winter 1990, pp. 19-31.

는 보상해 주고, 실패에 대해서는 처벌하는 것이 전통적인 리더의 역할이며 거래적 리더십이라고 이름 붙였다. 하지만 배스는 거래관계에 기반을 둔 리더십은 구성원들로 하여금 단기적인 성과달성을 위해서는 효과적이나 장기적인 목표달성을 위한 기능을 할 수 없다고 주장한다. 왜냐하면 거래적 리더십을 위한 요소들이 개인의 욕구단계에서 보면 하위 욕구에 해당하기 때문이다.

따라서 리더십 사이의 개념 차이를 명확히 하는 데서부터 변혁적 리더십의 개념을 이해할 수 있다. 변혁적 리더십은 구성원들에게 비전을 제시하고, 그 비전을 달성하기 위해 자신의 이해관계를 초월할 수 있도록 한다. 이를 위해 구성원들에게 특별한 영향력을 행사한다. 한편 비전이란 장기적이고 이상적인 목표이기 때문에, 현실과 차이를 나타낸다. 따라서 비전의 달성을 위해서는 현재 상태에서 점진적으로 변화가 이루어지는 것이 아니라, 현재와 단절하는 변혁(transformation)이 요구되며, 리더는 그러한 변혁을 주도할 수 있어야 한다. 성공적으로 변혁이 이루어지기 위해서는 구성원들과 가시적 보상을 통한 거래적 관계에만 의존해서는 안 된다. 즉 비전 달성을 위해서는 구성원들의 태도와 가치관의 변화가 이루어져야 한다. 그러한 변화를 통해 구성원과 리더는 공유 비전을 달성할 수 있다. 이때 구성원들이 얻는 보상은 가시적이고 외재적인 보상이 아닌 비전 자체에서 얻을 수 있는 내면화된 가치, 즉 내재적 보상이 된다. 따라서 변혁적 리더십은 구성원들에게 자아실현의 욕구와 같은 상위 욕구가 발현되도록 한다는 특징이 있다. 변혁적 리더십은 구성원들에게 개인의 이익보다는 조직의 이익을 우선시하도록 동기부여함으로써 조직과 구성원들에게 큰 영향을 미칠 수 있다(Bass, 1990). 이러한 변혁적 리더십은 앞서 논의한 카리스마 리더십과 뒤에서 논의할 비전 리더십의 중간 과정이라고 할 수 있다.

2.1 변혁적 리더십의 특징과 구성

① **이상적인 영향력 카리스마 (idealized influence charisma)** 이상적인 영향력 카리스마는 본질적으로 구성원들로 하여금 리더가 제시한 비전을 따르도록 하는 특별한 능력을 뜻한다. 즉, 바람직한(이상적인) 영향력으로서 카리스마를 의미하며, 이는 변혁적 리더십의 가장 핵심 요인이다. 앞서 우리는 카리스마 리더의 특징에 관해서 논의하였다. 카리스마 리더는 새로운 미래에 희망을 줄 수 있는 명확한 비전을 제시하고, 개인적 위험을 감수하는 자기희생적 모습과 구성원들의 욕구에 민감하게 반응하며, 규범이나 과거의 전통에 얽매이지 않는 행동을 한다. 따라서 이러한 카리스마 리더의 행동은 구성원들에게 강력한 역할모델로 작

직관

직관(intuition)은 사유작용(감각, 경험, 연상, 판단, 추리 등)을 거치지 않고 대상을 직접적으로 파악하는 작용을 의미한다. 이는 사유 혹은 추리와 대립되는 인식능력 혹은 작용이다. 사유작용이 이성의 기능이며, 반성과 분석을 통해서 객체의 부분 혹은 일면을 파악하는 데 비해, 직관은 부분을 분석하고 조합하여 전체를 파악하는 것이 아니라 중간과정 없이 전체를 파악하는 것이다.

영감

영감(inspiration)은 창조적인 일의 계기가 되는 기발한 착상이나 자극을 말한다. 영감이 구체적으로 어떻게 생성되고 나타나는지는 설명하기 어렵다. 왜냐하면 스스로의 체험으로는 설명하기 어려운 형태로 뛰어난 착상이나 완성된 형상 혹은 해결책으로 갑자기 생성되는 경우가 많기 때문이다. 예술과 종교적 영역뿐만 아니라 과학과 기술 영역에서도 발휘된다.

영감과 직감이 둘 다 사고과정을 거치지 않는다는 점에서는 공통점이 있으나, 직관이 전체를 꿰뚫어 보는 것이라면, 영감은 직관을 통해 사물을 볼 때 통찰과 함께 얻을 수 있는 결과물에 해당한다.

출처: 김경집, **6I 사고혁명**. 김영사, 2021, pp. 183-186.

용하게 되므로, 구성원들은 리더와 동일화를 통해 리더의 행동을 따르려고 한다. 이때 리더는 이상적인(idealized) 행동기준을 갖고 있기에 항상 올바른 일을 하는 존재로 인식된다. 따라서 구성원들에게 비전을 제시하고, 바람직한 가치관을 제공하며, 자존감을 갖게 해 준다. 그 과정에서 카리스마 리더가 구성원들로부터 존중을 받는 것은 구성원들이 리더를 신뢰하기 때문이다. 그 결과 구성원들은 조직 목표달성을 위해 자발적으로 노력하게 된다.

이상적인 영향력으로서 카리스마 요인은 귀인적 요소와 행동적 요소를 통해서 측정할 수 있다. 귀인적 요소는 구성원들이 리더의 행동을 보고 그 원인이 무엇인가에 대한 지각을 의미하고, 행동적 요소는 리더 행동에 대한 구성원들의 반응행동을 의미한다.

② **영감에 의한 동기부여 (inspirational motivation)**　리더가 구성원들에게 높은 기대를 갖고 있으며, 비전을 실현하기 위해 동기부여하는 것을 말한다. 단지 잘하리라고 하는 기대와 격려가 아니라 구성원들의 노력을 집중하기 위해서 주요 목표를 단순하게 전달하기 위한 상징물을 제시하거나 정서적 호소를 통한 공감을 이끌어 낸다. 이 과정에서 직관을 강조한다.

③ **지적 자극 (intellectual stimulation)**　리더는 구성원들이 당면하고 있는 여러 가지 문제를 새로운 방식으로 바라볼 수 있도록 도와주어야 한다. 이를 통해 문제에 대한 인식이 근본적으로 바뀐다면, 구성원 각자는 맡은 직무에서 스스로의 방식으로 문제 해결을 위한 창의성을 발휘할 수 있다. 이 과정에서 특히 스스로의 가치관과 신념뿐만 아니라 리더나 조직의 신념과 가치에 대해서도 의문을 제기하고, 비판할 수 있도록 해 준다.

④ **개별적 배려 (individualized consideration)**　개별 구성원들의 관심사와 욕구에 관심을 갖고 주의를 기울인다. 이를 통해 구성원 각자의 발전을 위한 역할과 임무를 부여할 수 있다. 개별적 배려가 일면 불가능해 보이지만 기본 전제가 올바르다면 오히려 가장 쉬운 요소이다.

아무리 비좁은 매장이라도 휠체어가 당연히 들어가는 것을 전제로 하는 것과 매장 안에 충분한 공간이 있음에도 휠체어를 보면 당황해 하는 것은 분명 기본 전제에서 차이가 있다. 구성원들이 장애인뿐만 아니라 이주노동자이거나 성소수자인 경우도 마찬가지이다. 개별적인 사람으로 보기보다 일반화하고 대상화하기 때문에 개별적 배려가 어렵게 느껴진다. 따라서 구성원 각자가 독립된 인격체로 대우받을 수 있고, 각자의 욕구와 가치, 능력의 차이를 인정하고 존중하는 것에서 출발하는 것이다. 그리하여 부서 차원에서 조직 차원까지, 권한위임에서부터 인력개발까지 수준과 방법이 다양하고 광범위하다는 점에서 이는 실현 가능한 요인이다.

2.2 거래적 리더십의 특징과 구성

① **보상연계 (contingent reward)** 구성원의 노력이 특정 보상을 통해 맞바꾸게 되는 리더와 구성원 간 교환과정이다. 이때 리더는 구성원들이 수행해야 하는 과업이 무엇인가를 제시하고, 수행을 통해 얻게 되는 보상에 대해 구성원과 합의를 위해 노력한다.

보상연계를 통한 거래적 리더십이 효과를 얻기 위해서는 리더가 보상할 수 있는 권한을 가지고 있어야 하며, 구성원들은 보상을 얻기 위해서 리더에게 의존해야 한다. 또한 성과는 구성원의 노력과 능력에 의해 달성될 수 있어야 하며, 성과를 정확하게 측정할 수 있어야 한다.

② **예외에 의한 관리 (적극적)** 예외에 의한 관리(management by exception)는 예외적인 사건이 발생했을 때 리더가 개입하는 것이다. 보상연계가 긍정적인 피드백을 수반하는 리더십이라면, 예외에 의한 관리는 교정적 비판, 부정적 피드백, 부정적 강화를 수반하는 리더십이다. 이러한 부정적 피드백은 역효과를 가져오기도 하므로, 부작용을 줄이기 위해서는 피드백의 대상이 사람이 아닌 행동이나 업무수행이 되어야 하며, 피드백 내용은 구체적이고 명확해야 한다.

적극적 형태의 예외에 의한 관리는 구성원들이 실수나 규칙위반을 하지 않도록 구성원들을 면밀히 관찰하고, 효율적 업무수행이 가능하도록 선제적으로 미리 조치를 취하는 것이다.

③ **예외에 의한 관리 (소극적)** 소극적 예외에 의한 관리는 수용 가능한 성과 기준에 명백히 미달하거나 문제가 표면화된 후에 비로소 개입을 한다.

④ **자유방임 (Laissez-Faire)** 이는 리더십이 없는 상태를 의미한다. 즉 리더가 손을 떼고 일이 돌아가는 대로 그냥 두고 보는 것이다. 따라서 리더는 책임지는 일을 포기하고, 의사결정을 미루고 피드백을 제공하지 않으며, 구성원들의 욕구충족을 위한 노력을 하지 않는다.

실제로 이러한 리더가 있을지 의문을 가질 수 있다. 엘리베이터가 고장 나서 29층까지 걸어 올라간 배달노동자에게 음식이 식었으니 도로 가져가라고 한 일이 있었다. 엘리베이터는 고장이 났고, 손님은 연락이 되지 않고, 음식가게 주인과 배달앱기업도 어찌할 바를 모

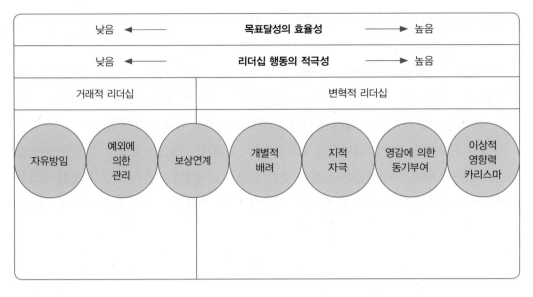

그림 **9.3** 리더십 확장모델

출처: B. M. Bass, "From Transactional to Transformational Leadership: Learning to Share to Vision,"
Organizational Dynamics, vol. 18, no. 1, winter 1990, p. 23.

르는 동안에 배달노동자는 29층 계단을 올랐던 것이다. 각자의 이해관계 때문에 아무도 맡으려 하지 않은 책임을 짊어진 사람이 피해자가 되었다. 한편으로 배달앱기업은 배달과정에서 문제를 일으킨 노동자를 신속하게, 적극적으로 예외에 의한 관리를 함에 비해, 소비자에 대해서는 유독 관대한 모습을 보였다.

이러한 행동은 거래적 리더십의 자유방임형 리더십이라고 할 수 있다. 왜 이런 일이 끊이지 않고 발생하는 것일까? 배달앱기업은 주문을 한 고객에게 감정노동자 보호를 위한 사전 안내 메시지를 보내지 않았다. 법이 정한 고객응대근로자에 대한 폭언, 폭행 등에 의한 보호조치를 취하겠다는 리더로서의 역할을 하지 않았기 때문이다. 기업이 노동자를 보호하겠다는 의지를 표현하지 않았기 때문에 배달앱기업의 이러한 리더 행동은 리더십이 없는 상태인 자유방임에 해당한다.

2.3 변혁적 리더십의 효과

변혁적 리더십의 효과는 거래적 리더십의 효과와 비교를 통해 이해할 수 있다.

첫째, 자유방임형 리더는 가장 소극적이며, 효과도 가장 낮은 리더십 행동이다. 현실에서 이런 행동을 하는 사람을 리더라고 하지 않을 것이다.

둘째, 소극적이든 적극적이든 예외에 의한 관리는 자유방임형보다 나을 수 있으나 여전히 비효과적인 리더십이다. 이러한 리더는 어떤 문제가 발생했을 때만 리더십을 발휘하므로, 중요한 시기를 놓치게 된다.

셋째, 보상연계형은 효과적인 리더십이 될 수 있다. 하지만 앞서 지적했듯이 이러한 리더십을 통해서 주어진 과업 이상의 일을 하지 못한다.

넷째, 따라서 4개의 변혁적 리더십 요인만이 구성원들로부터 기대 이상의 성과를 이끌어내고, 조직을 위해 개인의 이익을 초월하도록 동기부여할 수 있다. 즉 변혁적 리더십의 네 가지 요인인 개별적 배려, 지적 자극, 영감에 의한 동기부여, 이상적 영향력 카리스마는 구성원들로부터 많은 노력과 높은 생산성, 높은 사기와 만족, 조직 성과, 낮은 이직과 결근, 조직 적응력을 이끌어 낼 수 있다. 따라서 리더십 확장모델은 거래적 리더십에서 더 나아가 적절히 네 가지 리더 행동을 사용해야 함을 보여주고 있다.

변혁적 리더십을 측정하기 위해 사용되는 측정도구로써 리더십 다중요인 설문지 MLQ(Multifactor Leadership Questionnaire)가 있다. MLQ의 문항은 리더십 확장모델(그림 9.3)의 리더 행동에 대한 구성원들의 지각을 측정하는 것이다. MLQ는 리더십 확장모델의 7개 요인(리더 행동)에 대한 측정을 통해 조직의 성과를 예측할 수 있는 도구로 쓰이고 있다.

리더십 다중요인 설문지 (MLQ Form)

● 작성방법

설문지는 여러분의 리더십 유형에 대해 설명하고 있습니다. 다음의 21개 문항을 읽어보고 본인에게 해당되는 정도를 평가해 주십시오. 여러분의 리더십 상황에서 어느 정도로 그렇게 하는지를 생각해 보십시오. 설문에서 '다른 사람들'이라는 의미는 고객 혹은 집단 구성원을 의미합니다.

0 = 전혀 그렇지 않다.	1 = 가끔 그렇게 한다.
2 = 때때로 그렇게 한다.	3 = 자주 그렇게 한다.
4 = 대부분 그렇게 한다.	

문항	점수
1. 나는 (나의 리더는) 다른 사람들이 내 (자기) 주위에 있는 것을 기분 좋게 느끼도록 해 준다.	0 1 2 3 4
2. 나는 (나의 리더는) 우리가 무엇을 할 수 있고 또 무엇을 해야 하는지를 몇 마디의 간결한 말로써 명확하게 표현한다.	0 1 2 3 4
3. 나는 (나의 리더는) 다른 사람들이 지금까지 해오던 일을 새로운 방식으로 생각하고 새로운 시각으로 볼 수 있게 한다.	0 1 2 3 4
4. 나는 (나의 리더는) 다른 사람들의 자기 개발을 돕는다.	0 1 2 3 4
5. 나는 (나의 리더는) 다른 사람들이 자신의 업무성과에 따른 보상을 위해 무엇을 해야 하는지 말해준다.	0 1 2 3 4
6. 나는 (나의 리더는) 다른 사람들과 합의한 업적기준을 충족시켰을 때 만족한다.	0 1 2 3 4
7. 나는 (나의 리더는) 다른 사람들이 항상 같은 방식으로 일하는 것에 만족한다.	0 1 2 3 4
8. 다른 사람들은 나를 (나의 리더를) 전적으로 신뢰하고 있다.	0 1 2 3 4
9. 나는 (나의 리더는) 다른 사람들의 가능성에 대해 호소력 있고 감동적인 표현을 한다.	0 1 2 3 4
10. 나는 (나의 리더는) 다른 사람들에게 어렵고 복잡한 문제를 새로운 시각으로 보는 방법을 제시한다.	0 1 2 3 4
11. 나는 (나의 리더는) 다른 사람들에게 그들이 하는 일에 대해 내가 (나의 리더가) 어떻게 생각하고 있는지를 알려준다.	0 1 2 3 4

	0	1	2	3	4
12. 나는 (나의 리더는) 다른 사람들의 목표달성을 인정해 주고 보상을 제공한다.	0	1	2	3	4
13. 일이 잘 되어 가고 있다면 나는 (나의 리더는) 어떤 것도 바꾸려고 시도하지 않는다.	0	1	2	3	4
14. 다른 사람들이 무엇을 어찌 하더라도 나에게 (나의 리더에게) 좋은 일이다.	0	1	2	3	4
15. 다른 사람들은 나와 (나의 리더와) 함께 근무하고 있는 것을 자랑스럽게 생각한다.	0	1	2	3	4
16. 나는 (나의 리더는) 다른 사람들이 스스로의 업무에서 의미를 찾도록 돕는다.	0	1	2	3	4
17. 나는 (나의 리더는) 다른 사람으로 하여금 전혀 의문을 갖지 않았던 일에 대해 새로운 시각에서 생각해 보도록 한다.	0	1	2	3	4
18. 나는 (나의 리더는) 소외당하고 있는 사람들에게 개인적인 관심을 보인다.	0	1	2	3	4
19. 나는 (나의 리더는) 사람들이 업적에 따라 보상을 받고 있는지 주의를 기울인다.	0	1	2	3	4
20. 나는 (나의 리더는) 사람들에게 업무수행을 위해 알아야 할 원칙을 말해준다.	0	1	2	3	4
21. 나는 (나의 리더는) 다른 사람들에게 꼭 필요한 것만을 요구한다.	0	1	2	3	4

출처: B. M. Bass and B. J. Avolio, **Multifactor Leadership Questionnaire**. Mind Garden, Inc., 1995.

● 채점방법

MLQ는 리더십 확장모델의 7개 요인을 통해 응답자의 리더십을 측정한다. 일곱 가지 요인에 대한 점수는 설문지상의 해당 문항의 점수를 합산함으로써 알 수 있다.

카리스마 구분	합계
① 이상적인 영향력 카리스마 (문항 1, 8, 15)	
② 영감에 의한 동기부여 (문항 2, 9, 16)	
③ 지적 자극 (문항 3, 10, 17)	
④ 개별적 배려 (문항 4, 11, 18)	
⑤ 보상연계 (문항 5, 12, 19)	
⑥ 예외에 의한 관리 (문항 6, 13, 20)	
⑦ 자유방임 (문항 7, 14, 21)	

높음: 9~12

중간: 5~8

낮음: 0~4

● 점수해석

① **이상적인 영향력 카리스마**는 구성원들의 신뢰를 받고 있는가, 구성원들로부터 믿음과 존경을 받고 있는가, 구성원들에 대한 헌신을 보이고 있는가, 구성원들의 꿈과 희망에 호소하고 있는가, 구성원들의 역할모델로서 행동하는가 여부를 가리킨다.

② **영감에 의한 동기부여**는 비전을 제시하고, 다른 사람들이 스스로의 일에 전념하도록 돕기 위해 노력하며, 다른 사람들이 자신의 일에서 의미를 느끼도록 해 주기 위해 노력하는

정도를 측정한다.

③ **지적 자극**은 다른 사람들로 하여금 기존의 문제를 새로운 시각으로 볼 수 있도록 도와주고, 관용하는 환경을 조성하며, 리더와 조직의 가치에 대해 의문을 제기할 수 있는 사람을 육성하고 있는 정도를 나타낸다.

④ **개별적 배려**는 다른 사람들의 복지에 관심을 보이고 집단에서 다른 사람들과 어울리지 못하는 사람들에게 관심을 보이는 정도를 가리킨다.

⑤ **보상연계**는 보상을 받기 위해 무엇을 해야 하는지 알려주고 기대하는 것이 무엇인지를 강조하며 사람들이 어떤 일을 성취했을 때 인정하고 보상해 주는 정도를 가리킨다.

⑥ **예외에 의한 관리**는 예외에 의한 직무수행상 필요한 원칙들을 말해주는가 여부, 그리고 합의된 업적기준을 미충족하거나 원칙을 어겼을 때만 개입하고 있는가 등의 여부를 측정한다.

⑦ **자유방임**은 다른 사람들에게 무엇을 하도록 거의 요구하지 않은 정도, 일이 제대로 진행되지 않음에도 개입하지 않고 있는 정도, 사람들이 자신의 일을 알아서 하도록 내버려두는 정도를 측정한다.

3. 비전 리더십

우리는 앞에서 리더십의 이해를 위해 리더십과 권력, 리더십과 영향력의 비교를 통해 서로 다른 개념임을 이해하였다. 나누스(B. Nanus)는 같은 맥락에서 리더와 관리자, 리더십과 관리의 비교를 통해 비전 리더십(Visionary Leadership)의 중요성을 설명하고 있다. 이때 기본 전제는 관리와 리더십 모두 중요한 개념이라는 것이다. 하지만 리더십은 비전을 제공한다는 측면에서 관리와 차별화되며, 이것이 리더십 연구에서 핵심 요소임을 강조한다(Nanus, 1992).

또한 코터(J. Kotter)는 리더십에 관한 연구를 위해서는 관리(management)라는 개념과 비교가 필수적이라고 생각하였다. 이를 위해 효율적인 방법으로 리더십과 관리를 연구하였는데, 어느 것이 어느 것을 포함하느냐의 차원이 아니라, 두 개념 간 차이점에 초점을 두고 연구함으로써 새로운 리더십 연구에 있어 중요한 의미를 갖는다(Kotter, 1990).

3.1 리더와 관리자

다음의 표 9.3에서 보여주는 내용을 근거로 리더십과 관리, 관리자와 리더를 비교해 보자. 리더의 첫 번째 기능은 변화와 혁신을 이끌어 내는 것이다. 효과적인 리더십은 기업의 혁신 방향을 설정하여 회사를 이끌어가는 비전을 제시하는 것이다. 따라서 이것은 관리자가 하는 계획 활동이나 관리 활동(administration)과 분명히 다르다. 계획이나 관리 활동의 가장 큰 목적은 질서와 우선순위를 정하는 것이기에 혁신과 차이가 있다. 계획은 통제 활동을 위해 활용되는데, 수행 결과나 중간 과정에서 계획과 대비함으로써 오류나 편차를 발견하고 수정하는 기능을 한다. 따라서 잘 수립된 계획의 중요성은 크다. 그러나 아무리 좋은 계획이라고 할지라도 혁신의 방향이나 수립된 비전은 대체할 수 없으며, 또한 리더십을 대신할 수 없다.

비전을 제시하는 것은 리더십을 발휘하는 과정이다. 비전이 장기적인 목표와 전략 설정과 관련되므로, 관리자가 하는 단기적인 계획 수립과 구분된다. 비전은 청사진이다. 미래에 바라는 모습을 나타낸 것이다. 따라서 이것은 안내자의 역할을 하고 지침서의 기능을 한다. 동시에 구성원들에게 강한 동기부여를 하기도 한다. 비전에 따라 잘 수립된 장기적인 목표는 필요성뿐만 아니라 실행 가능성도 갖추고 있어야 한다. 계획과 장기적인 목표는 지향점이 다르다. 계획은 계속해서 사람들이 일을 할 수 있도록 현상유지 역할을 한다. 그

표 **9.3** 관리자와 리더의 비교

관리자	리더
관리(Administration)	혁신(Innovation)
계획(Planning)	비전(Vision)
모방(A Copy)	원본(An Original)
유지(Maintain)	개발(Develop)
구조와 시스템 구축(Focus on System & Structure)	사람 중심(Focus on People)
통제(Relies on Control)	신뢰감(Inspire Trust)
단기수익(Bottom Line)	장기적 관점(Eyes on Horizon)
방법(How, When, Knowhow)	원인(What Why, Knowhy)
수용(Accept status quo)	도전(Challenge status quo)
지장(Classic Good Solier)	덕장(Own People)
일을 잘한다(Do Things Right)	옳은 일을 한다(Do the Right Things)

출처: B. Nanus, **Visionary Leadership**. Jossey-Bass Inc., 1992, p. 44.

에 비해 장기적인 목표는 전략뿐만 아니라 제품이나 시장, 패러다임 등에 변화와 혁신을 가져다준다.

관리는 구조와 시스템을 통해 이루어진다. 즉 구체적인 계획에 따라 조직구조를 만들고 분업을 통해 업무가 이루어지도록 한다. 이때 명확한 규정과 절차의 수립을 통해 효과적으로 계획이 수행되도록 해야 하며, 적절한 관리, 감독 시스템을 통해 계획을 제대로 실천하는가 통제 기능을 한다. 그러나 리더십은 다르다. 규정과 절차에 따른 통제가 아니라 비전을 달성하기 위해서 구성원들의 지지와 협력이라는 방법을 사용한다. 특히 이때 구성원들과 연합관계가 중요한데, 이러한 연합관계는 신뢰를 전제로 한다. 신뢰를 얻기 위해서는 비전을 일방적으로 제시하는 것이 아니라, 구성원들의 참여가 필요할 것이다. 그다음으로는 변화와 혁신을 위해 통제라는 방법이 아니라 비전 수립 단계에서부터 구성원들에게 성취감, 귀속의식, 존중감 등을 제공해야 한다. 이것이 바로 신뢰를 얻을 수 있는 방법이기 때문이다.

관리는 목표를 추구하는 과정에서 통제 활동이나 문제 해결에 초점을 두고 진행된다. 즉 현재 상황 안에서 문제 해결을 위해 노력한다는 것이다. 그렇게 함으로써 조직 내 질서가 유지되고, 계속해서 발전해 갈 수 있는 터전이 마련된다. 그에 비해 리더십은 혁신과 변화가 진행되고 있을 때, 장애물이 나타나면 동기부여와 격려를 통해 계속해서 변혁이 이어지도

백데이팅(back dating)은 스톡옵션 부여를 주가가 낮은 날짜에 소급해서 적용하는 것이다. 이는 스톡옵션을 받는 사람에게 큰 이익이 되도록 하는 방법으로 필요한 인력을 유인하는 유효한 수단이다. 하지만 실제로는 다른 주주들의 돈을 훔치는 것과 같으므로, 사안에 따라 합법적일 수도 있고 위법일 수도 있다. 문제가 되는 것은 투명성으로 미국에서 위법 시 징역 4년 이상에 해당하는 중죄로 처벌된다.

록 격려한다. 이를 통해 발전 잠재력을 일깨우며, 변화에 대응하고, 경쟁력을 얻을 수 있도록 한다.

역설적이지만 애플의 스티브 잡스는 훌륭한 관리자였다. 관리자는 일을 제대로, 그리고 잘할 수 있어야 한다. 정크본드 수준까지 내려간 애플의 주식가격을 아이팟을 개발함으로써 단번에 초우량주로 끌어올릴 수 있었던 배경에는 제품개발에 참여했던 핵심 인력들이 있었다. 따라서 이들에게 스톡옵션이란 황금수갑을 채워서 회사에 붙잡아 두는 일은 애플에게 반드시 필요한 일이고, CEO인 잡스에게는 절실한 과제라고 할 수 있었다. 이들에게 더 많은 보상을 해 주기 위해, 스티브 잡스는 스톡옵션을 제공하면서 백데이팅을 하였다. 스티브 잡스는 이를 당연한 것으로 생각했을 것이다. 하지만 사안에 따라서 이는 중죄(felony)에 해당하는 범법행위이다. 미국 증권거래위원회와 캘리포니아 주 검찰이 이를 조사하고 기소할 즈음에 스티브 잡스는 다행히 세상을 떠났다. 하지만 그에 비해 리더는 옳은 일을 하는 사람이다. 회사의 자금을 투자한다면 당연히 수익률이 높은 펀드에 투자해야 할 것이다. 하지만 공정무역 관련주, 환경보호를 위한 바이오연료 관련주에 투자하는 CEO가 있다고 생각해 보자. 당연히 수익률은 낮을 것이다. 우리는 그러한 리더가 있는 회사에서 일하고 싶고, 그런 사람을 리더라고 부르기를 주저하지 않을 것이다.

3.2 리더십과 관리의 결합

앞서 논의에서 마치 리더십이 관리 활동에 비해 우월한 것처럼 느낄 수 있지만, 실제로는 그렇지 않다. 두 가지 활동과 두 종류의 사람이 조직에 모두 필요하고 중요하다. 관건은 이 두 가지를 어떻게 유기적으로 적절하게 결합하는지다. 왜냐하면 앞에서 살펴보았듯이 리더십과 관리를 동시에 시행하면 필연적으로 충돌이 발생하기 때문이다.

① 관리를 중요시하고 리더십을 간과할 때 발생하는 문제

첫째, 단기적 효과와 단기적인 안목으로 문제에 접근한다. 따라서 단기적인 성과를 위해 위험을 회피하고 관리 활동의 초점도 세부적인 일에만 집중한다.

둘째, 분업화, 전문화된 직무특성에 따라 적임자를 선택하기 위해 외부 노동시장에 의존하게 된다. 그리하여 내부 노동시장을 육성하는 것을 간과한다. 그 결과 조직의 내부 결속력이 저하되고, 구성원 간 협력과 조화가 어려워진다.

셋째, 규정과 절차, 통제 활동을 강조함으로써 이를 대신할 수 있는 권한 위임, 임파워먼트, 동기부여 등과 같은 대체적 수단의 개발을 어렵게 한다.

리더십 읽을거리 │ 고흐를 내리고 고갱을 걸자

돈만 밝히는 한국불교를 떠나겠다. 기복신앙에 실망한 푸른 눈의 승려, 현각의 선언이 있었다. 기사를 읽은 주말 내내, 빈센트 반 고흐를 생각했다. 고흐는 그리는 대상과 호흡을 통해 느낀 감정, 우리 식으로 말하면 흥을 잘 그려낸다. 대상과 함께 길게 호흡하면서 길게 붓질한 '별이 빛나는 밤에'는 우리가 결코 미워할 수 없는 그림이다. 그의 감성을 흥이라고 하면, 아마 이것이 우리나라 사람들이 그를 좋아하는 가장 큰 이유일 것이다. **(하략)**

고흐 〈Les alyscamps, 알리스캉의 풍경〉 1888

고갱 〈알리스캉의 풍경, Les alyscamps〉 1888

출처: 이상현, [삶과 문화] 고흐를 내리고 고갱을 걸자, **한국일보**. 2016.08.03
https://v.daum.net/v/20160803144844258

---

② 리더십을 강조하고 관리를 간과할 때 발생하는 문제

첫째, 장기적인 목표 수립에 치중함으로써 단기계획이나 예산 수립과 같은 단기 목표설정을 간과할 수 있다. 그 결과 조직이 제대로 운영되지 않는 경우가 발생한다.

둘째, 통제수단의 활용이나 구체적인 문제 해결을 간과할 수 있다. 그 결과 작은 문제들이 누적되면서 조직 발전의 걸림돌로 나타날 수 있다.

셋째, 의식을 협동체계로 만들게 됨으로써 강한 조직문화를 형성할 수 있다. 하지만 전문성이나 분업 등의 가치를 간과할 수 있다.

코터는 산업화 과정을 거치면서 관리는 높은 수준에 이르렀으나, 리더십의 중요성을 인식하게 된 것은 오래되지 않았음을 지적한다. 규정과 절차를 중요시하는 관리자는 많이 있지만, 청사진과 비전을 갖고 공감하려 하는 리더는 드물다는 지적은 현실에서 시사하는 바가 크다.

3.3 비전의 개념과 중요성

나누스(B. Nanus)는 비전 리더십의 핵심인 비전에 대해서 다음과 같이 설명하고 있다 (Nanus, 1992).

어렸을 때, 어른이 되면 이루고자 했던 꿈을 가지고 있었는가. 결혼하게 되었을 때, 생각해왔던 결혼생활에 대한 설계가 있었는가. 새로운 조직을 맡았을 때, 바라는 조직의 모습을 분명히 인식하고 있었는가.

이러한 물음에서 하나라도 '그렇다'라는 대답을 했다면, 비전이 무엇인지를 이해하고 있으며 비전을 만드는 데 도움이 되는 경험을 가지고 있다는 것이다. 또한 동기를 부여하고 운명을 개척하는 데 비전이 얼마나 강력한 힘을 발휘하는지를 이해하고 있는 것이다.

물론 이런 것은 개인의 비전이다. 그러나 공동의 목표를 위한 조직의 리더의 역할에서도 이와 동일한 개념이 적용된다. 리더가 가진 비전은 구성원을 동기부여하며, 조직의 미래를 설계하는 데 도움을 준다. 이러한 리더의 비전은 조직을 위해서 현재 일하고 있거나 그 조직에 들어오고자 하는 사람들에게 강력한 영향을 미친다.

비전이란 현실성 있고 믿을 만하며 바람직한 조직의 미래상이라고 할 수 있다. 구체적으로 비전이란 조직이 도달해야 하는 궁극적인 목표이며 현재보다 더 나은 바람직한 미래를 자세하게 기술해 놓은 것이다. 예를 들어, 대한민국의 헌법은 독립한 조국의 지도자들이 가진 국가에 대한 비전을 문서화한 것이다. 따라서 비전은 미래에 나아가야 할 분명한 방향을 제시하고 가치를 규정하고 있지만, 방법에 대해서는 자세하게 기술하지 않는다.

비전은 항상 미래를 다룬다. 비전에서 미래가 시작되는데, 리더와 비전을 공유하는 사람들이 만들려고 하는 미래가 다름 아닌 비전에 표현되어 있기 때문이다. 하지만 조직 안에서 미래를 구체적으로 생각해 볼 시간을 가지는 사람은 많지 않다. 따라서 체계적인 사고를 통해 비전을 만들고 그에 따른 전략과 실천방안을 제시하는 리더는 구성원들의 미래를 형성하는 데 엄청난 영향력을 가진다.

마틴 루터 킹, 안중근, 김구, 스티브 잡스와 같은 리더가 우리에게 큰 영향을 미치게 된 이유는 무엇인가. 이들은 공히 자신이 꿈꾸었던 미래의 모습에 스스로가 영향을 받았으며, 존재하지 않았던 것을 존재하도록 만들었고, 미래의 모습을 통해 자신이 살던 시대의 현실에 도전했다. 따라서 이러한 리더와 함께 하는 구성원들의 미래는 이미 현실에서 구현되고 있으며, 구성원들은 리더가 창조한 미래상의 모습을 지금부터 볼 수 있게 되는 것이다.

비전은 조직의 미래에 대한 추상적인 아이디어이거나 이미지일 뿐이라고 말하는 사람도 있다. 그러나 올바른 비전은 사람들을 동기부여하고 기술, 역량, 자원을 통해 미래로 도약하게 해 주는 강력한 아이디어이다. 예컨대, 미국의 자동차 왕 포드는 "미국의 모든 가정에 자동차 한 대씩이 놓여 있어야 한다. 주말이면 가족 모두가 자동차를 타고 교외로 나가서 넓은 공간에서 즐거운 시간을 보내야 한다."는 비전을 갖고 있었다. 1900년 당시 자동차는 부자들의 사치품이던 시절이었다.

"컴퓨터를 책 크기로 만들어 들고 다닐 수 있도록 하겠다. 20분 안에 사용법을 배울 수 있게 하고, 통신선을 연결하지 않고도 대형 데이터베이스에 접속할 수 있도록 하겠다." 사람들이 데스크톱 컴퓨터가 무엇인지도 잘 모르던 때인 1983년에 스티브 잡스의 비전이었다.

이러한 비전은 그것을 실현하기 위해 필요한 투자와 창의적인 사람들을 끌어들일 수 있는 강력한 아이디어가 된다.

뛰어난 인재와 투자행위는 언제나 생각이 아닌 실천이 있는 곳에 자리하기 마련이다. 포드와 잡스 같은 탁월한 리더는 더 나은 내일이라는 비전을 제시함으로써 그 곳이 어디인지를 보여주었다.

이처럼 탁월한 리더십을 발휘하는 사람들은 큰 회사의 리더에만 국한되지 않는다.

광주 대인시장에 있는 해뜨는 식당은 2대째 천원 백반집을 운영하고 있다. 이 식당의 간

판에는 '천원짜리 한 장으로 행복을 누리세요'라는 문구가 적혀 있다. 이처럼 간결하고 분명한 비전을 제시하고 있는 식당이기에, 내부 고객과 외부 고객의 미래는 이미 현실에서 구현되고 있다. 우리나라에서 제일 오래된 빵집인 군산에 있는 이성당의 비전은 '언제고 만만한 빵집이고 싶다'이다.

이처럼 조직의 규모와 성격과 무관하게 리더는 강력한 비전을 보여줄 수 있다. 비전은 리더십의 핵심 요소이다. 리더십을 발휘하기 위해 반드시 필요한 수단이며, 비전이 없거나 있다고 할지라도 구성원들이 공감하지 못하는 비전이라면 실패하게 된다.

3.4 비전의 실행을 위한 리더의 역할

내부환경, 외부환경, 현재, 미래라는 네 가지 차원의 중심에서, 리더는 균형을 유지해야 한다. 그림 9.4는 효과적인 리더십을 발휘하기 위한 핵심적인 네 가지 역할을 보여준다.

① **방향설정자**　리더는 목표를 명확하게 제시함으로써 구성원들이 목표에 노력을 집중할 수 있도록 해야 한다. 방향설정자로서 성공한다면, 모든 조직 구성원들이 비전의 실현을 위해 노력과 희생을 아끼지 않을 정도로 강력한 비전을 확립하였다고 할 수 있다.

② **변화추진자**　리더는 인사, 자원, 시설 등 내부환경의 변화를 촉진하여 비전의 달성이 가능하도록 해야 한다. 변화추진자가 되기 위해서는, 외부세계의 변화와 발전을 예측하고, 변화와 발전이 조직에게 요구하는 도전을 평가하고, 비전이 요구하는 변화의 우선순위를 설정하고, 구성원들에게 부단한 실험정신과 활력을 고취하여 필요한 변화를 추진할 수 있어야 한다.

③ **대변인**　리더는 노련한 연설가, 관심을 가진 경청자, 비전의 구현자로서 대내외적으로 조직의 옹호자 역할과 협상자의 역할을 동시에 수행해야 한다.

효과적인 대변인은 유용한 자원이나 정보를 위해 다른 조직이나 외부와 선전과 방어, 그리고 협상할 수 있어야 한다. 이를 위해 리더자신과 리더의 비전은 가치 있고 매력적이며, 미래를 표현하는 매개체일 뿐만 아니라 울림을 주는 메시지가 되어야 한다.

④ **코치**　리더는 비전의 실현을 위해 필요한 노력을 아끼지 않을 사람들에게 본보기와

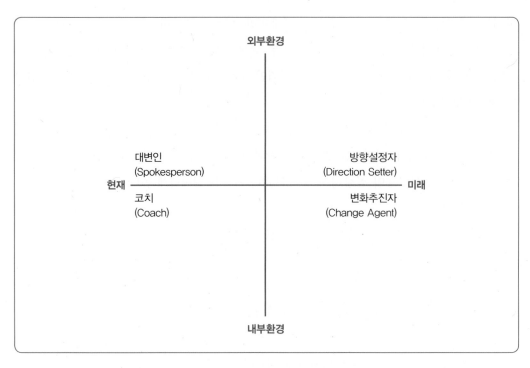

그림 **9.4** 비전의 실행을 위한 네 가지 역할
출처: B. Nanus, **Visionary Leadership**. Jossey-Bass Inc., 1992, p. 41.

교사의 역할을 수행해야 한다. 효과적인 코치가 되기 위해서는 리더 스스로가 현재 어느 곳에 서 있는지, 비전이 자신에게 어떤 의미를 가지는지, 그리고 비전을 실현하기 위해서 자신이 무엇을 할 것인지를 사람들에게 알려 주어야 한다. 또한 조직 구성원들을 존중하고, 그들이 배우고 성장할 수 있도록 도와주며, 비전을 달성하기 위해 그들의 능력을 지속적으로 신장시킬 수 있는 방법을 가르쳐 줌으로써, 마치 운동팀의 코치가 그러하듯 구성원들의 성공을 위해 헌신적으로 노력해야 한다.

이러한 네 가지 역할은 비전을 여는 리더가 해야 할 일을 규정해 준다. 나누스는 리더로서 성공을 위해 이러한 네 가지 역할을 강조한다.

3.5 비전 리더십의 효과

비전은 사람들을 실천하고 행동하게 만들어 준다. 그리하여 조직은 나아가고 발전할 수 있다. 그러므로 조직의 발전을 위해서는 비전의 역할이 중요하다. 비전은 조직 내부의 구성원들과 외부 사람들에게 함께할 미래에 집중할 수 있도록 해 준다. 따라서 올바른 비전을 선택하고, 이를 제시할 수 있는 능력은 리더가 수행해야 하는 어려운 과제라고 할 수 있다.

나누스는 올바른 비전이 갖는 리더십 효과에 관해서 다음과 같이 설명한다.

① 올바른 비전은 참여를 이끌어 내며 활기를 불어넣는다

사람들은 최선의 노력을 쏟을 가치가 있고 의미 있는 도전을 원한다. 분기별로 매출을 10퍼센트씩 늘리도록 최선을 다하게 하는 것은 어렵겠지만 그에 상응하는 인센티브를 통해 가능할 수 있다. 그러나 비전 리더십에서 논의하고자 하는 것은 그러한 내용이 아니다.

올바른 비전은 사람들이 눈앞의 이익을 초월하도록 해 준다. 그리하여 자신과 타인의 삶을 더 나은 것으로 만들어주거나, 지역사회나 공동체를 위한 의미 있는 진보에 동참하거나, 조직을 발전시키고 성장할 수 있도록 하는 가치 있는 일에 자발적으로 최선을 다해 참여하게 된다. 수많은 사람들이 환경운동, 노동운동, 사회봉사를 위해 자원해서 일하는 이유이기도 하다. 또한 과학자나 엔지니어들이 중요한 기술적 진보를 위해 밤새워 연구하거나, 중간관리자들이 회사의 성공을 위해 노심초사하는 이유이기도 하다.

② 올바른 비전은 구성원들의 삶에 의미를 부여해 준다

공동체, 지역사회와 같이 전통적으로 삶의 의미를 제공해 주던 존재들이 점차 의미를 잃어가고 있는 현실에서, 사람들은 일에서 의미를 찾을 필요가 있다. 비전을 공유하게 되면, 업무상 어떤 주어진 미미한 일을 하는 존재가 아니라, 가치 있는 제품과 서비스를 제공할 수 있는 훌륭한 팀의 일원으로 인식하게 된다. 자신이 하는 일에 대해 이야기할 때, 난 단지 수리기사에 지나지 않다고 말하는 사람과, 같은 일을 하고 있지만 가정과 회사의 미래를 위해 일하고 있다고 말하는 사람은 완전히 다른 세계에서 살고 있는 것이다.

③ 올바른 비전은 가고자 하는 곳을 알려준다

조직에서 사람들은 중요한 일을 맡기를 원하며, 자신이 조직의 목표를 효과적으로 달성하고 있고 그러한 공헌에 대해 인정받고 싶어 한다. 그렇다면 이를 위해서 조직의 목표와 사명이 무엇이며 달성하기 위해 어떻게 행동해야 하는가를 명확하게 이해할 필요가 있다. 따라서 비전은 조직의 모든 구성원들에게 이렇게 일깨워준다. "비전이 우리의 능력이며, 우리의 미래이다. 바로 우리가 가고자 하는 곳이다." 비전을 통해서, 구성원들은 스스로의 가치를 확인할 수 있으며, 외부 사람들은 조직의 가치를 평가할 수 있다.

④ 올바른 비전은 현재와 미래를 연결해 준다

올바른 비전은 현재 상황을 뛰어넘을 수 있도록 해 준다. 비전은 현재 조직에서 일어나고 있는 일과 미래에 바라는 것 사이의 중요한 연결을 제공한다. 이때, 비전은 실현을 위해서 강화해야 할 현재의 활동에도 주목하게 해 준다. 코로나19와 같은 팬데믹 시기에서도 올바른 비전은 미래의 생존을 위해, 현재 무엇을 보존해야 하고 무엇을 포기하고 줄일 수 있는가에 대한 필수 지침서의 역할을 한다.

리더십 읽을거리 | 비전, 나에겐 더 오를 산이 없다

산악인 김홍빈(1964.11.20~2021.7.19)은 1991년 북미 최고봉 알래스카 데날리(6,190m)에서 두 손 열 손가락을 동상으로 잃었다. 그는 덜 미더워진 팔의 힘만큼 다리 힘을 길러 2021년 마침내 7대륙 최고봉과 히말라야 14좌를, 장애인으로서 처음 완등했다.

전남 고흥에서 태어나 송원대 재학시절 등반을 시작한 그는 14좌 완등의 사실상 첫 목표였던 데날리에서 저 사고를 당했다. 자일과 스틱에 크게 의존해야 하는 고산 등반가에게 손(팔)을 쓸 수 없게 된 건 치명적이었다. 실의와 절망에 빠지기도 했고, 속옷을 혼자 입어낸 뒤 혼자 흐느끼기도 했다. "창문을 열 수 없어 자살도 시도할 수 없던" 그는 생계를 위해 어렵사리 중장비 기사 자격증을 땄지만 장애인에게는 좀체 취업 기회가 주어지지 않았다. 그래서 다시 등반을 시작했다.

등반장비 가게를 운영해 돈을 벌면서, 다리 힘을 기르기 위해 스키와 스케이트, 바이크를 탔다. 스틱은 붕대로 손목에 묶었다. "이 세상에 나에게 맞춰진 것은 없으니까. 내가 맞춰가야 하니까." 그는 "넘어지더라도 팔을 짚으면 안 되니까 등으로 넘어지게끔 항상 그런 잠재의식 속에서" 산을 탔다.

2006년 시샤팡마(8,027m)와 갸셔브룸II(8,034m), 이듬해 에베레스트(8,848m), 또 이듬해 마칼루(8,485m) … 그렇게 도전을 이어가던 그에게, 주변에서는 '그만하면 됐다'고, '충분히 애썼다'고, 비장애인 등반가에게는 결코 하지 않을 말들을 하곤 했다고 한다. 한 인터뷰에서 그는 저런 기억들을 웃으며 전했다. 물론 그에겐 충분하지 않았고, 2021년 브로드피크(8,051m)를 등정함으로써 히말라야 8,000급 14좌를 완등했다.

그는 브로드피크 하산 도중 낭떠러지로 추락했다. 등으로 넘어져도 다시 서서 오르기엔 너무 높고, 구조대의 눈도 못 닿는 깊은 곳이었다. 그는 거기 남았다.

출처: 최윤필, [기억할 오늘] 그에겐 더 오를 산이 없었다, **한국일보**, 2022.07.19
https://v.daum.net/v/20220719043003803

이처럼 더 나은 내일이라는 비전을 공유함에 따라 구성원 행동의 많은 부분이 형성된다. 비전을 개발하고 널리 확산하는 일은 리더십의 진정한 목적이다. 왜냐하면 사람들은 꿈을 좇는 자를 본능적으로 따르기 때문이다.

개인 비전의 제시

개인의 비전을 제시하기 위하여 필요한 것은 스스로의 핵심가치, 능력, 관심을 찾아서 발견하는 것이다. 아래는 자신의 핵심가치, 재능, 관심을 발견하기 위한 질문이다.

개인의 비전 설정 설문지

● 작성방법

1. 아래의 핵심가치, 재능, 관심에 답해 보시오.
2. 그 다음에 여러분의 핵심가치, 재능, 관심에 대한 답을 연결시켜 자신의 비전을 완성하시오.

1. **핵심가치** 나는 무엇을 중요하게 생각하는가? (How you do it?)

> 1. 어린 시절 자신이 가장 하고 싶었던 일은 무엇인가?
> 2. 자신이 어떤 일을 잘할 수 있고, 실패하지 않는다면, 무엇을 하겠는가?
> 3. 지난 몇 년간 자신이 가졌던 열망을 나열해 보라. 행동에 옮기지 않았거나, 쉽게 포기해 버렸던 것을 생각해 보라.
> 4. 자신이 경험한 일 중에서 가장 보람 있었던 것을 생각하고, 왜 그 일이 보람이 있었는지를 서술하라. 중요한 것은 그것이 즐거운 경험이었고, 성취감을 느꼈던 일이어야 한다.
> 5. 앞으로 자신이 3년밖에 살지 못한다고 생각해 보라. 남은 기간에 가장 이루고 싶은 것(또는 하고 싶은 일)은 무엇인가?
> 6. 임종자리에 누워있는 자신을 생각해 보라. 지금 회환으로 가득하며, 인생의 꿈을 이루지 못했다는 고통에 놓여 있다고 할 때, 이루지 못해 가장 후회할 일이 무엇이라고 생각하는가?
> 7. 다시 임종자리에 누워있는 자신을 생각해 보라. 인생에서 계획한 일을 성취했으므로 만족하면서 죽음을 기다리고 있다. 자신의 가장 큰 업적은 무엇이라고 생각하는가?
> 8. 자신의 묘비에 남기고자 원하는 인생의 모습을 한 문장으로 써보라.

자신을 대표할 수 있는 것은 무엇인가요? 죽을 때까지 간직하고, 심지어는 그것을 위해 희생할 수도 있는 가치, 목적은 무엇인가요? (희망, 봉사, 정의, 가족, 창의성, 자유, 평등, 신념, 탁월함 등)

자신의 핵심가치 _____

2. **재능** 나는 어떤 재능이 있는가? (What you do?)

> 1. 무엇을 할 때 가장 즐거운가?
> 2. 무엇에 관해 생각할 때 가장 즐거운가?
> 3. 무엇을 배울 때 가장 즐거운가?
> 4. 최근의 경험 중에서 시간가는 줄 모르고 완전히 빠져있었던 일은 무엇인가?
> 5. 사람들이 나에게 자주 하는 칭찬은 무엇인가? 그리고 그곳에 있는 공통된 주제를 찾아보라.
> 6. 자신에게 주어진 재능을 적어보라. 그리고 한 가지 재능에 대해서 1원이 주어진다고 가정해 보라.

자신에게 가장 의미 있고, 중요하며 흥미를 주는 일을 써보시오. (가르치다, 창조하다, 상담하다, 발견하다, 봉사하다, 이끌다, 토론하다, 해방시키다.)

자신의 재능 _____

3. **관심** 나는 누구에게 무엇에 관심이 있는가? (Why you do it?)

> 1. 밤새도록 이야기하고 싶은 주제가 있다면 무엇인가?
> 2. 우리나라 혹은 지역사회의 문제 가운데 시급하다고 생각되는 것은 무엇인가?
> 3. 다른 사람을 위해 하고 싶은 일은 무엇인가?
> 4. 특히 어떤 사람들의 바람이나 고통에 공감하는가?
> 5. 어느 범위에서 일하고 싶은가? (지역, 국내, 글로벌)
> 6. 세상에 기여할 수 있는 분야가 있다면 무엇인가?
> 7. 도와주고 싶은 대상과 집단이 있다면 누구인가?
> 8. 의견을 갖고 있는 사회문제가 있다면 그것은 무엇인가?

내가 긍정적인 영향을 미치고 싶은 집단, 단체, 혹은 목적을 써보시오.

자신의 관심 _____

● 비전 선언문 작성

[비전 선언문]

나, _____ 의 비전은

_____ 을 위하여
(관심)

_____ 을
(핵심가치)

_____ , _____ , _____ 하는 것이다.
(재능)

출처: P. G. Northouse, "Reflection and Action Worksheet: Vision Statement."
Introduction to Leadership: Concepts and Practice. 8th ed., Sage Pub., 2018, pp. 213-217.

4. 슈퍼 리더십과 셀프 리더십

경영환경 변화에 따라 등장한 수평 조직구조(flat organizational structure)는 구성원 각자에게 리더의 역할을 요구하고 있다. 슈퍼 리더십과 셀프 리더십은 이러한 상황에서 필요한 리더십이라고 할 수 있다(Manz와 Sims, 1989).

슈퍼 리더십은 구성원들에게 자발적으로 셀프 리더가 될 수 있도록 역량과 기술을 개발하고, 환경을 만들어주는 것으로 정의한다. 즉 스스로가 리더가 되는 것이 바로 셀프 리더십이며, 슈퍼 리더십은 구성원들을 셀프 리더로 육성하는 리더십이다.

위계구조와 달리 수평조직구조에서 구성원 각자가 리더가 되어야 하는 셀프 리더십은 현대 조직의 성공과 직결되어 있다. 따라서 슈퍼 리더십을 통해 구성원들이 셀프 리더십을 갖출 수 있도록 지속적으로 동기부여하고 개발하는 과정이 중요하다. 이를 위해 셀프 리더십을 요구하는 수평조직에 대한 이해가 필요하다.

셀프 리더십을 요구하는 수평조직의 특징은 다음과 같다.

① 불필요한 관리감독체계를 제거하고, 조직운영이 수평적으로 이루어진다.
② 기능 부서별로 이루어지던 조직구성에서 상품개발, 프로젝트 팀 등과 같이 주요 과정이나 특정 프로세스 중심으로 조직구성이 이루어진다.
③ 일선 업무 담당자 스스로가 관리할 수 있는 책임영역과 권한이 확대된다.
④ 보상은 팀의 성과와 각자가 갖고 있는 업무능력에 따라 이루어진다. 구체적으로 능력급, 기술급, 지식급의 형태가 있다.
⑤ 성과 측정 시 해당 기업의 상품이나 서비스에 대한 고객만족도가 주요 지표가 된다.
⑥ 직원들이 고객과 거래선에 정기적으로 접촉할 수 있는 기회를 갖도록 한다.
⑦ 직원들에게 업무수행을 위한 중요 정보를 상세하게 제공하고, 원활한 업무수행과 효율적인 의사결정을 하기 위한 지속적인 교육 활동을 한다.

이러한 특징을 갖는 수평적 조직에서 요구되는 리더십이 셀프 리더십이다. 이어서 셀프 리더십의 특징을 구체적으로 살펴보도록 하자.

4.1 셀프 리더십의 특징

첫째, 셀프 리더십은 구성원들에게 초점을 맞추는 리더십이다. 따라서 구성원들이 능력을 발휘할 수 있도록 하는 기회 제공과 지원을 통해 구성원 각자가 리더가 될 수 있도록 한다.

둘째, 슈퍼 리더십의 핵심은 셀프 리더가 된 구성원들이다. 따라서 진정한 리더의 역할은 구성원들에게 필요한 능력을 개발하고, 교육훈련을 통해 모두를 셀프 리더로 만드는 것이다. 그리하여 리더와 함께 셀프 리더가 된 구성원 모두가 리더십의 원천이 된다.

셋째, 구성원들은 셀프 리더로서 자신의 역할을 통해 직무에 대한 몰입과 주인의식을 함께 경험하게 된다.

넷째, 전통적인 리더는 스스로가 중심인물로서, 영향력의 원천이었고 비전의 출발점이었다. 혁신과 변화의 상황에서 경쟁력 확보를 위한 리더십 측면의 대안으로서 구성원들이 함께 리더십의 원천이 되는 셀프 리더십 개념이 필요하다.

4.2 셀프 리더십 행동 모델

셀프 리더십 행동 모델을 통해 셀프 리더를 만들기 위한 일곱 가지 단계가 있다. 이러한 일곱 가지 단계의 내용을 살펴보면 다음과 같다.

① **셀프 리더십 모델링을 실행한다.** 리더는 자아관찰, 개인적 목표설정, 내재적 보상을 위한 동기부여 등의 행동을 스스로 실천하고, 구성원들이 이를 모방하고 학습할 수 있도록 해 준다. 즉 셀프 리더가 되기 위한 행동을 따라 할 수 있도록 모델링을 제공해 준다.

② **구성원들에게 자기목표를 설정하도록 한다.** 구성원들에게 측정 가능하고, 도전적이며, 구체적인 목표를 설정하도록 한다. 이러한 행위는 성과에 긍정적 영향을 준다.

③ **긍정적 사고방식을 교육한다.** 리더는 구성원들이 긍정적으로 사고할 수 있도록 일상의 대화와 교류관계에서 그들의 역량에 대한 신뢰와 확신을 나타내 보여야 한다. 이를 통해 구성원 스스로가 자신감과 기대감을 갖게 되는 효과를 얻는다.

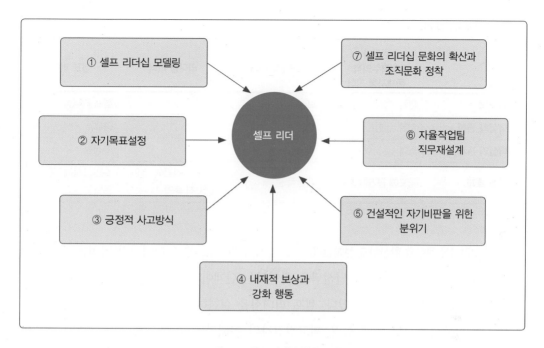

그림 **9.5** 셀프 리더십 행동 모델
출처: C. C. Manz and H. P. Sims, **Superleadership: Leading Others to Lead Themselves**.
New York, Berkely Books, 1989, p. 25.

④ **내재적 보상을 통해 바람직한 행동을 강화한다.** 구성원들은 물질적 보상보다는 직무를 통한 보상기회를 학습할 수 있어야 한다. 이를 위해 리더는 구성원들의 욕구와 직무내용 간 조화를 위해 노력해야 한다. 아울러 처벌은 학습이 될 수 있는 수준과 정도에서 이루어져야 한다.

⑤ **건설적으로 자기비판을 할 수 있는 분위기가 필요하다.** 구성원 스스로에 대해서나, 혹은 이룩한 성과에 대해서 비판적이 되도록 노력하는 자세가 필요하다. 물론 성과 제일주의를 강조하는 기업의 분위기상 쉽지 않은 접근이겠으나, 이를 통해 자아성찰의 기회를 갖게 된다. 이것은 진정한 리더로 거듭나기 위한 필수요건이다.

⑥ **자율작업팀의 운영 등 직무를 재설계한다.** 자율작업팀은 구성원 각자가 셀프 리더가 된다는 것을 의미한다. 즉 셀프 리더가 됨으로써 자율작업팀이 가능하게 되는 것이다. 따라서 구성원 스스로가 판단하고 결정할 수 있도록 해 주는 직무재설계가 중요하다.

표 **9.4** 리더십 유형별 비교

	완력가 권력주의적 독재자형 리더	거래적 리더	리더형 리더	셀프 리더
핵심 요소	명령, 지시	보상	비전	셀프 리더십
리더십의 원천	지위, 권한	대가	고무적	공유
리더십의 주체	리더	리더	리더	구성원
리더십 효과	공포에 근거한 복종	계산적 순응	리더의 비전에 의한 정서적 몰입	주인의식에 근거한 몰입

⑦ **셀프 리더십 문화를 확산하고 정착한다.** 조직 내부적으로 셀프 리더십의 가치를 수용하고 이를 실천함으로써 조직 성과가 달성됨을 확인하는 단계이다. 이를 위해 최고경영자의 의지와 역할이 필수적이라고 할 수 있다. 셀프 리더십을 실천하기 위한 여러 가지 전제 요소인 조직설계, 직무설계, 보상연계 등은 최고경영자의 이해와 지원 없이는 불가능하기 때문이다. 셀프 리더십의 효과를 경험하게 된 조직은 선순환 과정을 통해 조직문화의 일부로서 정착하게 된다.

4.3 셀프 리더십 행동 개발

앞서 설명하였듯이, 슈퍼 리더십의 핵심은 구성원 각자가 셀프 리더가 될 수 있도록 리더십을 발휘하는 것을 의미한다. 그렇다면 셀프 리더십 행동 모델에서 보인 일곱 가지 단계를 충족시킬 수 있는 행동 개발 방안의 중요성이 부각된다. 이를 조직구조 측면, 업무프로세스

리더십 읽을거리 | 셀프 리더십, 하나도 안 변했다는 그 말

28년 만이라 했다. 소고기와 망고와 수박을 사 들고 오래전에 떠난 동네를 찾아온 건 '더 늦기 전에 어머니를 찾아봬야지' 결심했기 때문이라고 했다. 그이는 엄마를 끌어안은 채 연신 같은 말을 반복했다. "어머니, 하나도 안 변하셨어요. 그 옛날 의지할 데 없던 저를 태산처럼 품어주시던 모습 그대로예요." 엄마는 어느새 예순 살이 넘어버린 그이의 등을 부드럽게 토닥였다. "이렇게 일 삼아 찾아오다니, 자네도 예전 마음 그대로야."

망고와 수박을 썰어 내온 나는 가만히 앉아 50년 가까이 된 어느 봄날을 떠올렸다. **(하략)**

출처: 지평님, [삶과 문화] '예전 그대로'라는 말, '하나도 안 변했다'는 그 말, **한국일보**. 2022.07.01
https://m.hankookilbo.com/News/Read/A2022070110590003856

측면, 인간관계 측면으로 나누어서 살펴보자.

(1) 조직구조 차원의 행동 개발

첫째, 팀을 통한 업무수행과 학습의 기회를 증가시킨다. 자율관리팀, 공동기술팀 (simultaneous engineering), 품질관리팀, 특별위원회, 태스크포스팀은 셀프 리더십으로 이끄는 훌륭한 학습 기회가 된다.

둘째, 조직구조의 계층을 줄이거나 제거를 통한 권한과 책임의 확대를 실행한다. 구체적으로 관리자의 기능 축소와 해당 업무의 일선기능을 통합한다. 특히 관리자의 역할을 감독보다는 촉진자 또는 조정자의 역할로 변화시킨다.

셋째, 획일적으로 전문화된 기능부서보다는 소규모 지리적인 유통네트워크 또는 다양한 고객층별 네트워크에 따른 조직구조는 업무 효율성뿐만 아니라 학습의 기회가 된다. 그리하여 팀을 통한 다기능 업무를 할 수 있는 조직경계를 축소하거나 제거할 수 있다.

학습사례 9.1 | 슈퍼 리더십의 본보기-지미 카터 전 대통령

지미 카터는 재임 중 수많은 비난과 비판을 받았다. 그 가운데 가장 큰 비판은 그의 재선운동 과정에서 드러난 미국 유권자들의 외교실패에 대해서였다. 그리하여 유권자들은 대통령으로서의 카터의 리더십을 선택하지 않았고, 카터는 재선에 실패했다. 그러나 다른 한편으로 지미 카터야말로 모든 시대를 통틀어 가장 능력 있고 존경받는 '전직 대통령'이라는 역설적인 주장도 나오고 있다. 그렇다면 카터의 경우는 '실질적인 성공'과 '대외적 실패'라는 독특한 예에 속한다. 그가 퇴임 이후 보여준 리더십의 정체는 무엇일까? 카터의 행적을 따라가다 보면, 우리가 말하고자 하는 슈퍼 리더십의 요소와 유사한 모습을 발견하게 된다. 즉 사람들로 하여금 스스로 리더가 되도록 이끈다는 것이다. 카터는 분명 전직 대통령으로서 권한을 활용할 줄 아는 리더였다. 그가 자신의 명성과 지위를 활용해 놀랄 만큼 긍정적이고 적극적인 방법으로 다른 사람들에게 영향력을 발휘한 몇 가지 예를 살펴보자.

첫째, 조정자와 갈등 해결자로서 역할이다. 두드러진 예는 한때 교착 상태에 빠졌던 북한 핵 문제, 수단 내전, 아이티 사태, 보스니아 내전 문제 해결과정에서 그가 보여준 노력이다. 그는 에머리(Emory) 대학 안에 카터 센터를 설립하고(1982), 그곳에 갈등 해결에 관심이 있는 사람들을 모이도록 했다. 카터는 분쟁 당사자들을 진정시키면서 갈등 요인을 분석하도록 하고, 이를 건설적이면서 긍정적인 결과로 이어지도록 하는 데 탁월한 노력을 보여주었다. 그러면서도 카터는 이러한 모든 과정에서 직접적인 권한을 행사하지 않았다. 단지 당사자들을 한자리에 모이도록 하고, 각자가 최선의 이익을 위한 결론을 끌어내도록 하는 수준에서 영향력을 발휘할 뿐이었다. 이 때문에 그는 직책 없는 외교관으로 인식되고 있다. 카터가 아직도 열정을 갖고 있는 분야는 민주적 정치 과정과 일반 대중들의 권리 확보에 관한 문제이다. 이러한 문제들은 주로 개발도상국에서 선거의 공정성이 보장되도록 영향력을 발휘하는 방식으로 나타난다. 그는 니카라과나 파나마에서 객관적인 선거감시자 역할을 갖기도 했다.

카터가 권한을 위임할 줄 아는 리더십을 발휘한 또 다른 좋은 예는 해비타트에서 그가 보여준 열정적 노력이다.

이 사업의 주체는 가난하고 집 없는 사람들이 자립할 수 있도록 주택을 마련해 주기 위해 구성된 비영리 단체로, 주택사업을 통해 사람들이 자립할 수 있도록 도움으로써 인간의 존엄성과 안정을 도모한다는 취지로 설립되었다. 카터가 이 사업에 자원봉사자로 참여하면서, 무릎에 구멍이 난 청바지를 입고 망치와 톱을 휘두르는 인상적인 모습을 많은 이들이 흉내 내기도 하였다.

카터는 패배에서 성공을 이끌어 내는 하나의 모델을 보여준다. 맹목적 신념으로 추진했던 개인사업의 실패와, 대통령 재선에도 실패하자 카터는 그의 삶에서 심리적으로 위축되는 위기를 맞았다. 퇴임 후 그는 '모든 것을 잃은 사람'으로 묘사되기도 했다. 하지만 카터는 장애물을 생각하기보다는 계속되는 기회를 생각하는 사람이었다.

그는 이렇게 말했다. "나는 좌절과 실패에 빠질 때 미래를 생각한다. 어떻게 하면 이 난관을 딛고 일어나, 이 난관을 유리하게 이용할 수 있을 것인가?" 아울러 그는 이 같은 불굴의 낙관주의를 다른 사람에게도 전하려 애썼다.

현직 대통령 카터와 전직 대통령 카터의 차이점을 알아보는 한 가지 방법은 먼저 권한을 갖고 미국 국민을 이끌어나가는 대통령 카터를 살펴본 뒤, 권한 없이 활동하는 그의 모습을 살펴보는 것이다. '권한을 갖고 리드한다'는 것은 지위에서 비롯되는 합법적인 권력에 기초한 리더십을 말한다. 미국의 대통령이라는 지위는 세계에서 가장 강력한 리더십을 발휘할 수 있는 자리임에 틀림없다. 대통령 재임 중 카터는 권한을 가지고 나라를 이끌어 나가는 데 있어 무능하고 소심한 지도자라는 숱한 비난을 받았다. 그러나 '전직' 대통령으로서 그가 보여준 역할은 합법적 권력(권한)이 없는 가운데서도 매우 주목할 만한 것이었다. 전직 대통령들은 그들의 명성과 권위, 전문성, 영향력 등을 발휘할 연대조직에 의존해야만 한다. 흥미로운 것은 카터의 능력은 권한이 없는 가운데 더욱 크게 발휘되었다는 점이다.

그가 황무지에서 말없이 고군분투하며 수년을 보내고 나서 많은 사람들은 그를 '미국의 역사상 가장 위대한 대통령'이라고 부르는가 하면 '미국의 국가적 자산'이라고까지 떠받들었다. 더러는 그를 '힘과 독창성, 행동으로 리드하는 새로운 영웅'이라고 일컬을지도 모른다. 하지만 카터를 다른 사람들로 하여금 스스로를 리드하도록 이끄는 '슈퍼 리더'라고 부르고 싶다.

출처: H. P. 심스, 한국능률협회 역, **영웅들의 기업**. 1997, pp. 168-174.

(2) 업무프로세스 과정의 행동 개발

무엇보다, 셀프 리더를 개발하기 위해 업무와 관련한 구체적인 사항으로는 고객을 직접 대면하는 구성원들에게 결정권을 부여하는 권한 위임을 활성화하는 것이다.

둘째, 그렇게 하기 위해서는 구성원들의 교육과 훈련이 중요한데, 관리자가 아닌 집단의 구성원이 주도하는 회의를 주기적으로 개최하는 것은 이를 위한 좋은 교육훈련의 기회가 된다.

셋째, 의사결정과정의 핵심을 맡고 있는 당사자에게 직접 보고하거나 커뮤니케이션할 수 있는 수단을 제공한다. 아울러 고객, 거래선, 부서 외부인들과 직접적 소통을 위한 네트워크를 구성하도록 한다.

넷째, 팀리더를 일방적으로 임명하기보다는 팀 내부에서 기준을 설정하고, 그에 근거해서 선출한다.

다섯째, 팀 또는 개인에게 전통적인 책임영역 외 특정 문제 해결을 맡긴다. 예컨대 독자적으로 품질관리를 수행하는 직원에게 책임을 부여한다.

(3) 인간관계 차원의 행동 개발

첫째, 구성원들의 목소리에 대해 리더는 더욱 경청해야 한다.

둘째, 지시, 절차, 명령과 같은 형태보다는 구성원들이 방향을 찾을 수 있도록 질문하는 방법을 택한다. 또한 구성원들이 어떤 결론에 이르렀을 때, 사용한 방법과 논리를 문서가 아닌 자신들의 언어로 설명하도록 한다.

셋째, 구성원 개개인의 목표에 대해 질문한다. 실패나 실수에 대해서는 무엇을 배웠는지 물어본다. 그리고 구성원들의 느낌과 감정에 대해서 자주 물어본다.

넷째, 특정 목표의 달성, 특정 업무 성공 등에 대한 능력과 가능성에 대해 확신을 심어 준다. 이를 통해 보다 효율적인 업무 진행방식에 관하여 학습하고 동기부여할 수 있다.

지금까지 논의에서 알 수 있듯이, 셀프 리더십의 기본 전제는 동기부여 측면과 아지리스의 미성숙-성숙 이론에 기반하고 있다. 즉 사람들은 책임감이 있으며, 기회가 주어진다면 규정, 절차, 상사와 같은 외적 제약이 없어도 성실하게 노력한다는 것이다. 더구나 경영 패러다임 변화에 따른 수평조직구조는 셀프 리더십의 필요성을 강조하고 있다. 이러한 시대적 요구와 상황에 부합되는 셀프 리더십의 개념 확대와 이론적 심화는 오늘날 중요한 연구분야이다.

다음의 설문은 셀프 리더십 행동 모델의 구성요소를 기반으로 하고 있다. 이를 통해 목표설정에 대한 자율성, 긍정적 사고를 기를 수 있는 조직환경, 내재적 보상을 통한 동기부여 수준을 측정한다. 동시에 셀프 리더로서 조직과 팀에 대한 영향력 인식의 정도와 비교할 수 있다.

셀프 리더십 설문지

● 작성방법

아래 문항은 응답자의 셀프 리더십에 관한 질문입니다. 문항에 동의하는 정도를 숫자에 O표 하십시오.

문항	전혀 그렇지 않다						매우 그렇다
1. 내가 수행하는 일은 매우 중요하다.	1	2	3	4	5	6	7
2. 나는 우리 부서에서 돌아가는 일에 대해 상당한 영향력이 있다.	1	2	3	4	5	6	7
3. 나는 직무수행에 필요한 능력이 있다고 확신한다.	1	2	3	4	5	6	7
4. 나는 개인 목표를 수립할 수 있는 상당한 자율권을 지니고 있다.	1	2	3	4	5	6	7
5. 나의 직무활동은 개인적으로 의미가 있다.	1	2	3	4	5	6	7
6. 나는 우리 부서에서 발생하는 일을 상당히 통제하고 있다.	1	2	3	4	5	6	7
7. 나는 직무수행에 필요한 기술을 완전히 파악하고 있다.	1	2	3	4	5	6	7
8. 나는 어떤 방법으로 목표를 추구할 것인지를 자율적으로 결정할 수 있다.	1	2	3	4	5	6	7
9. 나는 보람 있는 일을 수행하고 있다.	1	2	3	4	5	6	7
10. 부서에서 벌어지는 일에 내가 행사하는 영향력은 크다.	1	2	3	4	5	6	7
11. 나의 직무수행 역량에 대해 자신이 있다.	1	2	3	4	5	6	7
12. 어떻게 목표를 수정하고 보완하는가는 내가 결정한다.	1	2	3	4	5	6	7

출처: C. C. Manz, "Self-leading working teams: Moving beyond self-managing myths." **Human Relations**. vol. 45, no. 11, 1992.

● 채점결과의 해석

1. **목표설정** 4, 8, 12 합계 (최저 3점~중간 12점~최고 21점)

2. **긍정적 사고방식** 3, 7, 11 합계 (최저 3점~중간 12점~최고 21점)

3. **내재적 보상** 1, 5, 9 합계 (최저 3점~중간 12점~최고 21점)

4. **영향력 인식** 2, 6, 10 합계 (최저 3점~중간 12점~최고 21점)

5. 서번트 리더십

그린리프(R. Greenleaf)는 서번트 리더십(servant leadership)의 필요성에 대해 다음과 같이 설명한다. "오늘날 우리는 힘과 권력을 가진 사람들이 의심받는 시대에 살고 있다." 권력자의 행동 하나하나가 일단 의심의 대상이다. 따라서 리더십이 어떻게 하면 정당한 권력으로 인정받는가 하는 것이 중요한 명제가 되었다. 이처럼 권력을 가진 사람이 그것을 발휘하면서 정당성을 얻을 수 있는 방법이 무엇인가 하는 시대적 요구에서 서번트 리더십의 논의가 시작되었다.

서번트 리더십은 역설이며, 우리가 지금까지 논의해온 리더십이론과 전적으로 다른 개념이다. 리더가 다른 사람을 이끌고 영향력을 행사하는 것이 아니라, 다른 사람을 섬기는 하인이라고 하기 때문이다. 그린리프는 리더로서 서번트의 개념을 논리적으로 설명할 수는 없다고 전제한다. 왜냐하면 직관적 통찰에 가까운 개념이기 때문이다. 그는 서번트 리더에 대해 다음과 같이 설명한다(Greenleaf, 1977).

5.1 서번트 리더의 개념

서번트 리더는 처음에는 서번트이다. 서번트 리더는 진정으로 섬기고 싶어 하는 마음에서 시작한다. 그런 마음을 가진 이후에 앞에서 끌고 싶은 리더로서의 열망을 갖게 되는 사람을 서번트 리더라고 한다. 따라서 서번트 리더는 처음부터 리더인 사람과 근본적으로 다르다. 리더가 되기 위해서 서번트의 모습만 취하거나 리더가 되기 위한 수단으로 섬기는 것이 아니다. 왜냐하면 처음부터 권위와 지위를 추구하는 욕구를 가진 사람에게서 섬기는 자세를 기대하기 어렵기 때문이다.

무엇보다 서번트 리더는 섬김을 받고 싶어 한다는 사람들의 욕구를 발견하면 그들을 확실히 배려한다. 그린리프는 자신의 경험에 근거하여 서번트 리더를 확인할 수 있는 방법을 다음과 같이 제시한다.

놀라운 통찰이며, 공감이 되는 교훈이라고 하겠다. 현재 우리가 몸담고 있는 학교, 직장, 교회, 이사회, 노동조합 등 그 어떤 조직이건 생각해 보자. 그 속에서 여러분이 1년, 2년, 5년, 10년, 20년을 일하면서 점점 인간다워지는가를. 이때 사람의 반대는 짐승이라고 할 때, 사람과 짐승의 차이는 무엇일까? 짐승은 길을 가다가 자신보다 강한 상대가 나타나면 달아나고, 약한 상대를 만나면 덮친다. 강자에겐 약하고 약자에겐 강한 것이 짐승의 본능이기 때문이다. 하지만 사람은 다르다. 착한 사마리아 법 때문이 아니라 길에 쓰러진 사람을 보면 그냥 지나치지 않는다. 그런데 진실로 그러한가?

좋은 선생이, 좋은 의사가, 좋은 공복이, 좋은 성직자가 되겠노라 다짐했건만 시간이 흐르면서 거울 속에 비친 자신의 모습을 보라. 점점 사람의 모습이 되고 있는가, 아니면 점점 짐승을 닮아가고 있는가? 물론 어느 쪽이건 그러한 결과의 가장 큰 책임은 본인에게 있을 것이다. 하지만 그린리프는 그에 대한 또 다른 책임을 리더십에서 찾고자 하였다. 거울 속의 모습이 더욱 사람다워진다면 그 학교에는, 교회에는, 회사에는, 병원에는, 직장에는 서번트 리더가 있기 때문이라고.

서번트 리더는 구성원의 성장과 발전을 가장 중요하게 여긴다. 구성원들의 좋은 업무성과에 우선적 관심을 두는 것이 아니라 인간으로서 성장과 성숙에 관심을 둔다는 의미이다. 다른 리더십이론에서 효과적인 리더십이란 조직 성과를 뜻하며, 리더십 효과는 조직 성과로 평가한다는 지금까지의 논의를 다시 생각하게 한다. 즉 조직의 단기적 이익과 성과를 위해 개인을 희생하기보다는 구성원의 성장과 성숙을 도와서 조직이 장기적으로 지속 가능한 발전을 할 수 있도록 하는 것이 서번트 리더십 효과이다.

또한 서번트 리더가 자신의 조직에 대한 관심과 섬김을 넘어서 더 큰 공동체의 유익을 위해 노력한다는 점도 주목해야 한다. 그리하여 구성원들 또한 스스로가 서번트 리더가 되어 조직과 사회에 선한 영향력을 행사하는 주체가 될 수 있다.

리더로서 서번트의 개념은 헤르만 헤세의 자전적 소설인 **동방순례**에 등장하는 레오라는 인물을 통해 이끌어 내었다고 한다. 순례길에 나선 여행단에서 온갖 잡일을 도맡아 처리하던 주인공 레오는 서번트 역할을 하던 사람이었다. 그는 여행단이 지치고 힘들어할 때 노래를 불러 활기를 불러넣기도 하였다. 레오 덕분에 여행은 순조로웠고, 괴롭고 힘든 순례의 여정도 즐거울 수 있었다. 그런데 모르비오 협곡에서 레오가 사라지면서 여행단은 혼란에 빠지고, 결국 순례 자체를 포기하기에 이른다. 서번트 레오가 없이는 여행을 계속할 수 없었기 때문이다. 몇 년 후 소설의 화자는 순례여행을 후원했던 수도회에서 레오를 만나게 되었다. 서번트로 알고 있었던 레오가 실제로는 그 수도회의 장상이며, 존경받는 지도자였던 것이다.

위대한 리더는 처음에는 서번트처럼 보인다. 이러한 특징이 리더를 진정으로 위대하게 만든다. 실제로 레오는 리더였지만, 기본적으로 서번트였기 때문에 겉으로는 서번트처럼 보였던 것이다. 리더로서 자질은 선천적으로 서번트적 기질이 있는 사람에게만 주어진다. 리더인 레오는 처음에는 서번트였던 것이다.

출처: R. K. 그린리프, 강주헌 역, 서번트 리더십 원전. 참솔, 2006, pp. 23-25.

지금까지의 서번트 리더십 개념에 대한 논의를 정리하면 다음과 같다.

첫째, 서번트 리더는 자기 자신을 리더로서 인식하기보다 서번트로서 인식한다. 구성원들을 어떻게 이끌어갈 것인가를 생각하기보다 구성원들을 어떻게 돕고 어떻게 섬길 것인가를 생각한다.

둘째, 서번트 리더는 구성원을 관리의 대상이 아닌 섬김의 대상으로 여긴다. 구성원을 조직 목표달성을 위한 수단이 아니라 성장하고 성숙해야 하는 대상으로 본다. 구성원이 리더를 위해 존재한다고 인식하기보다는 리더가 구성원을 위해 존재한다고 인식한다.

셋째, 서번트 리더는 조직이나 지역사회의 유익을 위해서 공헌하고 봉사한다.

5.2 서번트 리더십 논의의 필요성

오늘날 기업과 정부, 학교를 포함한 모든 조직에서 발생하는 문제점의 원인을 다음 두 가지에서 비롯된다. 첫째, 오늘날 조직은 여러 가지 문제의 원인을 시스템이나 이데올로기, 환경의 탓으로 돌리는 경향이 있다. 하지만 보다 근본적인 이유는 '서번트'와 '리더'의 능력을 동시에 갖춘 사람이 부재하기 때문이다. 둘째, 섬기는 사람인 서번트로서 기회가 찾아올 때 기꺼이 앞장서기를 외면함으로써, 자아성취와 자기완성을 거부하는 현상이 만연하기 때문이다. 이는 현재의 교육과정, 즉 서번트 리더십에 대한 전반적인 무관심에서 비롯된다. 지적인 준비만이 큰 성공을 보장할 것이라는 암묵적 합의로 인해, 그 반대가 진실일 수 있다는 가능성을 전혀 고민하지 않고 이루어지는 교육현실이 그러하다.

따라서 '서번트'와 '리더'가 동시에 존재하는 서번트 리더십에 대한 우리 시대의 의미에 대한 인식과 논의의 확산이 필요하다.

5.3 서번트 리더의 특징

그린리프는 서번트 리더의 특징을 다음과 같이 10가지로 제시한다.

① **경청 (listening)**   서번트 리더는 사람들이 말로써 표현한 것이나 그렇지 않은 것을 모두 수용하며 귀 기울인다. 즉 경청이란 겉으로 나타나지 않고 개인의 내면에서 나오는 소리를 듣는 것도 포함한다. 성찰과 묵상과 같은 노력을 통해 얻게 되는 경청하는 자세는 서번트 리더로서 올바르게 성장하고 사람들을 이해하게 해 준다.

② **공감 (empathy)**   서번트 리더는 타인을 이해하고 타인과 공감하기 위해 노력한다. 사람들이 갖고 있는 각자의 특별한 모습은 누구나 그 특별함으로 인해 차별받아서는 안 되고, 인정받아야 한다. 서번트 리더는 바로 이런 각자의 특별함을 인정하고 함께 감정을 나눈다는 자세를 갖고 사람들을 대한다.

③ **치유 (healing)**   오늘날 사람들의 영혼은 여러 가지 상처로 인해 고통 받고 있다. 서번트 리더가 보여주는 강력한 영향력 가운데 하나가 사람들의 고통과 상처의 치유에 관심을 갖고 있다는 것이다.

치유는 또한 조직 안에서 구성원들을 도와 당면한 스스로의 문제를 극복할 수 있도록 도와주는 것이다. 그리하여 필요한 자질을 모두 갖춘 인격체를 만들기 위한 과정에서 리더와 구성원 공히 치유의 효과를 얻게 된다.

④ **자각 (awareness)**   자각은 스스로를 이해하는 능력이며, 자신이 다른 사람에게 주는 영향에 관해서도 이해하는 능력이다.

서번트 리더는 무작정 섬기는 사람이 아니라는 점에서 단순한 하인과 다르다. 서번트 리더는 상황에 대한 분명한 인식을 근거로 합당한 대안을 제시한다. 헤르만 헤세의 소설 **동방**

순례에 등장하는 레오는 다음 여정을 위해 언제 출발해야 하며, 왜 그러한 짐은 가져가서는 안 되는지를 알려주었고, 타당한 근거에 기반하여 행동하고 움직였으며, 아무 때나 흥을 돋우는 노래를 하지 않았다. 이처럼 서번트 리더가 보여주는 결정과 태도는 분명한 자각을 통해 나타난다.

⑤ **설득 (persuasion)** 서번트 리더가 갖는 또 다른 특징은 지위와 권력이 아니라 설득에 의존한다는 점이다. 서번트 리더는 순종을 강요하는 것이 아니라 타인의 이해를 구한다. 이것은 전통적인 리더십과 서번트 리더를 구분짓는 차이점이다. 308쪽 리더십 읽을거리에서 보여주는 존 울먼의 경우가 그러하다.

⑥ **개념화 (conceptualization)** 개념화란 일반적인 생각이나 아이디어를 구체화하는 것이다. 전통적인 리더는 단기적인 목표달성을 위해 대부분의 에너지를 소진하기 때문에, 개념화의 기회가 적다. 그러나 서번트 리더는 개념화에 익숙하다. 따라서 폭넓은 사고를 통해 미래의 비전을 구체적이고, 현실에 적합한 이해하기 쉬운 언어로 나타낸다.

⑦ **직관과 통찰력 (intuition and foresight)** 의사결정을 위한 정보는 어디서나 항상 부족한 법이다. 획득한 정보와 필요한 정보 사이에는 필연적으로 간격이 있는데, 그 간격을 메우는 능력이 바로 리더십이다. 이때 직관, 즉 사유과정을 거치지 않고 파악하고 이끌어 내는 능력이 필요하다. 따라서 리더는 창의적이어야 한다. 창의력은 무엇을 발견하는 힘이다. 미지의 세계를 향해 나아가는 추진력이라고 할 수 있다. 리더는 때로는 과학자처럼, 시인이나 예술가처럼 될 수 있어야 한다. 따라서 리더의 생각이 비현실적인 경우가 많이 있을 것이다. 이때 구성원들의 신뢰가 결정적인 역할을 한다. 이를 위해, 의사결정을 위한 실질적인 정보를 공유했는가, 구성원들의 필요와 욕구에 대해 잘 알고 있는가, 공정하고 올바른 결정을 내려줌으로써 구성원들의 존경을 받고 확신을 주었는가 등은 구성원들의 신뢰를 위한 중요한 요소이다.

⑧ **청지기 의식 (stewardship)** 서번트 리더는 다른 사람들을 섬기기 위해 현재의 직분을 맡고 있다고 생각한다. 따라서 최우선적인 일은 다른 사람들을 위한 헌신이다. 조직의 서번트 리더는 통제하는 사람이 아니라, 자신의 조직과 구성원을 돌보고 보호하는 청지기 역할을 한다.

⑨ **사람들의 성장을 위한 노력 (commitment the growth of people)**   때로는 상대방의 노력이나 성과가 불충분하거나, 능력이 부족할 수도 있다. 대부분 이런 경우 그 사람은 관심과 애정의 대상으로 가치를 인정받지 못하게 된다. 서번트 리더의 비밀이 또한 여기에 있다. 불완전한 사람을 끌어 모아 하나의 조직을 만들고, 그들의 능력과 잠재력을 자극하여 잘 발휘할 수 있도록 해 준다.

⑩ **공동체 형성 (building community)**   서번트 리더는 공동체 의식을 형성할 수 있는 방안을 찾기 위해 노력한다. 섬기는 리더는 진정한 의미의 공동체가 직장에서 일하는 사람 사이에서도 이루어질 수 있다고 믿기에 그리 되도록 실천한다.

5.4 현대 조직과 서번트 리더십

서번트 리더십의 구축 가능성은 특히 기업조직에서 가장 크다. 다른 조직에 비해 기업조직은 시대와 장소를 넘어서 주어진 책임과 의무를 충실하게 실천해 왔으며, 끊임없이 스스로의 효율성에 대해 의문을 제기하면서 혁신을 통한 성장과 발전을 이룩해 왔기 때문이다.

그럼에도 기업에 대한 정부의 태도와 인식에는 문제점이 있다. 정부는 기업조직에 대해서는 대중의 요구와 비판적 인식을 가감없이 그대로 전달하는 반면, 다른 조직, 이를테면 학교, 병원, 종교기관, 군대조직, 혹은 정부조직 스스로에 대해서는 전혀 다른 관대한 태도를 보인다. 법적인 제약이란 측면에서도 영리를 추구하는 기업조직에 대해서만 고객만족, 고객 서비스라고 하는 '섬김'을 주된 수단으로 하여 경쟁하도록 적시하여 규정하고 있다. 이것은 논리적으로도 모순될뿐더러, 불공정한 이중적 처사라고 할 수 있다.

왜냐하면 이러한 발상은 이윤추구가 목적인 기업조직은 강제력을 동원하지 않으면 결코 소비자를 섬기지 않을 것이라는 편견에서 나온 것이기 때문이다. 따라서 이에 근거한 정부의 기업 관련 모든 정책 결정은 정글의 법칙만 강요하는 결과로 나타나게 되었다. 그리하여 경영학 교육에서도 기업이 치열한 경쟁에서 생존하는 방법이 강조될 뿐, 더 나은 사회를 만들기 위한 방안에 대한 논의는 등한시하였다. 어찌보면 오늘날 대학이 당면한 문제가 바로 이러한 점에서 비롯하였다고 할 수 있다.

하지만 중요한 것은 앞서 지적하였듯이, 여러 종류의 조직 가운데 그래도 본연의 역할과 기능을 제대로 수행하고 있는 것이 기업조직이며, 섬김의 역할 또한 기업조직에서 가장 잘 이루어지고 있다는 점이다.* 오히려 잘 섬기지 못하는 것은 정부, 학교, 종교단체, 병원, 자선단체에서 더욱 심각하다.

5.5 서번트로서 기업조직

기업조직이 서번트로서 역할을 다하도록 요구하기 위해서는 여타 조직과 다른 기업의 특수한 상황과 조건을 고려해야 할 필요가 있다. 물론 대다수의 기업이 제대로 섬기는 일을 하지 못하는 것도 사실이다. 기업이 매몰차고, 냉정하고, 부패한 모습을 보이더라도, 좀 더 잘 섬기도록 만들려면 역설적이지만 기업을 사랑할 수 있어야 한다. 다른 조직은 기업을 애정을 갖고 보지 않는다. 마찬가지로 기업에 몸담고 있는 사람들도 다른 기관에 대해서 별다른 애정을 보이지 않는다. 하지만 현실은 기업이 우리 삶에서 절대적인 위치를 차지하고 있다는 점이다. 더구나 오늘날의 기업은 결코 우리 마음대로 어떻게 할 수 없는 확실히 다른 위치에 있는 존재임을 인정해야 한다. 그러나 우리를 좀 더 잘 섬기도록 만들 수는 있다. 기업조직에게 애정 어린 눈길을 보이고 사랑하는 것이다. 하지만 추상적인 존재인 기업을 사랑할 수는 없을 것이다. 따라서 우리를 섬기도록 하기 위해서는 기업이란 울타리 안에 모인 사람들을 사랑해야 한다. 그들이 모여 이룩한 조직이 바로 기업이기 때문이다. 기업이 새로운 윤리관을 받아들여 변화를 시도하려면 큰 용기가 필요하다. 결코 쉬운 일은 아니지만, 실제로 그것을 이미 시작한 기업도 있다.

지금부터 서번트로서 기업의 역할을 생각해 보자.

첫째, 새로운 구성원들에게 자신의 개성을 발휘할 수 있는 기회를 주고, 역동적인 특질을 강조하는 것이다. 물론 이러한 변화나 시도는 큰 기업보다 작은 기업에서 실천하기가 쉽다. 대기업이 변화의 흐름에 동참하기 위해서는, 다양한 특성을 가진 사람들이 자신의 능력을 발휘할 수 있도록 다양한 환경을 만드는 것이 전제가 되어야 한다. 이는 기존의 조직문화와 충돌하거나 커다란 도전요소가 될 수 있을 것이다. 이렇게 함으로써 개인이 뚜렷한 목표의식을 갖도록 분위기를 제공하고, 필요할 때 적극적인 지원을 해 준다. 또한 각자의 개성을 존중하며, 기업의 일부라는 의식을 심어 주고, 협력하여 기업이라는 공동체의 발전을 위

---

* 실제로 당신이 어떠한 이유건 완전히 무너져서 좌절한 상태에 놓여 있을 때, 아무것도 바라지 않고 순수한 동정심만으로 당신을 다시 일으켜 세우려 먼 길을 달려올 사람이 있는가? 만약 있다면, 당신은 누구의 도움을 받을 때 좌절을 딛고 일어설 가능성이 가장 큰가? 이러한 질문을 받았을 때 사람들은 조금도 주저함 없이 대답할 것이다. 기업이라고. 그것도 대기업이라고. 결코 정부기관이나 여러분이 다니는 교회, 여러분이 졸업한 대학이나 자선단체가 아님을 주목하라.

해 공헌할 수 있도록 하는 것이 리더의 역할이다. 즉 유능한 사람들의 욕구를 충족시키는 동시에, 그들이 갖고 있는 다양성을 포용하는 것이 변화를 위한 첫걸음이 되는 것이다.

둘째, 잠재력을 드러내지는 못했으나, 무엇인가를 하고 싶어 하는 의욕을 가진 직원들을 동기부여하는 일이다. 이 또한 쉽지 않은 일이지만, 다음과 같은 실천을 통해 노력해 볼 수 있다. 대기업은 인적자원이 풍부하므로, 개인의 역량을 키우기 위해 업무 분할이나 업무통합 등의 변화가 가능하다. 그 결과 성취감을 체험하게 된 구성원들은 동기부여가 된다. 즉 과거처럼 기업은 이윤만 추구하고, 상품과 서비스를 제공하는 역할을 하고, 직원들은 위에서 시키는 일만 하는 것이 아니라, 새로운 기업윤리에서는 직원의 성장을 최우선 목표로 한다. 이러한 기업환경을 조성하면 직원들은 당연히 고객을 섬기려 할 것이고 또한 회사를 위해 최선을 다할 것이다. 많은 직원이 있는 대기업에서 이런 일이 이루어진다면, 마치 오케스트라 공연처럼 그 자리에 있는 모든 이를 기쁘고 행복하게 해 줄 수 있다.

쉬운 일은 아니지만, 대기업이 처하게 되는 많은 문제에 비하면 불가능한 것은 아니다. 이러한 변화가 기업의 당위적 과제로서 등장할 날이 올 것이다. 당위성을 인정할 때 기업은 올바른 방향으로 나아가고 있다는 믿음이 생기게 되며, 그러한 믿음이 중요한 기업윤리가 될 것이다.

셋째, 누구든지 의미 있는 일을 할 권리가 있다는 사실을 인정하는 것이다. 기업은 근로자들에게 의미 있는 일을 제공할 의무를 갖는다. 생계는 돈으로 해결할 수 있지만, 의미 있는 일은 새로운 가치관으로 차려 입은 조직만이 제공할 수 있다. 그런 의미에서 새로운 윤리의 실천은 정신과 육체가 하나로 결합한 사회를 향한 긍정적인 진보라고 하겠다.

조종(manipulation)과 관리(administration)에 강한 거부감을 갖던 시대가 있었다. 하지만 오늘날에는 그에 대한 불만의 목소리가 많이 줄어들고 있다. 그 이유가 무엇일까? 기업의 운영방식에는 큰 변함이 없으나 기업이 추구하는 목표에 변화가 일어났기 때문이다. 실제로 정신적, 육체적으로 건강하며, 자율적이고, 능력 있는 사람들은 조종당하는 것에 별로 거부감이 없다. 왜냐하면 조종이나 관리가 그들에게는 하나의 게임이기 때문이다. 지금은 자신이 조종당하지만 언젠가는 자신에게도 다른 사람을 조종하거나 관리할 수 있는 기회가 주어지는 것을 알고 있기 때문이다. 그렇게 때문에 기업조직이 다른 조직에 비해서 강하고 뛰어난 것이다.

따라서 뛰어난 기업이란 훌륭한 인재를 선발하여 조직 안에서 의미 있는 일을 하면서 능력을 발휘하는 기업이다. 대기업은 이러한 윤리관을 수용할 수 있는 역량과 자원을 충분히 갖추고 있다. 단지 그것을 받아들일 자세와 실천이 문제일 뿐이다. 실제로 이렇게 변화하는 윤리관을 남보다 앞서서 실천하는 창의적인 크고 작은 기업을 우리 주위에서 보고 있다. 새로운 윤리관은 그런 기업들이 앞장서서 실천할 때 정립되는 것이다. 이것이 서번트로서 기업이 나아가야 할 방향이고 역할임을 그린리프는 강조한다.

① 경청

리더십 읽을거리 | 꼰대

꼰대는 본디 선생, 혹은 아버지를 뜻하는 속어다. 내 귀에는 1970년대부터 들리기 시작했으므로 꽤 오래된 말인데 과거와 크게 다른 것은 이제 아주 많은 사람들이 쓰고 있다는 점과 '꼰대질'이란 말이 나타내듯이 화자가 선배나 직장 상사를 가리킬 때에도 쓰인다는 점이다. 그러니까, 꼰대는 그저 늙은이 혹은 구세대를 뜻하기도 한다. **(하략)**

출처: 이재현, [이재현의 유행어사전] 꼰대, **한국일보**. 2015.10.06
https://v.daum.net/v/20151006143406738

---

② 공감

리더십 읽을거리 | 파리보다 아름다운 그녀

그녀의 웃음소리가 나를 흔들었다. 조금 전부터 살짝 달아오른 얼굴은 그녀와 마주친 눈빛에 겨워 이미 발갛게 물들고 있었다. 첫 눈인사를 나눈 순간 갑자기 눈가마저 촉촉하게 젖어버렸다. 설명할 수는 없어도 분명 내 가슴을 울리는 벅찬 감동의 순간인 것만은 분명했다. 하얗게 센 머리칼과 약간 굽은 등으로 보아 70년은 충분히 넘겼을 그녀의 삶과 세월에 절로 고개가 숙여졌다. 뜬금없이 그녀가 고마웠다. **(하략)**

출처: 임종진, [임종진의 삶이 있는 풍경] '파리'보다 아름다운 그녀, **한국일보**. 2015.06.16
https://v.daum.net/v/20150616112618052

---

③ 치유

리더십 읽을거리 | 소록도 큰 할매 작은 할매

소록도, 살아서는 다시 육지를 밟을 수 없는 나병환자들이 살던 곳. 자고 일어나면 발가락이 하나씩 떨어져 나가고, 살이 썩고, 뼈가 녹는다는 병. 소위 '문둥병'이라 불리던 '한센병' 환자들은 일제강점기 때부터 그 작은 섬에 버려졌고 처참한 환경 속에서 인간적 모멸감과 고통스런 노역으로 죽어갔다.

1962년, 저주받은 이 섬에 젊은 외국인 수녀가 찾아온다. 오스트리아에서 간호사로 일하던 마리안느와 마가렛

수녀는 6,000명의 환자들을 고작 5명의 의료진이 돌보고 있는 열악한 현실을 보고 운명처럼 이곳에서 평생을 바치기로 결심한다. **(하략)**

출처: 소윤경, 한평생을 소록도에 바치고 사라진 두 외국인 수녀의 인생, **한국일보**. 2015.07.31
https://v.daum.net/v/20150731204107259

④ 자각

리더십 읽을거리 | 혁신을 위한 혁신

시대마다 고유의 키워드가 있다. 1980년대는 '관리(Management)'의 시대였다. 인사관리, 시장관리, 고객관리 등 사업은 곧 '관리'와 동의어였다. 1990년대 IMF 외환위기를 기점으로 키워드는 '전략'으로 바뀌었다. 사업전략, 기술전략, 마케팅전략, 전략적 의사결정 등 '전략'만 갖다 붙이면 다 되는 듯 마법의 주문처럼 유행했다.

오늘날은 바야흐로 혁신의 시대이다. 경영혁신, 조직혁신, 교육혁신, 경제혁신, 사회혁신 등. 그 어떤 대상에도 '혁신'이란 단어를 갖다 붙이면 자못 세련되게 보인다. **(하략)**

출처: 장수한, [삶과 문화] 혁신을 위한 혁신, **한국일보**. 2016.11.22
https://v.daum.net/v/20161122154209054

⑤ 설득

리더십 읽을거리 | 서번트 리더, 존 울먼

서번트 리더는 독특한 면모를 보여준다. 한 번에 한 사람씩 조용히 만나면서 큰 일을 이루는 경우가 있다. 미국의 퀘이커교 전도사 존 울먼(John Woolman, 1720-1772)은 혼자 힘으로 퀘이커교회에서 노예제를 척결한 사람이다. 18세기 미국의 퀘이커교 신자들은 대부분이 부유하여 노예를 소유했다고 한다. 울먼은 교회에서 노예제를 뿌리 뽑겠다는 목표를 세웠다. 30년이라는 세월 동안 그는 이 목표를 이루기 위해 자신의 모든 것을 바쳤다. 그리하여 남북전쟁이 일어나기 100년 전부터 퀘이커교 신자 가운데 노예를 소유한 사람은 하나도 없었다.

울먼이 교회 안에서 노예제도를 척결하기 위해 사용한 방법은 독특했다. 사람들의 관심을 끌기 위해 소동을 일으키지도 않았고, 저항운동을 펼친 것도 아니었다. 온건한 방법, 그러면서도 끈질긴 설득으로 신자들에게 노예를 포기하도록 만들었다.

울먼은 걸어서 때로는 말을 타고 노예 주인들을 찾아 미국 동부 해안을 샅샅이 찾아다녔다. 30년이라는 세월을 그렇게 보낸 것이다. 노예 주인들을 비난하여 반감을 사는 일은 결코 하지 않았다. 단지 그는 이렇게 물었다고 한다. "도덕적 인간으로서 인간을 노예로 소유한 것에 대해서 어떻게 생각하나요? 당신 자녀들에게 어떤 세상을 물려주고 싶나요?" 이렇게 한 사람씩, 한 걸음씩 거듭해서 방문하면서, 30년이라는 세월 동안 자신의 생각을 조용히 퍼뜨렸던 것이다.

9장 새로운 리더십

마침내 노예제도라고 하는 천형이 퀘이커교회 안에서 사라지고, 퀘이커교회는 미국에서 최초로 노예제도를 대외에 공식적으로 비난하며 신자들에게 금지하는 공동체가 되었다. 만약 그 당시에 울먼처럼 잘못된 것을 고쳐야 한다는 생각으로, 누구도 비난하지 않고 조용히 한 사람씩 설득하면서, 미국 땅을 샅샅이 훑고 다녔던 사람이 10명, 아니 5명이라도 있었더라면, 결과가 어떠했을까?

이처럼 설득이라는 리더십은 강제가 아니다. 계몽과 깨달음으로 변화를 가져올 수 있다는 장점을 갖는다. 존 울먼, 그는 오늘날만큼이나 암울했던 그 시대에 최고의 리더십을 보여준 인물이라 할 수 있을 것이다.

출처: R. K. 그린리프, 강주헌 역, **서번트 리더십 원전**. 참솔, 2006, pp. 54-56.

⑥ 개념화

리더십 읽을거리 | 분노를 배워야 하는 이유

"나는 무관심한 자들을 미워한다." 무솔리니의 전체주의 정권 하에서 저항운동을 펼쳤던 안토니오 그람시가 남긴 말이다. 우리가 사는 '현실세계'와 이 현실세계가 지닌 문제들이 극복되는 '이상세계' 사이에는, 언제나 커다란 거리가 있다. 현실세계와 이상세계 사이에 엄청난 '거리'가 있다는 것은, 이 세계에 여전히 불의, 불공평, 불평등, 폭력이 존재한다는 것을 의미한다.

그람시는 더 나은 세계를 만들어 가기 위한 과정에서 걸림돌 중의 하나가 '무관심'한 사람들이라고 지적한다. 그렇다면 '무관심자'가 아닌 '관심자'가 되는 데에 필요한 것들은 무엇일까. 그 중의 하나는 불의한 것에 대한 '분노'이다. **(하략)**

출처: 강남순, [강남순 칼럼] '분노'를 배워야 하는 이유, **한국일보**. 2015.10.06
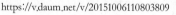
https://v.daum.net/v/20151006110803809

⑦ 직관과 통찰력

리더십 읽을거리 | 장기려 박사

장기려 박사는 우리나라 외과 학회에서는 아주 뛰어난 업적을 남긴 외과 전문의였지만, 그의 인생은 너무나도 서민적이고 초라했다.

1995년 1월, 86세로 생을 마감할 때까지 부산 복음 병원 원장으로 40년, 복음 간호대학 학장으로 20년을 근무했으나, 그에게는 서민 아파트나 죽은 후에 묻힐 공동 묘지 10평조차 없었다.

장기려 박사는 언제나 어려운 처지에서 사셨다. 물론 병원 원장이나 대학 학장으로서의 수당은 있었겠지만, 그에게는 월급이나 수당보다는 가불이 많았다. 여기에서 그의 수수께끼가 시작된다. **(하략)**

출처: 김남석, **장기려박사**. 2022.07.12

https://m.blog.naver.com/kstatt/222807962284

⑧ 청지기 의식

리더십 읽을거리 | 보이지 않는 자리에서 모든 사람이 무언가를 하고 있다고 믿어야 한다

여러 해 전, 시국 사건이 쏟아지던 시절이었다. 나도 사무실을 운영하랴 길에 나가랴 밤낮으로 버둥거리던 어느 날, 함께 활동하던 A변호사님과 이야기를 나누다 깜짝 놀란 적이 있다. A변호사님은 헌신적으로 인권옹호 활동을 하던 분이셨는데, 같은 인권변호사인 B변호사님 얘기가 나오자 불쑥 "그분 하나도 안 바빠요. 하는 것도 없는데."라고 하신 것이다.

그 B변호사님은 다른 인권 분야에서 몸이 열 개라도 모자랄 만큼 활동하고 계셨다. **(하략)**

출처: 정소연, [삶과 문화] 보이지 않는 자리에서 모든 사람이 무언가를 하고 있다고 믿어야 한다,
한국일보, 2018.05.15
https://www.hankookilbo.com/News/Read/201805151810930772

⑨ 사람들의 성장을 위한 노력

리더십 읽을거리 | 선생님이 계셔서 이젠 외롭지 않습니다

세상을 떠난 지 12년, 8년 된 두 사람이 30년 동안 주고받은 편지를 읽으며 가슴이 뭉클해진다. 어쩜 이리 애틋하고 아름다울까. 사람과 사람의 진정한 만남이 어떤 것인지 실감케 하는 한 줄 한 줄이 느껍기만 하다.

'선생님, 요즘은 어떠하십니까'는 '강아지 똥', '몽실 언니' 등 걸작을 남긴 아동문학가 권정생(1937~2007)과, 아동문학가이자 아동문학 평론가로 온 삶을 아이들과 함께한 이오덕(1925~2003)이 주고받은 편지 모음이다. 두 사람이 처음 만난 1973년 1월부터 이오덕이 세상을 떠나기 아홉 달 전인 2002년 11월까지 오간 편지를 책으로 묶었다. 이 가운데 일부는 2003년에 잠시 책으로 나왔다가 바로 절판됐다. 이오덕의 유족과 권정생의 뜻에 따른 결정이었다. 죽고 나서 세월이 한참 흐른 뒤에 책으로 펴내라는 권정생의 뜻에 따라 이제야 정식 출간됐다.

1973년 1월 8일, 이오덕은 조선일보 신춘문예 당선작 '무명 저고리와 엄마'의 동화작가 권정생이 혼자 살고 있는 안동의 일직교회 문간방으로 찾아갔다. 겨울날 해거름에 찾아온 손님이 돌아간 뒤 권정생은 편지를 썼다. "바람처럼 오셨다가 많은 가르침을 주고 가셨습니다. 일평생 마음 놓고 제 투정을 선생님 앞에서 지껄일 수 있었습니다." 편지를 받고 사흘 뒤 이오덕은 답장을 보냈다. "동화 한 편 보내주시면 상경한 길에 어느 잡지에나 싣게 되도록 해 드리겠습니다."

이오덕은 마흔아홉, 권정생은 서른일곱이었다. 그렇게 시작된 인연이 평생토록 애틋하게 이어졌다. 이오덕은 초등학교 교사, 권정생은 중증 결핵 환자였다. 병든 몸으로 견디기 힘든 통증과 지독한 가난, 의지가지 하나 없는 외로움을 평생 짊어졌던 권정생은 훗날 이렇게 썼다. "선생님을 만나 이젠 외롭지 않습니다."(1973.3.14) "앞으로도 역시 제가 쓰고 있는 낙서 한 장까지도 선생님께 맡겨 드리고 싶습니다."(1974.4.9) "선생님이 만약 안 계셨더라면 제가 여지껏 살아남았을까 싶은 생각이 듭니다."(1986.2.13)

이오덕은 어른, 아이 모두 권정생의 작품을 읽혀야 한다는 생각으로 온 힘을 다해 권정생을 세상에 알렸다. 이오덕의 정성으로 권정생의 동화가 출판되기 시작했고 권정생은 죽을 힘을 다해 동화를 썼다.

두 사람의 편지는 감출 것도 자랑할 것도 없고, 그저 있는 그대로 서로 염려하고 위로하는 마음으로 가득하다. 이오덕은 내내 권정생의 건강을 걱정했고 가난을 안타까워 했다. 작품 고료를 받게 하려고, 책을 내려고 사방으로 뛰어다니며 애를 썼다. "남들이야 무슨 말을 하든지 저는 선생님의 작품을 참으로 귀하고 값있는 것으로 아끼고 싶습니다."(1973.2.14) "거기 일직교회는 햇볕이 앉을 곳도 없었던 것 같은데 얼마나 추울까요. 약을 계속해서 잡수셔야 할 터인데 걱정입니다. 어디 돈을 빌려서라도 약을 잡수시면 제가 가서 갚겠습니다."(1979.11.19) "남들은 권 선생님의 아픈 몸을 속속들이는 모릅니다. 부디 음식을 충분히 잡수시고 무리하지 마시기 바랍니다."(1988.1.31)

이런 저런 사정으로 한동안 못 보면 서로 그리워했다. 때로는 기약 없이 서로를 기다렸다. 이오덕이 삼십리 길을 걸어 하루에 두 번이나 일직교회로 찾아갔다가 엇갈려 못 만나고 온 날도 있다. 권정생은 이오덕이 안동에 올 때면 혹시 만날까 싶어 버스 정류소에서 서성대고, 개 짖는 소리만 나면 문 밖을 내다보며 기다리기도 했다.

편지에는 두 사람의 소소한 일상은 물론이고 어린이문학을 대하는 깊은 사랑, 작고 약한 것들을 향한 연민, 세상 살아가는 도리에 대한 다짐, 어지러운 사회를 염려하고 비판하는 올곧은 마음도 고스란히 들어 있다. 권정생은 이렇게 썼다.

"나 자신이 어린이가 되어 어린이와 함께 살다 죽겠습니다. 하늘을 쳐다볼 수 있는 떳떳함만 지녔다면, 병신이라도 좋겠습니다. 양복을 입지 못해도, 장가를 가지 못해도, 친구가 없어도, 세끼 보리밥을 먹고 살아도, 나는, 나는 종달새처럼 노래하겠습니다."(권정생, 1973.2.8)

"병든 사람은 병든 사람만이 위로해 줄 수 있고, 가난한 사람은 가난한 사람만이 도와줄 수 있답니다. 백 번 죽었다 살아난대도, 저는 역시 가난하게 살면서 가난한 아이들 곁에 있고 싶습니다. 이대로 죽으라면 죽겠습니다."(1974.4.22)

"어린이를 미숙하고 유치한 존재로 보고 있듯이 아동문학을 그렇게 가볍게 취급하고 있으니 주목할 만한 작품이 나오지 않고 있는 것입니다. 한 편의 동화를 빚어내기 위해 다른 모든 것을 버릴 수 있는 이는 뜨거운 작가가 나와야만이, 아동문학이 구원을 받고 또 인간이 구원을 받을 수 있을 것입니다."(1981.8.26)

"어쨌든 저는 앞으로도 슬픈 동화만 쓰겠습니다. 눈물이 없다면 이 세상 살아갈 아무런 가치도 없습니다. 산다는 것은 눈물투성이입니다. 인간은 한순간도 죄짓지 않고는 목숨이 유지되지 않는데, 어떻게 행복하고 즐거울 수 있겠습니까? 내가 한 번 웃었을 때, 내 주위의 수많은 목숨이 희생당하고 있었고, 내가 한 번 만족했을 때, 주위의 사물이 뒤틀려 버리고 말았던 것을 어떻게 지나쳐 버릴 수 있겠습니까? 결국 울 수밖에 없습니다. 우는 것도 가증할지 모르지만 울 수도 없다면 죽어야지요."(1985.10.19)

이오덕은 이렇게 썼다.

"다만 작가적 양심으로 글을 씀으로써 모든 불순한 것들에 저항할 뿐이라고 생각합니다. 부디 좋은 동화를 계속 쓰시기 바랍니다."(1977.1.14)

"이 세상에 악이 승하도록 버려두어서는 안 됩니다. 장자같이 살아가는 것은 결과적으로 도피입니다. 우리는 루쉰을 배워야 합니다."(1979.7.6)

광주민주화운동이 일어난 1980년 봄과 여름에 권정생이 쓴 편지에는 사회의식이 도드라진다. "요사이 라디오

듣고 있으면 사회적으로 국가적으로 어지러운 것 같아요. 조용한 것보다는 좋다고 봅니다. 젊은 학생들의 저항의식이 계속 살아서 움직여야만 국가는 병들지 않을 것입니다."(1980.5.13) ('국민총화'라는 구호를 넌지시 비판하며) "하느님 나라는 절대 하나 되는 나라가 아닙니다. 하느님 나라는 일만 송이의 꽃이 각각 그 빛깔과 모양이 다른 꽃들이 만발하여 조화를 이루는 나라입니다. 꽃의 크기가 다르고 모양이 다르고 빛깔이 달라도 그 가치만은 우열이 없는 나라입니다."(1980.7.24)

이 책에 실린 편지들은 어느 한 구절도 허투루 넘길 수 없는 진실과 감동을 담고 있다. 입으로만 떠드는 빈말이 아니고 몸으로 겪고 마음으로 길러서 온 정성으로 써 내려간 글이라 더할 수 없이 지극하다. 책 말미에는 이오덕이 죽음 직전에 권정생을 생각하며 쓴 시, 권정생이 최후의 고통과 싸우며 "용감하게 죽겠다"고 쓴 유언장이 붙어 있다. 마지막 7쪽을 차지한 이것만 읽어도 가슴이 뜨거워진다. 세상은 이렇게 사는 거라고, 온몸과 온마음으로 보여준 두 사람이 새삼 그리워지는 것을 어쩔 수 없다.

출처: 오미환, "선생님이 계셔서 이젠 외롭지 않습니다", **한국일보**. 2015.05.07
https://v.daum.net/v/20150507121918436

⑩ 공동체 형성

리더십 읽을거리 | 아이는 온 마을이 키운다

산골 마을에 서울 손님이 왔다. 3년째 지구촌 돌림병(코로나19)으로 마음 놓고 오가지도 못하다가, 3박4일 겨우 짬을 내고 용기를 내어 왔다. 더구나 서울과 합천은 큰마음 먹어야만 오갈 수 있는 거리다. 그래서 아내와 나는 사나흘 전부터 귀한 손님을 맞을 준비를 했다. 그 손님이 누구냐고? 여섯 살 손자 '서로'다. 이름은 '로'인데 성을 붙여 그냥 '서로'라 부른다. 서로 혼자 온 것은 아니다. 서로 엄마도 같이 왔다. 서로 아빠는 일터에 가는 바람에 어쩔 수 없이 둘이만 왔다.

서로 엄마는 눈이 불편한, 정확하게 말하자면 1급 시각장애인이다. 서로는 엄마 손을 꼭 잡고 서울 마포구 성미산 아래에서 서울역으로, 서울역에서 케이티엑스를 타고 대구역으로, 대구역에서 다시 합천 황매산 자락까지 무사히 왔다. 여섯 살 아이와 눈이 불편한 엄마가 이렇게 먼 거리를! 놀랍기만 하다. 서로 엄마는 서로한테 할머니 할아버지와 좋은 추억을 만들어 주고 싶어 용기를 내어 왔단다. 어찌 고마운 마음이 절로 들지 않으랴. **(하략)**

출처: 서정홍, [시선] 아이는 온 마을이 키운다, **경향신문**. 2022.08.15
https://www.khan.co.kr/opinion/column/article/202208150300075

다음은 서번트 리더십을 측정하기 위한 설문 (SLQ, Servant Leadership Questionnaire)이다. 서번트 리더의 10가지 특징을 7가지 행동으로 바꾸고, 이를 다시 28개 설문항목으로 구성하였다.

서번트 리더십의 7가지 행동 차원은 다음과 같다.

① 개념화 (conceptualizing)

② 정서적 치유 (emotional healing)

③ 구성원 우선 (putting followers first)

④ 구성원의 성장과 성공의 지원 (helping followers grow and succeed)

⑤ 윤리적 행동 (behaving ethically)

⑥ 임파워먼트 (empowerment)

⑦ 지역사회의 가치창조 (creating values for the community)

서번트 리더십 설문지(SLQ)

● 작성방법

여러분의 리더십을 잘 알고 있는 동료나 부하 직원 두 사람에게 설문지를 작성하도록 하십시오. 각 문항은 여러분의 리더십 행동을 나타내고 있습니다. 문항 앞의 _____ 위에 해당 점수를 써넣으십시오.

1 = 결코 그렇지 않다.	2 = 그렇지 않다.	3 = 약간 그렇지 않다.
4 = 잘 모르겠다.	5 = 약간 그렇다.	6 = 그렇다.
7 = 확실히 그렇다.		

_____ 1. 구성원들은 어려운 문제가 있을 때 우리 리더에게 도움을 얻으려고 한다.

_____ 2. 우리 리더는 지역사회에 되돌려주는 일의 중요성을 강조한다.

_____ 3. 조직에서 업무와 관련하여 잘못되고 있을 때, 우리 리더는 그 사실을 솔직하게 말하는 사람이다.

_____ 4. 우리 리더는 구성원들과 관련된 중요 결정을 구성원들 스스로에게 맡긴다.

_____ 5. 우리 리더는 구성원들의 경력개발을 우선순위에 둔다.

_____ 6. 우리 리더는 자신의 성공보다 구성원들의 성공에 더 관심을 갖는다.

_____ 7. 우리 리더는 높은 윤리적 기준을 가지고 있으며, 그에 따라 행동한다.

_____ 8. 우리 리더는 구성원들의 개인적 복지에 관심이 크다.

_____ 9. 우리 리더는 항상 지역사회 주민들을 위한 일에 관심이 있다.

_____ 10. 우리 리더는 문제 발생 시 해결될 때까지 대처한다.

_____ 11. 우리 리더는 구성원들에게 직무와 관련한 중요한 결정을 위해 재량권을 주고 있다.

_____ 12. 우리 리더는 구성원들이 스스로의 경력목표를 확실하게 하고 달성할 수 있도록 돕는다.

_____ 13. 우리 리더는 자신의 관심사보다 구성원들의 관심사를 우선한다.

_____ 14. 우리 리더는 언제나 정직하다.

_____ 15. 우리 리더는 시간을 내어 개인적으로 대화를 나눈다.

_____ 16. 우리 리더는 지역사회 활동에 참여한다.

_____ 17. 우리 리더는 조직목표에 대해 명확히 이해하고 있다.

_____ 18. 우리 리더는 어려운 문제가 발생했을 때 구성원들 스스로가 최선을 다해 해결하도록 재량권을 주고 있다.

_____ 19. 우리 리더는 구성원들이 새로운 기술을 개발할 수 있도록 자신의 경험을 기꺼이 제공한다.

_____ 20. 우리 리더는 구성원들의 욕구 충족을 위해 자신의 이익을 희생한다.

_____ 21. 우리 리더는 달성목표를 위해 자신의 윤리적 원칙과 타협하지 않는다.

_____ 22. 우리 리더는 구성원들이 의기소침할 때 금방 알아차린다.

_____ 23. 우리 리더는 구성원들의 지역사회를 위한 봉사활동 참여를 장려한다.

_____ 24. 우리 리더는 업무상 어려움을 새롭고 창의적인 아이디어를 통해 해결해 나간다.

_____ 25. 구성원들이 업무상 중요한 결정을 해야 할 경우 리더와 상의할 필요가 없다.

_____ 26. 우리 리더는 구성원 개인의 경력목표가 무엇인지 알려고 노력한다.

_____ 27. 우리 리더는 구성원들이 직무수행을 용이하게 할 수 있도록 노력한다.

_____ 28. 우리 리더는 수익 증대보다 정직을 더 가치 있게 생각한다.

출처: R. C. Liden et al., "Servant Leadership: Development of a Multidimensional Measure and Muti-level Assessment." **Leadership Quartely**. vol. 19, no. 2, 2008, pp. 174-176.

● 채점방법

여러분의 리더십에 대해 구성원들이 부여한 점수가 여러분의 서번트 리더십 점수가 된다. 먼저 각 문항에 대해 두 사람이 평가한 점수를 합한 뒤 2로 나누어서 평균을 한다. 그 다음에 각 문항의 평균점수를 합산하여 서번트 리더십 행동 차원을 평가한다.

1. **문항** 1, 8, 15, 22의 평균점수를 합산 _____ 점
   (정서적 치유)

2. **문항** 2, 9, 16, 23의 평균점수를 합산 _____ 점
   (지역사회의 가치창조)

3. **문항** 3, 10, 17, 24의 평균점수를 합산 _____ 점
   (개념화)

4. **문항** 4, 11, 18, 25의 평균점수를 합산 _____ 점
   (임파워먼트)

5. **문항** 5, 12, 19, 26의 평균점수를 합산 _____ 점
   (구성원의 성장과 성공의 지원)

6. **문항** 6, 13, 20, 27의 평균점수를 합산 _____ 점
   (구성원 우선)

7. **문항** 7, 14, 21, 28의 평균점수를 합산 _____ 점
   (윤리적 행동)

● 채점결과

- **높은 범주**: 23~28점
- **중간 정도의 범주**: 14~22점
- **낮은 범주**: 8~13점
- **아주 낮은 범주**: 0~7점

6. 윤리적 리더십

6.1 윤리적 리더십의 중요성

리더십은 구성원들의 행동뿐만 아니라 가치관과 태도에도 영향을 준다. 그리하여 리더십 과정이 구성원들의 삶을 변화시킨다는 점에서 윤리적 책임을 수반한다. 또한 리더는 구성원들을 고유한 정체성을 가지는 존재로서 존중해야 할 윤리적 책임도 갖는다. 이러한 책임은 리더십을 부여받은 리더가 가지고 있는 지위와 권한에서 비롯되는 것인데, 구성원들의 욕구, 이해관계, 개인의 양심에 따른 행동 등에 특히 관심과 주의를 기울여야 한다(Beachamp와 Bowie, 1988).

이처럼 윤리는 리더십의 중심에 위치하게 되는데, 그것은 리더십의 본질 때문이다. 구성원들로 하여금 공동의 목표를 달성하도록 하고, 조직의 가치를 확실히 하는 일에 리더가 영향력을 행사하기 때문이다.

6.2 리더십 윤리이론

윤리(ethics)란 사람으로서 당연히 행하고 지켜야 할 도리를 뜻한다. 유사한 개념으로 도덕이 있다. 도덕(moral)이란 올바르게 행동하기 위한 규범을 뜻한다. 도덕이 개인의 자기완성을 위한 내면적 원리로서 작용한다면(예컨대, 도덕군자), 윤리는 다른 사람들과 관계 속에서 합당하게 행동한다는 의미를 갖고 있다(예컨대, 기업윤리, 사회윤리, 국가윤리). 따라서 두 개념은 동일한 의미를 갖고 있으나, 실천 단계에서는 상호 배타적 결과로 나타날 수 있다(예컨대, 개인의 도덕적 행위가 반드시 사회적 정의와 일치하지는 않는다).

따라서 리더십은 윤리와 관련이 있다. 윤리적 리더십을 전개하기 위해 먼저 리더십 윤리이론에 대해서 살펴보자.

리더십 윤리이론은 다음과 같이 두 가지 관점에서 접근하고 있다(Northouse, 2018). 하나는 리더의 행동관점과 다른 하나는 리더의 자질관점이다. 리더의 행동관점은 리더 행동의 동기와 결과를 통해서 리더십 윤리를 논의한다. 그에 비해 리더의 자질관점은 리더가 윤리적으로 어떤 사람인가에 따른 접근이다. 다음의 표 9.5는 리더십 윤리이론의 두 가지 관점을 보여준다.

표 **9.5** 리더십 윤리이론의 두 가지 관점

리더의 행동관점	리더의 자질관점
• **결과(목적론)** 　① 윤리적 이기주의 　② 공리주의 　③ 이타주의 • **동기(의무론)**	• 덕성이론

출처: P. G. 노스하우스, 김남현 역, **리더십**. 경문사, 2018.

(1) 리더의 행동관점

리더의 행동에 초점을 둔 리더십 윤리이론이다. 목적론과 의무론으로 구분할 수 있다.

먼저 목적론(teleological theories)은 리더 행동의 목적(결과)을 통해서 윤리적인가를 판단한다. 그에 비해 의무론(deontological theories)은 윤리적인가의 여부를 행동의 결과가 아니라 동기(출발)에 의해서 판단한다. 따라서 행위의 결과와 무관하게 동기가 선하며, 반드시 해야 하는 의무를 행한 것이라면 윤리적 행동이 된다. 표 9.6은 목적론의 세 가지 구성요소인 윤리적 이기주의, 공리주의, 이타주의를 설명하고 있다.

(2) 리더의 자질관점

리더십 윤리를 리더의 자질관점에서 접근하며, 덕성이론(virtue-based theories)이라고 한다. 덕성이란 어질고 올바른 성품(character)을 뜻한다. 이는 개인의 삶과 교육을 통해 학습되고 형성된다. 따라서 타고나는 본성이나 성격과 다른 것이다.

덕성이나 도덕적 능력은 가족과 공동체를 통해 습득하게 되고 강화된다. 이러한 덕성은 선하고 가치 있는 사람이 될 수 있는 힘이 된다. 희랍어 아레테(arete)는 탁월성(excellence) 혹은 덕성(virtue)을 의미하는데, 이는 어질고 올바른 성품이 곧 인간의 뛰어남, 탁월함이란 의미를 담고 있다.

따라서 가족이나 공동체와 생활하면서, 훌륭한 삶을 위해서는 덕성을 갖추는 것은 중요하다. 구체적으로 용기, 절제력, 관용, 자제심, 정직, 사교성, 겸손, 공정, 정의 등이 있다(Velasques, 1992). 이러한 덕성 윤리를 리더십에 적용해 본다면, 리더는 조직과 구성원들을 위해서 인내, 공공의식, 성실성, 정직성, 진실성, 충직성, 포용, 겸양 등의 덕성을 갖추기 위해 노력해야 한다.

사실만 말하게 되면 진실해지고(truthfal), 어려운 사람들에게 베풀면 자비로워지며

표 9.6 리더십 윤리이론의 목적론 구성요소

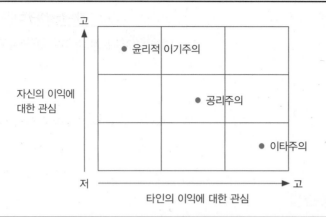

	스스로에게 최선의 결과가 되는 것을 위해 행동한다. 이러한 리더는 이기적이고, 자기중심적으로 직무를 수행하고 경력을 추구한다. 거래적 리더십과 관련된 윤리적 리더에 해당한다. 이러한 윤리적 이기주의는 기업조직에서 흔히 발견할 수 있다. 예컨대, 승진을 위해 자신의 부서를 회사에서 최고의 실적을 위해 이끈다면 이러한 관리자의 행동은 윤리적 이기주의에서 비롯된 것이다.
• 윤리적 이기주의 (ethical egoism)	
• 공리주의 (utilitarianism)	최대 다수에게 최선의 결과가 주어졌다면 그것은 윤리적 행동이다. 윤리적으로 올바른 행동은 사회적 비용 (social cost)을 최소화하면서 사회적 이익 (social benefit)을 최대화하는 것이다. 따라서 그 과정에 크고 작은 부작용은 중요하지 않다.
• 이타주의 (altruism)	어떤 행위의 일차적인 목적이 타인에게 돌아가는 최대의 이익을 위한 것일 때, 그러한 행위를 윤리적이라고 한다. 즉 자신의 이익에 반하더라도 타인의 이익을 위해 행동하는 것이다. 변혁적 리더십은 이러한 이타주의 원칙에서 출발한다.

(benevolent), 사람들을 공정하게 대하면 정의로워진다(just). 우리의 덕성은 우리의 행동에서 나오고 우리의 행동은 우리의 덕성을 드러내 보인다(Frankena, 1973). 이는 윤리적 리더의 자질을 명확하게 이해할 수 있는 설명이라고 하겠다.

리더십 읽을거리 | 침묵 속의 절규, 나는 인간이다, 시리아 사람 아일란 쿠르디

한 사진이 소셜미디어를 통해서 세계적으로 확산되고 있다. 지난 9월 2일 부모와 함께 시리아를 탈출하다가 배가 뒤집혀서 변을 당한 후 터키 해변에서 발견된 3살의 소년, 아일란 쿠르디의 시신이 담긴 사진이다. 역사적 사건이 되고 있는 이 사진의 작가 닐류페르 데미르는 해변가에서 아일란의 주검을 보면서, 사진을 통해서라도 그의 "소리 없는 비명"을 표현해야만 한다는 생각을 했다고 한다. **(하략)**

출처: 강남순, [강남순 칼럼] 침묵 속의 절규, '나는 인간이다', **한국일보**, 2015.09.08
https://v.daum.net/v/20150908111010455

6.3 윤리적 리더십의 실천

윤리적 리더십에 대한 연구는 앞에서 논의한 리더십 윤리이론의 두 가지 관점을 포괄하는 윤리적 리더십 요인을 밝혀내고, 이를 검증할 수 있는 관련 변수를 통해 체계화하고 개념화하였다.

여러 연구를 통해 공통적으로 밝혀진 윤리적 리더십의 다섯 가지 요인은 오늘날 많은 기업에서 윤리적 리더십의 구현을 위한 실천단계에 이르고 있다(Ciulla, 2003).

① **타인 존중** 사람을 대할 때는 스스로가 자율적으로 설정한 목표를 추구하는 존재로 인식한다. 타인을 개인적 목적을 위한 수단으로 취급해서는 안 된다는 것이다. 이를 위해서 기본적으로 타인의 결정이나 가치를 존중해 주어야 한다. 사람을 존중하는 리더는 구성원들의 창조적 욕구(creative wants and desire)를 인정하고 존중한다(Beauchamp와 Bowie, 1998).

타인을 존중하는 리더는 모든 개인은 각자의 가치를 가진 존재이며, 개인차를 가지고 있다는 생각을 하고 사람들을 대한다. 또한 존중의 의미는 조직 내 자신의 안위와 관련된 결정에 관해서는 어떤 형태이건 구성원들이 그 결정에 참여하도록 한다는 뜻을 담고 있다.

또한 존중의 의미는 구성원들의 태도와 가치관을 인정하고 수용하는 것을 의미하는데, 이를 통해 구성원들은 스스로의 업무를 통해 긍지와 자존감을 얻는다. 타인을 존중하는 윤리적 리더십은 구성원들을 가치 있는 인간으로 대하는 리더십이다.

② **타인을 위한 봉사** 타인을 위해 봉사하는 리더십은 이타주의 리더 행동에 해당한다. 따라서 계획 수립에서 구성원들의 행복과 이익을 중요하게 생각한다. 실제로 현장에서도 멘토링, 권한위임, 팀 구축, 조직시민행동의 장려 등이 이타적 리더들이 빈번하게 보여주는 행동으로 나타났다(Kanugo와 Mendonca, 1996).

리더십과 관련하여 섬김과 봉사라고 하는 원칙은 그린리프의 서번트 리더십을 비롯하여, 다른 여러 연구에서 중요하게 다루고 있다. 여러 연구에서 공통적으로 타인에 대한 관심과 배려를 윤리적 리더십의 가장 기본적인 요소로 들고 있다.

앞서 우리가 서번트 리더십에서 살펴보았듯이, 서번트 리더십은 강한 이타주의적 리더십을 전제로 하고 있다. 즉 리더는 구성원들의 관심사에 깊고 세심한 배려를 해야 하며, 구성원들을 돌보아주고 성장을 돕는 것을 강조한다. 더하여 서번트 리더십에서는 어려운 사람들에 대한 사회적 책임과 불평등과 불공정을 제거하기 위한 리더의 노력을 강조한다(Greenleaf, 2006).

서번트 리더십에서 중요하게 다루고 있는 경청, 공감, 다른 사람의 견해를 수용하는 것은 윤리적 리더십의 타인을 위한 봉사와 같은 방향의 리더십이라고 할 수 있다. 최근 기업 경영에서 보다 더 큰 이익, 즉 공익을 위해 봉사해야 한다는 생각이 지지를 받고 있는 것은 타인을 위해 봉사하는 윤리적 리더십의 필요성을 인식한 결과라는 것이다(Broun과 Trevino, 2006).

③ **정의와 공정성**　　윤리적 리더는 정의와 공정성에 관심을 기울인다. 정의란 구성원들을 공평하게 대하고, 의사결정 과정에서 공정성을 중심에 두는 것을 뜻한다. 불가피하게 차별이나 특혜가 발생할 경우, 특혜나 차별대우의 원인은 분명해야 하며, 합리적이고 도덕적 가치에 근거해야 한다. 또한 구성원들에게 보상과 처벌을 할 때 리더가 적용하는 규정이나 방법은 리더가 정의와 공정성을 어떻게 실현하는가를 나타낸다.

공정성에 대한 관심은 조직 내 모든 사람들의 관심사이기 때문에 리더는 조직 안에서 이익과 책임이 공정하게 분배될 수 있도록 필요한 원칙을 갖추는 것이 필요하다. 표 9.7은 분배과정에서 왜 그러한 방법으로 이루어졌는가에 대한 논리를 제공할 수 있는 원칙을 보여준다.

표 9.7 분배정의 원칙

아래의 원칙은 일반적인 조직상황에서 적용할 수 있다.	
1. 개인에게 동일한 몫	2. 개인의 필요에 부합
3. 개인의 권리에 부합	4. 개인의개별적 노력에 부합
5. 개인의 사회적 기여도에 부합	6. 개인의 공과에 부합

이러한 분배정의 원칙에 따라 다음의 사례에 해당하는 지원자 가운데 누구를 선발하는 것이 가장 공정한지 생각해 보자.

④ **정직성**   좋은 리더가 되기 위해서는 정직해야 한다. 리더가 정직하지 못할 때 구성원
들은 리더를 신뢰하지 않고 의지할 수 없다. 이는 리더십의 상실을 가져오게 되고, 조직에
는 위기로 작용할 수 있다.

부정직은 인간관계에서 긴장을 가져다준다. 왜냐하면 거짓말을 한다는 것은 본질적으로
다른 사람과 관계를 내 방식대로 조종하고자 하는 의도를 전제하기 때문이다. 부정직은 비
록 선의에서 비롯된 경우라도 관계에서 균열을 초래한다.

한편 정직성은 단지 진실되게 말하는 것만을 의미하지 않는다. 정직성은 타인에게 마음
을 열고, 진실을 온전하게 표현하는 것을 의미한다. 하지만 이는 실제로 쉬운 일은 아니다.
온전히 진실을 이야기함으로써 파괴적 역효과를 초래하는 경우도 있기 때문이다. 따라서
특정 상황에서 무엇을 말하는 것이 적절한 것인가와 진실되게 말하는 것 사이에 균형을 이
룰 수 있어야 한다. 리더가 정직하고 믿을 수 있다고 인정받는 것은 중요하다. 하지만 구성
원들의 욕구와 감정에도 항상 마음과 귀를 열고 있어야 한다.

예컨대, 리더에게 요구되는 정직성이란, 불가능한 일을 약속하지 않으며, 잘못을 변명하
거나 발뺌하지 않으며, 잘못을 숨기거나 의무를 회피하지 않아야 한다. 이러한 리더의 행동
은 정직성이란 단지 속이지 않는 것 이상을 의미한다(Ciulla, 2003).

⑤ **공동체 구축**   리더십이 추구하는 것은 공동의 목표달성이다. 이러한 공동의 목표는 리
더와 구성원 간 나아갈 방향에 대해 동의가 이루어지는 것을 전제로 하고 있다. 따라서 리
더는 모든 구성원들의 목표와 양립할 수 있는 목표를 추구해야 한다. 이것은 또한 변혁적
리더십이 갖고 있는 특징과 부합한다.

변혁적 리더십은 리더와 구성원 모두에게 이익이 되는 공동의 목표를 지향하는 것이며, 그 과정에 리더와 구성원은 변화를 경험한다. 이때 리더는 목표를 추구하는 과정에서 리더와 구성원 간 이해관계에서 사려 깊은 배려를 해야 한다. 그 과정이 성공적으로 진행되어 리더와 구성원 모두가 공동의 목표를 달성할 수 있도록 하는 것이 변혁적 리더십의 핵심이다(Bass와 Steidlmeier, 1999). 윤리적 리더십은 그러한 공동의 목표달성에서 한 걸음 더 나아가서, 우리 사회의 목표와 목적에도 관심을 기울인다.

윤리적 리더십이 추구하는 공동체는 변혁적 리더십을 통해 조직 안에서 리더와 구성원들이 구축한 공동체를 넘어선다. 따라서 더욱 넓은 사회적 집합체에까지 이르러서 더 높고 광범위한 도덕적 목표달성을 위한 공동체를 형성하는 것이다. 그리하여 윤리적 리더십은 개인의 목표와 조직의 목표가 오늘날 우리 사회의 공동선과 공적 이익 안에서 이루어지도록 해 준다.

윤리교육과 윤리적 행동

오송 MCT 주식회사는 우리나라에서 제일 큰 승용차용 자동변속기 생산기업이다. 제품의 70퍼센트는 내수용이고 나머지는 중국과 인도, 동남아로 수출하고 있다. 자동차시장에서 전기차의 비중이 높아지면서 사업다각화를 위한 노력과 함께, 창사 이래 강조했던 투명경영, 윤리경영의 가치를 통해 내부 결속을 다지고 있다. 그런데 정직과 신뢰라고 하는 회사의 긍지에 흠집을 일으킨 사건이 최근 일어났는데, 이를 처리하는 방법을 두고 경영진의 의견이 엇갈리고 있다. 사건의 발달은 다음과 같다.

회사는 직원들의 친목도모와 심신의 단련을 위해서 동아리 활동을 장려하고 있는데, 현재 1,700명 근로자들 가운데 절반인 860명이 26개 동아리에 소속되어 있다. 그런데 지난달 족구 동아리 회장인 권영찬 기술지원팀장의 음주사고와 관련한 조사를 하던 중에, 동아리 활동 결과보고서의 참석인원과 실제 참석인원 간 차이가 있음을 발견하게 된다.

회사 감사팀은 결과보고서를 작성하고, 실질적으로 동아리 운영을 책임지고 있는 족구 동아리 총무인 장준영 차장을 조사목적으로 면담하였고, 다음과 같은 사실 확인서를 작성하였다.

사실 확인서

1. 동호회 경비는 총무인 제가 관리를 하며 동호회장 명의의 현금카드를 가지고 경비처리를 합니다.
2. 활동실적보고 인원은 실제 참석인원 외에 추가로 사인을 받아 실적보고를 한 적이 있습니다. 예전에는 어떤 방식으로 진행하였는지 잘 모르겠습니다.
3. 4분기에는 실적보고일 외에 추가로 활동한 날은 없습니다.
4. 실적보고 인원과 실제 참석인원이 차이 나는 것은 미참석자에 대해서 나중에 직접 찾아가 사인을 받아 실적보고를 하였기 때문입니다. 본 사안이 횡령에 해당하며 회사의 윤리강령에 위반됨을 알고 있습니다.
5. 회사에서 부정예방교육도 받았지만 동호회 경비를 개인적으로 사용하지 않고 동호회 활동에 관련된 경비만 사용하여 크게 문제가 되지 않을 것이라고 생각하여 허위보고 하게 되었습니다. 추후로는 아무리 사소한 것이라도 회사의 윤리강령에 위반되는 일을 절대 하지 않을 것을 맹세하며 본 건에 대해서는 깊이 반성하고 있습니다. 선처를 부탁드립니다. 죄송합니다.

장준영. 서명

지난 2년간 족구 동아리 총무에 의해 허위 청구되어 지급된 금액은 3,670,000원으로 나타났다. 이는 평균적으로 당월 참석인원보다 적게는 10명에서 많게는 30명의 인원을 부풀려서 청구한 것에 해당한다. 감사팀은 장준영 차장이 부정 수령한 지원금의 총액과 사용처에 대해서 구체적으로 밝히지 않으면서, 동아리 활동을 위해서 사용했다는 주장만 거듭 되풀이 한다고 보고하였다. 더욱이 동아리 활동 참석자 1인당 지급되는 12,000원의 지원금 이외에도 대회참가비, 장비구입비 등이 따로 지원되는 것을 고려할 때, 부정 지원금을 대회참가비, 장비구입비에 사용하였다는 장 차장의 주장을 반박한다. 특히 동호회 활동이 없던 날에 큰 금액의 동아리 지원금을 사용하였고, 같은 날 기술지원팀 내 품질 1, 2 파트 직원들과 식사가 있었는데, 이때 개인 친분 유지 목적으로 사용한 것으로 보인다는 것이다.

이 사건에 대해서 인사담당 부사장은 큰 고민을 하게 되었다. 창업주의 투명경영이란 굳건한 철학에 따라 높은 급여와 많은 후생복지를 통해, 윤리경영을 강조해왔으며, 업무와 관련하여, 10원이라도 부정이 있으면 해고로 처벌한다는 규정이 암묵적으로 존재하기 때문이다.

더구나 작년 하반기에 26개 동아리 운영진을 대상으로 실시한 회장단 워크숍에서, 논의 안건 가운데 동아리 시스템 개선, 참석자 서명 시 인원확인 철저라는 내용이 있었다. 또한 올해 초에 전체 직원을 대상으로 실시한 부정예방 특별 교육에도 장준영 차장은 참석하였다. 그러나 총무담당이사와 인사팀장은 해고는 과하다는 의견을 내었다.

토의내용

1. 윤리는 가르칠 수 있는가?
2. 동아리 활동에서 발생한 횡령도 업무상 발생한 비리와 동일하게 다루어야 하는가?

윤리적 리더십을 측정하기 위한 측정도구로서 리더 진실성 인지 척도(PLIS, Perceived Leader Integrity Scale)가 있다. 이는 공리주의와 관련하여 리더의 윤리성 수준을 평가하는 것이다. 즉 리더가 최대다수를 위한 최대의 이익을 추구하는 과정에 얼마나 정직하고 진실한가를 구성원 관점에서 측정한다.

PLIS 연구에서 리더의 진실성은 변혁적 리더십과 관련성이 큰 것으로 나타났다. 또한 리더의 진실성은 리더십 효과에 긍정적인 작용을 하는 것으로 밝혀졌다.

리더 진실성 인지 척도 설문지

● 작성방법

다음 항목은 여러분의 상사와 관련된 사항입니다. 여러분의 상사를 얼마나 잘 설명하고 있는지 해당 숫자 위에 O표 하십시오.

| 1 = 전혀 그렇지 않다. | 2 = 약간 그렇다. |
| 3 = 매우 그렇다. | 4 = 전적으로 그렇다. |

1. 나의 실수를 개인적으로 공격하는 데 사용하곤 한다.	1 2 3 4
2. 절대 손해를 안 본다.	1 2 3 4
3. 특정 부하만 편애하고 나에게는 관심도 없다.	1 2 3 4
4. 나에게 거짓말을 하곤 한다.	1 2 3 4
5. 업무 중 자신을 보호하기 위해 나를 위험에 빠뜨리기도 한다.	1 2 3 4
6. 직원들 사이에 의도적으로 반목을 심화한다.	1 2 3 4
7. 인간성이 사악한 것 같다.	1 2 3 4
8. 나의 업적평가를 개인적으로 흠잡고 비난하기 위해 사용하기도 한다.	1 2 3 4
9. 나에 대한 사적 감정을 가지고 있다.	1 2 3 4
10. 자신의 잘못인데도 그로 인해 내가 비난받아도 내버려둔다.	1 2 3 4
11. 자신의 일에 도움이 된다면 문서기록을 고치기도 한다.	1 2 3 4
12. 도덕의식이 부족하다.	1 2 3 4
13. 내가 잘못을 저질렀을 때 앞으로 잘할 수 있도록 지도하기보다는 조소하는 것이 보통이다.	1 2 3 4
14. 나의 업적을 회사에 보고할 때 잘못은 과장하여 더 나쁘게 보이도록 한다.	1 2 3 4

15. 매우 보복적이다.		1 2 3 4
16. 자신의 잘못인데 나를 비난한다.		1 2 3 4
17. 내가 실패하기를 원하기 때문에 업무지도를 꺼린다.		1 2 3 4
18. 만약 내가 상사와 지연이나 학연이 있었다면 내게 더 잘해주었을 것이다.		1 2 3 4
19. 내가 말하는 것을 고의적으로 왜곡 해석하는 경향이 있다.		1 2 3 4
20. 의도적으로 직원들 간에 갈등을 조장한다.		1 2 3 4
21. 위선적이다.		1 2 3 4
22. 내가 승진하는 것을 막으려고 교육기회를 제한한다.		1 2 3 4
23. 자기 책임을 면하기 위해서라면 직원들에게 협박까지 하곤 한다.		1 2 3 4
24. 내 요구를 거절하는 것을 즐긴다.		1 2 3 4
25. 내가 마음에 안 든다고 곤경에 빠뜨리곤 한다.		1 2 3 4
26. 나의 아이디어를 본인의 실적으로 돌리는 경우가 있다.		1 2 3 4
27. 회사의 물품이나 공금을 횡령하기도 한다.		1 2 3 4
28. 억울하게 내가 누군가에게 앙갚음을 당할 지경에 이르게 한다.		1 2 3 4
29. 회사의 이익에 반하는 무단 지각, 조퇴 등을 한다.		1 2 3 4
30. 자신의 책임을 면하기 위해 혹은 단지 싫어한다는 이유만으로 사람에게 불이익을 준다.		1 2 3 4
31. 회사의 정책에 반하는 일을 하고는 직원들이 자신을 보호해 주기를 기대한다.		1 2 3 4

총점: _____ 점

출처: R. Morales-Sanchez and C. Cabello-Medina, "Integating character in management: Virtures, character strength and competencies." **Business Ethics: A European Review**. vol. 24, no. 2, 2015, pp. 171-172.

● 결과의 해석

31~35점	매우 윤리적	상사를 매우 윤리적이라고 지각하고 있다. 상사에 대한 인식은 매우 신뢰할 만하고 도덕적이라고 여긴다.
36~66점	보통	상사를 어느 정도 윤리적이라고 지각하고 있다. 하지만 가끔씩 비윤리적인 행동도 보인다.
67~124점	매우 비윤리적	상사를 매우 비윤리적이라고 지각한다. 상사를 매우 부정직하고 불공정하며, 신뢰할 수 없다고 생각한다.

10장

리더십이론에 대한 도전

우리는 리더십의 중요성과 효과에 대해서는 당연한 것으로 인식하고 받아들인다. 하지만 다음의 두 가지 이론은 리더십이론의 가장 기본적인 개념, 즉 리더십의 중요성과 그 효과에 대해 이의를 제기하고 있다. 이는 리더십 무용론과 다른 차원으로 리더십 개념의 존재에 의문을 제기하는 것이다. 놀라운 발상의 전환이 아닐 수 없다.

먼저, 리더십 귀인이론에서는 리더십은 실체보다는 외양에 관한 것이라는 주장이다. 즉 유능한 리더처럼 보이기만 한다면, 실제로 유능한 리더 여부와 무관하게 리더로 인정받는다는 것이다. 이는 앞서 카리스마 리더십의 특징과 한계에서 다룬 것과 같은 맥락이라고 할 수 있다.

다음으로, 리더십의 효과를 대신하거나 아예 리더십을 불필요한 것으로 만드는 요인들에 관한 논의이다. 이를 리더십 대체요인과 중화요인 이론이라고 한다.

물론 제목을 리더십이론에 대한 도전이라고 붙이긴 했으나, 이러한 두 가지 접근은 실제로 리더십 개념에 대한 도전이라기보다는 리더십 연구의 영역 확대로 인식하는 것이 더욱 타당하다는 전제 아래 논의를 전개해 보도록 하자.

1. 리더십 귀인이론

지각에서 귀인이론은 사람들은 어떤 일에 대해서 원인을 그 밖의 다른 것에서 찾으려는 기제를 의미한다고 하였다. 리더십 귀인이론에 의하면, 리더십이란 사람들이 다른 사람에 대해 갖는 귀인이라는 것이다. 즉 리더십이란 실제로 존재하는 개념이 아니라, 타인의 어떤 특성에 대해서 갖게 되는 귀인에 불과하다는 주장이다.

(1) 개인 수준의 리더십 귀인
사람들은 일반적으로 리더를 지적능력, 외향적 성격, 탁월한 언어능력, 적극성, 이해력, 근면성 등과 같은 특질을 갖고 있는 사람으로 생각한다. 따라서 그와 같은 개인적 특성을 갖춘 사람을 리더로 생각한다는 것이다. 따라서 그와 같은 특성을 보이는 사람은 성과(혹은 효과)와 무관하게 리더로 인식하는 경향이 있다는 것이다.

(2) 조직 수준의 리더십 귀인

조직의 성과를 설명함에 있어서, 리더십을 발휘하는 어떤 특정 상황을 통해 설명한다. 이러한 상황은 조직 성과가 극단적일 경우에 해당한다. 즉 조직의 성과가 극히 나쁘거나 극히 우수한 경우, 사람들은 그러한 성과를 설명하기 위해 리더십에서 원인을 찾는 경향이 있다. 예컨대 조직에서 대규모의 적자가 발생했을 때, 실제로 CEO의 관련성 여부와 무관하게 원인을 CEO의 문제로 보는 현상이 이에 해당한다. 물론 반대의 경우도 마찬가지일 것이다.

리더십 귀인이론의 연구 결과는 다음과 같다.

효과적인 리더는 일반적으로 언행에 일관성 있고, 단호하게 의사결정을 한다고 여긴다. 오바마 대통령이 리더로 인식되는 이유는 취임 후 많은 반대에도 불구하고 의료보험 개혁법안에 대해 자신의 공약처럼 일관성 있는 실천의지를 통해 구현하였기 때문이다. 그에 비해 부시 대통령을 리더로 지각하지 않는 이유는 이라크 침공 시 내세운 명분이 대량살상무기를 제거하고 후세인 정권의 비인도적 행위를 막겠다는 것이었지만, 사실은 이라크의 원유 확보와 미국 군수산업 활성화가 처음부터 목적이었기 때문이다(Aswad, 2019).

2. 리더십 대체요인 이론

커와 저미어(S. Kerr와 J. Jermier)는 리더십 효과에 대한 여러 연구 결과들이 일관되지 못한 이유에 대해 살펴보았는데, 다음의 두 가지 요인을 발견하였다. 첫째, 리더의 역할을 불필요하거나 혹은 쓸모없는 것으로 만드는 것이 있기 때문인데, 이를 리더십 대체요인(substitutes)이라고 하였다. 둘째, 리더가 어떠한 방향으로 행동하는 것을 방해하거나 혹은 역작용을 하는 리더십 중화요인(neutralizer) 작용 때문임을 발견하였다(Kerr와 Jermier, 1978).

리더십 대체요인과 중화요인은 조직 구성원의 특징, 업무특성, 조직특성에서 찾을 수 있는데, 연구 결과를 요약하면 다음과 같다.

① 전문직 종사자, 기술자들은 업무상 많은 경험이나 업무능력의 향상, 훈련 과정의 축적 등이 이루어지면 업무수행을 향상시키기 위해서 도구적 리더십(과업 중심적)을 필요

로 하지 않는다.

② 자동화된 생산공정처럼 업무가 고도로 구조화되어 피드백이 즉각적으로 이루어지는 경우, 그러한 업무특성이 도구적 리더십의 대체요인이 된다.

③ 교직이나 성직처럼 본질적으로 만족을 주는 직무는 지원적 리더십의 대체요인이 된다.

④ 병원 응급실 의료진과 경찰관을 대상으로 한 임상실험에서, 업무수행을 통해 얻게 되는 피드백은 직무 관련 행동에 있어서 리더의 역할보다 더 큰 영향력을 발휘하는 대체요인으로 나타났다.

이러한 관점에서 볼 때, 소방관은 리더십 대체요인의 대표적인 연구대상이라고 할 수 있다. 리더십 대체요인 이론의 세 가지 특성(개인특성, 직무특성, 조직특성) 가운데 직무특성(피드백) 만으로 설명할 수 없는 부분이 많기 때문이다. 삼풍백화점 붕괴현장에서, 제발 살아만 있어 달라, 내 목숨을 걸고 구하겠다고 뛰어들고, 미국 9.11테러 때 사람들이 뛰쳐나오는 빌딩으로 산소통을 메고 당연하다는 듯 줄지어 올라가는 모습은 분명 소방관에 적합한 개인특성이 존재함을 보여준다(9.11테러 사망자 2,977명 가운데 412명이 뉴욕세계무역센터에서 사망한 뉴욕시의 소방관과 응급구조원이다).

표 10.1은 대체요인과 중화요인의 효과를 요약한 것이다.

표 **10.1** 리더십에 대한 대체요인과 중화요인의 효과

세 가지 특성	관계중심 혹은 지원적 리더십	과업중심 혹은 도구적 리더십
• **개인특성** 경험, 훈련 전문성향 보상에 대한 무관심	— 대체요인 중화요인	대체요인 대체요인 중화요인
• **직무특성** 고도로 구조화된 과업 피드백 제공 본질적 만족 제공	— — 대체요인	대체요인 대체요인 —
• **조직특성** 명확하고 공식화된 목표 엄격한 규정과 절차 응집력 있는 작업 집단	— — 대체요인	대체요인 대체요인 대체요인

출처: Kerr와 Jermier, "Substitutes for Leadership: Their Meaning and Measurement," **Organizational Behavior and Human Performance**. Dec. 1978, p. 377.

리더십 대체요인과 중화요인에 관한 연구를 통해 다음과 같은 의미를 찾을 수 있다. 첫째, 리더십 연구에서 이론에서 예측한 것과 같은 결과가 나오지 않을 경우, 그에 대한 설명을 가능하게 해 준다. 예컨대, 대체요인과 중화요인의 영향을 간과하고 연구 설계를 한 경우에 해당하는 것으로, 이론 자체에 문제가 있는 예측 타당성 때문이 아니라, 특정 리더십의 적용과정이 부적절했기 때문이다. 예를 들어 조직특성을 잘못 이해하거나, 분석에서 직무특성 가운데 중요한 요인을 간과하고 빠뜨려서 리더십이 작용하지 못했기 때문일 수 있다. 즉 세 가지 특성요인(개인특성, 직무특성, 조직특성)을 비롯하여 리더의 통제 범위를 벗어난 요인의 효과 때문일 수 있다. 이때 리더는 구성원에게 영향력이 없으며, 그러한 상황은 리더십 대체요인이나 중화요인이 작용한다.

둘째, 대체요인에 의한 접근은 리더십을 부정하거나 의미를 축소하는 것이 아니다. 오히려 이는 리더십이 '개인특성, 직무특성, 조직특성'에 의해서도 이루어질 수 있다고 하는 리더십 개념에 대한 범위의 확대라고 할 수 있다(Dionnes 등, 2002).

참 고 문 헌 ●

제1장 리더십의 개념

Ashforth, B. E. and Lee, R. T., "Defensive Behavior in Organizations: A Preliminary Model," **Human Relations**. vol. 43, no. 7, 1990, pp. 621-648.

French Jr., J. R. P., and Raven, B., "The Bases of Social Power," in Cartwright, D. (ed.), **Studies in Social Power**. (Ann Arbor, MI, University of Michigan, Institute for Social Research), 1959, pp. 150-167.

French, J. and Raven, B., "The Bases of Social Power," **Studies in Social Power**. Michigan University Press, 1959, pp. 616-619.

Kanter, R. M., "Power Failure in Management Circuits," **Harvard Business Review**. vol. 57, no. 4, 1979, p. 65.

Kanter, R. M., **When Giants Learn to Dance**. MA, A Touchstone Book, 1990.

Kotter, J. P., "What Leaders Really Do," **Harvard Business Review**. vol. 79, no. 3, 1990, pp. 103-111.

Kotter, J. P., **A force for Change: How Leadership Differs from Management**. New York, The Free Press, 1990.

Likert, R., "An Emerging Theory of Organization Leadership and Management," in Bass, L., P. B., ed., **Leadership and Interpersonal Behavior**. New York: Holt, Rinehart and Winston, 1961, pp. 290-309.

Mintzberg, H., **The structuring of organizations**. Englewood, New Jersey, Prentice-Hall, 1979.

Morgan, G., **Images of organization**. Sage Publications, 1980.

Nanus, B., **Visionary Leadership**. Jossey-Bass Inc., 1988, pp. 41-43.

Podsaloff, P. M. and Schriesheim, C. A., "Field Studies of French and Raven's Bases of Power: Critique, Reanalysis, and Suggestions for Future Research," **Psychological Bulletin**. 1985, pp. 387-411.

Raven, B. J., "The Bases of Power: Origins and Recent Developnents," **Journal of Social Issues**. 1993, pp. 227-251.

Rost, J. C., **Leadership for the twenty-first century**. New York, Praeger, 1991.

Trist, E. L., "The Sociotechnical Perspective: the Evolution of Sociotechnical Systems as a Conceptual Framework and as an Action Research Program" in Van de Van, A. H. and Joyce, W. F. (eds.), **Perspectives on Organization Design and Behavior**. John Wiley & Sons, 1981.

Trist, E. L., and Bamforth, K. W., "Some Social and Psychological Consequences of the Longwall Method of Goal Getting," **Human Relations**. vol. 4, no. 1, 1951, pp. 3-38.

Weber, M., **The Protestant Ethic and the Spirit of Capitalism**. Allen and Unwin, 1930.

Wilensky, H. and Lebeaux, C. N., **Industrial Society and Social Welfare**. Collier-Macrnillan, 1958, pp. 61-66.

Woodward, J., (ed.), **Industrial Organization: Behavior and Control**. Oxford University Press, 1970.

Woodward, J., **Industrial Organization: Theory and Practice**. Oxford University Press, 1965, 2nd ed., 1980.

김구, 도진순, **백범일지**. 돌베개, 2005, pp. 434-435.

샤렌성 저, 강영매 역, **선월**. 범우사, 2000, pp. 66-68.

Bryman, A., **Charisma and leadership in organizations**. London, Sage, 1992.

Caruso, D. R., and Wolfe, C. J., "Emotional intelligence and leadership development." In D. V. Day, S. J. Zaccaro, and S. M. Halpin (eds.), **Leader development for transforming organizations: Growing leaders for tomorrow**. Mahwah, NJ: Lawrence Erlbaum, 2004, pp. 237-266.

Digman, J. M., "Personality Structure: Emergence of the Five Factor Model," in Rosenzwig, M. R. and Potter, L. W. (eds.), **Annual Review of Psychology**. vol. 41, Palo Alto, CA, Annual Reviews, 1990, pp. 417-440.

Goldberg, L. R. (1990), "An alternative, description of personality: The big-five factor structure," **Journal of Personality and Social Psychology**. 59, 1990, pp. 1216-1229.

Goleman, D., "What Makes a Leader," **Harvard Business Review**. vol. 84, no. 6, 1998, pp. 93-102.

Goleman, D., **Working with emotional intelligence**. New York, Bantam, 1995.

Hurtz, G. M. and Donovan, J. J., "Personality and Job Performance: The Big Five Revisited," **Journal of Applied Psychology**. vol. 85, no. 6, 2000, pp. 869-879.

Judge, T. A., Bono, J. E., Ilies, R., and Gerhardt, M. W. "Personality and leadership: A qualitative and quantitative review." **Journal of Applied Psychology**. vol. 87, no. 1, 2002, pp. 765-780.

Jung, D., and Sosik, J. J., "Who are the spellbinders? Identifying personal attributes of charismatic leaders," **Journal of Leadership & Organizational Studies**. vol. 12, no. 3, 2006, pp. 12-27.

Kidder, T., **Mountains beyond mountains: The quest of Dr. Paul Farmer, a man who would cure the world**. New York, Random House, 2004.

Kirkpatrick, S. A., and Locke, E. A., "Leadership: Do traits matter?" **The Executive**. vol. 5, no. 1, 1991, pp. 48-60.

Kotter, J. P., **What Leaders Really Do**. Harvard Business Review Press, 1990, pp. 116-131.

Lord, R. G., DeVader, C. L., and Alliger, G. M., "A meta-analysis of the relation between personality traits and leadership perceptions: An application of validity generalization procedures." **Journal of Applied Psychology**. vol. 71, no. 3, 1986, pp. 402-410.

Mann, R. D., "A review of the relationship between personality and performance in small groups." **Psychological Bulletin**. vol. 56, no. 4, 1959, pp. 241-270.

Marlowe, H. A., "Social intelligence: Evidence for multidimensionality and construct independence." **Journal of Educational Psychology**. vol. 78, no. 2, 1986, pp. 52-58.

Mayer, J. D., and Salovey, P., "Emotional intelligence and the construction and regulation of feelings." **Applied & Preventive Psychology**. vol. 4, no. 3, 1995, pp. 197-208.

Mayer, J. D., and Salovey, P., "What is emotional intelligence?" In P. Salovey and D. Sluyter (eds.), **Emotional** development and emotional intelligence: Implications for educators. New York, Basic Books, 1997, pp. 3-31.

Mayer, J. D., Caruso, D. R., and Salovey, P., "Selecting a measure of emotional intelligence: The case for ability scales." In R. Bar-On and J. D. A. Parker (eds.), **The handbook of emotional intelligence**. New York, Jossey-Bass, 2000, pp. 320-342.

Mayer, J. D., Salovey, P., and Caruso, D. R., "Models of emotional intelligence." In R. J. Sternberg (ed.), **Handbook of intelligence**. Cambridge, Cambridge University Press, 2000, pp. 396-420.

McCrae, R. R., and Costa, P. T., "Validation of the five-factor model of personality across instruments and observers." **Journal of Personality and Social Psychology**. vol. 52, no. 4, 1987, pp. 81-90.

Nadler, D. A., and Tushman, M. L., "What makes for magic leadership?" In W. E. Rosenbach and R. L. Taylor (eds.), **Contemporary issues in leadership**. Boulder, CO, Westview, 1989, pp. 135-139.

Northouse, P. G., **Leadership: Theory and Practice**. 8th ed., Sage Publications, Inc., 2018, pp. 24-43.

Shankman, M. L., and Allen, S. J., **Emotionally intelligent leadership: A guide for college students**. San Francisco, CA, Jossey-Bass, 2008.

Stogdill, R. M., "Personal factors associated with leadership: A survey of the literature." **Journal of Psychology**. vol. 25, no. 1, 1948, pp. 35-71.

Stogdill, R. M., **Handbook of leadership: A survey of theory and research**. New York, Free Press, 1974.

Zaccaro, S. J., "Organizational leadership and social intelligence." In R. Riggio (ed.), **Multiple intelligence and leadership**. Mahwah, NJ, Lawrence Erlbaum, 2002, pp. 25-54.

Zaccaro, S. J., "Trait-based perspectives of leadership." **American Psychologist**. vol. 62, no. 6, 2007, pp. 6-16.

Zaccaro, S. J., Kemp, C., and Bader, P., "Leader traits and attributes." In J. Antonakis, A. T. Cianciolo, and R. J. Sternberg (eds.), **The nature of leadership**. Thousand Oaks, CA, Sage, 2004, pp. 101-124.

Zaleznik, A., "Managers and leaders: Are they different?" **Harvard Business Review**. vol. 55, no. 3, 1977, pp. 67-78.

제3장 리더십과 성격이론

강정, [강정의 길 위의 이야기] 가면, **한국일보**. 2015. 09. 14.

야마다 아키오 저, 김현희 역, **야마다 사장, 샐러리맨의 천국을 만들다**. 21세기북스, 2007.

이병률, [삶과 문화] 아무 날도 아닌 어떤 날에, **한국일보**. 2015.01.08.

Abegglen, J. C., "Personality Fators in Social Mobility: A Study of Occupationally Mobile Businessmen," **Genetic Psychology Monographs**. vol. 3, no. 3, 1978, pp. 101-159.

Adkins, B. and Caldwell, D., "Firm or Subgroup Culture: Where Does Fitting in Matter Most?" **Journal of Organizational Behavior**. vol. 25, no. 8, 2004, pp. 969-978.

Ailon, G., "Mirror, Mirror on the Wall: Culture's Consequences in a Value Test of Its Own Design," **Academy of Management Review**. vol. 33, no. 4, 2008, pp. 885–904.

Allport, G. W., **Personality: A Psychological Interpretation**. New York, Holt, Rinehart & Winston, 1937, p. 48.

Argyris, C., **Personality and Organization**. Harper, New York, 1957, pp. 51–53.

Bales, R., Cohen, S., and Williamson, S., **SYMLOG**. Free Press, 1979.

Bales, R., Cohen, S., and Williamson, S., **SYMLOG**. Free Press, 1979. pp. 116–117.

Bandura, A., and Locke, E. A., Negative Self-efficacy and Goal Effects Revisited. **Journal of Applied Psychology**. vol. 88, no. 1, 2003, pp. 87–99.

Bandura, A., **Social Foundations of Thought and Action: A Social Cognitive Theory**. Englewood Cliffs, NJ, Prentice Hall, 1986.

Bartlett, K., "Twin Study: Influence of Genes Surprises Some," **Lincoln Journal and Star**. Oct. 4, 2001, p. 3F.

Buss, A. H., "Personality as Traits," American Psychologist, November 1989, pp. 1378–1388; McCrae, R. R., "Trait Psychology and the Revival of Personality and Culture Studies," **American Behavioral Scientist**. September 2000, pp. 10–31.

Christie, R., and Geis, F. L., **Studies in Machiavellianism**. New York, Academic Press, 1970, p. 312.

Dahling, J. J., Whitaker, B. G., and Levy, P. E., "The Development and Validation of a New Machiavellianism Scale," **Journal of Management**. vol. 35, no. 2, 2009, pp. 219–257.

Day, D. V., Shleicher, D. J., Unckless, A, L., and Hiller, N. J., "Self-Monitoring Personality at Work: A Meta-analytic Investigation of Construct Validity," **Journal of Applied Psychology**. April 2002, pp. 390–401.

Digman, J. M., "Personality Structure: Emergence of the Five Factor Model," in Rosenzweig, M. R, and Porter, L. W., (eds.), **Annual Review of Psychology**. vol. 41, Palo Alto, CA, Annual Reviews, 1990, pp. 417–440.

Dyne, L. V., Graham, J., and Dienesch, R., Organizational Citizenship Behavior, Construct Redefinition, Operationalization, and Validation, **Academy of Management Journal**. vol. 38, 1994, pp. 765–802.

Emler, N., "Seven Moral Challenges of Leadership," **Consulting Psychology Journal: Practice and Research**. vol. 71, no. 1, 2019, pp. 32–46.

Erez, A, and Judge, T. A., "Relationship of Core Self-Evaluations to Goal Setting, Motivation, and Performance," **Journal of Applied Psychology**. vol. 86, no. 6, 2001, pp. 1270–1279.

Friedman, M. and Rosenman, R. H., **Type A Behavior and Your Heart**. New York, Alfred A. Knopf, 1974, p. 84.

Funder, D., "Errors and Mistakes: evaluating the Accuracy of Social Judgement", **Psychology Bulletin**. vol. 101, no. 1, 1987, pp. 75–90.

Hall, D., **Careers in Organizations, Goodyear**. Santa Monica, CA, 1976, p. 57.

Hogan, J., and Holland, B., "Using Theory to Evaluate Personality and Job-Performance Relations: A Socioanalytic Perspective," **Journal of Applied Psychology**. February 2003, pp. 100–112.

Hogan, R. T., and Hogan, J., **Hogan Personality Inventory Manual**. 2nd ed., Tulsa, OK, 1992.

Hogan, R. T., and Roberts, B. W., "**Introduction: Personality and Industrial and Organizational Psychology**." in Roberts, B. W. and Hogan, R. (eds.), Personality Psychology in the Workplace, Washington, DC, American Psychological Association, 2001, pp. 11-12.

Holland, J. L., **Making Vocational Choices: A Theory of Vocational Personalities and Work Environments**. Odessa, FL, Psychological Assessment Resources, 1997.

House, R. J., Hanges, P. J., Javidan, M., and Dorfman, P. W. (eds.), Leadership, Culture, and Organizations: **The GLOBE Study of 62 Societies**. Thousand Oaks, CA, Sage, 2004.

Hunsley, J., Lee, C. M., Wood, J. M., "Controversial and Questionable Assessment Techniques." **Science and Pseudoscience in Clinical Psychology**. Lilienfeld, S. O., Lohr, J. M., Lynn, S. J. (eds.). Guilford, 2004.

Hurtz, G. M., and Donovan, J. J., "Personality and Job Performance: The Big Five Revisited," **Journal of Applied Psychology**. December 2000, pp. 869-879.

Javidan, M., and House, R. J., "Cultural Acumen for the Global Manager: Lessons from Project GLOBE," **Organizational Dynamics**. vol. 29, no. 4, 2001, pp. 289-305.

Jones, G. R., "Socialization Tactics, Self-Efficiency, and Newcomers' Adjustments to Organizations," **Academy of Management Journal**. June 1986.

Judge, T. A., Higgins, C. A., Thoresen, C. J., and Barrick, M. R., "The Big Five Personality Traits, General Mental Ability, and Career Success Across the Life Span," **Personnel Psychology**. vol. 52, no. 3, 1999, pp. 621-652.

Jung, C. G., **Types of Psychologies**. Harvard University Press, Cambridge, MA, 1968, p. 18.

Kaplan, R. B., and Kaiser, R. B., "Developing Versatile Leadership", **MIT Sloan Management Review**. vol. 44, no. 4, pp. 63-90.

Kennedy, R. B., and Kennedy, D. A., "Using the Myers-Briggs Type Indicator in Career Counseling," **Journal of Employment Counseling**. March 2004, pp. 38-44.

Kluckhohn, C., and Murray, H. A., "Personality Formation: The Determinants," in Kluckhohn, C., and Murray, H. A., (eds.), **Personality**. Knopf, New York, 1948, p. 35.

Kopelman, R. E., and Glass, M., "Test of Daniel Levinson's Theory of Adult Male Life States," **National Academy of Management Proceedings**. 1979, pp. 79-83.

Levinson, D. J., "A Conception of Adult Development," **American Psychologist**. vol. 41, 1986, pp. 3-13.

Levinson, D. J., **The Seasons of a Man's Life**. Knopf, New York, 1978, p. 49.

Lussier, R, N., and Achua, C, F., **Leadership: Theory, Application and Skills**. 2nd ed, South-Western, 2009.

Mangels, J. A., Butterfield, B., Lamb, J., Good, C., and Dewek, C., "Why do beliefs about intelligence influence learning success?" **Social Cognitive and Affective Neuroscience**. vol. 1, 2006, pp. 75-86.

McCartney, K., et al., "Growing Up and Growing Apart: A Developmental Meta-Analysis of Twin Studies,"

Psychological Bulletin. vol. 107, no. 2, 1990, pp. 226-237.

McCartney, K., Harris, M. J., and Bernieri, F., "Growing Up and Growing Apart: A Developmental Meta-Analysis of Twin Studies," **Psychological Bulletin**. vol. 107, no. 2, 1990, pp. 226-237.

McCrae, R. R. and Costa Jr., P. T., "Reinterpreting the Myers Briggs Type Indicator from the Perspective of the Five Factor Model of Personality," **Journal of Personality**. March 1989.

Myers, I, B., Introduction to Type: A Description of the Theory and Applications of the Myers-Briggs Type Indicator, **Consulting Psychologists Press**. Palo Alto Ca., 1962.

Ramanaiah, N. V., Byravan, A., and Detwiler, F. R. J., "Revised Neo Personality Inventory Profiles of Machiavellian and Non-Machiavellian People," **Psychological Reports**. October 1994, pp. 937-938.

Roccas, S., Sagiv, L., Schwartz, S. H., and Knafo, A., "The Big Five Personality Factors and Personal Values," **Personality and Social Psychology Bulletin**. vol. 28, no. 6, 2002, pp. 789-801.

Schein, E. H., "Organizational Socialization and the Profession of Management," in Kolb, D., Rubin, I., and McIntyre, J., (eds.), **Organizational Psychology: A Book of Readings**. Prentice-Hall, Englewood Cliffs, N.J., 1971, pp. 14-15.

Schein, E. H., **Theory of Organizational Socialization**. Sloan School of Management, 1997, p. 27.

Smith, B., Hanges, P. J., and Dickson, M. W., "Personnel Selection and the Five-Factor Model: Reexamining the Effects of Applicant's Frame of Reference," **Journal of Applied Psychology**. April 2001, pp. 304-315.

Snyder, M., **Public Appearances/Private Realities: The Psychology of Self-Monitoring**. New York, W. H. Freeman, 1987.

Taylor, R. N., and Dunnette, M. D., "Influence of Dogmatism, Risk-Taking Propensity, and Intelligence on Decision-Making Strategies for a Sample of Industrial Managers," **Journal of Applied Psychology**. August 1974, pp. 420-423.

제4장 리더십 역량이론

이병률, [삶과 문화] 가을, 여행, 사람, **한국일보**. 2013.11.07.

짐 콜린스 저, 이무열 역, **좋은 기업을 넘어 위대한 기업으로**. 20주년 뉴에디션, 김영사, 2021, pp. 63-67.

Bass, B. M., **Bass & Stogdill's handbook of leadership: Theory, research, and managerial application**. 3rd ed., New York, Free Press, 1990.

Connelly, M. S., Gilbert, J. A., Zaccaro, S. J., Threlfall, K. V., Marks, M. A., and Mumford, M. D., Exploring the relationship of leadership skills and knowledge to leader performance, **Leadership Quarterly**. vol. 11, no. 1, 2000, pp. 65-86.

Emler, N., "Seven Moral Challenges of Leadership." **Consulting Psychology Journal: Practice and Research**. vol. 71, no. 1, 2019, pp. 32-46.

Guggenheimer, P., and Szulc, M., **Understanding leadership competencies: Creating tomorrow's leaders today**. Menlo Park, CA, Crisp Publications, Inc., 1998.

Hollenbeck, G. P., McCall, M. W., Jr., and Silzer, R. F., Leadership competency models, **The Leadership Quarterly**. vol. 17, 2006, pp. 398-413.

Jacobs, R., Getting the measure of management competence, **Personnel Management**. June, 1989.

Kaplan, R. B., and Kaiser, R. B., "Developing Versatile Leadership." **MIT Sloan Management Review**. vol. 44, no. 4, June 2003, pp. 63-90.

Kaplan, R. E., and Kaiser, R. B., "Toward a positive Psychology for Leaders." **Oxford handbook of positive psychology and work**. 2010, pp. 107-120.

Katz, R. L. Skills of an effective administrator, **Harvard Business Review**. vol. 33, no. 1, Sep. 1974, pp. 33-42.

McClelland, D. C., "Testing for competency rather than for intelligence." **American Psychologist**. vol. 28, no. 1, 1973, pp. 1-40.

Mumford, M. D., and Connelly, M. S., Leaders as creators: Leader performance and problem solving in ill-defined domains, **Leadership Quarterly**. vol. 2, 1991, pp. 289-315.

Mumford, M. D., Zaccaro, S. J., Connelly, M. S., and Marks, M. A., Leadership skills: Conclusions and future directions, **Leadership Quarterly**. vol. 11, no. 1, 2000, pp. 155-170.

Mumford, M. D., Zaccaro, S. J., Harding, F. D., Jacobs, T. O., and Fleishman, E. A., Leadership skills for a changing world: Solving complex social problems, **Leadership Quarterly**. vol. 11, no. 1, 2000, pp. 11-35.

Mumford, T. V., Campion, M. A., and Morgeson, F. P., The leadership skills strataplex: Leadership skill requirements across organizational levels, **Leadership Quarterly**. vol. 18, 2007, pp. 154-166.

Peterson, T. O., and Float, D. V., "The ongoing legacy of R. L. Katz: An updated typology of management skills," **Management Decision**. vol. 42, no. 10, 2004, pp. 1297-1308.

Raven, J. and J. Stephenson, Eds., "The McClelland/McBer Competency Models." **Competence in the Learning Society**. 2001, New York, Peter Lang., pp. 225-235.

Spencer, I. M. and Spencer, S. M., **Competence at Work: Models for Superior Performance**. New York, John Wiley & Sons, 1993.

Yammarino, F. J., Leadership skills: Introduction and overview, **Leadership Quarterly**. vol. 11, no. 1, 2000, pp. 5-9.

Zaccaro, S. J., Gilbert, J., Thor, K. K., and Mumford, M. D., Leadership and social intelligence: Linking social perceptiveness and behavioral flexibility to leader effectiveness, **Leadership Quarterly**. vol. 2, 1991, pp. 317-331.

Zaccaro, S. J., Mumford, M. D., Connelly, M. S., Marks, M. A., and Gilbert, J. A., Assessment of leader problem-solving capabilities, **Leadership Quarterly**. vol. 11, no. 1, 2000, pp. 37-64.

김경희, [삶과 문화] 테니스 레슨의 또다른 깨달음, **한국일보**. 2022. 06. 16.

Ames, D. R., and Flynn, F. J., "What Breaks a Leader: The Curvilinear Relation Between Behavior and Assertiveness," **Journal of Personality and Social Psychology**. no. 2, 2007, pp. 307-324.

Antonakis, J. E., and House, R. J., "Instrumental Leadership: Measurement and extension of leadership theory," **The Leadership Quarterly**. vol. 14, no. 3, 2014, pp. 261-295.

Blake, R. R., and Mouton, J. S. **The managerial grid III**. Houston, TX: Gulf Publishing Company, 1985.

Blake, R. R., and Mouton, J. S., **The managerial grid**. Houston, TX: Gulf Publishing Company, 1964.

Blake, R. R., and Mouton, J. S., **The new managerial grid**. Houston, TX: Gulf Publishing Company, 1978.

Blake, R. R., and McCanse, A. A., **Leadership dilemmas: Grid solutions**. Houston, TX: Gulf Publishing Company, 1991.

Bowers, D. G., and Seashore, S. E., Predicting organizational effectiveness with a four-factor theory of leadership, **Administrative Science Quarterly**. vol. 11, 1966, pp. 238-263.

Bryman, A., **Charisma and leadership in organizations**. London: Sage, 1992.

Bureau of Business Research, Ohio state University, **Leader Behavior Description Questionnaire(LBDQ-XII)**. Columbus, OH, 2022.

Burke, W. W., "Robert R. Blake and Jane S. Mouton: Concern for people and concern for production," In D. B. Szabla, W. A. Pasmore, M. A. Barnes and A. N. Gipson, (eds.), **The Palgrave handbook of organizational change thinkers**. New York, NY, Palgrave, Macmillan, 2017, pp. 157-166.

Cartwright, D., and Zander, A., **Group dynamics research and theory**. Evanston, IL, Row, Peterson, 1960.

Egner, T., **Behavioral Leadership–The Managerial Grid**. GRIN Verlag, 2009.

Gosling, B. R., Marturano, J., and Dennision, P., "A Review of Leadership Theory and Contemporary Framework," **CTL Review University of Exeter**. 2003, pp. 66-93.

Hemphill, J. K., and Coons, A. E., Development of the Leader Behavior Description Questionnaire, In R. M. Stogdill and A. E. Coons (eds.), **Leader behavior: Its description and measurement**. Research Monograph, no. 88. Columbus, Ohio State University, Bureau of Business Research, 1957.

Kahn, R. L., The prediction of productivity. **Journal of Social Issues**. vol. 12, 1956, pp. 41-49.

Katz, D., and Kahn, R. L., Human organization and worker motivation, In L. R. Tripp, (ed.), **Industrial productivity**. Madison, WI, Industrial Relations Research Association, 1951, pp. 146-171.

Lewin, K., Lippitt, R., and White, R., "Patterns of Aggressive Behavior in Experimentally Created Social Climate," **Journal of Social Psychology**. vol. 10, no. 2, 1939, pp. 271-288.

Likert, R., **New patterns of management**. New York, McGraw-Hill, 1961.

Likert, R., **The human organization: Its management and value**. New York, McGraw-Hill, 1967.

Schriesheim, C. A., Cogliser, C. C., and Neider, N. N., "Is it 'Trustworthy'? A Multi-Level-of-Analysis

Reexamination of an Ohio State Leadership Study with Implication of Future Research." **Leadership Quarterly**. vol. 6, no. 2, 1995, pp. 111-145.

Stogdill, R. M., **Handbook of leadership: A survey of theory and research**. New York, Free Press, 1974.

Stogdill, R. M., **Manual for the Leader Behavior Description Questionnaire form XII**. Columbus, Ohio State University, Bureau of Business Research, 1963.

Stogdill, R. M., Personal factors associated with leadership: A survey of the literature, **Journal of Psychology**. vol. 25, 1948, pp. 35-71.

Tannenbaum R., and Schmidt, W. H., "How to Choose a Leadership Pattern." **Harvard Business Review**. May-June, 1973, pp. 61-74.

Yukl, G., **Leadership in organizations**. 3rd ed., Englewood Cliffs, NJ, Prentice Hall, 1994.

제6장 리더십 동기부여

마이클 샌델 저, 안기순 역, **돈으로 살 수 없는 것들**. 와이즈베리, 2012, pp. 161-163.

지그문트 프로이트 저, 이훈 역, **꿈의 해석**. 돋을새김, 2009, pp. 26-27.

최윤필, [기억할 오늘] 프러퓨모, **한국일보**. 2017.06.04.

피터게이 저, 정영목 역, **프로이트 I-정신의 지도를 그리다**. 열린책들, 2011, pp. 44-49.

Adams, J. S., "Inequity in Social Exchanges," in Berkowitz, L. (ed.), **Advances in Experimental Social Psychology**. New York, Academic Press, 1965, pp. 267-300.

Adler, A., **The Individual Psychology of Alfred Adler**. New York, Harper Torchbooks, 1956, pp. 216-220.

Alderfer, C. P., **Existence, Relatedness, and Growth: Human Needs in Organizational Settings**. New York, Free Press, 1972.

Bandura, A. and Cervone, D., "Differential Engagement in Self-Reactive Influences in Cognitively-Based Motivation," **Organizational Behavior and Human Decision Processes**. Aug. 1986, pp. 92-113.

Colquitt, J. A., "Does the Justice of One Interact with the Justice of Many? Reactions to Procedural Justice in Team," **Journal of Applied Psychology**. vol. 89, no. 4, 2004, pp. 633-646.

Colquitt, J. A., Conlon, D. E., Wesson, M. J., Porter, C. O. L. H., and Ng, K. Y., "Justice at the Millennium: A Meta-analytic Review of the 25 Years of Organizational Justice Research," **Journal of Applied Psychology**. vol. 86, no. 3, 2001, pp. 425-445.

Deci, E., and Ryan, R. (eds.), **Handbook of self-determination research**. Rochester, NY, University of Rochester Press, 2002.

Drucker, P., **The Frontiers of Management: Where Tomorrow's Decisions are Being Shaped Today**. New York, Truman Talley Books, 1986.

Duchon, D., and Jago, A, G., "Equity and Performance of Major League Baseball Players: An Extension of Lord and Hohenfeld," **Journal of Applied Psychology**. Dec. 1981, pp. 728-732.

Eerde, W. V. and Thierry, H., "Vroom's Expectancy Models and Work-Related Criteria: A Meta-analysis," **Journal of Applied Psychology**. October 1996, pp. 575-586.

Herzberg, F., "One more time: How do you motivate your employees?" **Harvard Business Review**. vol. 65, Sep.-Oct., 1987, pp. 109-120.

Herzberg, F., **The Motivation to Work**. Wiley, 1959.

Lawler III, E. E. and Looyd, S. J., "Expectancy Theory and Job Behavior," **Organizational Behavior and Human Performance**. June 1973, pp. 483-502.

Locke, E. A., "The Ubiquity of the Technique of Goal-Setting in Theories of and Approaches to Employee Motivation." **Academy of Management Review**. vol. 3, no. 3, 1978, pp. 600-631.

Locke, E. A. and Latham, G. P., A Theory of Goal Setting and Task Performance, p. 244. Also See: Katzell, R. A. and Thomson, D. E., "Work Motivation: Theory and Practice," **American Psychologist**. vol. 57, no. 9, 1990, pp. 149-150.

Lord, R. G. and Hohenfeld, J. A., "Longitudinal Field Assessment of Equity Effects on the Performance of Major League Baseball Players," **Journal of Applied Psychology**. Feb. 1979, pp. 19-26.

Maslow, A, H., "A Theory of Human Motivation," **Psychological Review**. vol. 50, no. 4, 1943, pp. 370-396.

Maslow, A., **Motivation and Personality**. New York, Harper & Row, 1954.

McClelland, D. C., Power, McClelland, D. C., and Burnham, D. H., "Power Is the Great Motivator," **Harvard Business Review**. Mar.-Apr. 1976, pp. 100-110.

McClelland, D. C., Power, **The Inner Experience**. New York, Irvington, 1975.

Mittelman W., "Maslow's Study of Self-Actualization: A Reinterpretation," **Journal of Humanistic Psychology**. vol. 31, no.1, 1991, pp. 114-135.

Mowday, R. T., "Equity Theory Predictions of Behavior in Organizations," in Steers, R., Porter, L. W., and Bigley, G., (eds.), **Motivation and Work Behavior**. 6th ed., New York, McGraw-Hill, 1990.

Poister, T. H., and Streib, G., "MBO in Municipal Government: Variations on a Traditional Management Tool," **Public Administration Review**. Jan./Feb. 1995, pp. 48-56; and Garvey, C., "Goalsharing Scores," HR Management, Apr. 2000, pp. 99-106.

Rodgers, R., and Hunter, J. E., "Impact of Management by Objectives on Organizational Productivity," **Journal of Applied Psychology**. Apr. 1991, pp. 322-336.

Vroom, V. H., **Work and Motivation**. New York, Wiley, 1964.

제7장 리더십 상황이론

Atwater, L., and Carmeli, A., "Leader-member exchange, feelings of energy, and involvement in creative work."

Leadership Quarterly. vol. 20, 2009, pp. 264-275.

Ayman, R., Chemers, M. M., and Fiedler, F., "The Contingency Model of Leadership Effectiveness: Its Levels of Analysis," **Leadership Quarterly**. vol. 6, no. 2, 1995, pp. 147-167.

Dansereau, F., Graen, G. B., and Haga, W., "A vertical dyad linkage approach to leadership in formal organizations." **Organizational Behavior and Human Performance**. vol. 13, 1975, pp. 46-78.

Dulebohn, J. H., Bommer, W. H., Liden, R. C., Brouer, R. L., and Ferris, G. R., "A Meta-Analysis of the Antecedents and Consequences of Leader-Member Exchange: Integrating the Past with an Eye toward the Future," **Journal of Management**. vol. 38, no. 6, 2012, pp. 1715-1759.

Glinow, M. A., "The Path-Goal Theory of Leadership: A Theoretical Emperical Analysis." **Academy of Management Journal**. vol. 20, no. 3, 1977, pp. 377-401.

Graen, G. B., "Role-making processes within complex organizations." In M. D. Dunnette (ed.), **Handbook of industrial and organizational psychology**. Chicago, Rand McNally, 1976, pp. 1202-1245.

Graen, G. B., and Cashman, J., "A role-making model of leadership in formal organizations: A developmental approach. In J. G. Hunt and L. L. Larson (eds.)," **Leadership frontiers**. Kent, OH, Kent State University Press, 1975, pp. 143-166.

Graen, G. B., and Scandura, T. A., "Toward a psychology of dyadic organizing." In B. Staw and L. L. Cumming (eds.), **Research in organizational behavior**. vol. 9, Greenwich, CT, JAI, 1987, pp. 175-208.

Graen, G. B., and Uhl-Bien, M., "Relationship-based approach to leadership: Development of leader-member exchange (LMX) theory of leadership over 25 years: Applying a multi-level, multi-domain perspective." **Leadership Quarterly**. vol. 6, no. 2, 1995, pp. 219- 247.

Graen, G. B., and Uhl-Bien, M., "The transformation of professionals into self-managing and partially self-signing contributions: Toward a theory of leadership making." **Journal of Management Systems**. vol. 3, no. 3, 1991, pp. 33-48.

Harris, K. J., Wheeler, A. R., and Kacmar, K. M., "Leader-member exchange and empowerment: Direct and interactive effects on job satisfaction, turnover intentions, and performance." **Leadership Quarterly**. vol. 20, no. 3, 2009, pp. 371-382.

Harter, N., and Evanecky, D., "Fairness in leader-member exchange theory: Do we all belong on the inside?" **Leadership Review**. vol. 2, no. 2, 2002, pp. 1-7.

Hersey, P., Blanchard, K., Zigarmi, P., and Zigarmi, D., **Leadership and One Minute Manager: Increasing Effectiveness through Situational Leadership II**. William Morrow, New York, 2013, pp. 56-77.

House, R. J., "Path-Goal Theory of Leadership: Lessons, Legacy, and Reformulated Theory," **Leadership Quarterly**. vol. 59, no. 2, 1996, pp. 323-352.

House, R. J. and Evans, M., "A Path-Goal Theory of Leader Effectiveness," **Leadership Quarterly**. vol. 7, no. 3, 1971, pp. 321-338.

Ilies, R., Nahrgang, J. D., and Morgeson, F. P., "Leader-member exchange and citizenship behaviors: A meta-analysis." **Journal of Applied Psychology**. vol. 92, no. 1, 2007, pp. 269-277.

Liden, R. C. and Graen, G. B., "Generalization of the Vertical Dyad Linkage Model of Leadership," **Academy of Management Journal**. vol. 23, no. 3, 1980, pp. 448-461.

Liden, R. C., Wayne, S. J., and Stilwell, D., "A longitudinal study on the early development of leader-member exchange." **Journal of Applied Psychology**. vol. 78, 1993, pp. 662-674.

Organ, D. W., **Organizational citizenship behavior. The good soldier syndrome**. Lexington, MA, Lexington Books, 1988.

Scandura, T. A., "Rethinking leader-member exchange: An organizational justice perspective." **Leadership Quarterly**. vol. 10, no. 1, 1999, pp. 25-40.

Schriesheim, C. A., Castro, S. L, Zhou, X., and Yammarino, F. J., "The folly of theorizing "A"but testing "B": A selective level-of-analysis review of the field and a detailed leader-member exchange illustration." **Leadership Quarterly**. vol. 12, no. 2, 2001, pp. 515-551.

Schriesheim, C. A., Castro, S. L., and Cogliser, C. C., "Leader-member exchange (LMX) research: A comprehensive review of theory, measurement, and data-analytic practices." **Leadership Quarterly**. vol. 10, no. 3, 1999, pp. 63-113.

Uhl-Bien, M., Maslyn, J., and Ospina, S., "The nature of relational leadership: A multitheoretical lens on leadership relationships and processes. In D. V. Day and J. Antonakis (eds.)," **The nature of leadership**. 2nd ed., Thousand Oaks, CA, Sage, 2012, pp. 289-330.

Vroom, V. H. and Yetton, P. W., **Leadership and Decision Making**. Pittsburgh, University of Pittsburg Press, 1973.

Yukl, G., **Leadership in organizations**. 3rd ed., Englewood Cliffs, NJ, Prentice Hall, 1994.

제8장 리더십과 집단역학

이기호, [청사초롱] '수월성'은 사전에 없어요, **한국일보**. 2017.07.11.

Aime, S. Humphrey, D. S. DeRue, and J. B. Paul, "The Riddle of Heterachy: Power Transitions in Cross-Functional Teams." **Academy of Management Journal**. vol. 57, no. 2, 2014, pp. 327-352.

Ashforth, B. E. and Mael, F., "Social Identity Theory and the Organization," **Academy of Management Review**. vol. 14, no. 1, 1989, pp. 20-39.

Bond, C. F. and Titus, L. V., "A Social Facilitation: A Meta-Analysis of 241 Studies," **Pychological Bulletin**. vol. 94, no. 2, 1983, pp. 265-292.

Brown, C., and S. L. Robinson, "Psychological Ownership, Territorial Behavior, and Being Perceived as a Team Contributor: The Critical Role of Trust in the Work Environment." **Personnel Psychology**. vol. 67, no. 2,

2014, pp. 463-485.

Campion, M. A., Papper, E. M., and Medsker, G. J., "Relations Between Work Team Characteristics and Effectiveness: A Replication and Extension," **Personnel Psychology**. Summer 1996, pp. 429-452.

Civettini, N. H. W., "Similarity and Group Performance," **Social Psychology Quarterly**. American Sociological Association, vol. 70, no. 3, 2007.

Colquitt, A., Hollenbeck, J. R., and Ilgen, D. R., "Computer-Assisted Communication and Team Decision-Making Performance: The Moderating Effect of Openness to Experience," **Journal of Applied Psychology**. vol. 87, no. 2, Apr. 2002, pp. 402-410.

Cottrell, N. B., Wack, D. L., Sekerak, G. J., and Rittle, R. H., "Social facilitation of dominant responses by the presence of an audience and more presence of others," **Journal of Personality and Social Science**. vol. 9, no. 3, 1968, pp. 245-276.

Delbecq, A. L., Van deVen, A. H., and Gustafson, D. H., Group Techniques for Program Planning: **A Guide to Nominal and Delphi Precesses**. Glenview, IL, Scott Foresman, 1975.

Edwards, J. R., "Complementary and Supplementary Fit: A Theoretical and Empirical Integration," **Journal of Applied Psychology**. vol. 89, no. 5, 2004, pp. 822-834.

Humphrey, S. E., Hollenbeck, J. R., Meyer, C. J., and Ilgen, D. R., "Trait Configurations in Self-Managed Teams: A Conceptual Examination of the Use of Seeding for Maximizing and Minimizing Trait Variance in Teams" **Journal of Applied Psychology**. vol. 92, no. 3, 2007, pp. 885-892.

Janis, I. L., **Victims of Groupthink**. Boston, Houghton Mifflin, 1972, pp. 74-76.

Jehn, K. A., "A Qualitative Analysis of Conflict Types and Dimensions in Organizational Groups," **Administrative Science Quarterly**. Sep. 1997, pp. 530-557.

Johnson, M. D., Hollenbeck, J. R., Humphrey, S. E., Ilgen, D. R., Jundt, D., and Meyer, C. J., "Cutthroat Cooperation: Asymmetrical Adaptation to Changes in Team Reward Structures," **Academy of Management Journal**. vol. 49, no. 1, 2006, pp. 103-119.

Karau, S. J., and Williams, K. D., "Understanding individual motivation in groups: The collective effort model." In M. E. Turner (ed.), **Groups at work: Theory and research**. Lawrence Erlbaum Associates Publishers, 2001, pp. 113-141.

Katzenbach J. R., and Smith D. K., **The Wisdom of Teams**. Harvard Business Review Press, 1993.

Liden, R. C., Wayne, S. J., Jaworski, R. A., and Bennett, N., "Social loafing: A Field Investigation," **Journal of Management**. Apr. 2004, pp. 285-304.

Mullen, B. and Cooper, C., "The Relation Between Group Cohesiveness and Performance. An Integration," **Psychological Bulletin**. Mar. 1994, pp. 210-227.

Naquin, C. E. and Tynan, R. O., "The Team Halo Effect: Why Teams Are Not Blamed for Their Failures," **Journal of Applied Psychology**. Apr. 2003, pp. 332-340.

Piercy, F. P. and Piercy, S. K., "Interpersonal Attraction as a function of propinquity in two sensitivity groups," **Psychology: A Journal of Human Behavior**. vol. 9, no. 1, 1972, pp. 27-30.

Poole, M., Henry, K. B., and Moreland, R., "The Temporal Perspectives on Groups," **Small Group Research**. vol. 35, no. 1, 2004, pp. 73-95.

Ringelmann, M., "Research on animate source of power: The Work of man," **National Agronomic**. 2nd Series, vol. 12, 1913, pp. 1-40.

Schachter, S., Ellertson, N., McBride, D., and Gregory, D., "An Experimental Study of Cohesiveness and Productivity," **Human Relations**. Aug. 1951, pp. 229-239.

Tasa, K., Taggar, S., and Seijts, G. H., "The Development of Collective Efficacy in Teams: A Multilevel and Longitudinal Perspective," **Journal of Applied Psychology**. vol. 92, no. 1, 2007, pp. 17-37.

Zajonc, R. B., "Social Facilitation," **Science**. 1965, pp. 269-274.

제9장 새로운 리더십

강남순, [강남순 칼럼] '분노'를 빼야하는 이유, **한국일보**. 2015.10.06.

강남순, [강남순 칼럼] 침묵 속의 절규 '나는 사람이다', **한국일보**. 2015.09.08.

김경집, **6I 사고 혁명**. 김영사, 2021, pp. 183-186.

김남석, **"장기려 박사"**. 2022.07.12., https://m.blog.naver.com/kstatt/222807962284.

김남희, [사색의 향기] "진정한 어른의 역할", **한국일보**. 2014.05.01.

남궁인, [삶과 문화] "어머니의 어머니", **한국일보**. 2019.10.07.

서정홍, [시선] "아이는 온 마을이 키운다.", **경향신문**. 2022.08.16.

소윤경, "한 평생을 소록도에 바치고 사라진 두 외국인 수녀의 인생", **한국일보**. 2015.07.31.

오미환, "선생님이 계셔서 이젠 외롭지 않습니다.", **한국일보**. 2015.05.07.

이상현, [삶과 문화] "고흐를 내리고 고갱을 걸자", **한국일보**. 2016.08.03.

이재현, [이재현의 유행어 사전] "꼰대", **한국일보**. 2015.10.07.

임종진, [임종진의 삶이 있는 풍경] '파리'보다 아름다운 그녀, **한국일보**. 2015.06.16.

장수한, [삶과 문화] "혁신을 위한 혁신", **한국일보**. 2016.11.22.

정소연, [삶과 문화] "보이지 않는 자리에서 모든 사람이 무언가를 하고 본다고 믿어야 한다", **한국일보**. 2018.05.15.

지평님, [삶과 문화] '예전 그대로'라는 말, '하나도 안 변했다'는 그 말, **한국일보**. 2022.07.01.

최윤필, [기억할 오늘] "그에겐 더 오를 삶이 없었다.", **한국일보**. 2022.07.19.

H. P. 심스, 한국능률협회 역, **영웅들의 기업**. 1997, pp. 168-174.

P. G. 노스하우스, 김남현 역, **리더십**. 경문사, 2018.

R. K. 그린리프 저, 강주헌 역, **서번트 리더십 원전**. 참솔, 2006.

Amundsen, S., and Martinsen, Ø. L., Empowering leadership: Construct clarification, conceptualization, and validation of a new scale, **The Leadership Quarterly**. vol. 25, no. 3, 2014, pp. 487-511.

Antonakis, J., Avolio, B. J., and Sivasubramaniam, N., Context and leadership: An examination of the nine-factor full-range leadership theory using the Multifactor Leadership Questionnaire, **Leadership Quarterly**. vol. 14, no. 3, 2003, pp. 261-295.

Antonakis, J., Transformational and charismatic leadership, In D. V. Day and J. Antonakis, (eds.), **The nature of leadership**. 2nd ed., Thousand Oaks, CA, Sage, 2012, pp. 256-288.

Aronson, E., Integrating leadership styles and ethical perspectives, **Canadian Journal of Administrative Sciences**. vol. 18, no. 4, 2001, pp. 244-256.

Avolio, B. J., and Gibbons, T. C., Developing transformational leaders: A life span approach, In J. A. Conger, R. N. Kanungo, and Associates (eds.), **Charismatic leadership: The elusive factor in organizational effectiveness**. San Francisco, Jossey-Bass, 1988, pp. 276-308.

Avolio, B. J., and Locke, E. E., Contrasting different philosophies of leader motivation: Altruism versus egoism, **Leadership Quarterly**. vol. 13, no. 1, 2002. pp. 169-191.

Avolio, B. J., **Full leadership development: Building the vital forces in organizations**. Thousand Oaks, CA, Sage, 1999.

Bailey, J., and Axelrod, R. H., Leadership lessons from Mount Rushmore: An interview with James MacGregor Burns, **Leadership Quarterly**. vol. 12, no. 3, 2001, pp. 113-127.

Barbuto, J. E., Jr., and Wheeler, D. W., Scale development and construct clarification of servant leadership, **Group and Organizational Management**. vol. 31, no. 3, 2006, pp. 300-326.

Barrett, R., **The New Leadership Paradigm**. New York, Lulu Press Inc., 2013.

Bass, B. M., "From transactional to transformational leadership: Learning to share the vision.", **Organizational Dynamics**. vol. 18, no. 1, 1990. pp. 19-31.

Bass, B. M., and Avolio, B. J., **Improving organizational effectiveness through transformational leadership**. Thousand Oaks, CA, Sage, 1994.

Bass, B. M., and Avolio, B. J., **Multifactor Leadership Questionnaire for research**. Mind Garden Inc., 1995.

Bass, B. M., and Riggio, R. E., **Transformational leadership**. 2nd ed., Mahwah, NJ, Lawrence Erlbaum, 2006.

Bass, B. M., **Leadership and performance beyond expectations**. New York, Free Press, 1985.

Bass, B. M., The ethics of transformational leadership, In J. Ciulla (ed.), **Ethics: The heart of leadership**. Westport, CT, Praeger, 1998, pp. 169-192.

Bass, B. M. and Steidlmeier, P., "Ethics, character and authentic transformational leadershp behavior," **Leadership Quarterly**. vol. 10, no. 2, 1999, pp. 181-217.

Bedi, A., Alpaslan, C. M., and Green, S., A meta-analytic review of ethical leadership outcomes and moderators, **Journal of Business Ethics**. vol. 139, no. 4, 2016, pp. 517-536.

Bennis, W. G., and Nanus, B., **Leaders: The strategies for taking charge**. New York, Harper & Row, 1985.

Bennis, W., Become a tomorrow leader, In L. C. Spears and M. Lawrence (eds.), **Focus on leadership: Servant-leadership for the twenty-first century**. New York, John Wiley & Sons, 2002, pp. 101–110.

Beuchamp, T. L. and Bowie, N. E., **Ethical Theory and Business**. 3rd. ed., Englewood Cliffs, NJ, Prentice Hall, 1998.

Blanchard, K., and Hodges, P., **The servant leader: Transforming your hearts, heads, hands, and habits**. Nashville, TN, Thomas Nelson, 2003.

Brown, M. E., and Trevino, L. K., Ethical Leadership: A review and future directions, **The Leadership Quarterly**. 17, 2006. pp. 595–616.

Brown, M. E., Trevino, L. K., and Harrison, D. A., Ethical leadership: A social learning perspective for construct development and testing, **Organizational Behavior and Human Decision Processes**. vol. 97, no. 3, 2005, pp. 117–134.

Bryman, A., **Charisma and leadership in organizations**. London, Sage, 1992.

Burns, J. M., **Leadership**. New York, Harper & Row, 1978.

Cannella, A. A., Jr., and Monroe, M., Contrasting perspectives on strategic leaders: Towards a more realistic view of top managers, **Journal of Management**. vol. 23, no. 3, 1997, pp. 213–237.

Christie, A., Barling, J., and Turner, N., Pseudo-transformational leadership: Model specification and outcomes, **Journal of Applied Social Psychology**. vol. 44, no. 12, 2011, pp. 2943–2984.

Ciulla, J. B., **The ethics of leadership**. Belmont, CA, Wadsworth/Thomson Learning, 2003.

Collins, J. C., **Good to Great: Why Some Companies Make the Leap and Others Don't**. NY, Harper Business, 2001.

Conger, J. A., and Kanungo, R. N., Behavioral Dimensions of charismatic leadership, In J. A. Conger and R. N. Kanungo (eds.), **Charismatic Leadership**. San Francisco, Jossey-Bass, 1988.

Conger, J. A., and Kanungo, R. N., **Charismatic leadership in organizations**. Thousand Oaks, CA, Sage, 1998.

Conger, J. A., and Kanungo, R. N., Toward a behavioral theory of charismatic leadership in organizational settings, **Academy of Management Review**. vol. 12, no. 4, 1987, pp. 637–647.

Conger, J. A., Charismatic and transformational leadership in organizations: An insider's perspective on these developing streams of research, **Leadership Quarterly**. vol. 10, no. 2, 1999, pp. 145–179.

Conger, J. A., Kanungo, R. N., Menon, S. T., and Mathur, P., Measuring charisma: Dimensionally and validity of Conger-Kanungo scale of charismatic leadership, **Canadian Journal of Administrative Science**. vol. 14, no. 3, 1997, pp. 290–302.

Conger, J., The dark side of leadership, **Organizational Dynamics**. vol. 19, no. 4, 1990, pp. 44–55.

Covey, S. R., Forward. In R. K. Greenleaf (ed.), **Servant leadership: A journey into the nature of legitimate**

power and greatness. New York, Paulist Press, 2002, pp. 1-14.

Covey, S. R., **Principle-centered leadership**. New York, Fireside, 1990.

Craig, S. B., and Gustafson, S. B., "Perceived Leader Integrity Scale: An instrument for assessing employee perceptions of leader integrity," **Leadership Quarterly**. vol. 9, no. 2, 1998, pp. 127-145.

Dalla Costa, J., **The ethical imperative: Why moral leadership is good business**. Reading, MA, Addison-Wesley, 1998.

Deci, E. L., and Ryan, R. M., **Intrinsic Motivation and Self-Determination in Human Behavior**. New York, Plenum Press, 1985.

Dennis, R. S., and Bocarnea, M., Development of the servant leadership assessment instrument, **Leadership & Organization Development Journal**. vol. 26, 2005, pp. 600-615.

DePree, M., Servant-leadership: Three things necessary, In L. C. Spears and M. Lawrence (eds.), **Focus on leadership: Servant-leadership for the twenty-first century**. New York, John Wiley & Sons, 2002, pp. 27-34.

Downton, J. V., **Rebel leadership: Commitment and charisma in a revolutionary process**. New York, Free Press, 1973.

Dunphy, D., and Bryant, B., Teams: Panaceas or prescriptions for improved performance, **Human Relations**. vol. 49, no. 5, 1996, pp. 677-699.

Eisenbeiss, S. A., and Brodbeck, F., Ethical and unethical leadership: A cross-cultural and cross-sectoral analysis, **Journal of Business Ethics**. vol. 122, no. 2, 2014, pp. 343-359.

Eisenbeiss, S. A., Re-thinking ethical leadership: An interdisciplinary integrative approach, **The Leadership Quarterly**. vol 23, 2012, pp. 791-808.

Frankena, W., **Ethics**. 2nd. ed., Englewood Cliff, NJ, Prentice Hall, 1973.

Gini, A., Moral leadership and business ethics, In J. B. Ciulla (ed.), **Ethics, the heart of leadership Westport**. CT, Greenwood, 1998, pp. 27-46.

Graham, J. W., Servant leadership in organizations: Inspirational and moral, **Leadership Quarterly**. 2, 1991, pp. 105-119.

Greenleaf, R. K., **Servant leadership: A journey into the nature of legitimate power and greatness**. New York, Paulist Press, 1977.

Greenleaf, R. K., **Servant leadership: A journey into the nature of legitimate power and greatness**. New York, Paulist, 1977.

Greenleaf, R. K., **The institution as servant**. Westfield, IN, The Greenleaf Center for Servant Leadership, 1972.

Greenleaf, R. K., **The servant as leader**. Newton Centre, MA, Robert K, Greenleaf Center, 1970.

Greenleaf, R. K., **The servant as leader**. Westfield, IN, The Greenleaf Center for Servant Leadership, 1970.

Hale, J. R., and Fields, D. L., "Exploring servant leadership across cultures: A study of followers in Ghana and the USA," **Leadership**. vol 3, no. 3, 2007, pp. 397-417.

Heifetz, R. A., **Leadership without easy answers**. Cambridge, MA, Harvard University Press, 1994.

Hinkin, T. R., and Schriesheim, C. A., A theoretical and empirical examination of the transactional and non-leadership dimensions of the Multifactor Leadership Questionnaire (MLQ), **Leadership Quarterly**. vol. 19, 2008, pp. 501-513.

House, R. J., "A 1976 theory of charismatic leadership." In J. G. Hunt and L. L. Larson (eds.), **Leadership: The cutting edge**. Carbondale, Southern Illinois University Press, 1976, pp. 189-207.

House, R. J., "A 1976 theory of charismatic leadership." In J. G. Hunt and L. L. Larson (eds.), **Leadership: The Outing Edge**. Carbondale, Southern Illinois University Press, 1977.

Howell, J. M., and Avolio, B. J., The ethics of charismatic leadership: Submission or liberation?, **Academy of Management Executive**. vol. 6, no. 2, 1993, pp. 43-54.

Howell, J. M., and Shamir, B., "The Role of followers' in the charismatic leadership process: Relationships and their consequences." **Academy of Management Review**. vol. 30, no. 1, 2005, pp. 96-112.

Hunt, J. G., and Conger, J. A., From where we sit: An assessment of transformational and charismatic leadership research, **Leadership Quarterly**. vol. 10, no. 3, 1999, pp. 335-343.

Ireland, R. D., and Hitt, M. A., Mission Statements: importance, challenge, and recommendations for development, **Business Horizens**. May.-Jun. 1992, pp. 34-42.

Jacobsen, C., and House, R. J., "Dynamics of charismatic leadership: a process theory, simulation model, and tests." **The Leadership Quarterly**. vol. 10, no. 1, 2001, pp. 75-112.

Jaksa, J. A., and Pritchard, M. S., Communication ethics: **Methods of analysis**. Belmont, CA, Wadsworth, 1988.

Jim, C., **Good to Great: Why Some Companies Make the Leap and Others Don't**. NY, Harper Business, 2001.

Johnson, C. R., **Meeting the ethical challenges of leadership**. 4th ed., Thousand Oaks, CA, Sage, 2011.

Kanungo, R. N., and Mendonca, M., **Ethical dimensions of leadership**. Thousand Oaks, CA, Sage, 1996.

Kanungo, R. N., Ethical values of transactional and transformational leaders, **Canadian Journal of Administrative Sciences**. vol. 18, no. 4, 2001, pp. 257-265.

Keeton, W., Command, leadership, intelligence and management(CLIM): A proposed theory for improved strategic leadership, **FIIB Business Review**. vol. 7, no. 2, 2018, pp. 146-151.

Kirkman, B. L., and Rosen, B., Beyond self-management: Antecedents and consequences of team empowerment, **Academy of Management Journal**. vol. 42, no. 1, 1999, pp. 58-74.

Kirkman, B. L., and Shapiro, D. L., The impact of cultural values on employee resistance to teams: Toward a model of globalized self-managing work team effectiveness, **Academy of Management Review**. vol. 22, 1997, pp. 730-757.

Kitchener, K. S., Intuition, critical evaluation, and ethical principles: The foundation for ethical decisions in counseling psychology, **Counseling Psychologist**. vol. 12, no. 3, 1984, pp. 43-55.

Leede, J., de, Nijhof, H. J., and Fisscher, A. M., The myth of self-managing teams: A reflection on the allocation of responsibilities between individuals, teams and the organisation, **Journal of Business Ethics**. vol. 21, 1999, pp. 203-215.

Levin, I. M., Vision revisited: Telling the story of the future, **The Journal of Applied Behavioral Science**. vol. 36, no. 1, 2000, pp. 91-107.

Liden, R. C., Wayne, S., Zhao, H., and Henderson, D., "Servant Leadership: Development of a Multidimensional Measure and Multi-level Assessment," **Leadership Quarterly**. vol. 19, no. 2, 2008, pp. 161-177.

Lussier, R. N., and Achua, C. F., **Leadership: Theory, Application, Skill Development**. 2nd ed., South-Western, 2004.

Manz, C. C., "Self-leading work teams: Moving beyond self-managing myths." **Human Relations**. vol. 45, no. 11, 1992, pp. 1119-1140.

Manz, C. C., and Sims, H. P., **Superleadership: Leading Others to Lead Themselves**. New York, Berkley Books, 1989.

Mayer, R. C., Davis, J. H., and Schoorman, F. D., "An Integrative Model of Organizational Trust," **Academy of Management Review**. Jul. 1995, pp. 709-734.

Morales-Sanchez, R., and Cabello-Medina, C., "Integrating character in management: Virtues, character strengths and competencies," **Business Ethics: A European Review**. vol. 24, no. 2, 2015, pp. 156-174.

Nanus, B., **The Leader's Edge: The Seven Keys to Leadership in a Turbulent World**. Chicago, Contemporary Books, 1989, p. 102.

Nanus, B., **Visionary Leadership**. Jossey-Bass Inc., 1992, pp. 37-48.

Northous, P. G., "Reflection and Action Worksheet: Vision Statement," **Introduction to Leadership: Concepts and Practice**. 8th ed., Sage Publication, 2018, pp. 213-217.

Peterson, C., and Seligman, M. E. P., **Character Strengths and Virtues: A Handbook and Classification**. New York, Oxford University Press, 2004.

Raynor, M. E., That Vision Thing: Do We Need It? **Long Range Planning**. vol. 31, no. 2, 1998, pp. 368-376.

Reidenebach, R. E., and Robin, D. P., Toward the development of a multidimensional scale for improving evaluations of business ethics, **Journal of Business Ethics**. vol. 9, no. 8, 1990, pp. 639-653.

Resick, C. J., Hargis, M. B., Shao, P., and Dust, S. B., "Ethical leadership, moral equity judgements, and discretionary workplace behavior," **Human Relations**. vol. 66, no. 7, 2013, pp. 951-972.

Rowe, W. G., Creating wealth in organizations: The role of strategic leadership, **IEEE Engineering Management Review**. vol. 29, no. 4, 2001, pp. 25-37.

Schoorman, F. D., Mayer, R. C., and Davis, J. H., "An Integrative Model of Organizational Trust: Past, Present, and Future," **Academy of Management Review**. vol. 32, no. 2, 2007, pp. 344-354.

Scott, C. D., Jaffe, D. T., and Tobe, G. R., **Organizational Vision, Values, and Mission, Menro Park**. CA, Crisp Publications, 1993.

Shamir, B. R., House, R. J., and Arthar, M., The motivational effects of charismatic leadership: A self-concept based theory, **Organization Science**. vol. 4, no. 4, 1993, pp. 577-594.

Spears, L. C., Servant leadership and Robert K., Greenleaf's legacy, In D. van Dierendonck and K. Patterson (eds.), **Servant leadership: Developments in theory and research**. New York, Palgrave Macmillan, 2010, pp. 11-24.

Thomas, K. W., **Intrinsic Motivation at Work: Building Energy and Commitment**. San Francisco, CA, Berrett-Koehler Publishers, 2000.

Trevino, L. K., Brown, M. E., and Hartman, L. P., A qualitative investigation of perceived executive ethical leadership: Perceptions from inside and outside the executive suite, **Human Relations**. vol. 55, 2003, pp. 5-37.

Van Dierendonck, D., and Nuijten, I., The servant leadership survey: Development and validation of a multidimensional measure, **Journal of Business and Psychology**. vol. 26, 2011, pp. 249-267.

Van Dierendonck, D., Servant leadership: A review and synthesis, **Journal of Management**. vol. 37, no. 4, 2011, pp. 1228-1261.

Velasquez, M. G., **Business Ethics: Concepts and Cases**. 3rd. ed., Englewood Cliffs, NJ, Prentice Hall, 1992.

Walumbwa, F. O., Hartnell, C. A., and Oke, A., Servant leadership, procedural justice climate, service climate, employee attitudes, and organizational citizenship behavior: A cross-level investigation, **Journal of Applied Psychology**. vol. 95, 2010, pp. 517-529.

Weber, M., **The theory of Social and Economic Organizations**. New York, Free Press, 1947.

Wheatley, M., The work of the servant leader., In L. C. Spears and M. Lawrence (eds.), **Focus on leadership: Servant-leadership for the twenty-first century**. New York, John Wiley & Sons, 2002, pp. 349-362.

YuKl, G., **Leadership in Organization**. 8th ed., New York, Pearson, 2017.

제10장 리더십이론에 대한 도전

Aswad, N. G., "Exploring charismatic leadership: A comparative Analysis of the Rhetoric of Hilary Clinton and Donald Trump in the 2016 presidential Election," **Presidential Studies Quarterly**. vol. 49, no. 1, 2019, pp. 56-74.

Dionne, S. D., Yammarino, F. J., Atwater, L. E., and James, L. R., "Neutralizing substitutes for leadership theory: Leadership effects and common-source bias," **Journal of Applied Psycholosy**. vol. 87, no. 3, 2002, pp. 454-464.

Kerr, S., and Harlan, A., "Predicting the Effects of Leadership Training and Experience from the Contingency

Model: Some Remaining Problems," **Journal of Applied Psychology**. vol. 57, 1973, pp. 114-117.

Kerr, S., and Jermier, J. M., "Substitutes for Leadership: Their Meaning and Measurement-Contextual Recollections and Current Observations," **Leadership Quarterly**. vol. 8, no. 2, 1997, pp. 95-101.

Lowe, K. B., and Gardner, W. L., Ten years of the Leadership Quarterly: Contributions and challenges for the future, **Leadership Quarterly**. vol. 11, no. 4, 2001, pp. 459-514.

Lowe, K. B., Kroeck, K. G., and Sivasubramaniam, N., Effectiveness correlates of transformational and transational leadership: A meta-analysis review of the MLQ leterature, **The Leadership Quarterly**. vol. 7, no. 3, 1996, pp. 385-425.

Lussier, R. N., and Achua, C. F., **Leadership: Theory, Application, Skill Development**. 2nd ed., South-Western, 2004.

Trice, H. M., and Beyer, J. M., Using six organizational cultures rites to change culture, In R. H. Killmann, M. J. Saxton, R. Serpa, and Associates (eds.), **Gaining Control of the Corporate Culture**. San Francisco, Jossey Bass, 1990.

찾아보기 ●